权威·前沿·原创

皮书系列为
"十二五""十三五""十四五"时期国家重点出版物出版专项规划项目

BLUE BOOK

智库成果出版与传播平台

全球传播生态蓝皮书
BLUE BOOK OF GLOBAL COMMUNICATIVE ECOLOGY

全球传播生态发展报告（2022）
ANNUAL REPORT ON THE GLOBAL COMMUNICATIVE ECOLOGY (2022)

主编/高伟 姜飞

社会科学文献出版社
SOCIAL SCIENCES ACADEMIC PRESS (CHINA)

图书在版编目（CIP）数据

全球传播生态发展报告.2022/高伟，姜飞主编.--北京：社会科学文献出版社，2023.3
（全球传播生态蓝皮书）
ISBN 978-7-5228-1289-2

Ⅰ.①全… Ⅱ.①高…②姜… Ⅲ.①传播媒介-生态学-研究报告-世界-2022 Ⅳ.①G206.2

中国版本图书馆CIP数据核字（2022）第247796号

全球传播生态蓝皮书
全球传播生态发展报告（2022）

主　　编 / 高　伟　姜　飞

出 版 人 / 王利民
组稿编辑 / 邓泳红
责任编辑 / 张　超
责任印制 / 王京美

出　　版 / 社会科学文献出版社·皮书出版分社（010）59367127
　　　　　 地址：北京市北三环中路甲29号院华龙大厦　邮编：100029
　　　　　 网址：www.ssap.com.cn

发　　行 / 社会科学文献出版社（010）59367028
印　　装 / 天津千鹤文化传播有限公司

规　　格 / 开　本：787mm×1092mm　1/16
　　　　　 印　张：24.75　字　数：373千字

版　　次 / 2023年3月第1版　2023年3月第1次印刷
书　　号 / ISBN 978-7-5228-1289-2
定　　价 / 168.00元

读者服务电话：4008918866

△ 版权所有 翻印必究

《全球传播生态发展报告（2022）》
学术委员会

（以姓氏拼音为序）

安　然　　华南理工大学国际教育学院原院长、教授
陈昌凤　　清华大学新闻与传播学院原执行院长、教授
陈　刚　　北京大学新闻传播学院院长、教授
陈国明　　美国罗德岛大学教授
程曼丽　　北京大学国家战略传播研究院院长、教授
段　鹏　　中国传媒大学副校长、教授
高晓虹　　中国传媒大学新闻传播学部学部长、教授
郭　可　　上海外国语大学新闻传播学院院长、教授
郭　琴　　澳大利亚麦考瑞大学、华南师范大学教授
郭镇之　　清华大学新闻与传播学院教授
侯迎忠　　广东外语外贸大学新闻传播学院院长、教授
胡百精　　中国人民大学副校长、教授
胡正荣　　中国社会科学院新闻与传播研究所所长、教授
胡智锋　　北京电影学院副院长、副书记，教授
黄建友　　西安外国语大学新闻传播学院院长、教授
黄懿慧　　香港中文大学新闻与传播学院教授
黄　煜　　香港浸会大学副校长、教授

姬德强	中国传媒大学人类命运共同体研究院副院长、教授
江和平	中央广播电视总台北美总站负责人
姜加林	中国外文局对外传播研究中心原主任
蒋晓丽	四川大学文学与新闻学院企鹅传媒研究院院长、教授
荆学民	中国传媒大学政府与公共事务学院副院长、教授
雷跃捷	中国传媒大学新闻学院原院长、教授
李臻怡	加拿大皇家大学传播与文化学院教授
林如鹏	暨南大学校长、教授
刘国强	四川外国语大学新闻传播学院院长、教授
刘明洋	山东大学新闻与传播学院执行院长、教授
刘　涛	暨南大学新闻传播学院书记、教授
罗文辉	香港中文大学新闻与传播学院教授
马胜荣	新华社原副社长兼常务副总编辑、重庆大学新闻学院名誉院长
马晓乐	山东大学国际教育学院院长、教授
彭　兰	中国人民大学新闻学院教授
彭筑冰	湖南大学新闻传播学院院长、教授
强月新	武汉大学新闻传播学院院长、教授
曲莹璞	中国日报社社长兼总编辑
任晶晶	中国社会科学院"一带一路"研究中心副秘书长、研究员
史安斌	清华大学新闻与传播学院教授
隋　岩	中国传媒大学新闻学院院长、教授，《现代传播》主编
孙　萍	北京外国语大学艺术研究院原院长、教授
孙有中	北京外国语大学副校长、教授
唐润华	大连外国语大学特聘教授、中华文化海外传播研究中心

滕云平　中国环球广播电视有限公司总裁、环球国际视频通讯社有限公司（国际视频通讯社）董事长

汪　琪　台湾政治大学传播学院名誉讲座讲授

王润泽　中国新闻史学会会长，中国人民大学新闻学院副院长、教授

韦　路　浙江大学国际文化与传媒学院院长、教授

文秋芳　北京外国语大学教授

吴予敏　深圳大学传播学院教授

许加彪　陕西师范大学新闻传播学院院长、教授

严功军　四川外国语大学副校长、教授

杨明品　国家广播电视总局发展研究中心副主任

尹韵公　湖南师范大学新闻传播学院院长、教授

于运全　中国外文局当代中国与世界研究院院长、研究员

喻国明　北京师范大学新闻传播学院教授

袁　军　北京外国语大学校学术委员会主任、教授

张国涛　中国传媒大学科研处副处长，《现代传播》副主编，研究员

张恒军　大连外国语大学新闻传播学院院长、教授

张洪忠　北京师范大学新闻传播学院院长、教授

张　昆　中央民族大学新闻传播学院名誉院长、教授

张明新　华中科技大学新闻与信息传播学院院长、教授

张涛甫　复旦大学新闻学院院长、教授

赵　刚　北京外国语大学副校长、教授

赵丽芳　中央民族大学新闻传播学院院长、教授

支庭荣　暨南大学新闻传播学院院长、教授

周庆安	清华大学新闻与传播学院院长、教授
周树春	中国日报社原社长、总编辑
周　勇	中国人民大学新闻学院执行院长、教授
Christoph Pleitgen	国际视通智库专家、Wochit前全球销售与业务发展高级副总裁
Darla Deardorff	美国杜克大学国际教育学院院长、教授
David Schlesinger	国际视通智库专家、汤森路透原中国主席、路透社原全球总编辑
Daya Thussu	英国威斯敏斯特大学传播与媒介研究院教授
Dean Wright	国际视通智库专家、汤森路透原道德与标准全球总编辑
Giuseppe Richeri	瑞士卢加诺大学中国传媒研究中心主任、教授
Liisa Salo-lee	芬兰于韦斯屈莱大学教授
Ludovic Renard	法国波尔多政治学院教授
Monroe Price	美国宾夕法尼亚大学安娜伯格传播学院教授
Stephen　Croucher	新西兰梅西大学传播、新闻与营销学院院长、教授
Wendy Leeds-Hurwitz	国际传播学会ICA跨文化对话中心主任、美国威斯康星大学教授

《全球传播生态发展报告（2022）》
课 题 组

组　长　高　伟　姜　飞

成　员　(以姓氏拼音为序)

操　慧　陈　刚　陈　肯　狄心悦　冯建平
姬德强　江和平　金　强　李呼明　李　宇
廖文瑞　刘长宇　刘利明　刘绍强　刘晏华
刘　扬　刘　滢　卢　迪　潘　冰　史安斌
宋宪坤　宋小彤　滕文强　王　冠　王競一
王沛楠　杨珉儿　伊　鹤　于运全　俞雅芸
喻国明　袁　玥　曾　玲　张尔坤　张洪忠
张鹏洲　张一潇　赵　敬　赵立诺　赵子忠
郑　秋　郅　慧　庄蜀丹

主要编撰者简介

高　伟　中央广播电视总台高级编辑，中国环球广播电视有限公司副总裁，环球国际视频通讯社有限公司总经理、总编辑。曾担任中央电视台新闻中心新闻编辑部国际新闻编辑、栏目主编，新闻中心国际新闻部策划组组长，国际新闻部副主任，承担《新闻联播》《东方时空》《新闻30分》等栏目国际新闻编辑、播出工作，参与创办《世界报道》《现在播报》等新闻节目以及《晚间新闻》改版工作。其间参加中央电视台新闻中心历次重大报道任务，曾获中国新闻奖一等奖、中国广播电视新闻奖一等奖等专业奖项。

姜　飞　博士，北京外国语大学国际新闻与传播学院院长，教授，博士生导师，中国新闻史学会外国新闻传播史专业委员会理事长，全球传播与公共外交专业委员会副理事长，中国高等院校影视学会影视国际传播专委会副主任委员，中国外文局、中新社国际传播专家委员会委员，江苏省、四川省、重庆市国际传播中心国际传播专家委员会委员，《中国跨文化传播研究年刊》主编，"全球传播生态蓝皮书"主编，英文期刊 *Journal of Trans-cultural Communication*（《国际跨文化传播学刊》）主编，教育部重大项目"'一带一路'沿线国家新闻与传播业历史与现状研究"首席专家。曾任中国社会科学院新闻与传播研究所传播学研究室主任（2003~2017年）、世界传媒研究中心主任、学术委员会委员、职称评审委员会委员、学位评定委员会委员。中国社会科学院创新工程首席专家,"中国跨文化传播研究与实践基地"主任。曾先后赴20个国家和地区访问、讲学。著有《传播与文化》《跨文化传播理论研究》等。专著《跨文化传播的后殖民语境》获第四届吴玉章奖(2007年)和第五届胡绳青年学术奖(2009年)。

摘　要

《全球传播生态发展报告（2022）》从传播生态学视角聚焦全球传播格局和世界传媒发展，在复杂的全球社会生态体系内透视人、媒介、社会各种力量的共息共生关系，为传播研究和媒介管理提供某种联动、系统化、战略化的思路。

报告凝结传媒业界、传播学界和相关官方管理机构的智慧，从政策—区域、技术—实践、市场—案例、国别—生态四个维度，全面勾勒了2021年以来世界传媒发展和全球传播格局变迁状况。

面对当今世界百年未有之大变局，学界和业界对变局之"变"的认识，变局之"局"的界定、廓清和阐释更加清晰。在此背景下，全球传播生态观测已成学界、业界共识。当下，信息通信技术迭代升级，全球加快传播基础设施建设，中国企业在领跑5G领域关键技术专利方面崭露头角，全球不断加强面向未来的6G核心技术研发与战略合作；此外，卫星互联网建设也被提上全球信息通信技术发展日程。

2021年以来，全球传播生态呈现以下六大特征：第一，社交媒体平台混战打响，TikTok和抖音赛道领先；第二，全球新闻业加快转型，"数字"与"平台"齐头并进；第三，智能传播再发力，技术+媒介迈上新台阶，交互式人工智能技术研发与应用将成为AI发展重点前景，NFT作为新型加密数字代币蓬勃发展，元宇宙辗转虚实勾画人类未来新想象；第四，视频领域角逐激烈，短中长视频同台竞赛，中视频担当后起之秀，流媒体领域再破新局；第五，全球视听业务加快向平台迁移，亚洲地区游戏市场前景广阔；第

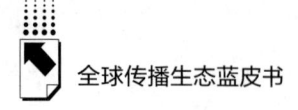

六，数字治理亟待全球共建，数字反垄断与隐私立法并行发展。

展望未来，对全球传播生态前沿问题提出四点前瞻提示。第一，全球平台媒体发展架构将撼动原有的信息传播局面，引来传媒行业持续思考。第二，持续关注全球Z世代与银发群体新动向：Z世代正当时，其数字消费势头迅猛，"懒"经济与偶像经济蓬勃兴起；社会老龄化加速背景下，数字适老开始进入中国社会整体发展议程。第三，元宇宙和NFT合力构造数字人文景观，智能传播将进一步助力人类数字化生存。第四，中国国际传播大跨步走向新时代，不断以新概念、新范畴、新表述的持续增量来坚定自我，不断进行新知识、新内容、新观点的生产，以新传播理念、新传播方式、新传播实践来应对层出不穷的国际传播挑战，始终坚持捍卫文化边界，朝向构建平衡、健康、可持续发展、最大限度降低不确定性的新国际传播秩序努力。

本书在政策层面，深入探讨了中国地方国际传播中心建设、三星堆国际传播、北京冬奥海外社交媒体传播及数字公共外交创新性发展，以及中国媒体国际传播创新发展状况；在技术层面，重点分析了5G新媒体在北京冬奥中的应用与创新、元宇宙与深度媒介化、元宇宙产业发展、网红国际传播；在市场层面，对全球新兴视频传播平台、国际传播中的Z世代角色、CGTN国际传播经典案例、全球NFT产业、中国国际传播话语策略实战创新等焦点议题进行了深入剖析；在国别层面，重点研究了韩国、印度、越南等国家传媒生态的现状、趋势与启示。

关键词： 全球传播　传播战略　传播生态　媒体融合　5G

目 录

Ⅰ 总报告

B.1 2021年全球传播生态发展报告 …………… 姜 飞 袁 玥 / 001

Ⅱ 政策—区域篇

B.2 中国地方国际传播中心发展报告 …………… 于运全 刘 扬 / 042

B.3 中国三星堆国际传播发展报告 …………… 操 慧 郑 秋 / 059

B.4 北京冬奥的海外社交媒体传播分析报告
………………………… 张洪忠 王竞一 张尔坤 / 079

B.5 北京冬奥会数字公共外交创新性发展报告 …… 史安斌 刘长宇 / 096

B.6 中国媒体国际传播创新发展报告
………………………………………… 刘 滢 伊 鹤 / 114

Ⅲ 技术—实践篇

B.7 5G新媒体在北京冬奥中的应用与创新报告
………………… 卢 迪 庄蜀丹 张鹏洲 陈 刚 / 136

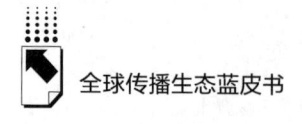

B.8　元宇宙与深度媒介化发展报告………　喻国明　滕文强　郅　慧 / 152
B.9　2022元宇宙产业发展报告 ……………………　赵子忠　廖文瑞 / 167
B.10　网红国际传播发展报告
　　　——以中日韩三国为例 ……………………　赵　敬　潘　冰 / 177

Ⅳ　市场—案例篇

B.11　全球新兴视频传播平台发展报告 ………………………　李　宇 / 194
B.12　国际传播中的"Z世代"角色发展报告……　姬德强　杨珉儿 / 211
B.13　打破惯性思维　探析全球传播新路径
　　　——CGTN两个国际传播经典案例分析 …………　江和平 / 227
B.14　中国国际传播话语策略实战创新报告 …………………　王　冠 / 237
B.15　全球NFT产业发展报告 …………………………　赵立诺　曾　玲 / 251
B.16　视觉化、智能化与武器化：俄乌冲突中的全球媒介生态
　　　………………………………　王沛楠　冯建平　俞雅芸 / 271

Ⅴ　国别—生态篇

B.17　韩国新闻传播业发展报告 ………………………………　刘晏华 / 283
B.18　印度新闻传播业发展报告 ………………………………　李呼明 / 314
B.19　越南新闻传播业发展报告 …………　金　强　宋小彤　阮黄梅 / 342

Abstract …………………………………………………………………… / 359
Contents …………………………………………………………………… / 362

总报告

General Report

B.1
2021年全球传播生态发展报告*

姜飞 袁玥**

摘　要： 面对当今世界百年未有之大变局，学界和业界对变局之"变"的认识，变局之"局"的界定、廓清和阐释更加清晰。在此背景下，全球传播生态观测已成横跨学界、业界共识。当下，信息通信技术迭代升级，全球加快传播基础设施建设，中国企业在领跑5G领域关键技术专利方面崭露头角，全球不断加强面向未来的6G核心技术研发与战略合作。此外，卫星互联网建设也被提上全球信息通信技术发展日程。本报告认为，2021年，全球传播生态呈现以下六大特征：第一，社交媒体平台混战打响，TikTok和抖音赛道领先；第二，全球新闻业加快转型，"数字"与"平台"齐头并进；第三，智能传播再发力，技术+媒介迈上

---

* 本文系北京市宣传文化高层次人才培养资助项目"中国周边国家信息传播基础结构研究"课题成果；教育部社科重大项目"'一带一路'沿线国家新闻传播业历史与现状研究"（17JZD042）阶段性成果。

** 姜飞，教授，博士生导师，北京外国语大学国际新闻与传播学院院长，中国新闻史学会外国新闻传播史专业委员会理事长；袁玥，北京外国语大学国际新闻与传播学院博士生。

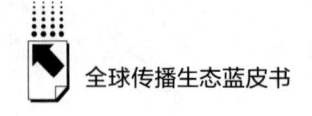

新台阶,交互式人工智能技术研发与应用将成为 AI 发展重点前景,NFT 作为新型加密数字代币蓬勃发展,元宇宙辗转虚实勾画人类未来新想象;第四,视频领域角逐激烈,短中长视频同台竞赛,中视频担当后起之秀,流媒体领域再破新局;第五,全球视听业务加快向平台迁移,亚洲地区游戏市场前景广阔;第六,数字治理亟待全球共建,数字反垄断与隐私立法并行发展。展望未来,对全球传播生态提出四点前瞻性提示。第一,全球平台媒体发展架构将撼动原有的信息传播基础架构,引发传媒行业持续震荡和深入思考。第二,Z 世代正当时,"懒"经济与偶像经济蓬勃兴起;数字技术"适老化"进入中国社会整体发展议程。第三,元宇宙和 NFT 合力构造数字人文景观,智能传播进一步助力人类数字化生存。第四,中国国际传播大跨步走向新时代,不断以新概念、新范畴、新表述的持续增量向全球提供新知识、新内容的公共产品,以新传播理念、新传播方式、新传播实践来应对层出不穷的"中国威胁论"思维框架下的复杂舆论挑战,以充实丰富的国际传播实践和饱满向上的理论自信走中国特色的国际传播道路。

关键词: 全球传播 传播生态 5G

一 锚定:全球传播生态观测已成横跨学界、业界共识

当今,全球传播生态视角下,人、媒介和社会各种力量共息共生,人类社会的数字化、媒介化转型与媒介研究领域的媒介哲学转向趋势愈发明显。全球传播生态研究的三次迭代为以政治生态和文化生态为核心的全球传播生态奠定学理基石。从麦克卢汉、伊尼斯等的"代入"式视角到尼尔·波兹曼、詹姆斯·凯瑞等的"介入"式视角,再到保罗·莱文森、约书亚·梅

罗维茨等的"融入"式视角，一种整体生态意识不断发挥影响，进而演变成作为研究视角/思维/方法的"全球传播生态"和作为研究内容的"全球传播生态"。在此基础上，《全球传播生态发展报告》对全球传播生态持续进行观测，从复杂的社会生态体系出发，为传播研究和媒介管理提供某种联动、系统化、战略化思路，[①] 逐渐成为一种横跨业界和学术界的共识。承袭这一研究的传统，全球传播生态观测研究能够从国内传播角度将中国故事有效编织进传承千年、和谐发展的国内生态，从国际传播角度将中国故事有效编织进全球文化社区，进而收获彼此尊重、和平共处的国际生态。[②] 因此，进一步校准中国在全球传播生态系统中的全球定位的目的，持续对具备传播"生态级"影响力的技术进行重点观察，不断阐明中国的传播价值观，坚持以平衡传播作为国际传播的理论与实践指导，成为全球传播生态研究的四大核心。

二 引入：信息通信技术迭代升级 全球加快传播基础设施建设

（一）5G连接数持续快速增长 中国企业领跑关键技术专利

5G连接数呈快速增长之势，全球各国的5G发展在商用投资、用户数量、产业贡献三方面突飞猛进。全球移动供应商协会（Global Mobile Suppliers Association，GSA）发布的数据显示，截至2021年12月底，全球有145个国家/地区的487家运营商已经投资5G网络，包括进行5G网络试验、获得牌照、规划、部署和开通网络，相比2020年底的412家增加了75家；

[①] 姜飞：《2017年全球传播生态年度发展报告》，载高伟、姜飞主编《全球传播生态发展报告（2018）》，社会科学文献出版社，2018，第3~4页。
[②] 姜飞：《中国社会科学桂冠上的红宝石：传播学领域在中华民族伟大复兴历程中的角色期待》，中国社会科学网，2017年4月13日，http://www.cssn.cn/zt/zt_zh/qzhzhgshhkxyjysshzhn/wyzhgshhkxyxzhgy/201704/t20170413_3485692.shtml。

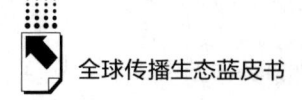

商用方面，全球已有78个国家/地区的200家运营商推出符合3GPP标准的商用5G网络，其中187家运营商已推出5G移动服务，83家运营商推出了符合3GPP标准的5G FWA服务。此外，5G SA网络继续普及，全球50个国家/地区的99家运营商投资5G SA网络，其中16个国家/地区的20家运营商已在公开网络中开通/部署5G SA网络。[1] 5G终端的全球部署也已经实现超高速增长：截至2021年12月底，全球已发布1257款5G终端，而一年前为559款，增长了125%。目前，全球有600多款终端支持5G SA网络。其中5G手机614款，比2020年底的278款增长超120%。[2]

用户数量上，2021年底5G用户数已经超过7亿，GSMA预测"2022年全球5G总连接数将达到10亿，至2025年，5G连接数占总连接数的比重将从2021年的8%提升到2025年的25%"。[3] 与此同时，4G主要增长市场在发展中国家，如撒哈拉以南非洲，到2025年全球4G连接占比将从2021年58%的高峰值回落到55%。[4] 2022~2025年运营商资本支出预计达6200亿美元，其中85%会用于5G发展。[5] 随着5G网络部署范围不断扩大、5G手机更加普及以及更多5G服务的涌现，未来几年5G移动服务收入将快速增长，进而驱动全球移动服务总收入持续增长。[6]

产业贡献方面，以5G为核心的移动产业的经济贡献率不断上升。"2021年移动技术和服务创造了4.5万亿美元的经济附加值，为全球贡献了

---

[1] 《全球5G发展洞察2022（上）》，2022年3月9日，https：//blog.csdn.net/weixin_45475747/article/details/123391045。

[2] 《全球5G发展洞察2022（上）》，2022年3月9日，https：//blog.csdn.net/weixin_45475747/article/details/123391045。

[3] 《GSMA：2022年全球5G总连接数将达到10亿》，2022年3月8日，http：//www.199it.com/archives/1400245.html。

[4] 《GSMA：2022年全球5G总连接数将达到10亿》，2022年3月8日，http：//www.199it.com/archives/1400245.html。

[5] 《2022年第一季度，在全球5G渗透率排行中 持续领跑全球5G发展》，2022年5月31日，https：//www.21ic.com/a/928607.html。

[6] 《全球5G发展洞察2022（上）》，2022年3月9日，https：//blog.csdn.net/weixin_45475747/article/details/123391045。

5%GDP；到2025年，这个数字预计将达到5万亿美元"。① 作为信息领域的核心使能技术，5G移动通信将为经济发展带来强劲驱动力。国际咨询公司马基特预测，到2035年5G有望在全球各行业中创造12.3万亿美元的经济价值。中国信息通信研究院测算，2020~2025年，我国5G商用带动的信息消费规模将超过8万亿元，直接带动经济总产出达10.6万亿元；5G还将带来新的就业机会，2030年5G将带动超过800万人就业，间接提供1150万个就业机会。②

聚焦中国的5G发展，中国企业领跑关键技术成为一大亮点。信息编码技术、新型上行传输技术、大规模阵列天线和核心网关键技术水平的进一步飞升使得中国企业的创新能力在全球企业创新能力排行榜上位列前茅。不仅中国企业重视在中国提交5G相关专利申请，其他国家的企业也把中国作为5G专利申请的首要目标国家。中国企业华为在Polar码、无须调度许可的上行接入技术、大规模阵列天线、核心网关键技术方面的专利申请量在全球范围内均保持领先地位。③ 同时，我国5G基站建设和移动服务双点开花：到2021年底，我国建成全球最大5G网，覆盖全国所有地级市城区、超过98%的县城城区和80%的乡镇镇区，并逐步向有条件、有需求的农村地区推进。我国5G基站总量占全球60%以上；每万人拥有5G基站数达到10.1个，比上年末提高近1倍。全年5G投资1849亿元，占电信固定资产投资比达45.6%。④ 2021年是我国5G网络快速发展的一年。截至2021年底，我国移动电话用户规模16.43亿户，其中5G用户达到3.55亿户，在移动电话用户数中占比达21.61%，较2021年第三季度有所下降，但较2020年底仍大幅

---

① 《GSMA发布〈2022全球移动经济发展〉报告》，2022年3月25日，http://bigdata.china.com.cn/2022-03/25/content_41917143.html。
② 许英梅：《中国5G产业发展环境及前景分析》，2021年9月2日，https://new.qq.com/omn/20210902/20210902A0765400.html。
③ 许英梅：《中国5G产业发展环境及前景分析》，2021年9月2日，https://new.qq.com/omn/20210902/20210902A0765400.html。
④ 《工信部：我国全年5G投资1849亿元 基站总量全球占比超60%》，2022年1月26日，https://finance.sina.com.cn/tech/2022-01-26/doc-ikyakumy2769990.shtml。

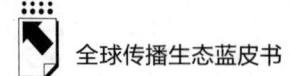

增加1.56亿户,渗透率也增长了10%。2022年2月末,5G移动电话用户达3.84亿户,比2021年末净增2905万户,占移动电话用户总数的23.3%。①

2022年1月26日,工信部发布了《2021年通信业统计公报解读》。报告称,2021年,全行业加快"双千兆"建设,推动国家大数据中心发展,构建云网融合新型基础设施,赋能社会数字化转型的供给能力不断提升。②

(二)6G愿景面向未来　全球加强核心技术研发与战略合作

总体上,6G愿景是基于5G愿景的进一步扩展和升级。全球范围内,美欧韩日等国家和其他地区也在为抢跑6G赛道做足准备,深入推进6G研发战略计划,不断加强战略合作。

美国在建立6G联盟的基础上加快关键核心技术研究。美国在6G部署上具备潜在关键技术储备雄厚的硬性基础条件。支持人工智能(AI)的高级网络和服务、多接入网络服务技术、智能医疗保健网络服务、多感测应用、触觉互联网和超高分辨率3D影像是美国6G的重点技术布局。③ 据Next G联盟发布的报告,到21世纪末,北美在6G领域的领导地位将形成:第一,在从研究到商业化的整个生命周期中,跨行业、政府和学术界进行更强大的工作协作;第二,一个强大的市场,使用创新的应用程序和技术,在新的数字世界中连接社会;第三,增加对部署进步技术的所有权,实现6G愿景。④

欧洲多国整体战略合作推进6G研发。自2021年,欧盟正式启动旗舰

---

① 何佳:《2022年中国5G建设及应用现状分析　5G用户数量达3.84亿户》,前瞻产业研究院,2022年4月6日,https://www.qianzhan.com/analyst/detail/220/220406-e1aed59e.html。
② 《〈2021年通信业统计公报〉发布》,2021年1月27日,http://www.cena.com.cn/industrynews/20220127/114997.html。
③ 《6G全球进展与发展展望白皮书》,赛迪智库无线电所,2021年4月。
④ 《北美通往6G的愿景和时间表》,2022年2月21日,https://www.sohu.com/a/524398945_121036026。

6G 研究项目"Hexa-X"以来，欧盟关键的行业利益相关者不断聚集到一起，共同推进 6G。项目目标包括创建独特的 6G 用例和场景、研发 6G 基础技术并为整合关键 6G 技术使能因素的智能网络结构定义新的架构，愿景是通过 6G 技术搭建的网络连接人、物理和数字世界。①

韩国 6G 顶层设计与战略合作走在全球前列，重点聚焦技术合作与研发，强化本国产业生态构建。韩国政府将在超高性能、超大带宽、超高精度、超空间、超智能和超信任六个关键领域推动 10 项战略任务。② 2021 年 3 月，韩国 LG 电子公司与韩国先进科学技术研究院（KAIST）以及是德科技公司签署了一项有关"共同开发下一代 6G 无线通信网络技术"的合作协议，重点是太赫兹无线通信技术。韩国信息和通信技术促进研究所（IITP）的 6G 研发计划还包括卫星通信、量子密码和通信等 6G 转换技术。韩国电信（KT）与首尔国立大学新媒体传播研究所（SNU）将开展合作，就 6G 通信和自主导航业务展开研究。

日本率先出台 6G 国家战略，启动多项 6G 试验。2021 年 3 月，日本通信企业巨头软银和日本大型光学仪器制造商尼康宣布两家公司合作研发的全球第一个应用于移动通信的光学无线电技术"跟踪光学无线通信技术"实验成功。此技术广泛融合了人工智能、图像处理和精密控制技术，用来创建在双向通信设备上的新使用场景。日本电信巨头 NTT 计划在 2025 年大阪世博会上发布 6G 技术。日本电信巨头 NTT 西部公司总裁小林充佳表示，NTT 公司计划在 2025 年大阪世博会上发布目前开发中的试验性 6G 网络。报道称，NTT 计划在 21 世纪末将其 6G 技术商业化。针对将于 2030 年前后普及的新一代通信标准"6G"，日本 NTT 为推动自主的光传输技术成为国际标准，要将合作扩大至日本国内外 100 家企业。NTT 要以移动网络服务"i 模式"拓展海外市场的失败为教训，从研发阶段开始与日美欧亚企业分享技

---

① 《6G 全球进展与发展展望白皮书》，赛迪智库无线电所，2021 年 4 月。
② 《韩国发布 6G 研发战略提案稿》，《人民邮电报》2020 年 8 月 11 日，https：//www.cnii.com.cn/rmydb/202008/t20200811_ 201961.html。

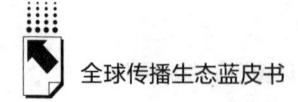

术和经验，展开合作。①

中国正推进在全球 6G 竞赛中领先地位的愿景。截至 2021 年底，中国已部署 142 万个 5G 基站，占全球总数的近 60%。尽管未来几年中国将继续部署 5G，但中国公共部门与私营公司已经开始加强其 6G 研究，目标是到 2030 年实现 6G 商用。② 中国的 6G 研发于 2019 年 6 月正式启动，中国工信部成立了 IMT-2030（6G）推进组。从那时起，中国三大电信运营商（中国移动、中国电信和中国联通）、网络设备供应商（华为、中兴通讯等）、高校和研究机构之间建立了强大的公私合作伙伴关系。2022 年 2 月 25 日，中国移动研究院发布 8 份涵盖 6G 关键技术的白皮书，为下一步促进中国 6G 朝着超高速发展奠定坚实基础。

全球各国、各地区在不断突破区域及行业壁垒，促使 6G 关键技术及潜在应用研究取得新进展，推动 6G 潜在关键技术研究逐步趋于体系化。下一步，在提升 5G 的基础之上，6G 的全球发展将更加注重信任、安全和弹性，更加注重人类社会的数字世界体验，并且提供经济高效的解决方案，不断建设并完善分布式云和通信系统，加快搭建人工智能原生网络，追求可持续发展的目标。③

（三）全球加快部署卫星互联网建设 天地一体化传播趋势渐显

自全球卫星互联网建设以来，全球各国依据各自的技术和产业发展优势，出台相应的卫星互联网发展政策，制订有利于本国抢先占据卫星互联网阵地的战略计划，不断加快推进天地一体化信息通信技术基础设施建设。

美国以全球领先的卫星互联网技术与服务提供大国为战略定位，将卫星互联网星座发射组网、突破星间激光链路、多波束有源相控阵天线、火箭垂

---

① 《日本电信巨头 NTT：计划在 2025 年大阪世博会上发布 6G 技术》，腾讯网，2022 年 1 月 2 日，https://new.qq.com/omn/20220102/20220102A01F3U00.html。
② 《Omdia 概述中国 6G 愿景：全球竞赛处于领先地位》，2022 年 6 月 7 日，https://www.c114.com.cn/4app/3542/a1198318.html。
③ 吴冬升：《欧洲 6G 时间表、目标和关键技术（上篇）》，2022 年 2 月 16 日，http://www.cww.net.cn/article?id=557739。

直回收等核心技术作为主要任务，以 SpaceX、Blue Origin、ARCA Space、Amazon、Boeing、ViaSat、Theia Holdings 为重点企业，自商业航天诞生之初就开展全面立法，保障私营航天力量的健康发展，推出《国家航天战略》，通过部署多个卫星星座计划，推进低轨通信卫星组网工程建设，力争主导全球低轨宽带卫星市场。① 截至2021年4月，"星链"（SpaceX）卫星互联网的在轨卫星数量已经超过1300颗，并计划2021年利用部署的1584颗卫星提供近乎覆盖全球的网络服务。空天地海一体化网络技术的领先优势使美国从"6G+卫星互联网"的战略角度超前部署全球下一代移动通信网络。② 此外，特别值得关注的是，美国太空探索计划公司（SpaceX）提出的一项太空高速互联网通信计划——星链计划，与美国太空安全战略转型的新模式相对应，星链计划的目的在于实现由美国技术主导的、全覆盖的新一代"全球卫星互联网通信系统"：从技术和市场竞争层面上看，星链计划的实施对现存的5G通信技术和未来的天基互联网系统将产生重大的冲击和影响；从深层次的国际和国家安全角度看，星链计划背后依托的是美国高度成熟的军民融合体系和太空安全战略转型，将从国防、产业价值链、信息主权与监管、轨道与频谱资源使用、太空空间利用和天文探索等方面，对国际安全及其他国家的安全构成"复合型、交叉型"新挑战。③

俄罗斯作为全球卫星发射领跑者，实力继承苏联航天工业，计划启用全新"安加拉"运载火箭，以 RSCC、Gazprom Space Systems、Gonets 等重点企业为领跑龙头，注重运载火箭轻量化、模块化、组合化设计及研发，以及新型液体燃料推进剂（液态氢、金属氢等）研发。④ 在新型高分辨率对地观测卫星和中继通信卫星系统、新型生态燃料火箭助推器和航天器、新型核动

---

① 《全球卫星互联网产业发展趋势》，2021年10月3日，https：//xueqiu.com/4866021334/199369932。
② 《6G全球进展与发展展望白皮书》，赛迪智库无线电所，2021年4月。
③ 余南平、严佳杰：《国际和国家安全视角下的美国"星链"计划及其影响》，《国际安全研究》2021年第5期。
④ 《全球卫星互联网产业发展趋势》，2021年10月3日，https：//xueqiu.com/4866021334/199369932。

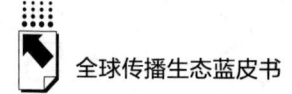

力装置及轨道助推控制系统,以及高新航天材料和高可靠性航天仪器设备的最新制造工艺通用技术四个方面加快国家航天系统的研制工作,①以创新为核心动力推动航天领域的进一步发展。

作为传统商业航天强国,加拿大在遥感探测、卫星通信、太空机器人等领域技术领先。加拿大着重突出个体优势,布局近地轨道,加快建设低带宽、低速率的窄带物联网卫星星座,有效实现全球上百亿传感设备的数据采集与传输。以 TeleSat、Kepler、Helios Wire、GHGSat、CB2.0 Communications 等重点企业为抓手,加拿大更加注重微小数据包信息回传、远距离移动物体多次中继等通信技术稳定性升级。②

欧洲各国以分工协作的联合体系,通过欧洲航天局(ESA)使各成员国形成统一的战略目标,以先进卫星全球资源配置中心与合作中心为战略定位,同时在业务开展上具有相对的独立性和灵活性。身居市场第二梯队的欧洲航天积极寻求内外协同合作,对内强调欧洲一体化,对外携手美、俄等国开展国际合作,探索先进卫星星座的共建设计和联合共有。③

中国卫星互联网于近几年步入高速发展快车道,以构建天基骨干网、天基接入网、地基节点网组成的天地一体化信息网络为目标,同时实现与地面互联网和移动通信网的互联互通,建成"全球覆盖、随遇接入、按需服务、安全可信"的天地一体化信息网络体系。建成后,将使中国具备全球时空连续通信、高可靠安全通信、区域大容量通信、高机动全程信息传输等能力。④ 2020 年 4 月,卫星互联网首次作为信息基础设施被纳入国家"新基建"政策支持的重点方向。同时,这也是国家发改委首次将卫星互联网和

---

① 《俄罗斯联邦 2016~2025 年航天计划基本内容》,2020 年 7 月 21 日,https://www.sohu.com/a/408813776_120146940。
② 《全球卫星互联网产业发展趋势》,2021 年 10 月 3 日,https://xueqiu.com/4866021334/199369932。
③ 《全球卫星互联网产业发展趋势》,2021 年 10 月 3 日,https://xueqiu.com/4866021334/199369932。
④ 《2022~2027 年中国卫星通信行业市场前瞻与投资战略规划分析报告》,前瞻产业研究院,2021 年 6 月 23 日。

5G、工业互联网等一起列入信息基础设施，以表明建设卫星互联网的重大战略意义。中国星网成立，加速整合航天、通信、信息等产业优质资源推动中国卫星互联网建设，促进中国航天产业结构性升级，引领新一轮产业变革；同时政策频出强调要集中力量加速建成覆盖全球的空天地一体化信息网络，并且也明确指出加快高轨和低轨宽带卫星研发和部署，积极开展卫星空间组网示范，构建覆盖全球的天基信息网络（见表1）。[1]

表1 中国卫星互联网2020~2030年建设愿景

时间节点	目标定位	目标阐述
2020~2025年	天星地网	通过卫星，补充、增强地面网络能力
2025年	实现天网地网	天基网络初步形成能力，并与地面网络互联互通
2030年	天地融和	形成天地一体化的全球信息基础设施

三 铺开：当今全球传播生态六大特征

（一）社交媒体平台传播混战打响 TikTok和抖音赛道领先

自José van Dijck、Thomas Poell 和 Martijn de Waal 三位学者在2018年合著的《平台社会：互联世界中的公共价值观》（*The Platform Society: Public Values in a Connective World*）一书中提出"平台社会"的概念以来，"平台已经成为人们生活的基础设施，且对当下的社会运作与制度安排实现了深度渗透"[2]的观点不断被学界和业界的学者专家所沿用和研究。在此理论框架

---

[1] 《卫星互联网行业深度报告：政策助推、产业驱动，我国卫星互联网步入发展快车道》，未来智库网，2022年5月26日，https://www.vzkoo.com/document/202205260b9155569bb1a558733eae21.html?keyword=%E5%85%A8%E7%90%83%E5%8D%AB%E6%98%9F%E4%BA%92%E8%81%94%E7%BD%91。

[2] Van Dijck, J., Poell, T. & De Waal, M., *The Platform Society: Public Values in a Connective World* (Oxford: Oxford University Press, 2018).

下,"平台"的基础设施角色逐渐成为社会共识。在José van Dijck等看来,"苹果、亚马逊、谷歌、脸书和微软在西方社会中已经成为控制信息传输节点最重要的五大平台(Big Five);并且,这五大科技平台提供的服务几乎覆盖了包括基础操作、搜索、社交与消费等在内的公众数字生活的方方面面","这五大科技公司组织起来的数字生活是一种'平台生态'(Platform Ecosystem),其显著优势体现在全球连接性(Global Connectivity)、遍在的可访问性(Ubiquitous Accessibility)和网络效应(Network Effects)等方面"。[1] 因此,在"平台化社会"的趋势和思维渗透不断深入的当下,全球范围内的社交媒体平台及其背靠的巨型互联网科技公司将成为全球传播生态中重点关注的一环。

截至2022年1月,全球有46.2亿社交媒体用户,相当于世界总人口的58.4%,全球社交媒体用户在过去一年中增长了10%以上(2021年全球有4.24亿新用户接入社交媒体)。[2] 当谈到全球用户最喜欢的社交媒体平台时,GWI的最新数据显示,排名第一的社交媒体平台是WhatsApp,紧随其后,Instagram超过Facebook,在全球排名第二[3],而中国社交媒体平台微信、抖音和抖音海外版TikTok分别位列第四、第五和第六名(见图1)。

全球范围内的社交媒体平台混战四起,各大社交媒体平台间的全球竞争愈演愈烈:2020年6月,印度借口"国家安全威胁"数度出手封杀中国App,目前累计封禁包括TikTok、Wechat等在内的200多款应用,一款名为Josh的印度本土短视频平台快速发展,如今月活过亿,成为印度版"TikTok"。[4] 自TikTok退出印度后,包括Josh在内的印度本土短视频产品

---

[1] Van Dijck, J., Poell, T. & De Waal, M., *The Platform Society: Public Values in a Connective World* (Oxford: Oxford University Press, 2018).

[2] Simon Kemp,"Digital 2022: Global Overview Report",26 January 2022,https://datareportal.com/reports/digital-2022-global-overview-report.

[3] Simon Kemp,"Digital 2022: Global Overview Report",26 January 2022,https://datareportal.com/reports/digital-2022-global-overview-report.

[4] 《美媒:封杀TikTok后,印度山寨产品"一茬接一茬"》,2022年4月18日,https://www.cankaoxiaoxi.com/world/20220418/2476354.shtml。

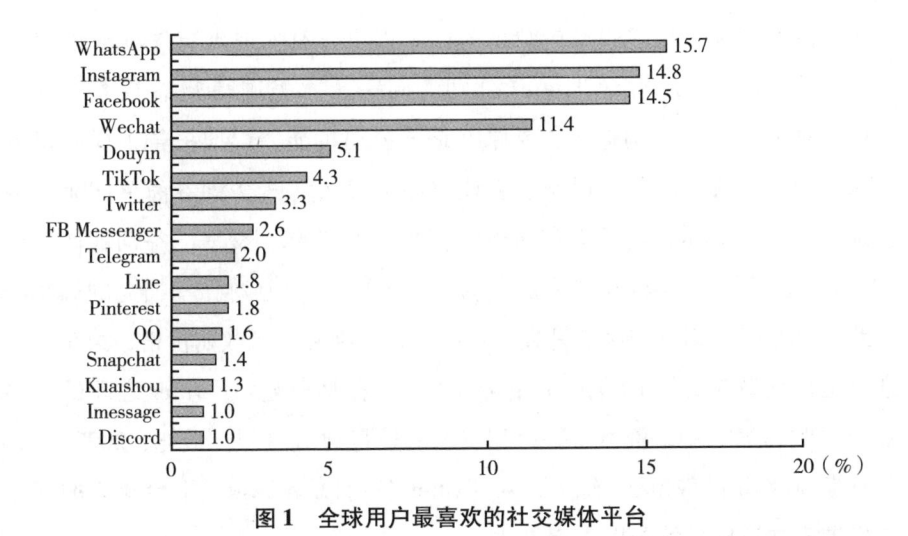

2021年全球传播生态发展报告

平台	百分比
WhatsApp	15.7
Instagram	14.8
Facebook	14.5
Wechat	11.4
Douyin	5.1
TikTok	4.3
Twitter	3.3
FB Messenger	2.6
Telegram	2.0
Line	1.8
Pinterest	1.8
QQ	1.6
Snapchat	1.4
Kuaishou	1.3
Imessage	1.0
Discord	1.0

图1 全球用户最喜欢的社交媒体平台

累计吸引了全球数十亿美元融资，投资者包括Alphabet旗下的谷歌和高盛集团。此外，当前印度市场的智能手机用户接近5亿，移动互联网市场规模以17.2%的增速扩张。据预测，未来三年印度短视频市场将拥有10亿左右的用户。对此，Josh的负责人认为"Josh至少能占据印度市场半壁江山"。

对于"老牌"全球性社交媒体平台Twitter来说，"东家易主"是2022年最具爆炸性的消息：特斯拉（Tesla）和SpaceX的首席执行官、无聊公司（Boring Company）的创始人、世界首富埃隆·马斯克在2022年4月25日以大约440亿美元的价格收购Twitter公司，成为Twitter的现任老板，并声称，面对Twitter平台当前所存在的内容审核松懈、信息监管不力、虚假信息和机器人制造的极端主义运动泛滥的弊病，"言论自由是民主运作的基石，Twitter是一个数字城市广场，在这里人们可以讨论对人类未来至关重要的问题。我还想让Twitter变得比以往任何时候都更好，方法是为产品添加新功能，让算法开源以增加信任，打败相同的机器人，并对所有人类进行身份验证"。① 2022年6月6日，马斯克以Twitter公司违反合并协议、未能提供他

---

① 《长文详解：埃隆·马斯克正式收购"推特（Twitter）"》，2022年4月26日，https：//new.qq.com/omn/20220426/20220426A0596B00.html。

013

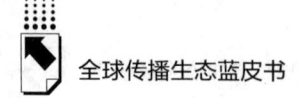

所要求的垃圾邮件和虚假账户数据为由，以直言有权退出与Twitter的交易作"威胁"，① 公开指责Twitter公司。同一天，美国得州总检察长Ken Paxton对Twitter展开调查，主要原因是该公司可能错误地报告了虚假机器人账户数量，或将违反《得州欺骗性贸易管理法》。② 美国券商Wedbush分析师Dan Ives表示，马斯克宣布暂时搁置收购Twitter交易的举动就像一场"马戏团表演"，并最终可能变成一场"恐怖秀"。他还称，马斯克的做法会导致三个结果：第一，该交易失败；第二，马斯克调低收购价格；第三，马斯克退出交易并支付10亿美元的分手费。③ 在马斯克与Twitter之间的极限拉扯"收购案"中，资本、平台和技术的较量愈演愈烈。最终，2022年10月马斯克收购了Twitter。综上，对Twitter公司以及Twitter平台政策的下一步发展走向还应持续予以密切关注。

作为目前仍然位居全球用户使用率排行榜第一的Facebook，其背后的同名平台公司在CEO扎克伯格的逐步推进下，于2021年10月正式改名为Meta，意指Meta公司开始全面布局元宇宙，转型发展VR技术，显著加速其VR/AR硬件的布局，将Facebook平台的运营与管理事务排在该公司的元宇宙业务拓展之后，借改名"元宇宙"重塑品牌。尽管如此，Facebook仍然是拥有最庞大用户群体的全球性社交平台，截至2021年10月，Facebook已经拥有29.1亿用户。④

此外，2021年，其他全球性社交媒体平台的成长也极为迅猛：Instagram持续快速增长，该平台的广告覆盖率在过去一年中增长了21%，到2023年，Instagram预计将在美国达到1.255亿月活跃用户，高于2018年

---

① Brian Fung, "Elon Musk threatens to walk away from Twitter deal", June 6, 2022, https://edition.cnn.com/2022/06/06/tech/elon-musk-twitter-spam/index.html.
② 《马斯克欲"放手"，终止收购Twitter》，2022年6月7日，https://www.163.com/dy/article/H996IVMA0511FQO9.html.
③ 《3100亿收购再生变数 马斯克"松口"推特又不干了？》，2022年10月9日，https://www.cnbeta.com/articles/tech/1325051.htm。
④ Simon Kemp, " Digital 2022: Global Overview Report", 26 January 2022, https://datareportal.com/reports/digital-2022-global-overview-report.

的 1.005 亿用户;① YouTube 上的广告已覆盖超过 25 亿用户,在 2021 年一整年中,这一数字又大幅增长了 11.9%(2.71 亿用户),音乐将成为 YouTube 的全球受众持续关注的领域;TikTok 的快速崛起仍在继续,TikTok 在 2021 年 10 月到 12 月的 3 个月时间内,平均每天增加超过 65 万新用户,相当于每秒新增近 8 个新用户;② 此外,值得关注的是 LinkedIn 这一社交媒体平台的新发展:该平台的注册会员数量在 2021 年一年内增长了 11%(8100 万会员),到 2022 年初,全球会员总数已超过 8.08 亿。③

2021 年,尤为亮眼的是 TikTok 和抖音两大社交媒体平台。这两大平台不仅在全球应用下载量和应用内购收入成绩上占得绝对统治地位(见图 2),还在不断打造优质内容生态的同时,继续追击视频社交领域,强力布局游戏产业,为赢得全球用户的持续关注与使用下足功夫。

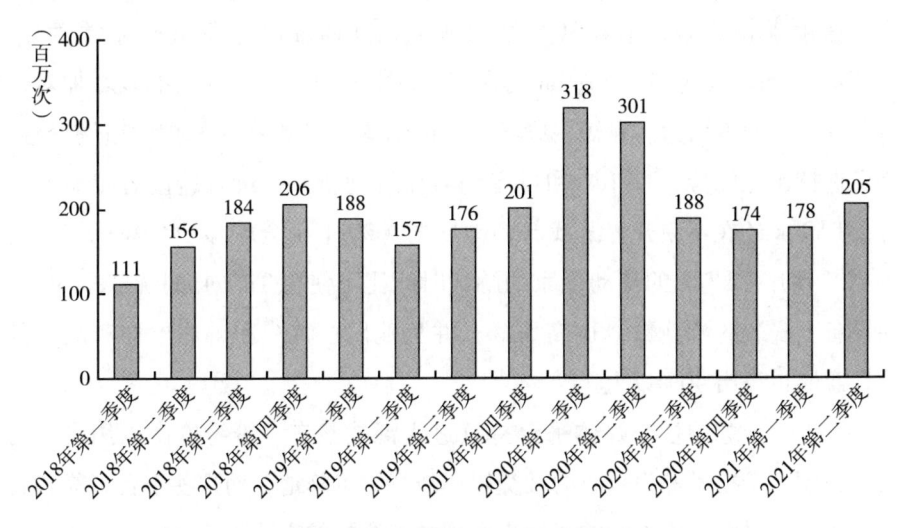

图 2　TikTok 和抖音全球下载量

① S. Dixon, "Mobile social media usage in the United States – Statistics & Facts", Feb 8, 2022, https://www.statista.com/topics/4689/mobile-social-media-usage-in-the-united-states/#topicHeader__wrapper.
② Simon Kemp, "Digital 2022: Global Overview Report", 26 January 2022, https://datareportal.com/reports/digital-2022-global-overview-report.
③ Simon Kemp, "Digital 2022: Global Overview Report", 26 January 2022, https://datareportal.com/reports/digital-2022-global-overview-report.

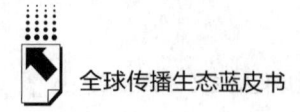

2021年上半年，TikTok和抖音获得近3.83亿次下载，用户支出高达9.19亿美元。虽然与2020年上半年6.19亿次下载量相比，2021年上半年下载量减少了38%（部分归因于从印度市场下架），但TikTok和抖音的应用内购收入较2020年同期5.3亿美元增长了73%。TikTok和抖音是目前全球第五款达到30亿次下载的非游戏应用，成功坐上了Facebook曾经的宝座。2014年1月以来，在全球App Store和Google Play累计下载量超过30亿次的另外4款应用为WhatsApp、Messenger、Facebook和Instagram。① 截至2021年8月，全球用户在TikTok和抖音的内购付费已经超过25亿美元。自2014年1月以来，仅有16款非游戏应用内购收入超过10亿美元。而达到25亿美元收入的非游戏应用仅有5款，除了TikTok和抖音，另外4款为Tinder、Netflix、YouTube和腾讯视频。② 尽管TikTok和抖音在过去数年以惊人的速度保持增长，但在视频社交领域，其面临的竞争依然非常激烈。YouTube、Snapchat和Instagram均在其平台中添加了类似的功能以增加对现有和新用户的吸引力。在短视频赛道，Kwai和Moj也在争相扩大市场份额。为了保持领先优势，TikTok和抖音仍需保持创新并持续打造内容生态。此外，TikTok还在不断开辟游戏新领地。据《2021年全球移动游戏玩家白皮书》，"使用TikTok的移动玩家的游戏时间比不使用TikTok的玩家多36%，在设备上安装的游戏数量也高50%，并且他们在游戏和游戏附加产品上的消费意愿也高出40%以上"。③

综上，全球的社交媒体平台持续进入混战状态，纷纷抢占以用户、游戏、音频、新技术等为核心的社交媒体战场重点阵地，而这些平台背靠的科技公司、互联网巨头之间的竞争也呈现愈加激烈的态势，人类的数字媒介化生存也将持续成为全球传播生态系统中的重要一环。

---

① Stephanie Chan, "TikTok Becomes the First Non-Facebook Mobile App to Reach 3 Billion Downloads Globally", July 2021, https://sensortower.com/blog/tiktok-downloads-3-billion.
② Stephanie Chan, "TikTok Becomes the First Non-Facebook Mobile App to Reach 3 Billion Downloads Globally", July 2021, https://sensortower.com/blog/tiktok-downloads-3-billion.
③ 《2021年全球移动游戏玩家白皮书：TikTok：全球游戏玩家新阵地》，2022年1月19日，https://newzoo.com/cn/trend-reports/tiktokreport-chinese。

（二）全球新闻业加快转型 "数字"与"平台"齐头并进

2021年，全球新闻业不断从实践业务扩展和理论范式研讨两条并行不悖的路径走向"数字"的深度转向和"平台"的发展走向。在理论研究的范式拓展上，全球范围内的新闻学研究促进了数字新闻学（Digital Journalism Studies）新范式的崛起："新闻学研究正逐渐超越技术工具论的视角，融入更多思辨逻辑；数字新闻学在理念上对经典新闻学，尤其是新闻社会学范式不断延续；对数字新闻伦理研究的讨论仍需进一步深入。"[①] 在实践业务拓展上，全球新闻业不断推动行业数字化转型，新闻报道、分发的模式在数字化转向这一方面渐入佳境。2022年是数字媒体品牌的成败之年，受新冠肺炎疫情影响和部分社交媒体平台算法规则的调整，许多数字媒体品牌面临挑战：一方面要跟传统媒体争夺受众，另一方面要跟其他平台竞争广告收入。2022年，更多的数字品牌将通过并购来追求规模效应，增加与广告商谈判的筹码，挑战谷歌和Facebook在广告领域的主导地位；传统媒体也希望通过收购来吸引不同类型的受众，为搭售的订阅产品增加附加值，推动自身增长。[②] 此外，"创作者经济"（Creator Economy）的影响也日趋明显，许多平台已推出激励政策，鼓励有影响力的独立作者、视频博主和播客源源不断地产出内容，为平台吸引流量。2022年，在注重个人影响力和明星效应的"创作者经济"下，主流媒体将更加积极地融入人才争夺大战，吸纳更多有影响力的独立创作者，将明星创作者的收入与机构收入挂钩，建章立制以奖励那些能为机构带来最多收益的人。[③] 据相关报告，"受新冠肺炎疫情影响，2022年，在办公室办公和居家远程办公的'混合办公'模式将成为全球新闻机构的常态，重新设计办公空间、升级技术、与员工协商更新聘用合同都是为此做出的新调整；2022年，为降低成本，吸

[①] 常江、黄文森、杨惠涵、刘璇：《数字新闻学的崛起：2021年全球新闻学研究综述》，《新闻界》2022年第1期。
[②] 刘沫潇、尼克·纽曼：《2022年全球新闻业展望》，《青年记者》2022年第3期。
[③] 刘沫潇、尼克·纽曼：《2022年全球新闻业展望》，《青年记者》2022年第3期。

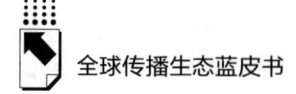

引人才，新闻机构可能会倾向于削减实体办公空间，构建虚拟新闻编辑部；重新定义办公室角色，将更多的办公空间用于举办活动，增进与受众的互动"。①

同时，互联网新闻平台和平台型媒体的飞速崛起也预示着全球新闻业在"平台社会"的趋势之下拥抱平台、走向平台。以美国为例，可以看到互联网巨头正在重塑美国新闻业：互联网巨头重构了美国媒介生态，形成了新闻业的"操作系统"；新闻内容分发的权力正从媒体转移到以社交平台、搜索引擎和聚合型新闻应用为代表的平台新闻业手中。②另外，苹果、微软互联网两巨头也开始在新闻内容上发力。Apple News 已拥有 9000 万用户，而在 Google Play 商店，可以看到 Microsoft News 目前已有超 100 万的下载量。根据林晓华的研究，当前美国新闻业呈现的"三极"格局以"平台"为核心话题词：第一极是以谷歌、Facebook 等互联网巨头为代表的平台新闻业；第二极是平台型媒体，以 BuzzFeed、YouTube、VOX 为代表，并且，第二极格局中出现了 BuzzFeed、YouTube 等现象级平台媒体③；第三极则是转型中的传统媒体阵营。与美国媒体一样，中国的新闻媒体同样存在互联网巨头的平台新闻业传播格局："与脸书、谷歌对标的中国互联网公司是腾讯（Tencent）、百度（Baidu），它们构建了中国最大的内容分发平台，而另一电商巨头阿里在媒体及广告市场也早有布局。"但是，应该警醒的是，"平台"接入社会尚且存在用户数据隐私权归属不清、"平台"的公共性难以界定和"平台"垄断造成不良社会后果等亟待解决的问题，全球新闻业在走向"平台"的同时依旧需要保持一定的理性。

---

① Nic Newman, "Journalism, media, and technology trends and predictions 2022", 10 January 2022, https://reutersinstitute.politics.ox.ac.uk/journalism-media-and-technology-trends-and-predictions-2022.

② 林晓华：《重塑新闻：美国平台新闻业发展现状、趋势及批判》，《未来传播》2021 年第 3 期。

③ BuzzFeed、YouTube 是网络媒体的"原住民"，或主攻新闻、专注于视频，或以网络社交的方式传播新闻、以社群聚合的方式来发现阅听兴趣，在赢得了海量关注的同时，BuzzFeed、YouTube 也将自己变成了平台媒体。

（三）智能传播再发力　技术+媒介迈向新台阶

1. 智能传播最新技术发展追踪

2022年，在智能传播领域，最新的技术发展追踪着眼于对交互式人工智能和NFT（新型加密数字代币）的深入考察，这两大新兴技术不仅拥有广阔的市场前景，更以一种技术基础设施的角色嵌入人类生活，进一步加快了社会的数字化转型。

（1）交互式人工智能：AI发展前景重点预测

数字化时代以语音为媒介的交互方式正逐步成为人机交互的主流。同时，人工智能技术的持续突破性创新一直是全球技术研究的焦点。据德勤调查，全球人工智能市场规模到2019年已达到1.9万亿美元，预计到2025年将超过6万亿美元，2017~2025年复合增长率将达到30%。[1] 人工智能技术的迅猛发展也为人机交互提供了理论和技术的支持。作为人工智能与人机交互的结合体，交互式人工智能（Conversational Artificial Intelligence，CAI）将是人工智能技术领域的新一代话题制造者，不仅能够降低交互门槛，拓宽用户人群，还能够在各领域体现出广阔的应用场景与无限的商业价值。当下，正值交互式人工智能技术发展的关键时期。据《德勤交互式人工智能白皮书》，交互式人工智能技术的发展将由打造工作模式、重塑生活方式、构建信息桥梁以及促进人机智联的四大愿景组成，从交互式人工智能开始，人类社会将进一步重塑人与机器的关系，开拓人机交互新纪元。[2] 2021年11月，人工智能计算的引领者NVIDIA发布交互式人工智能化身技术平台Omniverse Avatar，集合了NVIDIA在语音人工智能、计算机视觉、自然语言理解、推荐引擎和模拟技术方面的技术，为创建人工智能助手打开了大门，

---

[1] 《德勤交互式人工智能白皮书：交互式人工智能正在重塑人机交互》，2022年5月27日，https：//www2. deloitte. com/cn/zh/pages/innovation/articles/innovation‐conversational‐ai‐is‐reshaping‐the‐human‐machine‐interaction. html。

[2] 《德勤交互式人工智能白皮书：交互式人工智能正在重塑人机交互》，2022年5月27日，https：//www2. deloitte. com/cn/zh/pages/innovation/articles/innovation‐conversational‐ai‐is‐reshaping‐the‐human‐machine‐interaction. html。

将帮助处理数十亿的日常客户服务互动，带来更大的商业机会和提高客户满意度。① 此外，NVIDIA还在GPU技术大会上正式发布了模拟和协作平台Omniverse Enterprise，该平台"充当物理上精确的3D虚拟世界的结缔组织"，利用英伟达芯片为企业客户构建强大的计算系统，起售价为每年9000美元，通过戴尔和联想集团等合作伙伴销售。②

（2）NFT：新型加密数字代币市场蓬勃发展

2021年被称为NFT的"元年"，Uniswap一双袜子卖出16万美元；Twitter创始人杰克·多西（Jack Dorsey）的世界上第一条推特"just setting up my twitter（刚刚建我的Twitter）"拍卖了250万美元；加密艺术家Beeple的数字作品"First 5000 Days"在佳士得单一拍品网上以6934万美元价格成交。Beeple创纪录拍卖后，Zion Lateef Williamson、村上隆、Snoop Dogg、Eminem、Twitter CEO、Edward Joseph Snowden、Paris Hilton、姚明等各界明星、艺术家纷纷通过各种NFT平台发布了NFT，将NFT推向大众视野。作为一种非同质化代币，NFT（Non-Fungible Token）是一种不可分割且独一无二的数字凭证，能够映射到特定资产，将该特定资产的相关权利内容、历史交易流转信息等记录在其智能合约的标示信息中，并在对应的区块链上给该特定资产生成一个无法篡改的独特编码，确保其唯一性和真实性。NFT实现了虚拟物品的资产化，从而使得数字资产拥有可交易的实体。自2021年2月开始，NFT开始爆炸式增长，每周交易量超过200万美元。Google Trends数据显示，关键词"NFT"和"Non-Fungible Token"的全球搜索量在2021年剧增，这也意味着NFT生态系统的关注度在不断攀升。③ 目前NFT项目主要集中在数字收藏品、游戏资产和虚拟世界三个领域：数字收藏品往往是具有特定的文化印记和艺术美感的多媒体内容，如NBA Top

---

① 《NVIDIA发布交互式人工智能化身技术平台Avatar，全面拥抱元宇宙》，2021年11月10日，https://t.cj.sina.com.cn/articles/view/5772303575/1580e5cd701900vc1c。

② 《NVIDIA发布交互式人工智能化身技术平台Avatar，全面拥抱元宇宙》，2021年11月10日，https://t.cj.sina.com.cn/articles/view/5772303575/1580e5cd701900vc1c。

③ 《全面解析NFT发展简史、价值及未来》，2021年9月12日，https://new.qq.com/omn/20210911/20210911A07JFI00.html。

Shot 是 NBA 球星的短视频剪辑收藏品 NFT；游戏资产则更强调用途，如区块链卡牌游戏 Gods Unchained 的卡牌 NFT 可以用到实际的对战中；虚拟世界一般拍卖其中的地块和特殊物品，如 Decentraland 中的地块 NFT，用户拥有该 NFT 就可以建设改造相应的虚拟土地。除此之外，还有形形色色的 NFT 项目，它们往往都具备稀缺性、属于某些文化圈子，或是有着相应的用途。① 下一步，NFT 在元宇宙领域的深度介入值得重点关注。

2. 辗转虚实的迷思：元宇宙与人类未来传播新想象

2021 年，包括 VR、AR、MR、AI 和大数据、云计算在内的多项数字技术合力催生元宇宙。据清华大学新媒体研究中心执行主任沈阳的论述，元宇宙是整合多种新技术而产生的新型虚实相融的互联网应用和社会形态，它基于扩展现实技术提供沉浸式体验，以及数字孪生技术生成现实世界的镜像，通过区块链技术搭建经济体系，将虚拟世界与现实世界在经济系统、社交系统、身份系统上密切融合，并且允许每个用户进行内容生产和编辑。② 当前最具元宇宙基因的公司罗布乐思（Roblox）提出元宇宙的八大要素：独立身份、社交好友、高沉浸、低延迟、多样性、随时随地、经济系统、文明。③ 2021 年 10 月，坐拥 28 亿用户的社交媒体巨头 Facebook 公司宣布更名为"Meta"，并宣布将全身心专注于虚拟现实与增强现实业务，至此彻底引发了"元宇宙"概念的爆发。Meta 在元宇宙的硬件赛道方面重金下注，仅在 2021 年，Meta AR/VR 事业群 Reality Labs 的投入就超过 120 亿美元；同时，2021 年底，Horizon Worlds 作为 Meta 的元宇宙社交平台正式向全球开放。此外，Meta 还与英伟达联手推出了全新的人工智能研究超级集群（RSC），并与西班牙电信公司 Telefónica 联手建立了一家元宇宙创新中心，推动 AI、算力、

---

① 《全面解析 NFT 发展简史、价值及未来》，2021 年 9 月 12 日，https：//new.qq.com/omn/20210911/20210911A07JFI00.html。
② 《什么是元宇宙？为何要关注它？——解码元宇宙》，新华网，2021 年 11 月 20 日，http：//bj.news.cn/2021-11/20/c_1128082017.htm。
③ 《一文读懂元宇宙：是什么？如何发展？怎样看待？》，澎湃新闻，2021 年 11 月 10 日，https：//m.thepaper.cn/baijiahao_15319539。

网络传输等多个元宇宙基础设施的建设。① 与Facebook收购Oculus类似，字节跳动也在注入高额投资，积极汇集自身的社交、内容、全球化优势，将TikTok、飞书（Lark）应用到下一代颠覆手机的终端设备中，去构建属于自己的"元宇宙"。2022年6月16日，全球管理咨询公司麦肯锡（McKinsey）报告显示，企业和消费者与元宇宙相关的全球年度支出总额可能高达5万亿美元。据MetaverseHub预测，在短短一年左右的时间里，全球元宇宙市场规模将从2020年的879亿美元增加至2022年的2800亿美元。

回看元宇宙发展简史，"元宇宙"所代表的虚拟世界的概念早在30年前就已出现，而"元宇宙"在2021年迎来高价资本的持续投入和巨型企业的密切关注，归根结底，还是在于"元宇宙"的构建吸纳了日臻成熟的大数据、算法、AI、AR/VR、区块链、5G等技术成果，并以游戏与社交的深度融合重塑了用户体验，给人机交互迈向人机交融带来了新可能（见表2）。在此基础上，应明确的是，尽管元宇宙已经被商界鼓吹为投资必选领域，被技术界冠以人类数字社会的新未来之名，虚拟世界与现实世界的真实沟壑仍然不是仅凭"元宇宙"给出的"迷思"性质的新想象所能够填平的。未来，技术给出的瑰色幻想究竟能够在何时、何地并且在多大程度上"牵一发而动全身"，蜕变为扇动翅膀便能搅动全球人类社会的蝴蝶，值得持续追踪与深研。

表2 "元宇宙"走红简史

时间	事件	影响
1992年	美国科幻作家尼尔·史蒂芬森的代表作《雪崩》（Snow Crash）出版，创造了Metaverse（元宇宙）一词。小说主人公希罗（Hiro）是一名电脑黑客和比萨快递员，通过连接终端以"虚拟分身（Avatar）"方式进入与现实世界平行的虚拟世界。虚拟世界中有一套完整的社会和经济系统，现实世界中的人可以化为虚拟分身，在虚拟世界中生活、工作和娱乐	《雪崩》作为近代最具影响力的科幻小说之一，为读者展示了关于未来世界的神奇预言

① 李红波：《投入100亿美元后，全球最大社交媒体巨头Meta究竟如何布局元宇宙?》，2022年4月14日，https://www.fortunechina.com/zhuanlan/c/2022-04-14/content_ 409990.htm。

续表

时间	事件	影响
2003年	Linden实验室开发的虚拟网络游戏Second Life发布，游戏中，用户是"居民"，通过可运动的虚拟化身实现交流互动。同时，更高层次的社交网络服务也可以实现：居民们可以相互交易虚拟财产	大量玩家涌入该游戏所创造的虚拟世界。到2007年3月，Second Life拥有500万注册用户
2006年	Roblox游戏平台从去中心化角度探索元宇宙的发展。Roblox不直接提供游戏，只提供开发平台和社区，激发用户的创作能力，构建由用户自己打造的去中心化世界	截至目前，Roblox已发展为全世界最大的多人在线创作游戏平台，并在2021年3月在纽约证券交易所上市，最高市值曾接近800亿美元
2018年	史蒂文·斯皮尔伯格执导电影《头号玩家》上映，充分描绘元宇宙图景。人类可以将在现实世界开展的活动复制到虚拟空间。此外，还可以实现在虚拟空间当中"云旅游"	《头号玩家》电影带动VR/AR技术开始大量投入商用，促成VR/AR技术相关设备产业制造规模不断扩大
2021年10月	Facebook高调将公司名字改为Meta，即元宇宙英文名的开始字母，并宣布全力进军元宇宙，在未来五年设立1万个与元宇宙相关的岗位	包括NVIDIA、微软、腾讯、字节跳动等在内的著名企业也都纷纷推出元宇宙发展计划

资料来源：课题组根据公开资料整理。

3. 虚拟数字人惊艳亮相　科技助力北京2022冬奥会国际传播

自2021年"元宇宙"概念引爆全球以来，与其紧密相关的虚拟数字人的热度也直线上升。兼具形象能力、感知能力、表达能力和娱乐互动能力的虚拟数字人逐渐进入大众视野，从二次元领域的虚拟歌姬洛天依，到注入虚拟人IP的陪伴型虚拟助理度晓晓，再到3D高写实类型浦发银行数字员工小浦和真人形象类型的新华社AI合成主播新小浩，虚拟数字人的应用场景不断增多，搜狗 AI 开放平台、网易伏羲、网易易现、百度 AI 开放平台、腾讯云、腾讯 NEXT Studios 和讯飞开放平台等代表性研发平台也在不断将技术与人文相结合，在交互式技术领域开拓创新。据《虚拟数字人深度产业报告》预测，2030 年，我国虚拟数字人整体市场规模将达到 2700 亿元，身份型虚拟数字人规模约 1750 亿元，服务型虚拟数字人总规模超过 950 亿元。作为元宇宙主要的交互载体，虚拟数字人具有明确的巨大增长潜力和基于 NFT、VR 等技术的巨大延展空间。咪咕公司作为北京冬奥会官方转播商，瞄准风口抢抓机遇，在冬奥会期间运用 8K 三维成像的超写实虚拟数字人、基于 XR 的互动云游戏+演艺新场景、XR 演播室等先进技术给受众带来更佳的观赛体验[①]：以谷爱凌为原型，咪咕打造的基于 8K 的 5G 冰雪数智达人 Meet Gu，完美复刻真人，是国内第一个面向 8K 三维成像的体育虚拟数字人，借助北京冬奥会的绝佳契机首次在重大体育赛事应用落地。Meet Gu 基于咪咕自研的表情迁移、人脸重建、语音合成、光照一致性虚实合成、数字分身人脸拟合以及云渲染等技术，不仅通过 3D 人脸关键点位置精确修正、眼眶眼球自动适配、任意姿态人脸配准等核心技术，让 3D 人脸拟合精度达亚毫米量级，从而完美复刻真人，更是实现了全自动化表情与动作的个性化迁移，做到与真人表情"神同步"。此外，中国主流媒体也在创建虚拟数字分身领域迈出新的一步：中央广播电视总台央视新闻 AI 手语主播是第一个为冬奥会而生的数字人。在北京冬奥会开幕的同一天，央视新闻 AI 手语主播正式上岗，其在冬奥会新闻播报、赛事直播和现场采访中，为听障人士送上了实时手语翻译服务。凭借精确的手语翻译引擎，该 AI 手语主播可懂度达 85%以上，可将冰雪赛事的文字及音视频内容，快速精准地转化为手语。2022 年 1 月，新华社客户端上线了 V9.0 版本，该版本中，在 AI+VR 技术的支持下，依据个人的喜好，用户选用不同的数字分身，生成个人专属 3D 头像，以面部捕捉、动作捕捉的方式实现肉身与数字分身的连接。北京冬奥

[①] 罗志平、毕蕾：《面向元宇宙的 XR 技术——咪咕冬奥前沿应用解密》，《视听界》2022 年第 3 期。

会期间，数字分身还可以在新华社客户端自由走进冬奥比赛场景，滑冰、滑雪、投壶，体验冰雪比赛项目，以第一或第三视角沉浸式感受激动人心的一刻并实时录制精彩瞬间，保存分享，沉浸式体验冬奥。①

（四）短中长视频同台竞赛　流媒体领域再破新局

1. 视频市场激烈角逐　中视频担当后起之秀

2021年，短视频依旧占据视听行业"流量之王"的强劲地位。据中国互联网络信息中心（CNNIC）发布的《第49次中国互联网络发展状况统计报告》，截至2021年12月，中国短视频用户规模9.34亿人，使用率90.5%。②预计2022年12月，中国短视频用户规模将达9.85亿人，使用率将达92.4%。③近年来，短视频超强的流量变现能力不仅使得用户规模不断扩大、行业体量飞速增大，也带来了短视频行业乱象横生的严重问题。自2016年12月《关于加强微博、微信等网络社交平台传播视听节目管理的通知》发布以来，中国短视频行业政策已经发布十余项，短视频进入国家强监管阶段。2021年12月15日，中国网络视听节目服务协会发布《网络短视频内容审核标准细则（2021）》，结合文娱领域综合治理的新要求，新版细则详细规定了21类100条细则，对网络短视频及其标题、名称、评论、弹幕、表情包等进行了详细规定，要求不得出现"危害中国特色社会主义制度""分裂国家""损害革命领袖、英雄烈士形象""歪曲贬低民族优秀文化传统""宣扬不良、消极颓废的人生观、世界观和价值观""不利于未成年人健康成长"等内容。④未来，国家将进一步加强短视频行业监管力度，严厉打击违法违规短视频行为，引导短视频行业健康发展。

---

① 《新华社邀您体验"AI+VR"，身临其境感受冬奥之旅》，腾讯网，2022年1月12日，https：//new.qq.com/rain/a/20220112a07h1h00。
② 《第49次中国互联网络发展状况统计报告》，中国互联网络信息中心，2022年2月25日。
③ 《第49次中国互联网络发展状况统计报告》，中国互联网络信息中心，2022年2月25日。
④ 《网络短视频内容审核标准细则（2021）》，人民网，2021年12月15日，http：//politics.people.com.cn/n1/2021/1215/c1001-32309186.html。

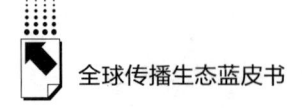

为了缓解短视频、直播等新兴业态的冲击，长视频领域再添新动作。2021年，长视频制作方不断创新视频制作模式，打造如互动剧、竖屏剧、微短剧等类型长视频，提高网络长视频用户黏性。[1] 此外，我国网络长视频平台还不断推出如超前点播付费、提升会员权益等付费新模式吸引具备付费能力的用户观看网络长视频。[2] 值得关注的是，Z世代文娱内容需求不断增大，推动剧集内容朝向优质、高量产出迈进。中国Z世代（1998~2014年出生）人群规模2.8亿，占总人口的18.1%，是文娱内容消费、舆论发声的重要群体。Z世代对于影视市场方向有着重要影响，长剧市场中主旋律剧集、互动式剧集、微短剧等内容迅猛发展；综艺市场追求细分赛道，多样化满足各类需求，价值情感共鸣和场景沉浸类成为新兴综艺制作趋势；动漫市场中国产动画IP的兴起加速了Z世代文化自信的树立。《觉醒年代》《扫黑风暴》等作品引发多样化衍生创作，成为唤醒Z世代精神共鸣的重要连接点。预计未来主旋律剧集将持续位于主流内容位置，占据长视频市场一席之地。[3]

2021年，中视频也加入与短视频和长视频的竞争赛道，不断争夺用户市场份额。中视频是时长在1分钟以上、信息更丰富、画幅更宽广、剪辑精良的一类视频。当今，凭借信息容量大、受众覆盖广、主流消费人群年轻化和知识化等优势，中视频进入黄金发展时期。2021年6月，西瓜视频、抖音、今日头条为了帮助更多普通人成为优质中视频的创作者，联合发起"中视频伙伴计划"。随着"中视频伙伴计划"的带动，2021年，我国中视频创作者数量增长迅猛，月活创作者数量增长80%，内容数量同比增长98%；超过50万名创作者加入"中视频伙伴计划"，2022年好内容收益预估涨100%；九成创作者获得收益，新人创作者总分成金额破1亿元，9.2%

---

[1] 《2021年中国网络长视频行业发展现状与市场规模分析 多方推出创新模式助力行业发展》，2021年9月3日，https://www.qianzhan.com/analyst/detail/220/210903-7b6f9762.html。

[2] 《2021年中国网络长视频行业发展现状与市场规模分析 多方推出创新模式助力行业发展》，2021年9月3日，https://www.qianzhan.com/analyst/detail/220/210903-7b6f9762.html。

[3] 《2022年传媒行业发展现状分析 后疫情时代激发传媒行业需求变更》，2022年1月25日，https://www.vzkoo.com/read/202201244a66381b6d54cbe28a9457b0.html。

新加入计划的创作者达到 10 万播放量仅需 100 天。[①] 多项数据表明，MCN 面临新机遇、新增长，可从拓宽变现渠道提升变现能力、深耕优质特色内容创作、加快账号孵化和成长速度等方面把握此次发展时机。[②] 短视频 MCN 机构 Papitube、薇龙文化、大禹网络、快美 BeautyQ 等均表示将继续发力内容领域，创造优质内容，坚持长期主义。

2. 在线音频稳定发挥　平台发力带动播客商业化发展

2021 年，中国在线音频市场规模呈现增长趋势，预计 2022 年在线音频市场规模将达 312 亿元，同比增长 41.8%；[③] 在线音频用户日均收听 2~5 个小时的比例为 49.9%；有超四成的用户在 18~21 点的时间段使用在线音频。[④] 目前，全球在线音频市场发展走势持续上扬，随之而来的，是不断增长的用户数量、多样化的平台创收方式和多元化的应用场景。受音频技术研发、民众娱乐需求等多方面的积极影响，在线音频向车载端、家居端等智能终端普及。[⑤] 2021 年 4 月，荔枝播客与广汽传祺、广汽埃安以及车载智能平台达成合作。随着物联网及车联网与在线音频融合深入，全场景生态的发展模式将使得在线音频市场在内容变现及硬件设备方向都带来更多想象空间。此外，在线音频行业的发展进一步带动了播客业务的大面积拓展，兼具收听灵活性、内容趣味性的博客内容逐渐受到更多不同圈层用户的喜爱。头部在线音频社区荔枝将播客业务拆分成单独的软件产品"荔枝播客"上线，成为国内首款垂直播客 App。在线音频行业体量不断增大的发展趋势愈发明显，播客产品的单独拆分上线不仅有助于增加社会影响力，还将吸引更多资

[①]《中视频 2021 发展趋势报告》，2022 年 1 月，https：//www.sgpjbg.com/baogao/59348.html。
[②]《中视频 2021 发展趋势报告》，2022 年 1 月，https：//www.sgpjbg.com/baogao/59348.html。
[③]《2022 年中国在线音频发展前景分析：市场规模稳定增长、播客内容需求渐显》，艾媒网，2021 年 11 月 26 日，https：//www.iimedia.cn/c1020/82118.html。
[④]《2022 年中国在线音频发展前景分析：市场规模稳定增长、播客内容需求渐显》，艾媒网，2021 年 11 月 26 日，https：//www.iimedia.cn/c1020/82118.html。
[⑤] 张铭阳：《"在线音频+同好社交"兴起　300 亿音频市场 1300 万人掘金》，2021 年 11 月 26 日，http：//news.gkjw.com.cn/kuaixun/2021-11-26/6955.html。

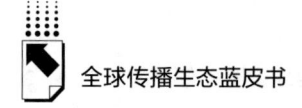

本关注，带动播客领域的商业化发展。①

3. 流媒体市场再创新收　社交媒体平台大放异彩

新冠肺炎疫情全球大流行时代，从流媒体渠道获得视频内容是全球人类居家生活的一部分体现。在此背景下，流媒体的全球使用量保持着持续增长的态势。根据统计门户网站Statista发布的最新数据，2022~2026年订阅型视频流媒体每年收入增长率预计将达到8.9%；到2026年，该领域的全球订阅用户数有望增至14.9亿，用户渗透率达到18.9%。②全球流媒体分析平台Conviva最新的《Conviva流媒体状态报告》显示，与2021年第一季度相比，2022年第一季度的全球流媒体消费增长了10%，其中北美（5%）和欧洲（9%）等成熟市场都保持了持续增长。③

2021年，社交平台在流媒体领域的布局和成就不可小觑。据Conviva的数据，字节跳动旗下短视频社交平台TikTok开始"统治"体育联盟；在全球性体育赛事举办期间，TikTok是唯一在每家体育联盟都增加了流媒体观众份额的社交平台。德甲联赛、意甲联赛和英超联赛在TikTok上的流媒体视频观众份额增幅最大，大约为6%，职业橄榄球大联盟（NFL）紧随其后，同比增长4%；两支超级碗球队（公羊队和孟加拉虎队）仅仅一天（2月13日至14日）就获得了超过10万的TikTok粉丝。④2021年10月，Netflix公开数据并指出旗下原创韩剧《鱿鱼游戏》在短短半个月的时间内突破全球1.3亿用户的惊人观看数，《鱿鱼游戏》成为全球现象级网剧。Netflix的公司市值也水涨船高，自2021年9月17日开播起，该公司市值大涨约192亿美元（1237亿元），于2021年10月创下历史新高646.84美元/股。此外，

---

① 《2022年中国在线音频发展前景分析：市场规模稳定增长、播客内容需求渐显》，艾媒网，2021年11月26日，https://www.iimedia.cn/c1020/82118.html。
② 张慧中：《多国流媒体行业加速发展》，人民网，2022年3月1日，http://world.people.com.cn/n1/2022/0301/c1002-32361943.html。
③ 《全球流媒体消费同比增长10%》，2022年5月30日，https://new.qq.com/omn/20220530/20220530A089BE00.html。
④ 《全球流媒体消费同比增长10%》，2022年5月30日，https://new.qq.com/omn/20220530/20220530A089BE00.html。

Mirabaud Equity Research 的分析师尼尔·坎普林（Neil Campling）表示，虽然 Netflix 长期以来一直是行业内营收最高的公司，但 YouTube 的持续增长使其有望在 2022 年就超过 Netflix。[①] YouTube 飞速增长的部分原因可能是它能提供 Netflix 所没有的直播业务。Mirabaud Equity Research 表示，说唱歌手特拉维斯·斯科特（Travis Scott）2020 年在视频游戏《堡垒之夜》上的演唱会也在 YouTube 上同步播放，观看人数超过 1.4 亿。2021 年底，超过 1.42 亿人在 8 天的时间里观看了 YouTube 创作者 MrBeast 重新制作的 Netflix《鱿鱼游戏》。鉴于爆火网剧带来的巨额经济收益和不断高涨的全球用户数量，迪士尼（Disney）、亚马逊（Amazon）和苹果（Apple）等财力雄厚的公司都在 2021 年对该领域投入巨资，Netflix 则预计 2022 年将在内容上投入近 140 亿美元，到 2025 年，这一数字可能会增长到 190 亿美元，[②] 由此可见，内容领域的高水平竞争愈演愈烈。

（五）全球视听业务加快向平台迁移　亚洲地区游戏市场前景广阔

1. IPTV、OTT——中国国际传播新平台

2021 年，中国机构拓展海外电视机大屏市场的运作中，基于电视平台的 IPTV 平台、互联网电视（OTT）客户端的发展成绩十分亮眼。2021 年 5 月，华视网聚推出互联网电视新媒体平台聚宝（JUBAO），登陆美国康卡斯特流媒体平台，北美地区观众可通过海信、松下、飞利浦、三星、三洋、夏普、索尼等智能电视机，以及苹果电视机顶盒 APPLE TV、亚马逊电视棒 FireTV、Roku 机顶盒等智能设备观看聚宝平台 2000 多小时的优秀中国视听节目内容。[③] 作为国家深入推进"三网融合"战略的主要平台，IPTV 在 2022 年迎来融合试点的第 12 个年头。据工信部数据，截至 2022 年 3 月末，

[①]《分析师：YouTube 有望在今年取代 Netflix 成"流媒体之王"》，2022 年 1 月 5 日，https://finance.sina.com.cn/tech/2022-01-05/doc-ikyakumx8448435.shtml。

[②]《分析师：YouTube 有望在今年取代 Netflix 成"流媒体之王"》，2022 年 1 月 5 日，https://finance.sina.com.cn/tech/2022-01-05/doc-ikyakumx8448435.shtml。

[③] 朱新梅、丁琪：《中国国际传播渠道平台建设新格局》，国家广播电视总局发展研究中心，2022 年 1 月 30 日，https://mp.weixin.qq.com/s/OTb2VbPBCW-WgrucqgWpXg。

IPTV总用户数达3.6亿户，IPTV用户规模扩大也推动业务收入持续增长。2022年4月，国家广播电视总局发布的《2021年全国广播电视行业统计公报》显示，IPTV平台分成收入161.76亿元，同比增长19.09%。[1] 凭借灵活的内容供给、多元的互动体验和不断拓展的业务合作，IPTV正加速布局智慧媒介平台。融合广播电视和网络视听内容，全国各地IPTV平台依托本地特色推出不同垂类分区和专区，提供丰富多元的视听内容、新闻资讯、政务服务等，推进IPTV向智慧服务平台转型。近年来，各IPTV平台以丰富的节目内容、多元的互动体验和便捷的智慧场景等获得用户的喜爱。作为广播电视在新媒体领域的重要延伸，IPTV还在不断拓宽大屏内容和服务的边界。

2. 全球影视娱乐消费飞速增长　中国影视作品出海传播

2022年4月，美国电影协会（Motion Picture Association，MPA）发布《2021年影院和家庭娱乐市场报告》。"2021年，全球影院&家庭/移动设备娱乐消费997亿美元（不含付费电视订阅市场），较2020年增长24%，超过2019年同期数据。与2020年相比，数字家庭/移动设备娱乐市场增长了18%。在全球电影收入票房数据方面，2021年全球各地区所有影片的总票房为213亿美元，较2020年增长了81%"。[2] 此外，《2021年影院和家庭娱乐市场报告》还指出，尽管与2020年相比，各国的票房收入都有不同程度的上升，但中国的疫情防控成果显著，大部分影院在2021年保持开业，年度票房总额超过了美国/加拿大地区（2021年票房为45亿美元），稳居世界第一。[3]

2021年，出海传播的中国影视作品不断迎来全球观众的如潮好评。据《中国电影海外网络受众接受度的实证研究——2021年度中国电影国际传播

---

[1] 《内容"智"变、服务升级，IPTV提速创新》，《广电时评》2022年5月26日，https://lmtw.com/mzw/content/detail/id/214751/keyword_id/3。

[2] 《美国电影协会：2021全球和美国影院、家庭娱乐市场报告》，2022年4月13日，https://www.d-arts.cn/article/article_info/key/MTIwMTc5MjMyMzSDuZ9jr5yocw.html。

[3] 《美国电影协会：2021全球和美国影院、家庭娱乐市场报告》，2022年4月13日，https://www.d-arts.cn/article/article_info/key/MTIwMTc5MjMyMzSDuZ9jr5yocw.html。

调研报告》，中国电影海外受众群体地域分布广泛，对中国电影接受的文化符号元素开始发生结构性转变，从传统单一文化符号开始走向现代复合多元文化符号；[①] 动作片是海外网络受众接受度最高的电影类型；大陆、香港联合制作，中外合拍片成为海外网络受众较为关注的中国电影创作模式。不仅中国电影的出海传播获得亮眼成绩，中国的优秀影视剧作品已经在中国国际电视总公司发起成立的"丝绸之路电视共同体"这一面向全媒体的国际影视媒体制播联盟的带动下，发展出了以影视合作为核心的良性共同体"朋友圈"，60个国家和地区的137家机构在国际影视合作、跨地区跨文化融合传播、版权交易合作及文化交流互鉴等方面联合创造了广阔的合作机遇和发展空间，[②] 中国影视"出海"不断提速进阶。

3. 全球游戏市场收入增加　亚太地区新兴市场强劲增长

据Newzoo发布的报告，2021年全球游戏市场将收获来自消费者的1758亿美元收入，移动游戏市场将在2021年产生907亿美元的收入，同比增长4.4%。移动游戏市场收入将占全球游戏市场总收入的一半以上，因为与PC及主机游戏市场相比，该细分市场受全球疫情的影响较小。同时，依据当下的游戏市场发展现状，Newzoo预测2024年全球游戏市场规模将超2000亿美元，玩家总数达33亿。根据数据统计结果，亚太地区拥有全世界最多的玩家，占全球玩家总数的55%（见图3）。该地区的网民人数在全球网民数中的占比也与之大致相当（54%）。[③] 来自欧洲和北美市场的玩家消费占比极高，合计占游戏市场收入的40%以上。同时值得注意的是，2021年，欧洲和北美市场两个市场的玩家在全球玩家总数中占比不到1/4（欧洲14%，

[①] 《2021年度"中国电影国际传播"调研报告出炉　海外网络受众最爱动作片》，文旅中国，2022年3月21日，https://culture.gmw.cn/2022-03/21/content_35601850.htm。

[②] 《中国影视"出海"提速进阶》，2021年11月8日，https://new.qq.com/omn/20211108/20211108A0A26I00.html。

[③] Tom Wijman：《Newzoo发布〈2021年全球游戏市场报告〉：2024年全球游戏市场规模将超2000亿美元，玩家总数达33亿》，2021年7月6日，https://newzoo.com/cn/articles/the-games-markets-bright-future-player-numbers-will-soar-past-3-billion-towards-2024-as-yearly-revenues-exceed-200-billion-chinese/。

北美 7%）。具体来说，拉动中东和非洲及拉美市场玩家数增长的主要驱动力为：整体网民人数的增长、不断改善的互联网基础设施、智能手机以及移动互联网流量计划变得更为经济实惠。鉴于亚太地区的游戏市场前景十分广阔，来自欧美的开发商也开始将目光瞄准在包括中国、印度以及东南亚的新兴市场等亚太地区一些具有高潜力的市场上。

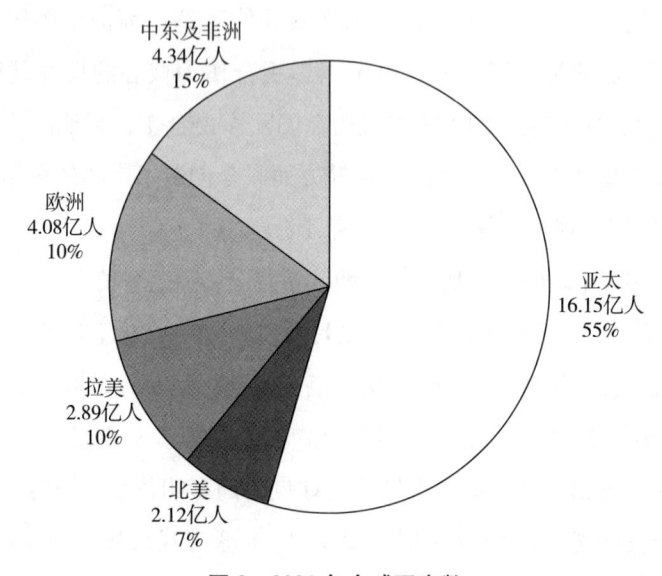

图3 2021年全球玩家数

资料来源：https://newzoo.com/cn/articles/the-games-markets-bright-future-player-numbers-will-soar-past-3-billion-towards-2024-as-yearly-revenues-exceed-200-billion-chinese/。

2021年上半年，全球近55%的手游支出来自亚洲市场，其中日本、中国和韩国是亚洲收入最高的三大市场，作为对比，北美和欧洲的玩家支出分别占全球玩家总支出的30%和12%。① 此外，东南亚新兴市场将持续助力亚洲下载量进一步提升。在内购收入方面，亚洲地区92%的游戏内购收入依旧来自本土手游厂商所发行的游戏。腾讯、网易、米哈游等仍是亚洲收入表现最出色的游戏发行商。由于本地化沉淀不足，欧美等国家的游戏厂商仍需

① 《2021年亚洲手游市场分析报告》，Sensor Tower，2021年10月。

更多时间突破文化壁垒。同时，部分游戏厂商开始通过投资与并购本土公司的方式加速打开亚洲市场。在游戏类型偏好方面，亚洲与美国地区主流游戏存在较大差异。2020年亚洲收入Top1500的手游之中，中重度游戏下载量和收入占比最高，其中RPG与策略类游戏仍是最热门的游戏品类。在美国市场，则以解谜为代表的休闲游戏和棋牌游戏最为流行。从游戏设定与艺术风格来看，全球市场均以现代设定和卡通风格为主，但亚洲地区用户更愿意在奇幻和二次元风格的游戏中进行付费。[1]

（六）数字治理亟待全球共建 各国不断加强互联网信息规制

1. 数据安全——全球数字治理重中之重

2021年9月，2021世界互联网大会乌镇峰会发布《世界互联网发展报告2021》和《中国互联网发展报告2021》。《中国互联网发展报告2021》显示：2020年中国数字经济规模达到39.2万亿元，占GDP比重达38.6%，保持9.7%的高位增长速度，成为稳定经济增长的关键动力。[2]《世界互联网发展报告2021》指出：一年来，网络空间国际秩序加速重塑，关键领域加快布局，国际数字规则制定成为竞争博弈的焦点。"数字抗疫"成为各国政府数字化管理和服务的重中之重。[3]

在此背景下，数据已经成为人类社会面向数字化转型的核心要素，而数据编织或将成为数据治理优化的新方向。[4] 2022年，随着全社会的数据存储、数据挖掘、数据使用、数据参与意识逐渐觉醒，数据价值化的条件将进一步成熟，数据的所有权、使用权、增值权及数据红利的释放权、分配权有

---

[1] 《2021年亚洲手游市场分析报告》，Sensor Tower，2021年10月。
[2] 《中国互联网发展报告2021》，2021年9月27日，https：//baijiahao.baidu.com/s？id=1712031876772707930&wfr=baike。
[3] 《世界互联网发展报告2021》，2021年9月27日，https：//baijiahao.baidu.com/s？id=1712031876772707930&wfr=baike。
[4] 作为一种跨平台的数据整合方式，数据编织能够利用对现有、可发现的元数据资产的持续分析，支持包括混合云和多云平台的各种环境对数据的设计、部署和利用集成，为数据治理带来更多的便利性。参见《2022年数据治理趋势盘点》，腾讯网，2022年3月11日，https：//new.qq.com/omn/20220311/20220311A08JWG00.html。

望在新的一年里确定更加清晰的边界，数据要素价值将得到更有效的释放。①此外，人工智能技术的进一步发展也将促进数据治理走向智能化，数据治理将从成本中心向价值中心演进，数据的进一步开放与共享将成为普遍趋势。最为值得关注的是，数据安全仍是贯穿数据治理各环节的核心重点。②当前，数字规则和秩序的塑造正在国际舞台上积极推进和展开，全球各国也在加快促进数字治理的全球共建：以二十国集团（G20）等为代表的国际组织大力推进数字议题，彼此间联系更加紧密；世贸组织（WTO）与区域贸易协定为数字规则发展演进铺设多元化路径；数字基础设施建设与相关的制度供给正在成为全球治理新模式。③

2.信息规制：数字反垄断与隐私立法并行

在全球的信息规制方面，国际上的互联互通仍在遵循反垄断逻辑。中国社会科学院大学竞争法研究中心执行主任韩伟表示，美国众议院2021年推出的相关法案有关注互联互通问题，但整体仍属于反垄断思路，针对达到特定标准的少数企业附加义务。④德国2021年新修订的《反对限制竞争法》，其中最值得关注的是19A条，确定了一个新的市场主体类型，即所谓"具有显著跨市场竞争影响力的平台"。⑤作为欧盟竞争法的补充，《数字市场法案》（Digital Markets Act）意在明确大型数字服务提供者的责任，遏制大型网络平台企业的非竞争性行为。⑥2020年12月15日，欧盟委员会公布了《数字市场法案》的草案；2022年3月24日，欧洲理事会和欧盟委员

---

① 《2022年数据治理趋势盘点》，腾讯网，2022年3月11日，https://new.qq.com/omn/20220311/20220311A08JWG00.html。
② 《2022年数据治理趋势盘点》，腾讯网，2022年3月11日，https://new.qq.com/omn/20220311/20220311A08JWG00.html。
③ 《全球数字治理白皮书》，中国信息通信研究院，2021年12月。
④ 《全球互联网市场监管进入"未知区"，互联互通得走自己的路》，《新京报》2021年12月21日，https://baijiahao.baidu.com/s?id=1719813270311856236。
⑤ 《全球互联网市场监管进入"未知区"，互联互通得走自己的路》，《新京报》2021年12月21日，https://baijiahao.baidu.com/s?id=1719813270311856236。
⑥ 杨继东：《欧盟〈数字市场法案〉的主要内容及其影响》，2022年5月10日，https://www.thepaper.cn/newsDetail_forward_18013304。

会就《数字市场法案》达成政治一致，预期2022年内法案将获得正式通过并开始执行。①英国竞争与市场管理局（CMA）下面新设的"数字市场部"（DMU）也在计划重点针对"拥有战略性市场地位的企业"强化监管。②2022年，媒体机构将获得更多的新闻版权收入。此前欧盟的版权法和澳大利亚的新闻协议准则已经使法国和澳大利亚的一些大型新闻机构获取了可观的内容授权费。2022年，随着本国出台对欧盟版权法的解释性条例，意大利和西班牙等国的媒体机构也有望向使用其内容的第三方平台索取版权费用，通过内容版权获利。③2021年，中国互联网企业因垄断累计被罚超200亿元，中国的反垄断的闸刀频繁下落。二选一、大数据杀熟、搭售行为等各反垄断细则相继出台，历经十年高速发展的互联网企业成为国家反垄断的重点"整治对象"。④

2021年，全球范围内隐私立法规制不断加强。2021年全球大规模数据泄露事件频发，黑客攻击、互联网暴露与配置错误等成为造成该问题的主要元凶。⑤据 Risk Based Security（RBS）机构的数据泄露报告显示，2021年全球公开披露的数据泄露事件有4145起，共导致227.7亿条数据泄露。⑥2021年欧盟 GDPR 执法进入"深水区"，互联网、电信行业成为重灾区。根据 GDPR 执法跟踪网站 enforcementtracker.com 相关统计，截至2021年11月26日，欧盟成员国在2021年共开出362件罚单，而2018~2020年仅有491件。此外，2021年 GDPR 罚单的总金额高达约10.6亿欧元，相当于此前三年的

---

① 杨继东：《欧盟〈数字市场法案〉的主要内容及其影响》，2022年5月10日，https://www.thepaper.cn/newsDetail_forward_18013304。
② 《全球互联网市场监管进入"未知区"，互联互通得走自己的路》，《新京报》2021年12月21日，https://baijiahao.baidu.com/s?id=1719813270311856236。
③ 刘沫潇、尼克·纽曼：《2022年全球新闻业展望》，《青年记者》2022年第3期。
④ 《互联网监管趋严背后的产业升级拷问》，腾讯网，2021年12月3日，https://new.qq.com/omn/20211203/20211203A087FS00.html。
⑤ 《〈网络安全2022：守望高质量〉报告之数据安全热点事件与趋势解读》，绿盟科技，2022年3月15日，http://blog.nsfocus.net/rbs-data-security/。
⑥ 《〈网络安全2022：守望高质量〉报告之数据安全热点事件与趋势解读》，绿盟科技，2022年3月15日，http://blog.nsfocus.net/rbs-data-security/。

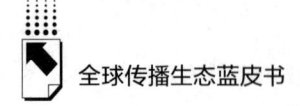

4.42倍。① 同时据该网站统计，从GDPR单次罚款金额的最高前十名可以看出，世界三家巨头数字企业亚马逊、Facebook、谷歌均被高额罚款。从罚款企业的所属行业来看，互联网和电信行业已经成为重灾区，这与该行业的大型平台企业存储了大量个人隐私数据，以及面向用户的丰富业务有关，同时也侧面说明数字化和信息化程度高的企业面临更大的合规压力，需要进行系统数据安全与隐私合规的建设和投入。截至2022年2月21日，全球约80%的国家（共194个国家）已完成数据安全和隐私立法，或已提出法律草案，其中包括欧盟成员国、美国、中国、俄罗斯、印度、澳大利亚、加拿大和日本等。随着全球社会的数字化转型迈向深入发展阶段，数据安全、隐私问题的形势越来越严峻，相应的数据安全与隐私保护立法正在不断推进。

中国在持续不断地进行隐私立法，开展数据保护专项行动（见表3）。2021年，国家网信办公布的《网络数据安全管理条例（征求意见稿）》提出，数据处理者利用生物特征进行个人身份认证的，应当对必要性、安全性进行风险评估，不得将人脸、步态、指纹、虹膜、声纹等生物特征作为唯一的个人身份认证方式，以强制个人同意收集其个人生物特征信息。征求意见稿明确，国家建立数据分类分级保护制度。按照数据对国家安全、公共利益或者个人、组织合法权益的影响和重要程度，将数据分为一般数据、重要数据、核心数据，不同级别的数据采取不同的保护措施。② 此外，中国政府特别注重网络治理，工信部在2021年开展了App专项治理行动，保护个人权益，持续深化App侵害用户权益的专项整治，累计通报了1494款违规App，下架了408款拒不整改的App，对违规行为始终保持高压震慑；整治开屏弹窗信息，强化责任链管理；加大技术检测，完成176万款App技术检测，覆盖了全国在架App总量的60%以上。③

---

① 《〈网络安全2022：守望高质量〉报告之数据安全热点事件与趋势解读》，绿盟科技，2022年3月15日，http://blog.nsfocus.net/rbs-data-security/。
② 《我国拟规定不得将人脸等生物特征作为唯一个人身份认证方式》，人民网，2021年11月14日，http://politics.people.com.cn/n1/2021/1114/c1001-32281827.html。
③ 《互联网监管趋严背后的产业升级拷问》，腾讯网，2021年12月3日，https://new.qq.com/omn/20211203/20211203A087FS00.html。

表3 2021年中国网络安全领域相关条例大事记

时间	条例	具体内容	发布方
2021年1月	《互联网信息服务管理办法(修订草案征求意见稿)》《互联网用户公众账号信息服务管理规定》	中国互联网领域法律法规的完善之路拉开序幕	国家网信办
2021年3月22日	《常见类型移动互联网应用程序必要个人信息范围规定》	明确了39种常见类型App的必要个人信息范围,要求自2021年5月1日起,其运营者不得因用户不同意收集非必要个人信息,而拒绝用户使用App基本功能服务	国家网信办等四部门联合印发
2021年6月11日	《数据安全法》	从数据安全与发展、数据安全制度、数据安全保护义务、政务数据安全与开放的角度对数据安全保护的义务和相应法律责任进行规定	—
2021年8月20日	《中华人民共和国个人信息保护法》	明确了个人信息处理和跨境提供的规则、个人信息处理者的义务等内容	—
2021年9月1日	《关键信息基础设施安全保护条例》	条例指出,任何个人和组织不得实施非法侵入、干扰、破坏关键信息基础设施的活动,不得危害关键信息基础设施安全	—
2021年10月29日	《数据出境安全评估办法(征求意见稿)》(向社会公开征求意见)	—	—
2021年11月16日	《"十四五"信息通信行业发展规划》	提出加强互联网市场秩序监管	工信部

资料来源:课题组根据公开资料整理。

四 前瞻:全球传播生态前沿问题

第一,全球平台媒体发展架构将撼动原有的信息传播基础架构,引来传媒行业持续震荡和深入思考。媒体平台化和平台媒体化两种趋势不断加深能量交换的背景下，传统媒体与商业平台之间的合作与嫁接将持续凝聚内容优势+平台引流的正向合力，而巨型互联网公司将以平台的身份扩展其内容播发平台的角色，无限延伸传播的边界，在发展平台型媒体的同时将专业媒体机构吸纳进特定平台，进而转变为媒体与平台相互依存、不可分割的发展态势。信息—平台—用户的信息传播路径将不断优先于：信息—媒体—用户，平台与媒体之争将更为激烈和持久。为避免被挤出赛道、沦为平台型媒体的内容提供者，专业媒体机构和专业媒体从业者被迫审慎思考平台的作用和影响，以更为敏锐的洞察力、更加系统化的战略思维和更具前瞻性的行业趋势预测跳出平台与媒体二选一的僵化思路，对二者的不可简单剥离关系加以辩证性、系统性地思考，并提出相应的解决之道和应对之策。

第二，Z世代正当时，数字技术"适老化"进入中国社会整体发展议程。早在2019年，全球Z世代人口已占全球总人口的32%。截至2021年，中国Z世代群体活跃用户规模达到2.75亿，约占中国全体移动网民的22%。2021年是"Z世代"成为全球关注焦点的关键一年，全球Z世代人口规模的迅速扩大、数字消费习惯的全面养成已经引起全球媒体机构和广告产业的高度重视，全球传媒产业布局早已开辟出一块Z世代的专属地，在内容输出、广告营销、产品研发等多方面为Z世代在互联网空间的数字化栖居提供相应的优质资源。作为移动的一代，Z世代的消费潜力空前巨大。根据研究机构Deep Focus的《卡桑德拉报告》及IBM的调查，美国市场的Z世代的购买力表现令人惊讶（直接购买力为2000亿美元，非直接购买力为1万亿美元）。到2021年，Z世代已经开始逐渐成为全球最大的消费群体。在数字消费方面，拥护国潮、国风产品的中国Z世代倾向于场景式体验购物和视频社交媒体的电商直播购买消费。同时，在Z世代的带动下，"懒"经济与偶像经济蓬勃兴起。此外，在儿童市场和银发经济快速成为市场增长点的前提下，"数字适老"开始进入中国社会整体发展议程。据数字适老化及信息无障碍联盟于2022年5月发布的《数字技术适老化发展报告（2022年）》，因应国家推进数字技术适老化的战略需求，中国的数字社会建设对数字适老嵌入社会的整体架构有所侧重，不断在政策引领上完善适老惠民顶层设计规划，通信提质上助力保障老年群体信息供给，应用优化上加快互联网服务适老化改造，终端创新上丰富智慧养老终端产品种类，评测闭环上构建常态化监督机制与体系，培训辅导上教会老年群体使用数字产品。[1] 未来，数字适老将进一步深度嵌入中国数字社会发展，值得持续关注。

第三，元宇宙和NFT合力构造数字人文景观，智能传播将进一步助力人类的数字化生存。当下，有赖于VR、AR、MR、人工智能等技术的飞速发展，以游戏为主体的"元宇宙"的基础设施和框架趋于成熟，虚拟数字人的广泛应用和NFT与元宇宙的紧密结合不断创造新的科技发展前景。在虚拟社交、实时交互、大规模协作和社会规则与经济体系四个维度上，目前的元宇宙发展还停留在基本完成基础设施部署并进一步精细化技术与软件开发方面，大规模协作的达成、社会规则与经济体系的构建需要在应用与内容层面不断发力。面对人类社会发展之问，"元宇宙"给出的答案——"3D虚拟空间+人类未来的数字化生存方式"——仍需继续接受时代的考验。此外，未来5~10年，元宇宙将形成"社交+游戏"的主要形态，而于2021年异军突起的NFT也将搭载元宇宙的发展快车，在"社交+游戏"的核心领地内不断向文化、艺术、体育等领域全面扩张。

第四，中国国际传播大跨步走向新时代。疫情常态化时期，国际舆论波诡云谲，由美国主导的首发于经济领域的中美贸易摩擦和立足于传播领域的疫情舆论战似乎酝酿形成一股国际舆论合力，针对中国国际传播航母和旗舰媒体的国际传播使命，试图解构在全球治理中崭露头角并不断发挥正向积极作用、引领构建人类命运共同体的中国国际传播布局。回看中国在世界综合实力排名中的位置迁移，从发展中国家中的"后起之秀"到世界第二大经济体，再到全球治理和全球安全的积极倡导者和参与者的负责任大国，经济实力不断增强的背后亟须强大的文化自信持续的支撑。面对上述信息传播技术的飞速发展和全球传播生态的剧烈变迁，中国在国际传播领域的激烈博弈中始终保持战略定力，不断以新概念、新范畴、新表述的持续增量向全球提

---

[1] 《数字技术适老化发展报告（2022年）》，数字适老化及信息无障碍联盟，2022年5月。

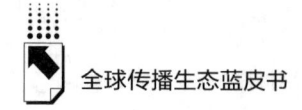

供新知识、新内容的公共产品，以新传播理念、新传播方式、新传播实践来应对层出不穷的"中国威胁论"思维框架下的复杂舆论挑战，无论是从理论上，还是从实践上，都表现出了非凡的勇气和韧性，探索着有中国特色的国际传播道路。

2022年最大的国际传播实践——北京成为奥林匹克历史上首个"双奥"之城，2022年北京冬奥会也以简约的开幕式表演和精彩绝伦的体育赛事在全球受众的奥林匹克集体记忆记录簿上画上了属于中国、面向世界的重要一笔。从奥运会开幕式可窥中国国际政治文化传播的基本诉求。2008年北京夏季奥运会以呈现微缩版中国文明史的方式，将《千里江山图》、四大发明、兵马俑和长城等中华民族传统文化结晶编织进展现中国历史文化符号的新技术画卷，呈现了中国的科技实力；以"我和你，心连心，同住地球村"为核心，喊出了"同一个世界，同一个梦想"的口号，成功地向国际社会回答了"我是谁"的问题，朝向国际传播领域诸多的认同危机发出中国的声音。2022年北京冬季奥运会开幕式则是遵循传统的人文精神与艺术审美紧密结合的宗旨，实现科技与人文的完美互动，展现"一起向未来"的人类共同情感，做出了跨文化传播审美共通性的积极探索。两届奥运会开幕式的设计与呈现，既塑造着全球对中国、对北京的集体记忆，也体现出中国以多样化、多元化传播塑造全球受众的中国认知：从2008年北京夏季奥运会开幕式到2022年北京冬季奥运会开幕式，"盛大欢腾变成简约明快"，"我"变成了"我们"，不再强求国际社会对中国特色的文明传统以及在此基础上形成的独特生活方式的承认，而是以蕴含中国哲学意味的"天然"／"自然"传递中国式的价值追求，对中国文化的传播从外在象征符号的堆砌转向精神世界的内在滋养，再加以美的追求和审美化呈现；从2008年夏季奥运会开幕式向国际社会回答"我是谁"到2022年北京冬季奥运会告诉世界"我们想要什么"[①]，在不同的文化意义体系之间的话语自如转换更加表达了中国的文化自信。当下，在利益博弈、边界争夺和秩序建构的国际传播接力

---

① 强世功：《双奥开幕式之变：新普遍主义的兴起》，《文化纵横》2022年第3期。

过程中，全球传播新"局"的酝酿规则和技巧值得进一步构思。

中国的国际传播以"人类命运共同体"为理念，区别于美英等发达资本主义国家所一直坚持并不断修补和维护的以利益为核心的、符合英美等发达资本主义国家价值观的"世界体系"/"世界格局"之思想，同时也不再照着旧有秩序下"中心—边缘"框架对号入座跳入"中心与边缘、半边缘划分与廓清"话语陷阱，而是站在全球和平与发展的价值基线上，平视世界，全力生产全球信息领域公共产品，持续建构中国三大形象："一带一路"和平发展倡议的发起者、全球治理体系安全共建的倡导者、国际平衡传播的提倡者，超越国际传播政治的阈限，对建构在殖民主义体系之上的全球文化生态体系深入解剖和体认，[1] 为朝向构建平衡、健康、可持续发展、最大限度降低不确定性的新国际传播秩序做出努力。这些，都注定了，2022年在全球传播生态视角下是极端不平凡的一年。

---

[1] 姜飞：《国际政治的传播与国际传播的政治》，《中国社会科学报》2022年3月22日。

政策—区域篇

Reports on Policy and Region

B.2
中国地方国际传播中心发展报告

于运全 刘扬*

摘　要： 2018年以来，为响应新时代要求，国际传播中心成为地方加强国际传播能力建设的新组织和新形态。多地根据国家发展战略，借助媒体融合发展经验积累，加快当地国际传播中心建设，强调平台和矩阵建设，贴近实际需求丰富传播业务，创新有利于汇聚资源的体制机制。地方国际传播中心建设多处于起步阶段，亟须破解人力、资金、模式、生态等方面的问题，尽快迈入创新发展新阶段。

关键词： 国际传播能力建设　地方国际传播中心　媒体融合

随着中国特色社会主义进入新时代，中国前所未有地走近世界舞台中

---

* 于运全，当代中国与世界研究院院长、研究员，研究方向为国际传播；刘扬，当代中国与世界研究院对外传播研究中心副研究员，研究方向为国际传播。

央，不仅在国家层面，而且在地方层面，对国际传播的需求日益增多而且越发迫切。2018年起，部分省份开始建设地方国际传播中心，探索走出内容丰富、渠道自主之路，并在此基础上实现了创新发展。本文在相关公开报道基础上，结合调研所获信息，对目前地方国际传播中心建设情况进行梳理与分析。

一 响应新时代要求，建设地方国际传播中心

统筹中华民族伟大复兴战略全局和世界百年未有之大变局，我国国际传播需要不断走强、走深、走细，汇聚起更加广泛、多元主体的力量。我国内地有31个省份、600多个城市，拥有广泛的文旅资源、坚实的产业基础、便利的交通条件和日益频繁的民间交往，无论是从需求还是从能力上，地方部门和机构在我国国际传播能力建设中发挥着越来越重要的作用。

2018年以来，在全国宣传思想工作会议精神的指引下，不少地方响应中央号召，主动承担起"展形象"的职责使命，以建设国际传播中心为抓手，推动地方在国际传播领域主动布局，积极创新，搭建平台，强化合作，向着打造地方国际传播新格局方向努力。目前，地方国际传播中心建设呈现以下几个主要特点。

一是地方国际传播中心建设步伐明显提速。2018年，重庆国际传播中心成立，是国内较早建立的地方国际传播中心。2019年，海南国际传播中心和成都国际传播中心建立。进入2022年，仅上半年，四川国际传播中心、济南国际传播中心、云南省南亚东南亚区域国际传播中心、江苏Now国际传播中心相继正式挂牌，数量快速增加。

二是地方国际传播中心建设出现"下沉"趋势。受资源和需求等因素影响，多数地方国际传播中心都是在省（直辖市）一级层面上建立的，对本省市内的国际传播资源进行整合，提供服务。但成都、济南等省会城市加入地方国际传播中心建设行列，说明随着我国开放水平的不断提升，各主要

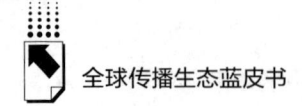

城市的国际传播需求也在提升，市一级地方国际传播中心建设也将成为一种趋势。2022年6月30日，结合海南自贸港的发展要求和文昌作为华侨之乡的城市定位，海南自贸港（文昌）国际传播中心揭牌成立,[①] 成为海南省首个县级国际传播中心。

三是地方国际传播中心建设紧密依托当地主流媒体。在经验积累和资源汇聚上，各地主流媒体在从事国际传播方面都有一定基础，因此成为地方国际传播中心的重要载体。例如，重庆国际传播中心依托重庆日报报业集团运营管理。其他几地国际传播中心情况也都与之类似。较有特点的是海南国际传播中心，最初是在海南日报报业集团海南网基础上搭建的。2022年5月，中心由海南日报报业集团和海南广播电视总台经过报台联合后进行了重组。

四是地方国际传播中心建设主要包括内容、平台、人脉三部分。为了顺应移动化、社交化、可视化的传播发展趋势，负责中心运营的主流媒体将自身在融合发展中积累的技术与经验运用于地方国际传播中心建设，在加强图文视听等多媒体内容生产和分发的同时，更加注重自身传播矩阵和平台建设，利用制度创新吸引传统范畴外的、更加多元的主体加入传播过程，并借此不断拓展社会人脉网络。

五是地方国际传播中心建设开始出现多样化发展趋势。名称上，云南省南亚东南亚区域国际传播中心以区域传播为特色；江苏Now国际传播中心也突出了时代特色。功能上，除了内容生产、平台建设和人脉拓展外，成都国际传播中心还在建立之初确立了国际传播研究和设计功能。目标上，多数地方国际传播中心将重点放在本地，但也有地方国际传播中心肩负起协调带动更广阔区域范围内国际传播的任务。

整体上，地方国际传播中心建设是我国步入发展新阶段、不断靠近世界舞台中央过程中，各地方媒体融合发展实践在国际传播领域的延展，为地方国际传播业务重塑、流程重整、格局重构提供了重要的机会，成为近年地方国际传播创新探索的重要路径。

---

① 《海南自贸港（文昌）国际传播中心揭牌成立》，海口网，2022年7月1日。

二 国际传播中心建设，战略规划先行

2021年，在中央政治局第三十次集体学习时，习近平总书记强调，必须加强顶层设计和研究布局，构建具有鲜明中国特色的战略传播体系。① 各地在地方国际传播中心建设中特别强调了战略性规划，通过顶层设计优化、国际传播的体系构建、品牌塑造、队伍建设、渠道规划、资源整合等进行了全方位和系统性设计，主要贴合两方面的战略进行——国家对地方的战略定位和地方媒体融合发展的战略部署。

（一）根据国家对地方的战略定位规划国际传播中心建设

地方国际传播中心是为了满足新时代我国国际传播能力建设的特点与需求而产生的。因此，各个地方国际传播中心的设立都紧密贴合国家对当地的战略定位。2018年，重庆国际传播中心成立时，明确要利用移动互联网新媒体技术，向海外用户讲好重庆故事，助力重庆内陆开放高地和国际旅游目的地建设。② 在自身发展过程中，重庆结合中央对自身发展的战略定位对国际传播中心的定位进行不断的调整与拓展，规划建设区域型国际传播平台，发挥重庆在西部地区开放的辐射带动作用。2021年，中共中央、国务院发布《成渝地区双城经济圈建设规划纲要》，明确提出重庆要"建设国际化、绿色化、智能化、人文化现代城市，打造国家重要先进制造业中心、西部金融中心、西部国际综合交通枢纽和国际门户枢纽，增强国家中心城市国际影响力和区域带动力"，强化了重庆国际化和区域化功能。重庆市将"建设西部国际传播中心，实施城市营销行动，增强国际传播能力"写入了《重庆市国民经济和社会发展第十四个五年规划和二〇三五年远景目标纲要》。③

---

① 《加强和改进国际传播工作 展示真实立体全面的中国》，《人民日报》2021年6月2日。
② 陈冬艳：《用好移动互联网，推进重庆国际传播能力建设——重庆国际传播中心对城市外宣的路径探索》，《传媒》2019年第16期。
③ 《重庆市人民政府关于印发〈重庆市国民经济和社会发展第十四个五年规划和二〇三五年远景目标纲要〉的通知》，重庆市人民政府官网，2021年3月1日。

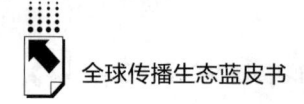

根据规划，西部国际传播中心主要设定了三个战略目标：一是搭建以重庆为核心，服务西部城市的国际传播平台，跻身国家对外传播专业方阵；二是加强专业人才队伍建设；三是与西部省市和市区媒体及外事、文旅、商务等部门加强协作，形成西部国际传播协作机制。[1]

为深入落实习近平总书记关于做好新形势下对外宣传工作特别是加强国际传播工作、提升中华文化影响力的重要论述重大部署和对四川工作的重要指示，2020年12月，四川便决定将"实施文化走出去'六大工程'，建设四川国际传播中心"写入省"十四五"规划，[2] 下大气力加强国际传播能力建设，为推动治蜀兴川再上新台阶营造良好外部舆论环境，为"讲好四川故事，传播中国声音"贡献国际传播专业力量。

2018年，党中央决定支持海南全岛建设自由贸易试验区，进一步扩大对外开放、积极推动经济全球化。与之相适应，海南省委宣传部指导并推动海南国际传播中心成立，以整合和拓展海内外传播渠道，构建起海南自贸区、自贸港多层次对外传播体系。海南国际传播中心在创建之初便强调，"向世界传播海南声音，讲述海南故事"，将自身发展目标定位为"海南主流媒体对外传播的重点平台"。[3]

2019年，黄河流域生态保护和高质量发展上升为国家战略。2022年，作为黄河流域重要省会城市，济南积极建设国际传播中心，紧密贴合黄河国家战略，提出"要站在国家战略发展大局、强省会建设全局和区域协调发展布局的高度，精彩讲好打造黄河流域生态保护和高质量发展引领示范区的故事，加快建设国家中心城市的故事，推动省会高质量发展、推进新旧动能转换的故事"。[4]

---

[1] 《西部国际传播中心建设全面提速》，《重庆日报》2021年10月22日。
[2] 《四川省"十四五"规划和2035年远景目标纲要（全文）》，四川省人民政府官网，2021年3月16日。
[3] 《海南国际传播中心正式揭牌成立 面向世界发出海南声音》，海南网，2019年11月6日。
[4] 《向世界精准生动全面传播济南声音》，《济南日报》2022年5月25日。

（二）根据地方媒体融合发展战略部署谋划国际传播中心建设

2019年1月，在中央政治局第十二次集体学习时，习近平总书记强调，"我们要运用信息革命成果，加快构建融为一体、合而为一的全媒体传播格局"，"我们要把握国际传播领域移动化、社交化、可视化的趋势"。① 所以，在紧密贴合国家战略和区域定位规划建设的同时，地方国际传播中心建设还有其内在融合发展战略的动因。各地方国际传播中心在建设中充分发挥了在融合发展中积累的经验和做法，并将中心建设作为推动深度融合的重要工程。海南国际传播中心在此方面表现突出。在2019年起步时，海南国际传播中心就是作为海南省级融媒体五大分中心之一来进行搭建的，② 是海南对外传播整体格局和融合发展全局中的重要组成部分。随后，根据中央加快推进媒体深度融合发展的要求，在海口、三亚、儋州建立了国际传播中心。2022年，海南国际传播中心重组，由海南日报报业集团和海南广播电视总台共同建设，着力打造多层次国际传播平台矩阵，协同推进平台、渠道、内容、队伍、人脉、评估"六位一体"建设，体现出明显的媒体融合发展的特征。其使命也扩展为"中国故事的海南书写者、中国故事的海南讲述者、中国传播渠道的海南运用者、中国传播平台的海南构建者、外国人讲好中国故事的海南引导者"。③

四川国际传播中心在揭牌仪式上提出以"移动传播、视频传播、社交传播"为抓手，对内整合四川报业集团资源，对外联动各个领域方面，加快建设具有四川特色的国际传播媒体矩阵和服务平台，构建境内与海外传播的融媒体生态，通过深化媒体融合加强国际传播，实现助力四川加快形成全方位、宽领域、多层次的国际传播格局的最终目标。

地方国际传播中心的建设既有国家战略布局层面的考量，又有地方媒体融合发展层面的推动，在发展方向与动能上都有了保障。

---

① 习近平：《加快推动媒体融合发展　构建全媒体传播格局》，《求是》2019年第6期。
② 《海南国际传播中心正式揭牌成立　面向世界发出海南声音》，海南网，2019年11月6日。
③ 《报台融合"先锋队"集结！海南国际传播中心全新亮相》，海南网，2022年5月19日。

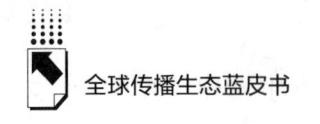

三 围绕核心平台，搭建国际传播矩阵

从现有情况看，地方国际传播中心多以核心平台建设为抓手，逐步延展出移动化、社交化、可视化的传播矩阵，形成适应新媒体条件的传播架构。

（一）强调重点核心平台建设

地方国际传播中心往往是围绕外文网站搭建起传播平台，再不断拓展。重庆国际传播中心从建成之日起就重点建设和运营 iChongqing 海外传播平台，形成"1+N+X"格局。"1"代表一个英文网站（www.ichongqing.info），最初开设了"国际交往"频道和"专题"频道。"国际交往"频道下设"外事要闻""涉外服务""国际友好城市"等三大板块，经过发展，网站又划分为重庆旅游、文化、商务、科技等几个板块。"N"指在 Facebook 等海外网络平台上运营 iChongqing 主账号，对网站内容进行二次分发。"X"指与谷歌、Facebook、YouTube、Twitter 等海外互联网公司合作，拓宽内容分发渠道。[1]

四川国际传播中心在正式挂牌仪式上推出了名为"Center"的媒体矩阵，包括多语种官方网站、三星堆考古英文官网和覆盖海外主流社交媒体的账号群。

成都国际传播中心运营外语 GoChengdu 网站、HELLO Chengdu 双语杂志、ICHENGDU 频道、每日经济新闻双语网、红星新闻客户端"一带一路"频道和境外社交媒体矩阵。[2]

2019 年，南海网通过资本运作方式并购了由外国人士创办的"海南热带英文网"，海南国际传播中心在"海南热带英文网"基础上，发展出外文网站平台、外文移动传播平台和海外媒体合作平台三大集群，形成全媒化、立体化、全球化的国际传播平台矩阵。

---

[1] 陈冬艳：《用好移动互联网，推进重庆国际传播能力建设——重庆国际传播中心对城市外宣的路径探索》，《传媒》2019 年第 16 期。

[2]《中国城市海外传播力，成都第六！专家：成都将有更大历史使命》，红星新闻，2021 年 1 月 5 日。

（二）积极运营社交媒体账号

重庆国际传播中心在 Facebook、Twitter、Instagram、LinkedIn、YouTube 等海外主要社交媒体平台上开设并运营 iChongqing 系列主账号，将英文网站上的内容根据各个平台特点进行有针对性的投放。2019年，iChongqing Facebook 账号粉丝数量在短时间内就突破了50万，根据后台数据，Facebook 账号的粉丝主要集中在18~34岁，占粉丝总量的66%；来源地上，印度、菲律宾、泰国、日本、美国为前五位，其中东南亚粉丝数占总粉丝数的68%。[1]

海南国际传播中心的 hiHainan Facebook 账号经过8个月运作，粉丝量便突破100万。其后台数据显示，用户来源超过45个国家和地区，35岁以下的年轻受众占比超过75%。[2]

早在济南国际传播中心成立前，2021年，济南市人民政府新闻办公室便在 Facebook 和 Twitter 上开设了"Jinan of China"统一命名账号，对外宣传推介济南。中心则在成立后于 Facebook 和 Twitter 上开设了同为"Jinan International Communication Center"的账号，在 Instagram 上开设了"jinan_icc"的账号，希望成为海外了解济南的新窗口。根据规划，济南国际传播中心将扩大平台传播网络，吸纳省内企业和机构账号形成联动。[3]

（三）主动发展垂直类账号（频道）

四川国际传播中心通过合作等方式上线了三星堆文化、探秘佛像石窟、熊猫每日秀、"行走的TV"等一批特色垂直类账号（频道）。其中，三星堆考古英文官网邀请四川省文物考古研究院对最新的三星堆遗址考古动态、权威的出土文物进行深度解读，在服务全球学术交流的同时，也利用数字文物沉浸式体验吸引了普通受众。

---

[1] 《重庆国际传播中心脸书粉丝突破50万》，《重庆日报》2019年6月26日。
[2] 《海南国际传播中心脸书账号粉丝量突破百万》，《海南日报》2021年10月16日。
[3] 《济南开设脸谱、推特等海外社交媒体账号！加强国际传播能力建设，向世界讲好济南故事》，济南市人民政府新闻办公室官网，2021年7月3日。

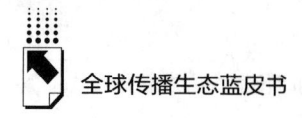

2022年海南国际传播中心重组后，因为海南广播电视总台（集团）的加入，又重点推出了《自贸佳》等视频节目，主打双语一对一访谈，致力于为企业招商融资、为海南引资引才，服务海南自贸港建设。①

（四）创意兴建线下体验中心

四川国际传播中心在传播矩阵和服务平台建设同时，独辟蹊径，重点推出集办公、展示于一体的创新体验中心，在成都市春熙路—太古里核心商圈的西部文化产业中心设立物理空间，兼具行政办公、内容生产、形象展示、视频体验等功能，着力打造充满国际范的"世界会客厅"、国际传播机构聚集孵化区和优质文化IP聚合体。在展示上，创新体验中心汇集了诸如三星堆金面具、自贡彩灯"冰墩墩"等中国文化元素文创精品；在体验上，创新体验中心将四川的旅游名胜和古蜀文明利用三维立体投影、扩展现实技术和数字化技术进行展示，以超高精度数字化还原国宝文物，带给中外参观者沉浸式体验；在制作上，创新体验中心设置了"全球连线"访谈直播间，既可以进行高端访谈录制，也可以作为网红带货直播间，还可以举行小型沙龙研讨与培训；在活动上，创新体验中心计划通过设立"市州日""主题展"等，开展一系列线上与线下相结合的文旅推广和跨文化交流活动。

四 侧重本地需求，丰富国际传播业务

地方国际传播中心在传统的内容生产之外，结合地方的具体需求，通过融合发展的方式，不断扩大自身的业务范畴，强化了在文化、服务、活动、研究领域的功能。

（一）对外推介本地优秀文化

地方国际传播中心以本地文化作为重点对外推介内容。江苏Now国际

---

① 《报台融合"先锋队"集结！海南国际传播中心全新亮相》，海南网，2022年5月19日。

传播中心通过与南京博物院、苏州昆剧院、中国淮扬菜博物馆、江苏大剧院进行共建，重点对外推介江苏的历史文化、非遗技艺、美食、戏曲、民俗等，吸引世界各国人士深入了解江苏。①

重庆国际传播中心也将推广本地文化作为重点，在iChongqing海外传播平台上专门辟出文化频道，并邀请在重庆居住生活的外国友人拍摄大量视频，将重庆风土人情等文化要素推向世界。重庆国际传播中心致力于重庆与国际友城互动，并以"街头文化"为切入口，发起"重庆@国际友城街头文化季"等活动，推动友好城市间的文化互动。2022年1月，重庆国际传播中心推出"天涯咫尺！重庆@海外友城视频直播"，展示民俗文化、当地特色，让海内外人士共庆中华传统春节，通过国际化和互动性的节庆展示推动了"中华文化走出去"。

四川国际传播中心抓住"Z世代"喜爱探索创新、互动体验的特点，邀请全球网友给三星堆出土文物的线描绘本上色，近10位中外艺术家也以油画、国画、新媒体艺术等方式参与，在带给文物新生命力同时，对外传递色彩斑斓的中国文化图景。

（二）服务汇聚当地外籍人士

地方国际传播中心在发挥好"传"的功能同时，也在提供服务方面积极探索。地方国际传播中心通过提供各种各样的机会，引导当地外籍人士融入社会，并为其在当地的生活提供指南与帮助。在抗击新冠肺炎疫情过程中，各地都有大量的外籍人士，在特殊时期，他们更需要及时获取信息并得到帮助。重庆国际传播中心在运作海外社交平台账号同时，利用微信上的iChongqing官方账号，每天制作并发布疫情地图、防疫措施细则等，帮助在渝外籍人士加强防护、共渡难关。同时，中心还利用自身掌握的渠道，收集外籍人士提出的问题和请求，通过与政府相关部门合作，点对点地进行回答并提供帮助。

---

① 《向世界传播中国好声音再添新窗口，江苏Now国际传播中心成立》，中国江苏网，2022年6月16日。

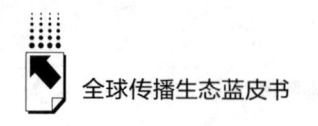

（三）面向全球组织线上活动

在线下活动受疫情影响的背景下，各地国际传播中心都积极采用线上方式组织各类跨国活动，推动中外人文交流。四川国际传播中心以熊猫为主题，面向全球发起"Call Your Panda"推广活动，在推特上设立相关话题标签，举行视频挑战活动，不仅受到全球社交媒体用户的广泛关注，而且通过活动吸引了全球10家动物园参与联动挑战。四川国际传播中心还联合西南交通大学、全美中文学校协会、四川省文物考古研究院、三星堆博物馆等，面向北美和英国的数千名青少年和大学生推出"三星堆博物馆之夜"线上直播活动，吸引了英美多所高校青年的线上参与。

重庆国际传播中心邀请米兰、悉尼、布宜诺斯艾利斯、巴厘、卡迪夫、鹿特丹、比萨等重庆的国际友好城市的艺术家、社交大V、媒体、外交官、友好人士进行双城联合直播，与重庆隔空对话，不仅实现了中华文化的跨国展示，更创新性促进了重庆、国际友城和海外观众间的交流对话。

（四）强化国际传播研究支撑

国际传播因为涵盖范围日益广泛，与国家利益、文化密切相关，需要强大的研究支撑。为此，各地方国际传播中心都强化了针对国际传播的研究工作。重庆国际传播中心在成立前，特别委托国外相关机构对英语网络世界中的重庆城市形象进行大数据分析，梳理了加强线上传播可用的潜在资源，明确了进一步优化和推广城市形象存在的问题，让传播中心在成立后的运作更加有针对性。

成都国际传播中心成立之初就将为成都的国际传播提供全方位研究和系统性设计作为自身的一项重要职责，为面向世界讲好城市故事和中国故事，提供专业化平台和智慧支撑。

云南省南亚东南亚区域国际传播中心将自身定位为云南省对外传播的综合指挥平台，下设五个机构中，媒体融合重点实验室、区域国际传播研究所都是偏重研究的部门，在聚合文化、智库资源的基础上，为国际传播提供支撑。①

济南国际传播中心明确了内容生产、平台运营、全域传播、素材版权、交流互动、国际舆情六大功能。其中，要强化国际舆情服务功能，势必也要在研究方面加强投入。②

五 创新体制机制，汇聚挖掘各方资源

地方国际传播中心多为新设机构，大多数的业务属于平地起楼，既便于进行整体上的设计，也需要各个中心采用更加灵活多样的方式汇聚各种资源，促成快速成长。

（一）强化自身人才队伍建设

国际传播人才的素质和能力在很大程度上决定了国际传播的质量和效果。为了快速找到可用的人才，地方国际传播中心普遍采取了面向全球招募的形式，重点吸收有海外留学经历人员和当地外籍人士加盟。海南国际传播中心在成立不到一年的时间里，组建了由多名具有海外留学经验的人员构成的外语采编制作队伍，另邀请外籍主持人、外籍审稿专家予以支持，同时，在13个国家聘请了20余位海外传播官，实现了全球覆盖。2022年重组后，海南国际传播中心加强视频节目制作，除为《自贸佳》节目选定三名双语主持外，还先后与来自南非、俄罗斯的人士签订聘用合同，拥有了外籍节目主持人。③

重庆国际传播中心在招聘国际传播人才、加强固定队伍建设同时，利用

---

① 《云南省南亚东南亚区域国际传播中心挂牌成立》，云南省人民政府官网，2022年5月31日。
② 《向世界精准生动全面传播济南声音》，《济南日报》2022年5月25日。
③ 《以更地道的语言讲好海南故事 海南国际传播中心再引进一位外籍主持人》，海南网，2022年6月28日。

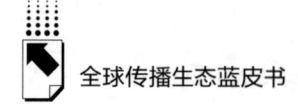

多种办法吸纳外籍人士参与。在疫情期间，中心邀请部分在渝外籍人士制作系列居家抗疫视频或写作日记，记录他们在特殊时期的生活。在此基础上，重庆国际传播中心策划了《老外看重庆》《老外在重庆》等视频栏目，以在渝外籍人士单独出镜或中国记者与外籍嘉宾共同出镜的方式，从外国人的视角对外介绍重庆景观、文化和生活。此外，重庆国际传播中心还通过在海外社交媒体平台上观察与了解，选定并邀请20多位海外网红到访重庆，鼓励其制作和发布有关重庆的视频作品，经多渠道发布后，吸引了海外大量关注。[1]

（二）借助国内和当地院校的支撑

国内外近年来国际传播发展趋势都说明，在全球化、新媒体条件下，国际传播所需资源在不断增长，仅靠传播部门自身难以满足。因此，在加强自身队伍建设之外，各地方国际传播中心还普遍采取措施，密切与高校在新闻传播、外国语言、区域国别等专业领域开展合作，一方面加强业务与研究间的沟通，另一方面也可以获得高校在人力和研究方面的支持。在2019年成立时，成都国际传播中心就由成都传媒集团与清华大学新闻与传播学院共同建设，为成都市及成都传媒集团国际传播的顶层设计优化和国际传播的体系构建、品牌塑造、队伍建设、渠道规划、资源整合等提供全方位研究和系统性设计。[2]

2021年，海南国际传播中心与中国人民大学围绕国际传播人才培养和学术研究展开合作，以训带学、以学带用、以用促强，在赋能海南自贸港国际传播同时加速复合型国际传播人才培养。[3] 海南国际传播中心还与当地院校，如海南外国语职业学院等建立战略合作，充分借力院校17个外文语种

---

[1] 陈冬艳：《用好移动互联网，推进重庆国际传播能力建设——重庆国际传播中心对城市外宣的路径探索》，《传媒》2019年第16期。

[2] 《成都国际传播中心来了！让世界读懂新时代的天府成都》，成都传媒集团官网，2019年12月18日。

[3] 《海南国际传播中心与中国人民大学达成战略合作 赋能海南自贸港国际传播》，《海南日报》2021年10月14日。

的师资优势。

四川国际传播中心通过举办"四川国际传播创新沙龙",定期邀请高校与相关部门参与,采取座谈交流、案例分享、主题调研等形式,深化"媒体+"合作机制,丰富叙事策略、创新传播手段,充分激活国际传播资源。

(三)拓展更加广泛的合作渠道

地方国际传播中心都探索在更大范围内开展合作,以汇聚更多资源,形成传播合力。一是聚合本地国际传播媒体资源。四川国际传播中心通过建立相关机制,与本地川观新闻、封面新闻等涉国际传播单位保持日常工作联系和协作配合,加强内外资源整合,建立起信息共享机制,增强国际传播工作质效。

二是强化跨地域国际传播同行间合作。2021年12月,海南国际传播中心、云南日报国际传播交流中心、重庆国际传播中心共同签署"合作备忘录",在内容生产、资源整合、媒体联动、网络推广、品牌传播等方面开展合作,发挥各自优势,构建多地联动的国际传播格局。[1] 云南省南亚东南亚区域国际传播中心也积极与中国外文局进行合作,共同加强面向南亚、东南亚区域的国际传播。

三是探索与企业加强合作。江苏Now国际传播中心与海企集团、徐工集团、中江国际集团、江苏海投公司等四家海外苏企共同成立了江苏首批海外苏企媒体工作站,旨在依托成功"走出去"的企业打造国际传播品牌,更好助力江苏对外经济贸易发展。2022年8月,中心首次联动四家企业推出《江苏企业在海外》专栏,介绍相关企业远在国外投资建设的情况。[2] 海南国际传播中心在重组后也计划通过《自贸佳》等节目加强与当地企业在

---

[1] 《海南、云南、重庆国际传播平台建立战略合作关系 共同"组船出海"讲好中国故事》,海南网,2021年12月22日。
[2] 《江苏企业在海外①|徐工集团郝超山:我在肯尼亚的"一千零一夜"》,JiangsuNow微信公众号,2022年8月17日。

国际传播方面的合作，共同服务海南自贸港建设。

四是尝试与国外有关机构合作。2022年5月，海南国际传播中心借中韩两国建交30周年、海南省与济州道缔结友好关系27周年之机，与韩国有线电视济州放送签署《海南国际传播中心和韩国有线电视济州放送友城媒体合作框架协议》，在媒体内容互换互推、媒体渠道共享、媒体深度联动等方面展开合作。① 8月5日，中韩两家机构对"济州—中国省市友好交流周"进行了联动报道。

六 地方国际传播中心建设面临的问题与未来发展方向

（一）地方国际传播中心发展面临的问题

地方国际传播中心的大量出现，反映了我国国力增强，对外交流需求日益迫切。虽然地方国际传播中心得益于各方集中投入、赋能，初步具备了国际传播原创内容策划、生产、推广能力，建立起较为顺畅的业务流程，但是因为中心建设多处于起步阶段，发展时间较短，在国际传播能力建设方面尚存较大提升空间，主要面临人才、资金、模式、生态等问题。

国际传播人才是传播领域皇冠上的"钻石"，不仅要具备一般的策采编发能力，还要熟练应用外语，熟悉国际关系，特别是在全媒体环境下，多媒体生产和运营能力也成为必备技能。因此，国家一级的国际传播媒体都面临复合型人才相对缺乏的情况。在地方层面，人才问题更为突出，仅外语能力一项，能找到合格人才就已属不易。为了吸引优秀人才，部分国际传播中心公开面向社会招聘，给出了相当优厚的薪金等条件，但在各中心创业初始阶段，过高的人力成本将制约队伍规模。此外，地方国际传播中心人才队伍建设还面临团队提高复合型能力、强化政治站位和国际视野等问题。

---

① 《海南国际传播中心与韩国有线电视济州放送签署"一城一媒"国际友城媒体合作协议》，海南网，2022年5月19日。

国际传播是一项具有战略意义、需要大量持续投入的事业，但世界范围内，国际传播机构都面临运行资金相对不足的问题。国家级国际传播媒体在自身经营外还可以通过申报各类专项资金获得支持。但在地方层面，尚未发现有针对当地国际传播中心发展的较为稳定的专项资金项目，而在起步阶段，各地国际传播中心难以通过广告营销、举办活动等手段实现有效自我造血，给负责中心运营的媒体单位增加了压力。

目前各地国际传播中心都是由当地主流媒体运营，其模式中有很强的媒体基因。虽然不同地方的国际传播中心因地制宜发展了地方特色项目，但仍然延续了偏重内容生产的媒体特点。一方面，这种模式容易将本已宝贵的国际传播资源锁定在一般的内容生产和语言转换方面，没有办法实现更大增益价值；另一方面，这种模式难以避免与新兴媒体、国家级国际传播媒体甚至其他地方国际传播媒体形成简单而激烈的竞争。因此，地方国际传播中心需要避免业务与模式同质化的问题。

当今世界处于百年未有之大变局，错综复杂的国际环境带来新矛盾新挑战。这既是地方国际传播中心产生的动因，也成为中心建设需要直面的问题。一方面，新建的国际传播中心亟须扩大国内及海外人脉资源，但受到新冠肺炎疫情等客观因素影响，渠道及合作资源拓展遇到困难。另一方面，部分国家和海外社交媒体平台采取不友好态度对待地方国际传播中心传播活动，以匿名用户恶意投诉账号发布内容等手段制约中心正常传播活动。在海外遇到冲突、遭遇攻击时，地方国际传播中心尚缺乏有效的应对经验和措施。

（二）以创新锚定未来发展方向

一是在国家战略下思考地方国际传播独特优势。地方国际传播中心建设是一个系统性工程，需要整体上的布局和设计。一方面要找准自身定位，找准自身的特色、资源和优势，另一方面要依靠自己和借助外力。当下国际传播理论和实践都出现了从传播导向转变为关系导向的趋势。相较国家层面，地方交流更容易做具体到人的工作。同时，地方可以弱化因国家间关系波动

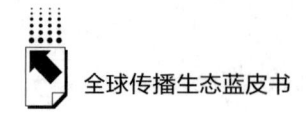

给国际传播和交往带来的影响，创造更宽阔的缓冲地带，通过跨国、跨文化交流为改善和推进中外人文交流提供机会。

二是主动抓住文化主线深入推进地方国际传播发展。文化其本质是人与人的交流。把握住文化交流，有助于地方国际传播中心跳出传统媒体业务，在更广阔的空间中思考业务拓展。凡是有利于人与人交流的都将被纳入其业务范畴。新媒体技术的表象下流动的是文化创意产业的潜流，关注文化、围绕文化，才能充分借力文化创意产业发展潮流。案例中，不少地方国际传播中心都在推动文化交流和文创产品上有所创新，通过设立艺术、文化空间加强国际传播。

三是加强地方国际传播中心的精准传播。相较中央级国际传播媒体和机构，地方国际传播的颗粒度更细，也更容易通过具体文化和生活的交往做深做细国际传播。多地国际传播中心开始关注活跃在海外社交媒体平台上的网红，并主动与之联系。此外，地方国际传播中心更容易与在华的外国人建立联系，多地国际传播中心都主动为外籍人士提供服务并吸纳他们加入国际传播过程之中。这都为精准国际传播奠定了坚实基础。

四是强化地方国际传播中关键技术的合作研发。地方国际传播中心应将目光从单纯的呈现和传输技术转移到能够聚合关系、赋予意义的技术上来。相对于直接搭建具有全球影响力的大型平台，对于地方国际传播中心更加可操作的做法是结合具体交往情境，与技术类公司展开合作，开发满足本地在外人员和本地外籍人士实际需求的应用，为他们解决实际问题、赋能升值，从而凝结成牢固的关系网络。

B.3
中国三星堆国际传播发展报告

操慧 郑秋*

摘　要： 以三星堆为代表的文明探源及其国际传播，在媒介全球在地化的现代考古语境中，已演化为与文明溯源及身份认同密切相关的媒介仪式与文化景观。鉴于此，本报告基于媒体实践的理论视角，对国内外主流传统媒体及社交媒体平台上三星堆的传播现状及特征进行综合分析，结合走向全球策展与文明互鉴的三星堆跨文化传播实例，考察三星堆及其文化的媒体实践与意义生产，并提出未来三星堆国际传播的发展趋向：建设广义的文化对话社群、构建数字联盟综合传播力，转向"以我为主，活跃共需"的文化对话之愿景编码，从而寻求在共享中凝聚价值共识、在对话中促进全球文明共同发展、在共建中拓新世界文明交往秩序的实践理路，为具化和讲好中国故事、提增中华文明的对话实效提供策略性实务参照。

关键词： 三星堆　国际传播　媒体实践

一　引言：人类命运共同体视野下的三星堆传播

自 1986 年两个埋葬有大量形态奇异的青铜面具和青铜人物像的器物出土，到 2020 年开启新一轮六个坑的发掘，三星堆以其神秘的姿态进入国内

---

* 操慧，四川大学文学与新闻学院副院长、教授、博士生导师；郑秋，四川大学文学与新闻学院 2022 级博士研究生。

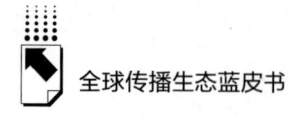

外大众视野。千余件造型各异的大型青铜雕像群、青铜礼器、青铜兵器，在两次大发掘中备受瞩目并引发研讨热潮，在世界的东方树立起古蜀青铜文化的鲜亮旗帜。三星堆文化既有别于古埃及、古希腊的青铜文化，亦有别于黄河青铜文化以及长江流域的其他同期文化，它有力印证了古蜀人在3000多年前立足于长江上游西南腹地而面向黄河、面向长江中下游、面向世界的开放性、创造性与无比的自信力。三星堆文明的生成、发展史是地方文明演进并融入中华民族多元一体发展模式及总体格局的一个最具说服力的范例；同时，它也是地方文明与中华文明、与人类文明进行碰撞交流并在这一过程中丰富自己、壮大自己、发展自己的一个最具创造力的典型。① 由此可见，三星堆文明及演进本身就具有内外互融的特质，其关注度和价值型构亦具备面向世界的传播国际性，这是三星堆传播兼容跨文化价值驱动的独特之处，也是其必然构成国际传播的动因所在。

当下，全球化、网络化、信息化的传播生态深刻革新着我们的生活方式、思维方式与交流方式，也可以说，两者正走向深度的互动互塑。就全球与在地的结构化加剧而言，国内传播与国际传播的相对性增强，其边界在媒介、技术、人文的交互中呈现深度融合的文化破壁，以三星堆为代表的文明探源，与其说是一项系统的跨学科专业工程，不如说是一场与文明溯源及身份认同密切相关的媒介仪式与文化景观，它们共构为可持续的有趣、有情的知识探索、文明对话与文化传播。它跨越国界，突破以往考古文博类议题的信息边界，朝着一种知识文化生产的"公共服务"（Public Service）传播品方向转型升级；其间，作为行动逻辑与创新行动主导、主体的主流媒体实践，在时、度、效层面联动提增，不仅顺应了国际传播新格局之需，也是构建并验证"媒体报道文本+创意策展"等广义媒介实践为有效对话渠道的文明互鉴的话语体系之必由。这是我们客观认知三星堆所具有的国际传播价值之必要，也是本研究取径聚焦的学理遵循与策略选择。

---

① 屈小强、李殿元、段渝：《关于推进三星堆文化研究的思考——〈三星堆文化〉修订本前言》，《文史杂志》2022年第4期。

二 实境：三星堆的国际传播现状

"国际传播"有广义和狭义两个层面的含义：广义是指国与国之间的外交往来，包括首脑互访、双边会谈以及其他相关事务；狭义是指以大众传播为支柱的国与国之间的传播。[①] 三星堆的国际传播不仅有赖于传统媒介和新兴媒介等介质展开的大众传播，也存在于人们口头交流的人际传播之中，其故事讲述以跨国文化流动为脉络，可以演化为一种文化软实力语境下的国际公共话语体系。对此，基于研究样本的可获得性，本文以国内外主流传统媒体和新媒体等实践与实例为研究对象，以期呈现三星堆国际传播在媒介实践中的实况、特征，进而试图揭示其携带的社会语境、人文价值的传播势能。

作为社会科学研究范畴内的"实践转向"，如英国学者尼克·库尔德利（Nick Couldry）在2004年题为"媒介实践的理论化阐述"（Theorizing Media as Practice）一文中所述，媒介实践"始于和媒介相关的事件，含一切松散和开放的关系"，要回答的是"在各种情景和语境中，人们（个人、群体、机构）在做什么与媒介相关的事情"。[②] 可见，媒介实践涵盖了人们使用新媒介的所有行为，它指向与人的基本需求（包括协调、互动、社群、信赖和自由）有关的所有事情。[③] 因之，媒介被视为一种汇聚各种意义和关系的空间。[④] 三星堆国际传播以大众媒体为主展开的实践，即媒体报道及相关策展、活动等，正映射出全球与在地互动的"全球中国（Global China）"[⑤]

---

① 韩德勋、赵士林：《后疫情时代"国际传播"与"全球传播"之辩再思考》，《全球传媒学刊》2021年第4期。
② [英]尼克·库尔德利：《媒介、社会与世界：社会理论与数字媒介实践》，何道宽译，复旦大学出版社，2014，第41页。
③ 张华、崔宝月：《"被遗忘"：一个新媒介实践问题的思考与探索》，《传媒观察》2020年第8期。
④ 胡翼青：《显现的实体抑或意义的空间：反思传播学的媒介观》，《国际新闻界》2018年第2期。
⑤ A. Vangeli, "Global China and Symbolic Power: The Case of 16 + 1 Cooperation", *Journal of Contemporary China*, Vol. 27, No. 113, 2018.

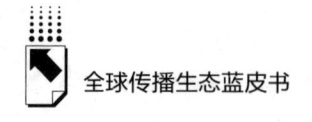

的国家叙事取向和趋向，此类媒体实践构成当下三星堆国际传播的主体与主导。

（一）国际主流传统媒体对三星堆的报道概况

全球主流传统媒体以文本为中心的报道，其选题围绕三星堆的出土文物、历史故事、发掘历程等展开，由此带动三星堆国际影响力的扩增。2021年，三星堆新发现的6个"祭祀坑"收获颇丰，以我国主流媒体为报道主力，引领一批"小切口、大情怀"的精品国际作品，对文物背后隐含的文明与文化价值追索进行多维度的深入阐释，让国际受众在对话中加深对中国文化的了解，从而再次引发其他国家媒体的关注和报道，形成三星堆文化国际传播的良性循环。因此，本文使用道琼斯公司旗下的全球新闻及商业数据库Factiva，以国外资讯为信息来源，通过检索词"sanxingdui"进行全时段检索，剔除无关报道及重复统计，共获得涉及三星堆的英文报道405篇（截至2021年12月31日）。统计分析这些全球主流传统媒体有关三星堆的报道文本，有助于我们客观审视国际公共空间内跨国性多元力量影响之下的中国故事生产。

1. 报道趋势分析

国外媒体对三星堆的报道肇始于1987年8月14日。英国《泰晤士报》（The Times）首先以"中国青铜器精细技术让专家惊喜"为题，报道了中国四川省广汉市三星堆遗址青铜器的相关考古发现。报道指出，"三星堆的发现显然比西安附近秦始皇陵墓著名的兵马俑早了8个世纪""这与当时中国中部著名地区的发现完全不一样""这将迫使人们对中国目前的艺术史和文明史进行修改"，[1] 这一系列表述在国际社会引起了巨大反响。2020年9月，时隔34年，三星堆"祭祀坑"再次启动挖掘。2021年3月，在中国考古学兴起百年之际，三星堆遗址新一轮考古发掘"再醒惊天下"，国际媒体对三星堆报道的数量峰值也随即出现，报道篇目一度达到198篇之多（见图1）。

2. 报道主体分析

从20世纪90年代中后期至2020年的20余年间，美国《外交事务》

---

[1] "Chinese Bronzes' Fine Technology Surprises Experts", The Times, August 14, 1987.

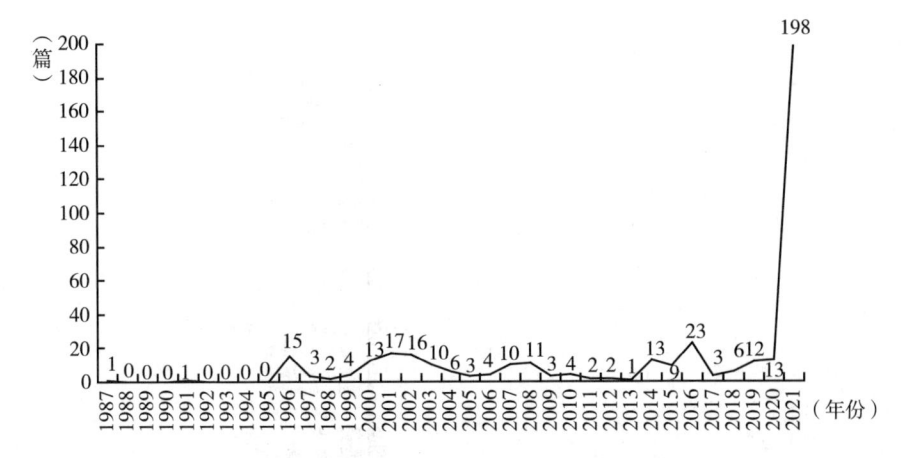

图 1 国外媒体"三星堆"报道数量趋势

（Foreign Affairs）杂志、美国联合通讯社（The Associated Press）、英国《泰晤士报》（The Times）、英国《金融时报》（Financial Times）、加拿大《环球邮报》（The Globe and Mail）、印度亚洲国际新闻社（Indo-Asian News Service）等国外媒体均对三星堆的发掘进行了陆续报道。此外，国内的新华社、《中国日报》、《南华早报》等媒体也以英文的方式报道了三星堆相关的国际快讯（见图2）。

在三星堆的国际报道"丰年"——2021年，我国国内媒体借助对一手资料的掌握和权威信源的引用，形成了强势的三星堆全球传播矩阵。据统计，在2021年198篇三星堆国际报道中，有145篇为中国境内媒体报道，占据总体数量的70%以上。2021年5月31日，习近平总书记在中共中央政治局第三十次集体学习时强调，讲好中国故事，传播好中国声音，展示真实、立体、全面的中国，是加强我国国际传播能力建设的重要任务。要深刻认识新形势下加强和改进国际传播工作的重要性和必要性，下大气力加强国际传播能力建设，形成同我国综合国力和国际地位相匹配的国际话语权，为我国改革发展稳定营造有利外部舆论环境，为推动构建人类命运共同体作出积极贡献[①]。在此时代背景下，我国媒体大力推动国际传播守正创新，通过对

---

① 《习近平在中共中央政治局第三十次集中学习时强调加强和改进国际传播工作 展示真实立体全面的中国》，《人民日报》2021年6月2日。

全球传播生态蓝皮书

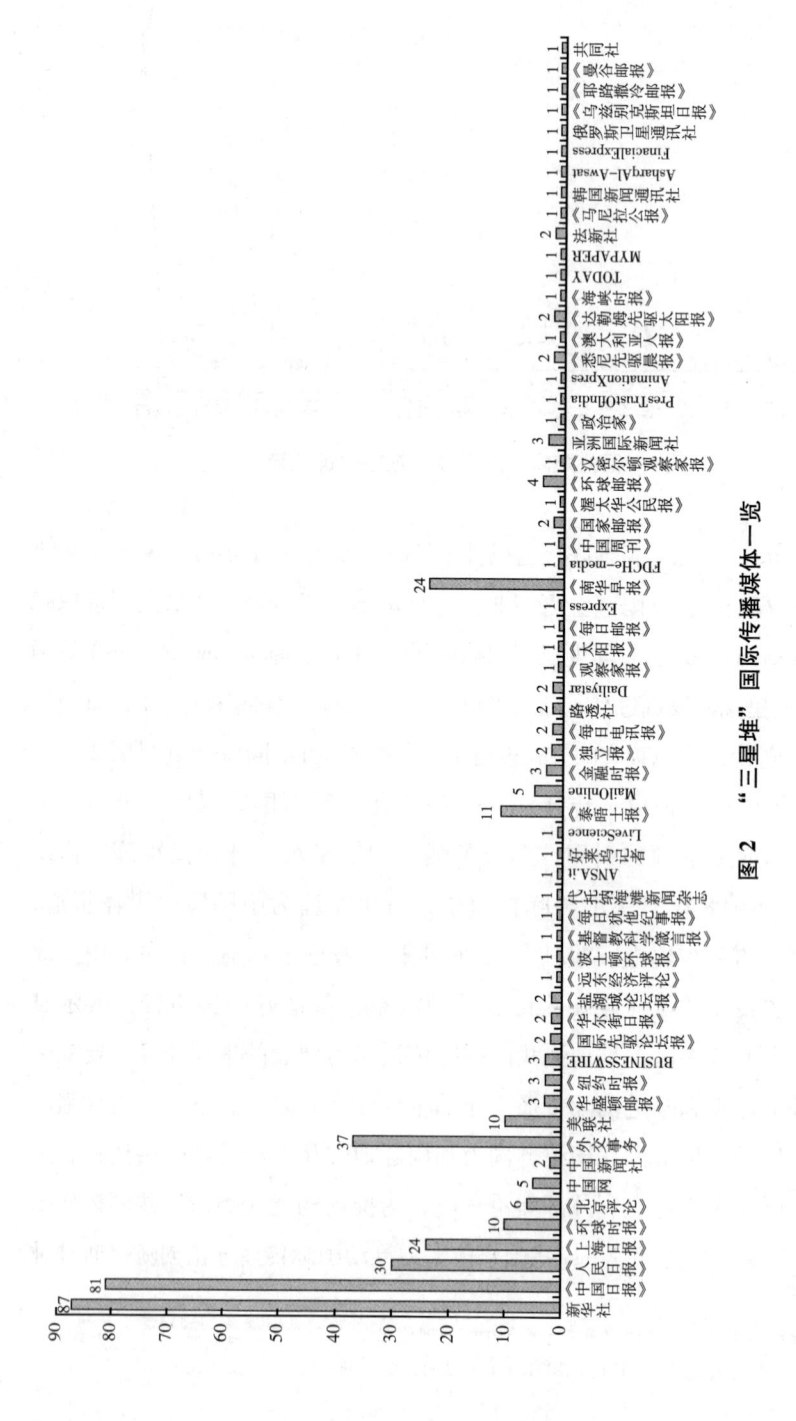

图 2 "三星堆"国际传播媒体一览

三星堆考古发现的持续报道，初步构建起多主体、立体式的大外宣格局，也顺势打造了一批具有国际影响力的媒体集群。

多主体、立体式的大外宣格局，对三星堆报道而言，不仅体现在报道数量的大幅提升上，也呈现于报道话语的顶层设计和阐释中，用以打造融通中外的新概念、新范畴、新表述，进而更加充分、更加鲜明地展现中国故事及其背后的文化特色的沟通力和文明溯源的吸引力。2021年3月20日，"考古中国"重大项目进展工作会发布了四川省广汉市三星堆遗址重要考古发现与研究的阶段性成果，新华社首先在国际上发布相关消息，随后，美国《外交事务》杂志（Foreign Affairs）、加拿大《环球邮报》（The Globe and Mail）、英国《独立报》（The Independent）、俄罗斯卫星通讯社等国际媒体也相继发布报道。新华社在报道《跨越四大洲，透过金色面具窥见文明》中指出：三星堆的新发现将促进全球考古界进行更深入的研究和调查，并追踪古代文明的发展。① 2021年12月，《中国日报》对中国三星堆遗址和意大利庞贝古城考古专家举办的国际文化遗产保护和利用学术研讨会进行报道，指出三星堆与庞贝的合作，是古代灿烂的中华文明与世界在考古发掘过程中对话的缩影。② 以此类报道为代表的叙事话语，不断强化着三星堆作为国际文化交流对话的独特话语资源的作用与价值。

通过对报道主体的统计发现，三星堆国际传播中的话语源流以我国国内媒体为主导，目前国际公共空间中的相关对话仍旧比较缺乏。因此，三星堆的国际传播如何巧妙地贯穿"以我为主，活跃共需"，达到信息共享、情感共鸣、文化共通的传播效果最佳化，是其建设大传播格局的未来着力点。

3. 报道文本分析

本文使用ROST-CM内容挖掘软件，对405篇报道文本进行英文词频统计，在筛选了虚词和无意义实词之后，得到词频在200次及以上的高频词汇共35个，它们能反映报道讨论议题的偏好（见图3）。

---

① "World Insights: Spanning Four Continents, a Glimpse of Civilizations Through Gold Masks", Xinhua News Agency, September 9, 2021.

② "Archaeological China Unveils Splendid Chinese Civilization", *China Daily*, December 10, 2021.

图3 "三星堆"国际报道文本高频词词云图（出现200次及以上）

国外媒体对三星堆的报道，偏好讨论三星堆背后的文化和文明意义、三星堆出土的文物、三星堆的历史来源溯源、三星堆的展览等，均是三星堆相关国际报道中常见的议题。

（二）国际主流社交媒体的三星堆传播概况

随着移动互联网技术和新媒体技术的进步，社交媒体迅速发展与普及成为全球共同趋势且越发显示出不可小视的影响力，其也成为中国走向国际舞台的重要窗口。以Facebook、Twitter、Instagram、YouTube等为代表的国际社交媒体平台成为国际传播的主战场。

相关数据显示，获得Twitter平台上发布三星堆相关讨论的账号，按粉丝数量排名后，前十名账号中有个人账号2个、媒体账号8个（见表1）。推文较多的媒体账号均为我国媒体账号，但由统计可知，推文的点赞量并非由推文数量、账号属性或粉丝数决定，由个人账号代表的意见领袖反而能获得较高的平均点赞量。从中可见，意见领袖对于考古文化知识传播的影响力，在国际传播格局中发挥着重要作用。

表1 Twitter平台三星堆国际传播账号（粉丝数前十名）

媒体	账号属性	粉丝数	三星堆相关推文数量	三星堆相关推文总点赞量
Sanxingdui Culture@SanxingduiC	媒体	3980	167	1047
道非常@daofeichang	个人	9410	7	21
Chengdu China@Chengdu_China	政府	29472	21	177
Tong Bingxue 仝冰雪@tongbingxue	个人	51317	5	3058
China.org.cn@chinaorgcn	媒体	107384	25	299
Zhang Heqing 张和清@zhang_heqing	个人	222448	24	810
中国新闻社@CNS1952	媒体	476617	5	49
China Daily@ChinaDaily	媒体	4227199	25	856
China Xinhua News@XHNews	媒体	12251034	47	2572
CGTN@CGTNOffical	媒体	13304062	89	3629

注：数据统计至2021年12月31日，粉丝数及点赞量统计于2022年7月16日。

在Facebook和Instagram平台上，"Sanxingdui Culture·三星堆文化"主题账号保持较高频率的持续更新，该账号主体标志以三星堆青铜纵目面具为原型，于2021年3月上线。围绕2021年三星堆遗址三次重大考古发掘成果，该账号策划定制推出一系列融合媒体栏目、精品视频节目，聚焦三星堆、古蜀文明及四川文化旅游资源，讲述古蜀文明对中华文明的重要作用、对世界文明的特殊贡献，加强与世界文明的对话交流，促进与全球文明的交流互鉴。①

三星堆Facebook账号联动CGTN持续多日同步推出2~3小时直播，与China Plus的Facebook账号（2500万粉丝）每日推文互动，与大英博物馆、墨西哥国家博物馆、北京故宫博物院等官方账号互动。账号策划了《三星

---

① 以下部分相关资料参考来源于川观新闻及四川国际传播中心（SICC），特此感谢。

图4 "Sanxingdui Culture·三星堆文化"
海外社交媒体平台视觉标志

堆视频百科》《三星堆考古 VLOG》《三星堆 POV 探访》等系列视频节目，制作推出了《三星堆考古新发现》系列海报，上线《三星堆考古互动 H5》新媒体产品。同时，该账号通过大型宣传项目，与具有渠道资源、内容资源的央媒和四川省文物考古研究院、三星堆博物馆建立了三星堆海外传播平台的合作机制。该账号也成为海外主流传统媒体和社交媒体的三星堆供稿中心，账号所提供的丰富文图素材，在墨西哥《真理报》的头版和特别报道专版中推出。

2021年9月，三星堆遗址考古发掘再次对外发布三星堆遗址祭祀区三、四号坑阶段性重大考古成果，"Sanxingdui Culture·三星堆文化"主题账号进行了全方位报道和策划，在 Facebook、Twitter、Instagram、YouTube 平台三星堆文化（Sanxingdui Culture）官方账号上，发布系列带话题#Sanxingdui Discovery 推文对本次成果发布进行了报道。在 Facebook 采用"1+N"模式，推出1篇全方位深度报道以及20余篇系列重要出土文物贴文；Twitter 账号以图文内容为主进行发布，共计10余篇；Instagram 账号上发布新出土文物高清大图，共计10余篇；YouTube 频道推出一条英文版新出土文物 3D 还原视频、数条文物发掘短视频。

已有文博类国际传播的实践表明，向世界阐释推介更多具有中国特色、体现中国精神、蕴藏中国智慧的优秀文化，需要借用虚实共生的技术，促进传者与用户、故事与用户及用户之间基于场景和情感的深度交互。就三星堆国际传播而言，中国故事在海外用户群体中的传通并非单一的编码、解码关系，而是力图从浅层展示转向沉浸体验和全真感知，以实现以文载道、以文传声、以文化人。据此，"Sanxingdui Culture·三星堆文化"主题账号策划了一系列具有新概念、新范畴、新表述的重点策划内容。

（1）基于深度交互的新闻游戏类融合产品。该主题账号联合四川省文物考古研究院，采用数字化方式对新出土文物进行了超高精度还原，重构文物的数字孪生，并基于此推出交互性挖宝小游戏产品。网友可以挥舞考古铲，体验在3、4号坑将文物一件件亲手挖出。在此过程中，网友可以直观了解每件文物的埋藏位置，学习考古知识、领略古蜀匠人的精湛之艺，感受中华文明的源远流长。小游戏有中英双语版本，在川观新闻和三星堆海外社交媒体账号（Sanxingdui Culture 官方 Facebook、Twitter 账号）同步上线。

（2）基于虚拟现实、增强现实、3D 动画建模等技术的视频作品。一是发掘现场 720°VR 视频。运营团队前往三星堆遗址发掘现场，采用全景相机对考古现场和大棚进行录制，并制作了中英双语版本，以 720°VR 的形式发布到 YouTube 平台，用户可佩戴 VR 眼镜或者拖动画面沉浸式观看发掘现场；二是三星堆博物馆 POV 沉浸式视频。为全方位向海外用户介绍三星堆文化，运营团队还制作了三星堆博物馆系列 POV 视频节目，包括博物馆园区、综合馆和青铜器馆，POV 视频以第一人称视角呈现，用户可跟随镜头沉浸式参观博物馆，极具真实感；三是文物 3D 还原短视频。推出基于 3D 还原的新出土文物双语短视频，全方位展示三星堆文物的魅力。

（3）基于共同价值内涵和契合现代文化生活感性体验的视觉传播产品。如"Great discovery of Sanxingdui"系列英文海报壁纸，发布在 Instagram、Facebook 和 Twitter 上，用户可保存作为手机壁纸，便于内容和品牌的传播。

此外，"Sanxingdui Culture·三星堆文化"主题账号根据各境外社交媒体平台受众人群特点，在三星堆数次重大考古发掘成果发布、2021推进全

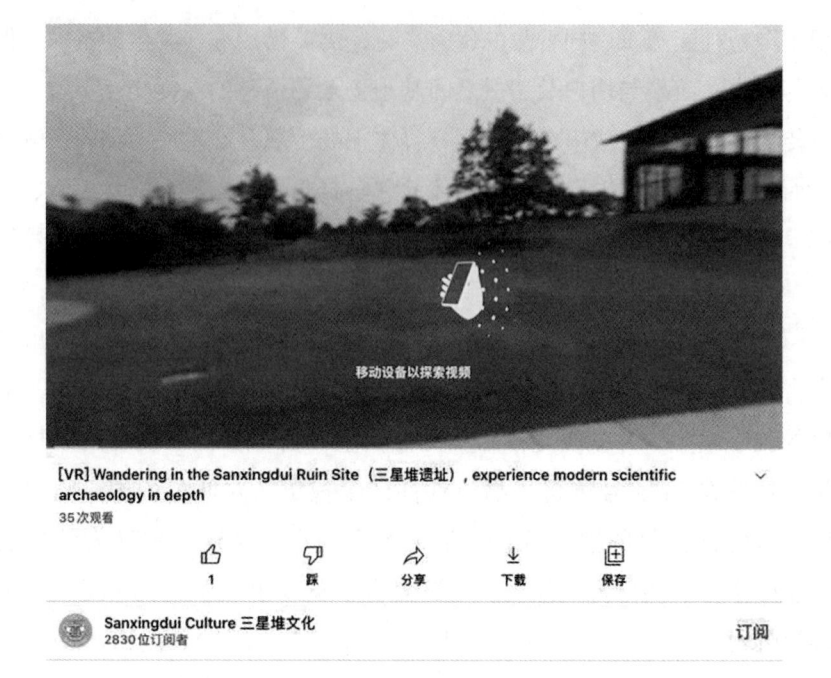

图 5　三星堆遗址发掘现场 VR 互动视频（截图）

球生态文明建设（洱海）论坛等重要节点推出《三星堆遗址最新考古成果》系列海报、《四川生物多样性报告》海报等超过 30 张；制作《三星堆百科》10 余期、《三星堆考古 VLOG》短视频节目 8 期、"Chanting Verse Buddha"短视频节目 10 余期；完成海报产品每月不少于 1 张、短视频节目每月不少于 1 个的目标。

据海外传播效果专业研究机构分析，2021 年 3 月 19~23 日，在海外社交媒体 Facebook 和 Twitter 中，包含"Sanxingdui"的推文数量达 1038 条。这些内容主要来源于《四川日报》、川观新闻等四川本地媒体和央视等中央媒体的报道。发布三星堆相关内容的官方账号主要有 BBC News、The Archaeological Conservancy、CGTN、CCTV Asia Pacific、Xi's Moments、China Daily、中国新闻社、Sanxingdui Culture 等，以及中国海外留学生的账号等。CGTN、Sanxingdui Culture 每日进行数场英语直播，报道最近发掘进展，被墨西哥国立乌斯马尔国家博物馆等文博类官方账号转载。

三 新趋：走向全球策展与文明互鉴的三星堆跨文化传播

文物被纳入新闻叙事的领域，不但顺应了快速简明告知事实的时效要求，而且作为一种物化实在，还承担与完成了"带领受众还原历史现场"的历史书写和科普任务。当文物在当代价值观的框架下被"讲述"，虚实交错的文物故事更趋向于建构与受众审美经验契合的心灵空间，并以多元的符号实现意义的传达和媒介教育的功能。文博文化通过融合报道的方式，知识揭秘、专业对话、文创生产，作品选题与技术应用日益成熟，作品数量持续增长，产生了热烈积极的社会反响，形成了全媒体传播的格局。

（一）以文化创意凸显文明价值

2021年3月，由川观新闻、四川省文物考古研究院、三星堆博物馆联合推出特别策划——"How pretty I am"MV被海外媒体和网友点赞与追捧，刷屏互动。川观新闻推出以《我怎么这么好看（三星堆文物版）》MV为主体内容的融合报道《三星堆国宝大型蹦迪现场！3000年电音乐队太上头！》，引发全网关注。作品发布6小时内，川观新闻视频号首发的MV点赞、转发均超10万，被新华社、《人民日报》等数百家媒体和各类机构账号转载。截至2021年3月底，全网曝光量超7亿，主流媒体用正能量赢得大流量。

线上靠实力"出圈"。《我怎么这么好看（三星堆文物版）》MV在各大社交媒体和音视频平台呈刷屏之势，深受各年龄层网民喜爱，并获得专业肯定。微博话题#三星堆文物版我怎么这么好看#冲上热搜；入选QQ音乐&腾讯新闻联合发布的年度听歌报告《2021国民记忆最强音》，搜索量近100万；被收录至B站第105期每周必看，全站排行榜最高第二名，网友刷弹幕推荐"上头了！官方'鬼畜'最为'致命'"；CGTN海外全平台转载传播，获美国Billboard公告牌中文官方网站转评点赞；腾讯、QQ音乐、抖

图6 "How pretty I am" MV（截图）

音、今日头条、百度、西瓜视频等商业平台首页推荐。

线下凭"上头"刷屏。《我怎么这么好看（三星堆文物版）》MV作为一部艺术品位高、充满正能量的流行音乐作品，被众多中小学校当作教学、活动歌曲，成为有较高传唱度的"儿歌"；其授权改编作品登上央视《奋斗正青春——2021年五四青年节特别节目》文艺晚会、湖南卫视《百变大咖秀》综艺节目。

（二）以数字技术赋能文化遗产

四川省文物考古研究院与三星堆博物馆共同开发运营"数字三星堆国际展"，以数字技术赋能历史遗产，运用虚拟现实、增强现实、全息互动投影等技术，将文物完美拓刻在网络中，受众足不出户即可领略三星堆博物馆的风貌，开创了"线上+线下"相融合的全新文化体验。

文明因多样而交流，因交流而互鉴，因互鉴而发展。2021年5月28日，国务院新闻办公室、国家文物局、四川省人民政府在三星堆博物馆联合举办"走进三星堆，读懂中华文明"主题活动，融合了多种沉浸式体验的"三星堆奇妙夜"，让包括中外媒体记者在内的200多名有代表性的中外人士走进三星堆发掘现场和博物馆，近距离感受三星堆文化的魅力，促进了中外文明的交流互鉴。当天的活动通过央视网和CCTV海外社交平台账号面向全球进行连续5小时的网络直播，总浏览量超5000万。境外媒体共刊发报道843篇，覆盖2亿人次。相关话题4次冲上微博热搜，在微信、抖音、快手以及Facebook、Twitter等平台引起热烈关注。①

（三）以跨界合作开掘三星堆文化效能

2021年5月28日，三星堆博物馆发布了"三星堆文化全球推广战略合作项目"，其中包括"看中国·外国青年影像计划""三星堆系列图书国际出版项目""'发现三星堆'纪实节目合作项目"等九项全球项目，旨在借助三星堆IP，向世界展示中国多元文化，提升中国国际文化影响力。②

1. 看中国·外国青年影像计划

"看中国·外国青年影像计划"由北京师范大学中国文化国际传播研究院主办，旨在通过外国青年的独特视角，拍摄中国文化纪录短片，已成为彰显中国魅力、传播中华文化的品牌项目。2021年，"看中国·外国青年影像计划"走进四川省，此次四川行设计了特别的主题"看三星堆"，活动在成都电子电子科技大学启动，来自意大利、斯里兰卡、阿塞拜疆、尼日利亚等9个国家的9位在华留学生作为导演，在中国青年的配合和帮助下，围绕三星堆古遗址，进行文化体验和纪录短片的创作，用影像讲述三星堆故事，解读三星堆文化。③

2. 三星堆系列图书国际出版项目

四川新华文轩牵手施普林格·自然、俄罗斯埃克斯莫、泰国维多利亚等国际著名出版机构，在国际图书市场推出《图说三星堆：中华文明

---

① 刘人宁、肖思和：《数字化时代巴蜀地区文博产业海外传播研究——以三星堆博物馆为例》，《科技传播》2022年第6期。
② 《"三星堆文化全球推广战略合作项目"发布》，四川在线，https://sichuan.scol.com.cn/ggxw/202105/58166523.html。
③ 《9位在华留学生当导演，走进三星堆读懂中华文明》，四川在线，https://sichuan.scol.com.cn/ggxw/202106/58170345.html。

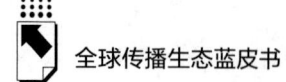

的多元一体》等29种多语种图书；国际儿童读物联盟主席张明舟、国际安徒生奖评委会原主席玛利亚·耶稣·基尔（Maria Jesus Gil）指导，生命树童书网、四川少年儿童出版社发起"国际安徒生奖得主三星堆创作计划"，邀请曹文轩、罗杰·米罗（Roger Mello）等安徒生奖得主采风创作三星堆主题系列绘本，联合国际知名童书出版机构以10种以上语言面向全球出版发行。①

3. "发现三星堆"纪实节目合作项目

四川文投集团、美国探索频道、华夏电影公司共同打造"发现三星堆"系列纪实节目，这是一次跨越千年的凝望，这是一次奔波千里的探寻，集结国际一流导演团队，探寻最古老最神奇的历史谜团，为全球观众展现探索、冒险、娱乐的妙趣中国。②

4. 三星堆主题电影项目

由四川出版集团旗下的四川金色映像文化传播有限公司与加拿大金色面具英雄项目公司联合拍摄制作的动画电影《金色面具英雄》，脱胎于中国电影人姚晓明的《金色面具》故事大纲和北美小说家约翰·威尔逊的三星堆文化系列小说。它以古蜀文明三星堆文化中的面具、神树等为元素，围绕三星堆文化，讲述男主角查理在机缘巧合下得到三星堆的金色面具，穿越到古蜀时代，在拯救世界过程中发生的一系列冒险故事。影片中所展现的三星堆遗址位于四川省广汉市，是代表古蜀文明的重要古遗址，被称为20世纪人类最伟大的考古发现之一。③

由华夏电影公司、美国传奇影业、四川文投集团、峨眉电影集团联合策划的三星堆考古主题电影《发现三星堆》（暂定名），立足全球市场，打造中国考古电影代表作。按照"中国故事、国际表达、全球市场"的战略定

① 《三星堆首个系列儿童绘本国际联合项目启动》，中国出版传媒网，http：//www.cbbr.com.cn/contents/506/74192.html。
② 《"三星堆文化全球推广战略合作项目"发布》，四川在线，https：//sichuan.scol.com.cn/ggxw/202105/58166523.html。
③ 《动画电影〈金色面具·英雄〉带你探秘神秘的古蜀国》，新华网，http：//www.xinhuanet.com/2020-08/19/c_1126386631.htm。

位，打造图书、游戏、文创产品等"金色面具"国际 IP 产业链项目，推动中国原创 IP 走向世界。①

5. 三星堆主题原创音乐剧项目

四川省歌舞剧院、中国对外文化集团旗下中演演出院线发展有限责任公司联合出品《三星堆》主题音乐剧，汇聚国内外顶尖创作人才，提取三星堆文化内核，升华古文物人文精神，让中国文物在世界舞台上活起来，为各国观众打造一场"神游三星堆"的音乐之旅。②

此外，腾讯还将依托 QQ 音乐平台与三星堆博物馆共同打造更具特色的国风音乐赛事——三星堆原创国风歌曲征集大赛，以音乐形式激活、传递三星堆文化。同时，腾讯也为三星堆博物馆量身定制 2021 "三星堆文化年度国际推广曲"，带动海内外更多人参与到以三星堆文物为核心元素的国风音乐创作中来。③

6. 数字三星堆国际展项目

四川省文物考古研究院、三星堆博物馆、清城睿现公司共同开发运营"数字三星堆国际展"，以数字技术赋能历史遗产，运用虚拟现实、增强现实、全息互动投影等技术，创造"线上+线下"相融合的全新文化体验，与世界知名博物馆合作举办联展，让三星堆文化在数字时代绽放异彩。④

7. "走读三星堆"文化体验产品设计与全球推广项目

世界旅游联盟、四川省文化和旅游厅、中青旅控股股份有限公司在三星堆博物馆共同推出了"走读中国"之"走读三星堆文化体验产品设计与全球推广项目"，该项目联合全球知名旅行商，旨在吸引更多国际游客走进三

---

① 《"三星堆文化全球推广战略合作项目"发布》，四川在线，https：//sichuan.scol.com.cn/ggxw/202105/58166523.html。

② 《"三星堆文化全球推广战略合作项目"发布》，四川在线，https：//sichuan.scol.com.cn/ggxw/202105/58166523.html。

③ 《腾讯与三星堆实现新文创战略合作；首个华语音乐 NFT 铸造平台上线》，腾讯网，https：//new.qq.com/omn/20210530/20210530A09C5U00.html。

④ 《"三星堆文化全球推广战略合作项目"发布》，四川在线，https：//sichuan.scol.com.cn/ggxw/202105/58166523.html。

星堆、体验中华文化、传播中华文明，打造独具中华文化魅力的旅游体验，促进更多外国友人走进三星堆、体验三星堆、传播三星堆。[1]

8. 三星堆主题全球灯展项目

中国对外文化集团旗下中国对外艺术展览有限公司、自贡灯贸集团联合推出三星堆微缩灯会全球巡展，以三星堆文化为主题，以中国非物质文化遗产自贡灯彩为载体，融入美食、商贸、演艺、娱乐等时尚元素，立体呈现三星堆文化的独特魅力。[2]

图7　三星堆主题全球灯展项目

9. 三星堆腾讯新文创合作项目

三星堆博物馆与腾讯联合推出三星堆新文创合作项目。联动腾讯游戏天美工作室群、QQ音乐、阅文集团，基于王者荣耀、QQ飞车等游戏平台、音乐平台、网络文学平台，共探三星堆IP在新文创领域的多元合作，让古老文物焕发现代活力。[3]

---

[1] 《牵手三星堆，世界旅游联盟参与"走读中国"相关活动》，澎湃新闻，https://m.thepaper.cn/newsDetail_forward_12944379。

[2] 《"三星堆文化全球推广战略合作项目"发布》，四川在线，https://sichuan.scol.com.cn/ggxw/202105/58166523.html。

[3] 《"三星堆文化全球推广战略合作项目"发布》，四川在线，https://sichuan.scol.com.cn/ggxw/202105/58166523.html。

综上多种形态和形式的三星堆传播，不仅显示了互联网对考古从专业工作走向公众探讨的影响，也反衬出考古自身作为特定的"媒介"与社会、公众存在的多重价值关联。换言之，这是一种基于文明探源和价值认同的互媒实践，它是自发和能动的结合与演进，这一依托传播效能最大化的主流媒体的实践，不论在报道还是活动层面，都已然塑造了"公共考古"的媒介文化新景观。这些报道及其活动的创意，体现了三星堆国际传播得以推进背后的媒体作为，也印证了三星堆国际传播确有提质增效的创新实践空间。

四 结语：以三星堆探秘之公共传播提增文化对话影响力

借由短视频、慢直播、新闻快闪、动漫融合、新闻游戏等叙事语态与报道形式，三星堆进入公共传播的领域，它跨越国界和地理边界，及时、直观、全景呈现动态及人们的反馈，汇聚不同的声音，提供知识服务，推进知识共享，有助于形成文明共识。与此同时，由上述对主流媒体实践的统计分析显示，三星堆在对外宣传和国际传播中，其现状总特征依然是以我为主的议程设置和以内促外的内媒主导。这表现在对三星堆的国际传播既要立足客观动态的事实报道，也要注重内外平衡，活跃外媒；还需善用科技，遵循文化安全的相关约定与守则。这是将三星堆国际传播作为文化软实力建设的时代使命与文化自觉。如前主流媒体实践的呈现与描述解析，我们从中可以得到以下几点启示。

（1）三星堆的成规模国际传播整体上尚处于起步的初级阶段。主流媒体实践表现为以我为主、由内而外的议程导引。具体表现为通过国内主流媒体，尤其是区域主流媒体（包括其所属新媒体）的报道、专家解读、跨区域展览、学术会议、文创产品等方式，紧扣开掘动态及时发布信息，走向世界文明舞台。不可忽视的是，三星堆作为丰富的文化体与国际传播资源，需要顺应现代传播规律和找准现代审美体验诉求，以"文化+""网络+""故事+"等组合策略，拆分与聚焦广大海外受众兴趣的趣缘，需要媒体激发能动生产力，将它们的"偶然接触"变为"趣缘认知"，进而形成广义的文化对话社群，其目的不是探讨专业领域的考古或者历史，而是以此为中介、桥梁来构建全面、客观、友善评价中国的舆论态势，从而将三星堆的多维价值意义转化为文化软实力。

（2）主流媒体实践的数字平台须构建数字联盟综合传播力。比如在传统主流媒体的数字化实践中，要推进、加强自身与专业机构的国际传播矩阵孵化，与诸如三星堆专业研究机构——四川省考古机构、三星堆管委会、三星堆专家组等合作建设数字联盟，及时发布原创权威内容，提升同步发布时效。同时，要重视并广泛利用具有主流影响力的社交平台和意见领袖的舆论引导与涟漪效应，吸纳在华的海外网红、海外华人华侨等传播资源，建设三星堆文化国际传播的"民间阵营"，采用 IP 社群的运营策略，进行三星堆文化传播的策展，实现跨界联动与多平台、多点位、多流量传播，丰富三星堆国际传播的泛媒介内容衍生成效。

（3）从全球区域间的"隔阂"走向人类文明共识的"互鉴"，并型构探寻文明起源的演进路径与共存价值，主流媒体实践须转向"以我为主，活跃共需"的文化对话之愿景编码。当下，考古、文博新闻已不再是某个特定领域的新闻或者信息，而是已经进入社会、政治、经济等广阔领域的一类文化话题和探源文明的一种文化参与。尤其是在社交媒体时代，大众学习的社交化和媒介化让三星堆这类专属领域的话题更具关注度和日常审美性，这是对三星堆从考古、文博报道走向文化传播的体认，也是三星堆传播价值拓展的变迁轨迹。因此，在策展、活动等社会参与中，还可加强主流媒体与社交媒体的社区化连接，激发对话体的自主性、民间性，突破机构媒体的时效局限，让中国讲述、爱好者分享、跨界交流成为三星堆泛媒介实践的新增长点，从而延展个体社交带动国际传播的活跃度。

以上表明，三星堆的国际传播已突破了单一的考古文博的知识传播，它正走向并构塑一种置于人类命运共同体下的文化对话之公共传播。未来，主流媒体实践必将在内容和形式上与时俱进，在知识性、公共性、社交性的探秘与解密中重构我们对三星堆及其文化的理解，也会在有效传播中华文明故事的创新路径中增进文化共荣的互惠与自信。

B.4
北京冬奥的海外社交媒体传播分析报告

张洪忠　王竞一　张尔坤*

摘　要： 本报告使用"热门标签+关键词+数据爬取"的方法获取材料，采用编码表进行内容分析，全面考察了北京冬奥在 Twitter、Facebook、YouTube、TikTok、Instagram 五个主要海外社交媒体中的传播效果。研究总体发现，海外网民更多关注赛事举办、运动员动态等议题，传播内容以正面积极态度为主，负面议题主要集中在赛事争议和政治污蔑两个层面；具体来看，不同海外社交媒体在传播北京冬奥相关内容的主体、内容、形式、态度倾向等方面也存在一定的差异。

关键词： 北京冬奥　海外社交媒体　传播效果

一　背景与方法

2022年2月4日，第二十四届冬季奥林匹克运动会在北京开幕，世界人民的目光纷纷汇聚到这座历史上唯一的双奥之城，期待疫情之下北京克服困难、成功举办一场精彩的体育盛会。作为一种象征符号，冬奥是我国国力和形象的直观展现，冬奥会的成功举办促进了不同文明交流互鉴，为推动构建人类命运共同体贡献了重要力量。

---

* 张洪忠，北京师范大学新闻传播学院教授；王竞一、张尔坤，北京师范大学新闻传播学院博士生。课题组成员还包括：张一潇、刘绍强、狄心悦、陈肯，北京师范大学新闻传播学院硕士生；杨斯晴，北京京西学校学生。

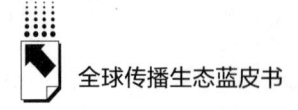

北京2022冬奥会在国际舞台上的传播效果如何？引发了哪些方面的讨论？又呈现了怎样的中国形象？本报告选择Twitter、Facebook、YouTube、TikTok和Instagram五个具有代表性的国际化社交媒体对上述问题进行考察，通过对不同平台中传播量较大的内容和账号进行深入分析和比较，发现北京冬奥在海外的传播特征，挖掘北京冬奥在国际传播中的亮点及存在问题，从而更加全面地了解此次北京冬奥会在国际范围内传播的真实声量，并为未来加强我国国际传播的平台、内容建设提供实际参考案例和真实经验支持。

研究采用"热门标签+关键词+数据爬取"的方法获取材料，基本能够涵盖各个平台的主要内容。研究采用编码表进行内容分析，编码表涵盖主题、涉及国家、态度倾向、浏览量、点赞量、评论量和转发量等，全面剖析了不同平台中传播内容的特征。数据采集方法分平台介绍如下。

Twitter：使用"标签为主、关键词为辅"的搜索方式，首先通过推文反推出23个主要标签；然后通过Twitter的高级搜索功能限定标签、关键词、转评赞的数量下限、语言、日期等条件来获得与2022年北京冬奥会相关的热门推文；最后通过关键词搜索补充没有进入标签的热门推文。

Facebook：首先进行热门标签的筛选，通过数据比对出10个与冬奥会议题密切相关的高频标签，再将"Recent posts"和"2022"设置为内容筛选条件筛选出被纳入分析的贴文内容。

YouTube：确立北京冬奥相关的主要标签后在YouTube搜索框内输入"#标签内容"作为搜索信息，对2022年1月20日至2022年2月20日的视频进行检索，按照观看次数排序选取每个标签下播放量前10的视频进行编码分析。

TikTok：将#BeijingWinterOlympics作为主题词在TikTok官网上进行检索，对结果中热度排名前200的视频所涉及的标签进行摘取汇总，共得到北京冬奥会相关标签179个，再进一步对其出现频次进行统计，选取排名前列的进行分析。

Instagram：将#BeijingWinterOlympics作为主题词，在相关帖子里进行话题检索与筛选，在确认无符合条件的新标签出现后进行确认、分类和整理，得到入选的与北京冬奥相关的主要标签，再进一步从中选取发帖量排名靠前标签的热门帖子进行内容分析。

二 海外社交媒体有关北京冬奥内容的传播主体特点

（一）传播力较强的账号情况：TikTok、Instagram 中多为个人账号，而 YouTube、Twitter 中多为机构账号

TikTok 中的大量短视频由参加冬奥会的运动员发布，引发了广泛传播。例如，厄里特利亚国家队的埃米利奥·菲卡乔（Emilio Ficaccio）上传视频向网友展示了奥运村中防疫闭环、多媒体手消毒机、防疫手套等疫情防控工作，展现出北京冬奥会严密的疫情防控，其视频获赞 8.44 万次；美国滑雪队传奇人物肖恩·怀特（Shawn White）在 TikTok 向网友展示了冬奥村食堂，引发热议，其视频共获得 400 万播放和近 2000 条留言（见图 1 和图 2）。

图 1 奥运防疫相关 TikTok 视频

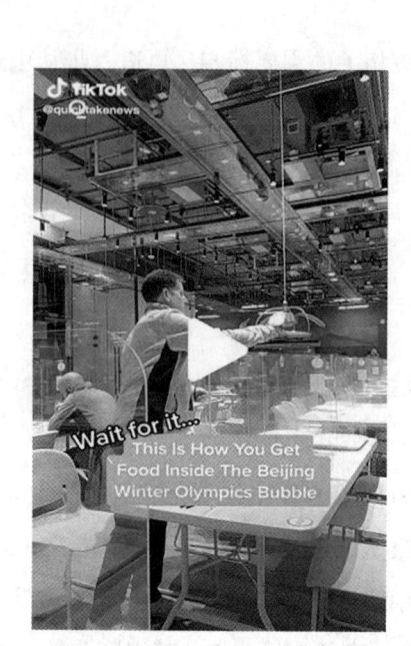

图 2　奥运村美食相关 TikTok 视频

Instagram 中的大量帖子也由运动员及其粉丝发布。部分运动员采取个性化的方式表达对北京冬奥十分满意，如"我在这里交到了新朋友""冬奥村提供了饺子吃，非常美味""我找到了冰墩墩"，等等；羽生结弦的粉丝在 Instagram 上活跃发布羽生结弦参加北京冬奥的相关信息，在标签#羽生结弦下，热门帖子的平均点赞量超过 7200 次，内容多为羽生结弦与其他运动员的合照、羽生结弦乘机回国、赞扬羽生结弦专业实力与外形外貌，等等（见图 3 至图 5）。

YouTube 中最具影响力的传播者是 NBC Sports 这一媒体机构账号。在主标签#Winter Olympics 2022 下的 480 个视频发布频道中 NBC Sports 表现突出，在播放量前 11 名的视频中占据 9 个位次（见图 6）。

在 Twitter 平台中，冬奥官方账号、西方主流媒体账号和国际体育组织账号掌握着传播北京冬奥相关内容的话语权，Olympics、NBC Olympics、ISU Figure Skating、Beijing 2022、Shaun White 和 The New York Times 这 6 个账号

北京冬奥的海外社交媒体传播分析报告

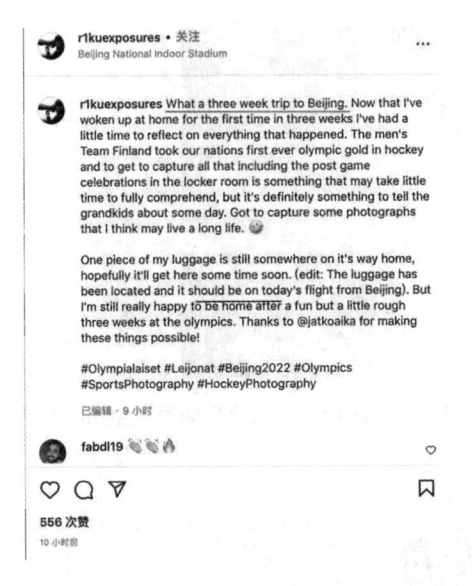

图 3　Instagram 中芬兰运动员对北京冬奥之旅的积极评价

图 4　Instagram 中国外运动员对北京冬奥的积极评价

所发布的热门推文数量占所有统计推文量的 74.83%，而其中只有 Shaun White 为个人账号（见图 7）。

图5　Instagram中花样滑冰运动员羽生结弦的热门帖子

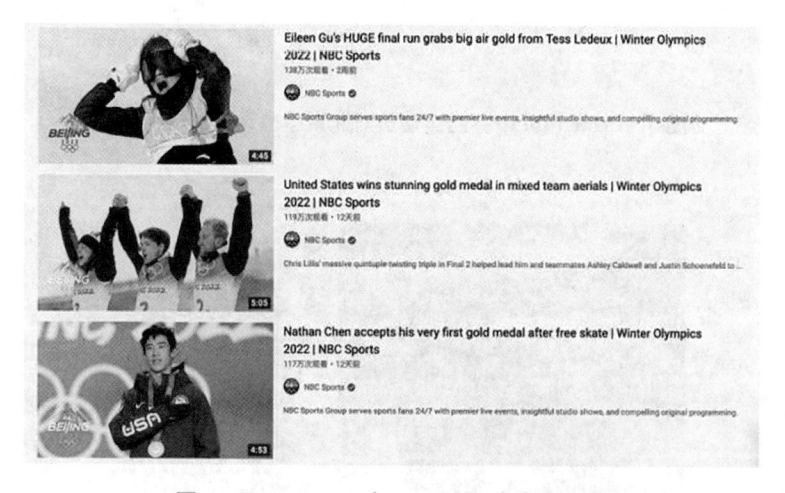

图6　NBC Sports在YouTube中发布视频

（二）我国机构媒体和网民共同构建北京冬奥海外传播网络，网民个人的积极传播行为尤为出彩

在Facebook平台中，我国官媒广泛参与北京冬奥议题传播，发帖数达125条，占总帖数的14.4%。传播效果前十的贴文中有四条由我国官方媒体发布，分列第一、第二、第六和第九。其中，包揽第一、第二名的为CGTN发布的关于谷爱凌的贴文，分别获赞6.6万和5.4万次；排名第六的是关于

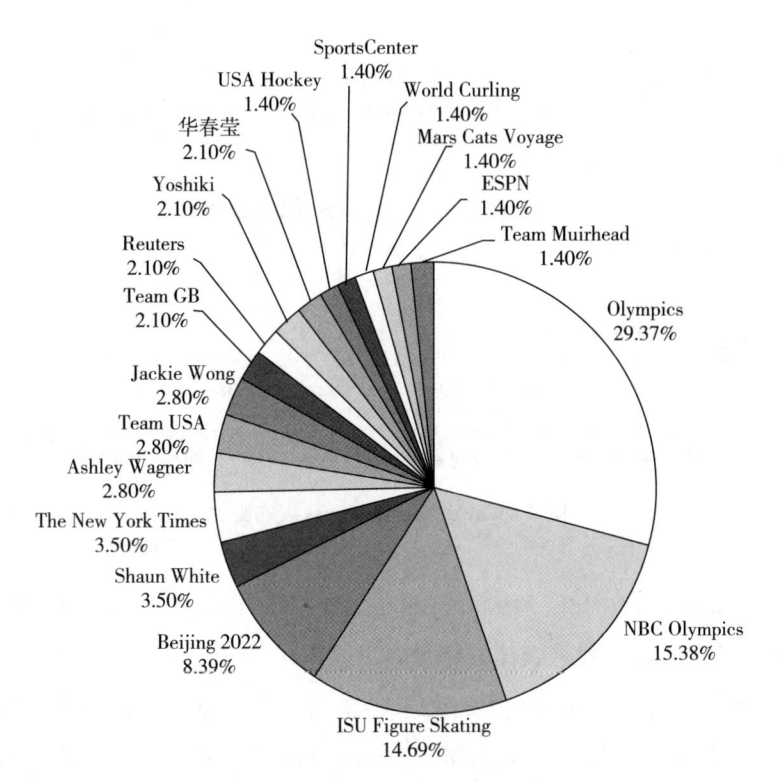

图 7　北京冬奥相关主要账号发布热门推文的比例（Twitter 平台）

冬奥闭环新冠清零的报道，共获 1.4 万次点赞、13 次转发和 34 条评论，由 China Xinhua News 发布，内容指出："得益于有效的防疫措施，北京冬奥会的进展顺利，感染的风险得到控制；冬奥园区内报告的阳性病例数量已从 2 月 2 日 26 例的峰值下降到 2 月 13 日的零"；排名第九的贴文来自 China Daily，内容也与谷爱凌相关，该贴获得 1.2 万次点赞（见图 8、图 9）。

在 YouTube 平台中，我国媒体在社交媒体上的海外账号使用#Olympics 这一标签发布的视频较多，例如 CGTN Sports Scene 发布了多条视频，反响较好；但在标签#WinterOlympics 2022 下，我国媒体虽发布了大量视频，关注度却较低。

在 Twitter 平台中，报道北京冬奥获得评论量、转发量和点赞量最多的前十个账号为：Olympics、NBC Olympics、Shaun White、Team USA、Beijing

085

全球传播生态蓝皮书

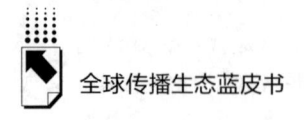

> **CGTN** ✓
> China state-controlled media · 8 February at 11:16 ·
>
> China's Gu Ailing won the gold medal in the freestyle skiing women's freeski big air final at Beijing Winter Olympics on Tuesday. 🥇 #Beijing2022 #FreestyleSkiing #GuAiling #EileenGu #TeamChina

图 8　CGTN 发布的谷爱凌夺金贴文

> **China Xinhua News** ✓
> China state-controlled media · 16 February at 08:37 ·
>
> Thanks to stringent and effective COVID-19 countermeasures, the Beijing #WinterOlympics has proceeded smoothly so far with the risk of infections under control.
> Over 10 days into the event, the number of positive cases reported inside the "closed loop" for the Games has declined from a peak of 26 cases on February 2 to zero on February 13.

图 9　China Xinhua News 发布贴文

2022、SportsCenter、ISU Figure Skating、Barstool Sports、ESPN 和 Bleacher Report，其中并没有我国媒体的账号（见图 10）。

值得注意的是，TikTok 中与北京冬奥相关的高热度短视频中，部分视频由中国账号如 mulanistalking、niniinchina、missbeibei、ananinchina 等发布，这些账号多为个人用户账号，主要传播中国运动员的赛事情况及中国文化，获得了较高的点赞量，有效增加了 TikTok 网友对中国运动员、中国文化、中国美食的关注。例如，用户 mulanistalking 是一个专注于中国文化科普的账号，该账号自 2021 年 7 月开始在 TikTok 上发布视频，粉丝 130 余万，冬奥期间该用户共发布 19 个视频以介绍冬奥开幕式、中国运动员及中国文化，视频累计获赞超过 68.9 万次；用户 niniinchina 在 TikTok 上拥有粉丝超过 37 万，曾发布多个视频介绍中国代表团运动员在冬奥会中的精彩表现，例如谷爱凌、苏翊鸣等人比赛瞬间的视频，介绍隋文静、韩聪夺冠的视频获得了 23.8 万次的高点赞量；用户 missbeibei 自 2 月 4 日开始发布冬奥会相关视频，主要关注世界各国运动员的赛场表现，由其制作的谷爱凌夺冠视频获赞 3.5 万余次。这些来自网民个人的账号有效提升了海外网友对中国的关注，并对讲好中国故事起着推动作用（见图 11）。

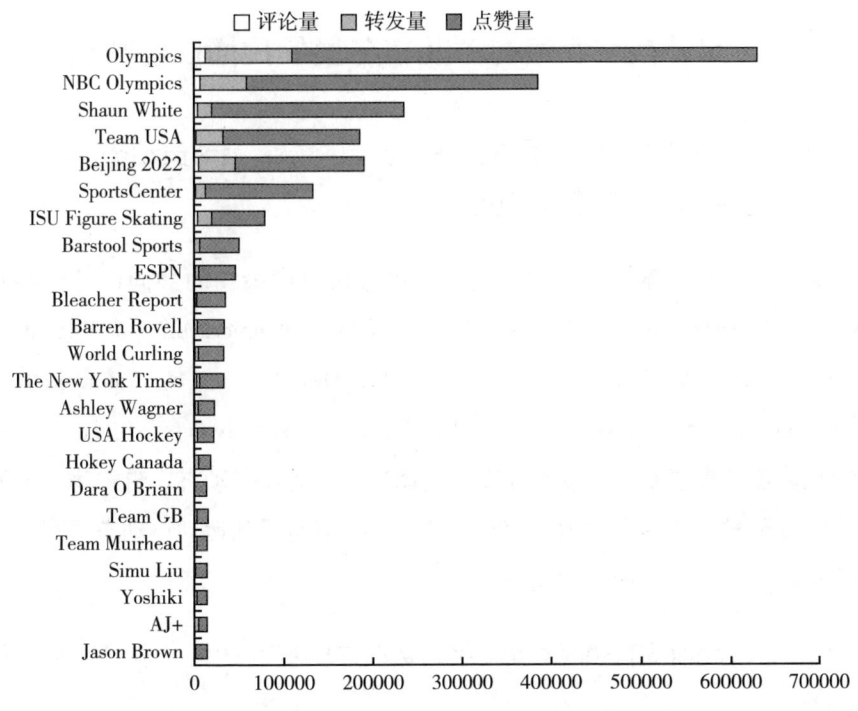

图 10 报道北京冬奥的主要社交账号传播量（Twitter 平台）

图 11 用户 mulanistalking 的 TikTok 主页

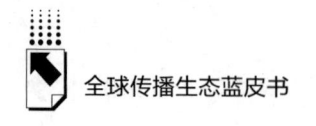

三　海外社交媒体有关北京冬奥的传播议题特点

（一）总体情况：网民更加关注赛事举办、运动员动态、比赛结果、奥运村生活和开闭幕式等议题

五个海外社交媒体中，关于北京冬奥会讨论度最高的共同话题标签有#BeijingWinterOlympics、#Beijing 2022、#WinterOlympics2022、#EileenGu、#yuzuruhanyu、#Shaun White、#BingDwenDwen、#figureskating、#snowboarding、#icehockey、#ski、#KamilaValieva 和#Olympic Village 等，讨论内容涵盖了赛事新闻、场地建设、运动项目、运动员动态、吉祥物、开闭幕式、奥运村生活等多方面的信息。其中，赛事情况和运动员动态具有较高的传播声量，获得了最多的关注。

（二）Twitter 和 Facebook 平台更关注明星运动员、争议性事件和赛事新闻

Twitter 平台中以运动员为叙事对象的推文收获了大部分流量，明星运动员更加"吸睛"。大部分热门推文都将冬奥运动员作为叙事对象，如羽生结弦、肖恩·怀特、谷爱凌等明星运动员引发了广泛关注。统计发现，在所有热门推文样本中，有 67.46%都涉及运动员议题（见图 12）。

Facebook 平台中的北京冬奥相关贴文内容也以赛况和运动员为主。在赛况上，冰壶、冰球和花样滑冰最受关注；在运动员上，谷爱凌和瓦利耶娃最受关注。例如，在标签#BeijingWinterOlympics 下讨论的议题内容以介绍北京冬奥管理、赛事和运动员情况为主，占比分别为 47.4%、22.4%和 17.1%；在标签#Beijing 2022 下的 96 条贴文中，传播内容也以冬奥项目和运动员为主，其中涉及最多的冬奥项目为冰壶、冰球和花样滑冰，占比分别为 11.4%、8.9%、8.9%，被提及次数最多的运动员为隋文静、韩聪，其次是加拿大运动员 Ivanie Blondin（见图 13 和图 14）。

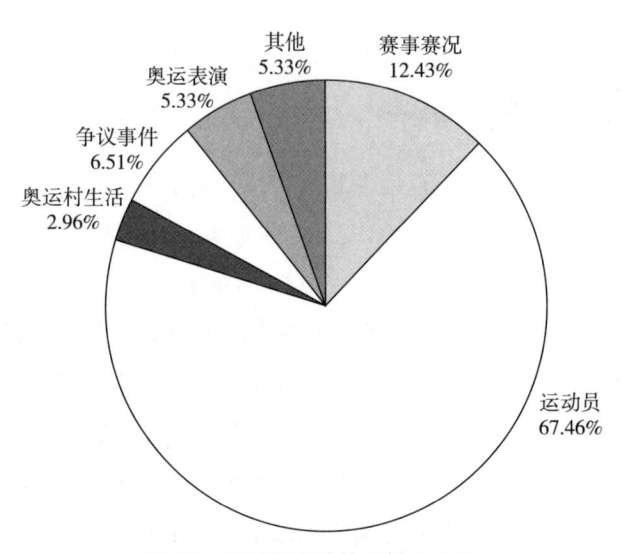

其他 5.33%
赛事赛况 12.43%
奥运表演 5.33%
争议事件 6.51%
奥运村生活 2.96%
运动员 67.46%

图 12　不同议题的热门推文占比

International Ice Hockey Federation (IIHF)
19 February at 23:23

🥉🏒Started from the bottom now THEY'RE BRONZE MEDAL WINNERS! First medal ever in #Olympic #icehockey. Congrats #Slovakia!

Hockey Slovakia #hockey #Beijing2022 #Olympics #Slovensko #hokej Slovenský olympijský tím

图 13　Facebook 中冰球赛事相关贴文

Today Show
19 February at 23:05

After 15-year-old Russian skater Kamila Valieva's performance in the Beijing Olympics, proposals are being made to raise the minimum age in figure skating. Questions are also being raised about if the age should be raised in all Olympic competition.

图 14　Facebook 中瓦利耶娃相关贴文

全球传播生态蓝皮书

（三）TikTok、Instagram 和 YouTube 平台中大量展示了奥运村建设和运动员生活的相关内容

图片和视频的生动性、直接性和真实性有利于向国际展现北京冬奥的基础建设性成果，并传递中国的积极、立体形象。TikTok 中，外国运动员发布的日常生活视频是冬奥热门视频中最常见的类型，这些日常生活视频一般是运动员在奥运村、训练场的所见所闻或趣味生活，大量视频涉及志愿者服务、奥运防疫、冬奥村智能设备、奥运村美食等奥运会相关工作，对本届北京冬奥会传播起到了积极影响。以志愿者服务为例，美国花样滑冰教练亚当·里彭（Adam Rippon）上传的视频中，里彭与自己的学员玛利亚走散，由于玛利亚未携带手机，两人无法取得联系，几个小时的焦急等待后，在冬奥志愿者的帮助下里彭顺利地找回了学员玛利亚。该视频获赞 260 余万次，是 #Beijing 2022 标签下点赞量最高的视频（见图 15）。

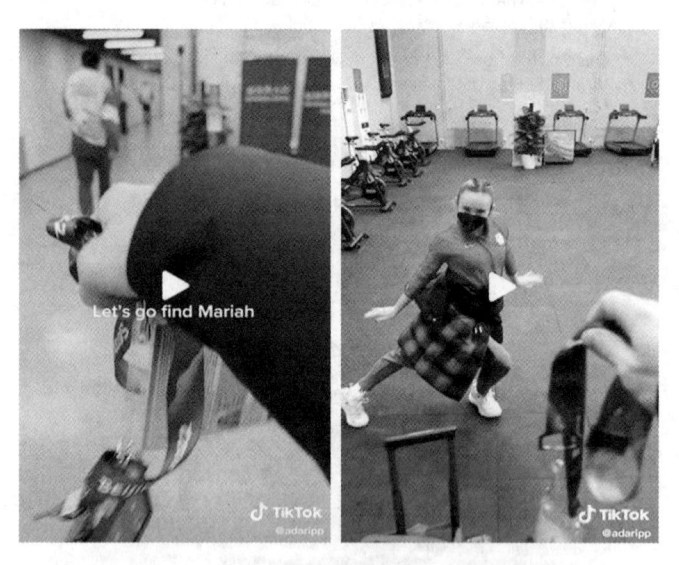

图 15 亚当·里彭在志愿者的帮助下找回学员玛利亚

Instagram 中的发帖内容大多集中在冬奥赛程、运动员动态、冬奥村生活、开闭幕式等主题上。在图片和视频选择上，发布者多选取运动员比赛精

北京冬奥的海外社交媒体传播分析报告

彩瞬间、冬奥会开闭幕式剪影、冬奥村生活及其他冬奥会"软硬件"进行展示。如#Beijing 2022话题下，瑞典冰壶运动员索菲娅·马贝里斯发布了一条球队在五环集体合影的帖子，定位在了冬奥村（Beijing Olympic Village），获得1087个赞（见图16）。

图16 瑞典冰壶运动员在冬奥村合影帖子

YouTube中标签#Olympic Village下的视频主题多为奥运村的基础设施、餐饮情况以及运动员们的经历感受，最高浏览量的视频播放超过53万次，获得点赞数8409次，评论数为2676，受到广泛追捧。在播放量前10的视频中，1~7名的视频均由个人账户发布，并以各国运动员为主体。视频内容生动真实、情感真挚，获得了海内外用户的一致喜爱（见图17）。

图17 个人账号发布相关视频

091

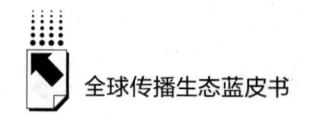

四 海外社交媒体有关北京冬奥传播的情感与态度倾向特点

（一）总体情况：以正面积极态度为主

就北京冬奥在海外社交媒体中传播内容的情感与态度倾向而言，五个平台中的相关内容均以正面态度为主，正面内容主要包含对北京冬奥赛事成功举办的表扬、对运动员的鼓励、对冰墩墩的喜爱、对奥运村生活的赞赏等。而负面内容主要集中在对个别运动员和赛事结果的质疑上，还有部分负面内容将冬奥政治化，抹黑中国。

（二）北京冬奥在TikTok中的传播内容相对积极正面，在YouTube中相对负面

TikTok平台中，正面内容占据绝对优势，负面内容少且关注度较低。唯一的负面内容是以首钢滑雪大跳台改建问题污蔑中国，但在评论区，一些用户对视频内容提出异议，例如用户"Whitelotus"解释道："这个地方几十年前曾是一个钢厂，他们只是把废弃的工厂重新用作公园和奥运会比赛场地，有偏见的人是不会理解的"，该评论获赞7825次。

YouTube中有关北京冬奥的负面内容更多一些，有个别频道或将"冰墩墩"作为引流的工具，攻击中国的政治经济文化发展状况；或借题发挥，通过视频"鬼畜剪辑"侮辱伤害运动员；或质疑北京冬奥比赛存在判罚不公平等。

（三）中国总体呈现积极正面形象

北京冬奥期间海外讨论度最高的国家为中国、俄罗斯、美国和日本等，羽生结弦、谷爱凌、肖恩·怀特、特鲁索娃、瓦列耶娃等明星运动员为这些国家带来了巨大的流量。其中，中国、美国、日本在北京冬奥会海外传播网

络中总体呈现正面积极的形象，而俄罗斯由于花滑运动员涉嫌兴奋剂事件，呈现较为负面的奥运形象。

（四）关于谷爱凌的负面讨论主要集中在 YouTube、Facebook 和 Twitter 中，TikTok 和 Instagram 中对其的质疑声相对较小

YouTube 中，关于谷爱凌的视频数量众多、来源广泛且关注度、影响力较大，但在该标签下播放量前 10 的视频中，负面视频占比 40%，是所有平台中负面比例最大的平台，质疑谷爱凌"背叛美国"；Facebook 中涉及"谷爱凌"的帖子有 126 条，占总帖子数的 14.5%，情感倾向以正面和中性为主，同时 87.4% 的谷爱凌相关贴文由海外媒体发布，发帖最多的是美国媒体 *The New York Times*；Twitter 中谷爱凌相关的标签热度排名第五，引发多方关注，赞美与质疑并存。而在 TikTok 中，对于福克斯新闻指责谷爱凌"背叛美国"的说法，多数网友认为是荒谬的，他们对谷爱凌加入中国代表队持支持或理解的态度；在 Instagram 中，大多数帖子呈现积极的态度，还有网友自发为谷爱凌"正名"。

五　结论

（一）五个海外社交媒体中北京冬奥相关内容传播量和影响力最大的平台为 TikTok

从传播量来看，TikTok 是五个海外社交媒体中北京冬奥相关内容传播量和影响力最大的平台，其主要标签中相关 #Beijing 2022（11 亿次）、#WinterOlympics（11 亿次）、#Olympicspirit（84 亿次）的短视频浏览量都在十亿次以上，而相关 #Olympics（117 亿次）的短视频浏览量更是达到百亿次以上。Facebook 中北京冬奥相关内容的传播影响力也相对较大，相关的 867 条贴文总计获得了 104.73 万次点赞、5.63 万次转发和 12.5 万条评论。

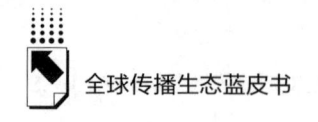

（二）TikTok、Instagram中的个人账号和YouTube、Twitter中的机构账号最热衷于传播北京冬奥相关内容

TikTok中的大量短视频由参加冬奥会的运动员发布，Instagram中的大量帖子由运动员及其粉丝发布。而YouTube中最具影响力的传播者是"NBC Sports"，同时还存在一系列专门抹黑中国形象的视频频道；Twitter中冬奥官方账号、西方主流媒体账号、国际体育组织账号掌握着传播的话语权，只有少量个人账号，如肖恩·怀特、华春莹等发布的推文获得了较好的传播效果。

（三）中国媒体在北京冬奥的海外传播中有一定参与度但影响力较低，中国网民个人的积极传播行为引发较高关注

Facebook平台中，我国官媒广泛参与冬奥议题，发帖占比14.4%，但传播效果欠佳；YouTube平台中，我国的媒体账号广泛使用#Beijing 2022这一标签，但视频播放量较低、关注度不够；Twitter平台中，我国媒体账号广泛传播"一起向未来"的主题口号，但其并未能有效引起西方媒体和网友的共鸣。值得注意的是，TikTok中部分中国用户介绍了中国代表团运动员在冬奥会中取得的成绩，获得了较高的点赞量，从而有效增加了北京冬奥和中国运动员在TikTok中的被关注度和被讨论度。

（四）赛事举办和运动员动态等内容是海外网民较为关注的议题，TikTok、Instagram和YouTube中大量展示了奥运村建设和运动员生活的相关内容

五个平台中关于北京冬奥会讨论度最高的共同话题标签有#BeijingWinterOlympics、#Beijing 2022、#WinterOlympics2022、#EileenGu、#yuzuruhanyu、#Shaun White、#BingDwenDwen、#figureskating、#snowboarding、#icehockey、#KamilaValieva等，讨论内容涵盖了赛事新闻、场地建设、运动项目、运动员动态、吉祥物、开闭幕式等多方面的信息。其中，赛事情况和运

动员动态具有较高的传播声量，引发了最多的关注。

同时，TikTok 中的大量短视频展现了北京冬奥会出色的志愿者服务、奥运村建设情况等；Instagram 中热门帖子包括冬奥村相关内容的发布和讨论；YouTube 中标签#Olympic Village 下最高浏览量的视频播放超过 53 万次，获得点赞数 8409 次，评论数 2676 条，受到广泛追捧。图片和视频的生动性、直观性和真实性有利于向国际展现北京冬奥的基础建设性成果，并传递中国的积极、立体形象。

（五）北京冬奥在海外传播的态度倾向以正面为主，TikTok 中正面内容最多，YouTube 中负面内容最多

就北京冬奥在海外传播的情感与态度倾向而言，五个平台中的北京冬奥相关内容均以正面态度为主，少量负面内容主要集中在对运动员和赛事结果的质疑、对赛道场馆建设的批评和上升到政治问题来抹黑中国等方面。YouTube 中北京冬奥相关负面内容的数量和主题最多，且存在大量有组织的、专门抹黑中国的频道和账号；而 TikTok 中正面内容占据绝对优势，负面内容少且关注度较低。

B.5 北京冬奥会数字公共外交创新性发展报告*

史安斌 刘长宇**

摘 要： 北京冬奥会，是中国调用数字公共外交的创新性发展、开展面向全球公众的数字体育公共外交（Digital Sports Public Diplomacy）、提升国家软实力的难得主场外交契机。首先，本报告回溯体育公共外交的历时性发展，探讨 DSPD 的概念与实践演进。其次，以"全球中国"形象建构为背景，引入国家形象"5D"模型为理论框架，综合比较往届奥运公共外交实践的经验教训，分析北京冬奥 DSPD 的新亮点。最后，在前述分析的基础上，以媒介全球化时代"全球、全媒、全员"三大特征思考起点，研判"乌卡"时代 DSPD 的发展趋势，以期为相关部门及媒体同行的后续实践提供镜鉴。

关键词： 数字体育公共外交 北京冬奥会 国家形象"5D"模型

2022 年是新冠肺炎疫情全球大流行的第三年，疫情对人类生活及世界格局的颠覆性重构仍在继续。普遍的社交距离区隔下，数字技术是满足个体、组织乃至国家日益迫切的联系及交往需求的关键和维持全球事务正常运

---

* 本文系教育部哲学社科基金重大攻关项目"新时代中华文化走出去策略研究"（项目批准号：18JZD012）阶段性研究成果。
** 史安斌，清华大学新闻与传播学院副院长、教授；刘长宇，清华大学新闻与传播学院博士研究生。

转的核心基础设施。统计数据显示，截至2022年1月，全球有46.2亿社交媒体用户，占世界总人口的58.4%。过去一年，全球社交媒体用户增长超过10%，2021年有4.24亿新用户登录全球性社交媒体平台。[1]

"交往在云端"的泛数字化进程进一步渗透进全球传播与公共外交领域。数字公共外交（Digital PD）萌芽于21世纪初，突如其来的疫情急剧加速了其发展进程。疫情期间各国的公共外交活动被迫从线下转向线上，持续模糊着现实世界和虚拟空间的边界。随着其核心逻辑从被动的"数字化适应"（Digital adaptation）转向主动的"数字化转型"（Digital adoption），数字公共外交也从传统外交的"时尚附属品"转型成为疫情防控常态化时期政府、国际组织、多边机构等多元利益相关方组织国际交往的常态化模式。

以"绿色、共享、开放、廉洁"为基本理念的北京冬奥会，为深陷"抗疫疲劳"的世界注入活力与希望，是中国调用数字公共外交的创新性发展，开展面向全球公众的数字体育公共外交（Digital Sports Public Diplomacy, DSPD），构建基于文化共生、共享和共荣理念的全球传播新模式，提升国家软实力的难得主场外交契机。英国咨询公司Brand Finance新近发布的全球软实力指数（2022）显示，冬奥会的成功举办使中国的"体育领袖"指标评分从2.7提升到3.0，排名升至全球第10。[2]

基于此，本报告遵循习近平总书记在中共中央政治局第三十次集体学习中提出的"理论阐释实践，实践升华理论"的逻辑理路，从三部分展开。首先，报告聚焦于理论探讨，回溯体育公共外交的历时性发展，探讨DSPD的概念与实践演进。其次，本报告以冬奥DSPD的核心目标——"全球中国"形象建构为背景进入实践分析，引入国家形象"5D"模型具体化其核心维度，并以之为分析框架，综合比较往届奥运公共外交实践的经验教训，

---

[1] Data Reportal – Global Digital Insights, "Digital 2022: Global Overview Report", https://datareportal.com/reports/digital-2022-global-overview-report.

[2] Brand Finance, "Global Soft Power Index 2022", https://brandirectory-live-public.s3.eu-west-2.amazonaws.com/reports_free/brand-finance-soft-power-index-2022.pdf.

分析北京冬奥 DSPD 的新亮点。最后，在前述理论与实践分析的基础上，本报告再次回归理论，以媒介全球化时代"全球、全媒、全员"三大特征思考起点，研判"乌卡"时代 DSPD 的发展趋势，以期为相关部门及媒体同行的后续实践提供镜鉴。

一 数字体育公共外交的概念与实践演进

体育有一种内在的外交能力，可以缓解冲突，克服分离和疏远，促进和平、发展和礼让，因此国际关系互动中始终发挥着重要作用。起始于公元前776年的古代奥运会通过体育将来自交战城邦的人们聚集在一起，以实现化干戈为玉帛的目标。这一传统在人类历史发展中代代相传，构成"体育公共外交"（Sports Public Diplomacy）的历史演进。

奥运会、世界杯足球赛等国际大型体育赛事所蕴含的和平、包容、友善等正向价值，能够跨越种族、语言、文化和意识形态的鸿沟，通过多种传播样态向全球公众传递多样化的共通价值，展示并塑造一国国家形象。体育公共外交日渐成为国际热点话题。体育公共外交意指国家和非国家行为体有意识地、战略性地利用体育赛事，在外国公众和组织中宣传和创造有吸引力的积极形象，从而以一种有利于己方目标的方式形塑公众对本国或本组织的认知和舆论走向。[1]

相较传统的外交模式，体育公共外交具有以下三个方面优势。首先，它能够充分利用"文化接近性"原则，通过体育赛事这一全人类的"共享仪式"，凝聚共识，强化认同。其次，它是低风险、低成本但具有高曝光率和潜在的高回报的传播模式。最后，它通过与媒体层面的国际传播和人际、组织层面的跨文化传播相互融合，形成塑造国家品牌的强大合力，同时也可与对外援助、教育、文化、生态环境等其他主题的公共外交相互呼应，放大其

---

[1] Murray, Stuart, *Sports Diplomacy* (Routledge, 2018), p. 3.

传播效果。① 体育公共外交可划分为彼此关联的三种模式：传统体育公共外交、战略体育公共外交和数字体育公共外交。

传统体育公共外交挑战了"体育与政治相互独立、彼此无涉"的刻板观念，确证了体育与政治和外交之间复杂的互动关系，并认为这一互动遍在于不同时代和不同文明进程之中。民族国家是主要行动主体，这一模式注重随机性、策略性运用体育资源以推动对外政策目标。体育是国际关系博弈的非暴力延伸，被视作"不开枪的战争"。国际体育赛事成为"国家发展和政治制度的试验场"，是展示国家能力、宣扬意识形态优越性的重要契机。各国在体育场和谈判桌上进行竞技性和隐喻性的"战斗"，减缓直至化解彼此之间发生"热战"的可能。①一方面，体育交流创造了缓和紧张关系、拓展外交往来的宝贵机遇，如"以小球转动大球"的中美乒乓外交和朝鲜、韩国组建联队参加2018平昌冬奥会。另一方面，在这一模式下，体育赛事极易被意识形态博弈"挟持"，政治抵制与排外屡见不鲜。典型案例如"冷战"背景下，1980年莫斯科奥运会和1984年洛杉矶奥运会期间美苏相互抵制，以及最近在所谓"新冷战"背景下，以美国为首的西方国家对北京冬奥会的"外交抵制"。

"冷战"结束后，持续加速的经济全球化进程延伸至外交领域。在吸纳商业战略传播、国家品牌等跨领域理论资源的基础上，国家外交目标与跨国商业逻辑跨界整合，战略体育公共外交应运而生，打造具有国际知名度的国家与城市品牌是其核心目标。在这一模式下，跨国企业的加入扩宽了体育公共外交行动主体范围，官方主体的角色也由强硬的"控制"转向更包容的软性合作"主导"，重视在国家体育公共外交战略框架内，与非国家行动主体建立协作、互惠和可持续的伙伴关系。商业化与媒介化是这一模式的两大突出特征。一方面，巴塞罗那、亚特兰大、悉尼等新兴国际都市通过奥运会推广城市品牌，转型成为国际会展中心和旅游胜地。可口可乐、麦当劳、宝洁等跨国企业在赞助奥运会赢利的同时，也将美式价值观和消费主义文化传播到世

---

① 史安斌、刘长宇：《智能传播时代的体育公共外交：历史脉络与未来走向》，《青年记者》2022年第1期。

界各地。① 另一方面，商业化背景下，大众传媒与流行文化的影响渗透进体育赛事，构成全球性的"媒介事件"。通过卫星电视和互联网等全球媒体平台进行广泛传播，聚焦于累积"符号资本"。NBC、ESPN等西方媒体通过对奥运会等世界体育盛会电视转播权的垄断，不断巩固美西方国家的话语主导权。

互联网媒体的勃兴开启了体育公共外交的数字化进程。2008北京奥运会是首届"互联网（博客）奥运会"，2012伦敦奥运会是首届"社交媒体（微博）奥运会"，2016里约奥运会则成为首届"短视频奥运会"。谷歌、脸书、推特、新浪、腾讯、字节跳动等数字互联网平台逐渐取代传统媒体机构，成为体育国际传播的主导力量。② 这一趋势因2020年初的新冠肺炎疫情而进一步深化。奥运会、亚运会、亚洲杯等国际性重大体育赛事频繁被取消或推迟。智能化的数字媒介科技与体育赛事深度融合，为弥合因疫情而导致的国际鸿沟，跳出"逆全球化"浪潮下的体育"再政治化"陷阱打开新局面。在互联网媒体赋能下，包括运动员、俱乐部和赛会机构在内的非国家体育行动者（Nonstate sporting actors, NSSAs）的重要性不断上升。与之相应，DSPD模式中，官方主体的角色进一步由"合作主导者"转变为"网络连接者"，创造、维系、协调体育公共外交连接网络是其主要职责。三种模式的内涵及区别如表1所示。

表1 体育公共外交的三种模式

类别	传统体育公共外交	战略体育公共外交	数字体育公共外交
特征	政治化、武器化	商业化、媒介化	数字化、遗产化
行动主体	民族国家	跨国企业	非国家体育行动者
目标	展示综合国力	打造国家品牌	彰显全球关怀

---

① Dubinsky, Yoav., "Analyzing the Roles of Country Image, Nation Branding, and Public Diplomacy through the Evolution of the Modern Olympic Movement", *Physical Culture and Sport. Studies and Research* 84, No.1, 2019: 27–40.
② 史安斌、刘长宇：《智能传播时代的体育公共外交：历史脉络与未来走向》，《青年记者》2022年第1期。

续表

类别	传统体育公共外交	战略体育公共外交	数字体育公共外交
政府角色	传播控制者	合作主导者	网络连接者
体育定位	政治武器	战略资源	参与场景
媒介样态	印刷媒体	广电媒体	数字媒介科技
典型个案	1980莫斯科奥运会	1996亚特兰大奥运会	2022北京冬奥会

二 北京冬奥会数字体育公共外交新亮点

作为DSPD的最新进展，北京冬奥会在前两种模式展示综合国力、打造国家品牌的目标基础之上，将"彰显全球关怀"置于前景，力图以更为多元、包容和年轻化的方式，借助高科技和数字化手段，探索跨文化传播新模式，以数字化奥运遗产重塑全球连接。在"媒介化政治"时代，受众认知与信任的形塑很大程度上取决于形象投射。此处的"形象"不仅指显在的视觉形象表征，还包含历史文化、理念规范、价值观念的形象化表达。[①] 从此出发，多维度、立体化的"全球中国"形象建构与表达，是审视北京冬奥会DSPD实践创新的重要窗口。

14年前，北京奥运会完成了中国在世界中心舞台上的闪亮登场。通过举办一届"无与伦比的奥运会"，中国表达了期冀全面融入国际社会并得到广泛接纳的愿望，积极融入西方主导的世界体系的"开放中国"形象为世界所接受。皮尤研究中心2009年发布的数据显示，北京奥运会后，全球25个国家对于中国的态度由奥运前的普遍消极转向明显积极。[②] 在百年变局和世纪疫情相互交织的当下，2022年北京冬奥会，是新时代的中国以更加开

[①] ［美］曼纽尔·卡斯特：《传播力》，汤景泰、星辰译，社会科学文献出版社，2018，第182页。
[②] Pew Global Attitudes Project, "25 - Nation Pew Global Attitudes Survey", https://docs.google.com/viewer? url = https://assets.pewresearch.org/wp - content/uploads/sites/2/pdf/264.pdf.

放自信的姿态引领世界走出疫情阴霾，"一起向未来"的成功实践。中国以一届"疫情下的伟大奥运会"向世界展示了东方式的浪漫、淡定和包容，为从"开放中国"到"全球中国"的国家形象升维创造了契机。

近年来，有国际学者综合国际政治、商业管理、传播和社会心理学等跨学科理论资源，提出国家形象"5D"模型。这一模型将国家形象划分为功能（Functional）、规范（Normative）、文化（Cultural）、自然（Natural）和情感（Emotional）五个维度。功能维度关注综合国家能力，规范维度注重价值表达，文化维度强调文化特征，自然维度重视生态文明，情感维度聚焦共情体验。[①] 基于"5D"模型，结合现实情境，"全球中国"形象可进一步细化为创新中国、和合中国、多彩中国、乐活中国和萌酷中国（见图1）。以此为依据，北京冬奥会DSPD的新亮点主要包括四个方面。

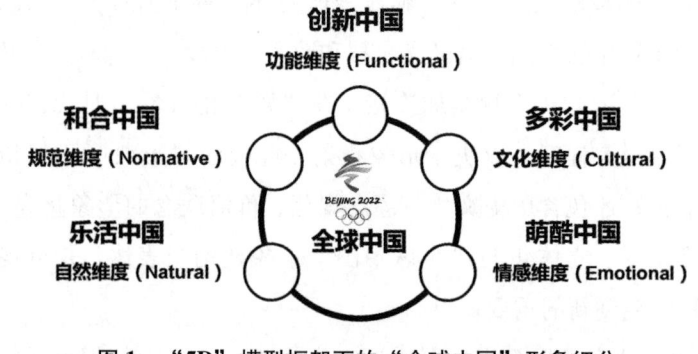

图1　"5D"模型框架下的"全球中国"形象细分

（一）数字媒介科技创新应用赋能"创新中国"

在"一带一路"倡议及其数字分支"数字丝绸之路"（Digital Silk Road，DSR）建设的驱动下，中国成为新全球化时代数字发展进程的领航者。中国"蝙蝠联盟"（BAT）与美国"狼牙联盟"（FAANG）分庭抗礼，

---

① Ingenhoff, Diana, Giada Calamai, and Efe Sevin, "Key Influencers in Public Diplomacy 2.0: A Country-Based Social Network Analysis", *Social Media + Society* 7, No.1, 2021.

重塑国际传播的地缘政治格局。TikTok 和 SHEIN 等娱乐与电商平台亦已深刻嵌入西方社会生活肌理，在内容产品"反向流动"的基础上，进一步实现了商业模式和技术形态的"反向输出"。[①] 数字互联网技术的快速发展成为新时代中国传递给世界的"创新名片"。

借助冬奥会这一汇聚世界关注的"全球公共时刻"（Global Communal Moment），中国集中展现数字媒介科技创新成就，赋能"创新中国"的国家品牌建构。考虑到疫情催动的数字技术基础设施化转型，此处对数字媒介科技的界定择选"媒介"的广义内涵，并不仅限于内容呈现，更关照其物质性特征，涵盖各种支持全球网络化信息流动的智能通信技术软硬件设施及机制。从此出发，相关 DSPD 实践主要包含两个面向。

首先，北京冬奥会利用数字技术扩展传播范围，使冬奥从"特定圈层汇报演出"拓展为"全球一起嗨"的国际顶流赛事。疫情常态化防控导致的全球物理流动限制，使"在云端"成为奥运会等国际体育事件保持影响力的必由之路。2020 东京奥运会是首届完全依赖于数字平台的"云端奥运会"。在此基础上，北京冬奥会成为有史以来数字收视率最高的奥运会。数据显示，仅 2 月 4 日冬奥开幕至 2 月 11 日一周内，全球就有超过 4500 万观众在云端观看，高于 2018 年平昌冬奥会的线上观众总和。[②] 与此同时，阿里云和奥林匹克广播服务公司联手推出、于东京奥运会期间首次投入使用的"奥林匹克转播云"（OBS Cloud），在整个东京奥运周期内共生产了 11000 小时内容。而其在北京冬奥开幕仅一周的内容产量就已超过 6000 小时，还额外提供近 1200 小时的独家赛事。这一数量是平昌冬奥会数字内容总量的 2 倍。[③]

北京冬奥会的数字化转型收获了有史以来最高的全球关注度。数据显

[①] 王沛楠、史安斌：《2022 年全球新闻传播新趋势——基于六大热点议题的分析》，《新闻记者》2022 年第 1 期。

[②] International Olympic Committee, "Fans Embracing New Ways to Consume the Olympic Winter Games at Beijing 2022 - Olympic News", February 22, 2022, https://olympics.com/ioc/news/fans-embracing-new-ways-to-consume-the-olympic-winter-games-at-beijing-2022.

[③] Alizila, "Beijing 2022 Taps Cloud for Live Broadcast and Remote Production", February 17, 2022, https://www.alizila.com/beijing-2022-taps-cloud-for-live-broadcast-and-remote-production/.

示，2月4~11日，北京冬奥会开幕式相关报道超过88000篇，来源包括全球143个主要国家和地区的主流媒体和新媒体机构，包含31种不同语言。①据媒体报道，北京冬奥会开幕式的直播收视率在澳大利亚比上届冬奥会提升了331%，在德国比东京奥运会提升了82%，在瑞典的收视率比东京奥运会高出1倍。北京冬奥会还强力拉动了传统冬奥会"收视盲区"的拉丁美洲等地区民众的关注。②

其次，深度嵌入各场景环节的数字新媒体设备与智能机器人创造了北京冬奥会沉浸式、具身化传播互动体验，是"创新中国"的物质性媒介表征。一方面，超高清数字化呈现技术为"空灵、浪漫、现代、科技"的冬奥开幕式保驾护航，沉浸式讲述"中国故事"。支持"黄河之水天上来"震撼效果的是LED屏显的"中国制造"。展现"河水蔓延"的舞台地面是目前世界上规模最大的8K超高清地面显示系统，由46504个50厘米见方的单元箱体组成，总面积达10393m^2。该地面屏以超大规模的光学校正算法对每个显示画面进行像素点级的光学校正，可以完美呈现裸眼3D效果。③另一方面，东京奥运会初步展现了人工智能在辅助比赛、便利生活、管控疫情方面的潜力，北京冬奥会则使之更具"人情味"。优雅大方的AI虚拟手语翻译"聆语"、礼貌提醒外国运动员佩戴口罩的服务机器人"笨笨"、烹饪美味佳肴的"厨师"机器人等"AI外交官"在机械效能外平添人性温情，在给各国记者、运动员和全球公众留下难忘的"冬奥记忆"的同时，也向世界传递了"科技向善共创美好未来"的中国数字发展智慧。

（二）借力"第三方传播"，以"他塑"路径打造"和合中国"

面对新冠肺炎疫情蔓延的不确定性，在吸取东京奥运会"防疫泡泡"

---

① 数据来源于本团队依托中国传媒大学开发的"冬奥全球传播数据平台"实时采集的一手数据。
② 史安斌、盛阳：《从"跨"到"转"：北京冬奥会带来跨文化传播新模式》，《青年记者》2022年第6期。
③ TechNode,"5 Notable Pieces of Chinese Tech at the 2022 Winter Olympics · TechNode", February 18, 2022, http://technode.com/2022/02/18/5-notable-pieces-of-chinese-tech-at-the-2022-winter-olympics/.

的经验教训的基础上，北京冬奥会决定不面向境外售票，对冬奥全流程实施闭环管理。相对严格的防控措施给了部分海外媒体借题发挥的空间。相关报道跳出冬奥会框架本身，在对中国防疫政策理解不透彻、把握不全面的基础上，将中国疫情防控措施政治化、妖魔化为"控制""封锁"等具有贬义的概念，从而将冬奥与其长期建构的人权、防疫、信息监管等负面议题框架进行"拼接"，炮制渲染意识形态对抗的"阴谋论"，形成国际舆论"负面累加"效应。

鉴于当前全球传播场域内"美英主导，西方垄断"的格局仍未根本改变，西方主流媒体依然主导国际舆论场的话语走向。持续发酵的"冬奥污名"通过"媒介间议程设置"（Inter Media Agenda Setting）影响其他国家的媒体报道口径，并借助各自社交平台账号广泛传播，产生较大负面影响，进一步深化全球公众对中国的偏见性认知。这给我国国家形象的"自塑"带来严峻挑战。如何突破"有理说不出""说出传不开""传开叫不响"的话语困境，有力回应西方媒体抹黑，建构以开放、和谐、合作为特征的"和合中国"形象，是北京冬奥DSPD的重要关切。

相较于严格管控社交媒体内容发布以保护电视转播版权的2016里约奥运会，2020东京奥运会大幅放宽了媒体限制，鼓励运动员和其他人通过社交媒体与朋友、家人和支持者分享奥运经历，保留奥运记忆。TikTok、Instagram、YouTube、Facebook等社交媒体平台不再仅是补充传统奥运传播手段的"数字枝蔓"，转而成为维系奥运全球参与的数字公共空间。这也标志着DSPD由2008年以来相对被动（Reactive）的"数字适应"转向主动（Proactive）的"数字转型"。

这一趋势在北京冬奥会得以延续。作为有史以来数字化参与程度最高的一届冬奥会，北京冬奥会社交媒体互动达28亿次，是平昌冬奥会的10倍。与此同时，在持续的互联网"视听转向"背景下，YouTube奥运频道的订阅受众相较平昌冬奥会增长了58%。TikTok、Twitch等新兴数字视频类社交平台成为新的互动增长点，冬奥期间TikTok上#OlympicSpirit主题标签下的视

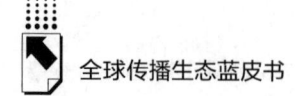

频总浏览量超过 21 亿次，史上第一次 Twitch 奥运直播吸引了 72 万观众。①与之相适配，以包括各国运动员在内的"KOL"（关键意见领袖）为行动主体的多视角、参与式"第三方传播"，为中国向世界传递"开放怀抱等你来"的善意，以"他塑"路径打造"和合中国"国家品牌带来全新可能，成为北京冬奥会 DSPD 的特色媒介景观。

具体而言，以运动员等冬奥亲历者为主的短视频日常表达和分享，以更具亲和力、影响力和公信力的"常民"视角社交传播，呈现了更为全面、真实、细节的北京冬奥会，有助于破解少数西方媒体一以贯之的"灰黑滤镜"。冬奥开幕式上，各国运动员在 TikTok"直播"精彩瞬间与场内细节，给全球公众带来参与式的互动体验。据统计，2月4~5日，TikTok 平台冬奥开幕式相关的前100条短视频中，21条是各国运动员自主发布，播放总量达943万次，获得点赞互动超150万次。② 美国单板滑雪运动员特莎·莫德（Tessa Maud）记录下冬奥志愿者向她热情呼喊"欢迎来到中国"场景，获得14万次观看和近10万次的点赞。国际受众给予积极的情感反馈，留下"这是更团结的奥林匹克精神的体现""志愿者们太可爱了，展现了中国的友善"等积极评论，有力回应部分西方媒体对冬奥开幕式的政治炒作。

赛事期间，被中国网友戏称为"瑞士张国伟"的瑞士单板滑雪运动员尼古拉斯·胡贝尔（Nicolas Huber）拍摄的在比赛场地"整活"，与志愿者和其他运动员互动的短视频走红互联网。荷兰速度滑冰运动员尤塔·里尔塔姆（Jutta Leerdam）在 Instagram 发布的麻辣烫"吃播"Vlog 获得超过20万次点赞。这些生活化、趣味性的冬奥 UGC，以第三方的视角展现了北京冬

---

① 此处的比较分析数据来源于国际奥委会官网和数据分析网站 Statista，源数据链接：International Olympic Committee, "Beijing 2022: Historic Olympic Winter Games on and off the field - Olympic News", May 22, 2022, https://olympics.com/ioc/news/beijing-2022-historic-olympic-winter-games-on-and-off-the-field; Statista, "2018 Winter Olympics Social Media Post Volume Platform", May 08, 2018, https://www.statista.com/statistics/943787/winter-olympics-social-media-posts-platform/。

② 研究团队以"Winter Olympics Opening Ceremony 2022"为关键词，在 TikTok 平台进行视频检索，并以2月4~5日为时间段进行人工筛选，随后对符合条件的前100条视频进行统计分析，得出本数据结果。

奥会的"和合"氛围，表达了中国人民热诚欢迎各国人民的诚意与真心，使冬奥防疫"阴谋论"及对冬奥餐饮质量的歪曲与质疑不攻自破。

（三）沉浸式、多模态视听传播创意呈现"多彩中国"与"乐活中国"

自然与文化是一国最显著的身份标识和最独特的品牌资产。展现本国自然风貌与文化魅力是奥运会、世博会等大型主场外交活动的题中之义，以开闭幕式最为集中。但与此同时，过于鲜明的"民族性"彰显与"博物馆化"呈现也可能适得其反，使精心择选的环境与文化审美要素成为全球公众刻板偏见与固化认知的来源。这在以"高语境文化"（High Context）为特征的非西方国家更为明显。平昌冬奥会开幕式上的"人面鸟"、东京奥运会开幕式上的"暗黑舞踏"虽都是本国的代表性文化符号，但其抽象的表意及强异质性的呈现形式，也造成了较大的"文化折扣"。具备一定文化接近性的中国观众都难以理解，遑论全球共鸣。

基于此，实现"民族性"与"世界性"、历史传统与现代意涵之间的平衡是历届奥运开闭幕式成功的关键。数字媒体语境下，视听图像在吸引受众注意力方面的作用愈加强大，读图读屏日渐成为主导的信息接收方式。[①] 视听传播成为演绎中国文化、彰显中华风采的有效手段。以"求同"为精神内核，打造沉浸式、多模态的视听传播体验，将中华文化之美、中国生态之美与文明交流互鉴、可持续发展等目标理念有机关联，创意呈现与时俱进、面向未来的"多彩中国"与"乐活中国"形象，是北京冬奥会DSPD的又一亮点。

在文化层面，2008年北京奥运会开闭幕式的核心是"文化展演"，侧重"多彩中国"的历时性脉络，展现中华文明的深厚历史底蕴。随着中国全球影响力的不断提升，圆融和合的中华文化理念不仅要惊艳世界，更要引领世

[①] 史安斌、刘长宇：《建党百年国际传播的理论重构与实践创新——基于策略性叙事视域》，《电视研究》2021年第11期。

界。在此背景下，2022年北京冬奥会开闭幕式完成了从"我"到"我们"的转变，聚焦"多彩中国"的共时性表达，凸显中华文明的世界性。"一起向未来"不仅是"更团结"（Together）奥运精神的集中表达，更是历久弥新的中华文明以包容态度引领世界文明互鉴交往的体现。

在数字技术支持下，北京冬奥会以转文化的"东方式浪漫"，形塑中华文明与奥运精神相谐共生的互文性视听叙事。裸眼3D打造的沉浸式"黄河入海"生动地表现了中华文明汇入世界文明海洋，相生共融的依存关系。AR（增强现实）生成的巨型中国结的红丝带融汇了中华文化与冰雪元素，每一根丝带既独立成结，又相互交织，具象化演绎"美美与共，天下大同"，共建人类命运共同体的美好愿景。数字激光汇聚而成的参天垂柳，以中国人传承千年的"折柳寄情"表达对奥运的纪念，绿色更象征着人类生生不息的希望与和平友谊的茁壮成长，彰显"天下一家"（One World, One Family）的全球情怀。

在生态环境层面，应对全球气候变化，中国向世界作出了"2030年碳排放达峰""2060年实现碳中和"的庄严承诺。"30目标+60愿景"标志着中国全面进入绿色低碳时代，也向世界宣示以"十四五"为起点开启生态文明新征程的决心。[1] 在此背景下，"绿色办奥"理念贯穿北京冬奥会始终。作为首届碳中和奥运会，北京冬奥会实现完全依靠可再生能源供电。作为世界唯一的"双奥之城"，北京充分利用夏季奥运会遗产，7个比赛场馆中有5个都是2008年北京奥运会的传统场馆。"水立方"变身"冰立方"，首钢园区变成滑雪跳台。[2]

在现实的减碳举措之外，利用数字媒体技术，在"观念政治"

---

[1] 史安斌、童桐：《习近平生态文明思想国际传播的图景与路径——以推特平台"2060碳中和"议题传播为例》，《当代传播》2021年第4期。
[2] International Olympic Committee, "Five Ways in which Beijing 2022 will become Carbon Neutral - Olympic News", January 29, 2022, https://olympics.com/ioc/news/five-ways-in-which-beijing-2022-will-become-carbon-neutral.

（Noopolitik）的层面讲好"乐活中国"①生态文明故事，向世界传递可持续发展理念同样重要。冬奥开幕式创造性地将中国传统的二十四节气与奥运倒计时相融合，在展现中国四季自然之美的同时，也向世界传递着中国尊重自然规律的永续生态发展理念，以及中国人"应时而作"的快乐、健康、可持续的"乐活"生活方式。与此同时，北京冬奥会借助 TikTok 和 YouTube 等视频类社交媒体平台，多角度传播"微火"火炬点燃仪式，以直观的视听图像帮助全球观众读懂"低碳奥运"和"绿色中国"，扭转西方媒体对于点火仪式的歪曲关注与偏向报道。

（四）"Z 世代"群体引领"萌酷中国"表达

如果说平昌冬奥会是"千禧一代"（The Millennials）大放异彩的盛会，那北京冬奥会就是"Z 世代"青年群体表达立场态度、展现文化身份的舞台。偏好"萌酷"的个性化、戏仿式表达，注重共情体验的"Z 世代"已成长为北京冬奥会的参赛和观赛的主力人群，持续引领冬奥 DSPD 的形象表达与话语叙事走向。

一方面，北京冬奥充分考量"Z 世代"受众偏好，借助社交媒体开展"好感传播"。从范苏圆、凌智、任子威、武大靖，到冬奥吉祥物冰墩墩、雪容融，再到台前幕后的"泡泡防疫""闭环"管理政策、冬奥运动员"吃播"和基层志愿者互动，构成一系列兼具"动感"与"萌态"，融汇代表性与亲和力的文化形象符号。②配合个性化、风格化、轻松诙谐的可视化社交媒体传播效果，共同建构出朝气蓬勃、友善亲和的"动感中国"、"萌感中国"和"乐感中国"等国际传播形象，汇聚成多维、立体、全面的"萌酷中国"，吸引全球受众感性认同，在国际舆论"情感市场"中累积正向情感资本。赛事期间，"冰墩墩"卡门、4A 挑战、和志愿者"斗舞"等可爱瞬

---

① "乐活"（LOHAS）概念由 Ray 和 Anderson 于 1998 年提出，可以解释为一种考虑身心健康和环境可持续发展的生活方式。
② 史安斌、盛阳：《从"跨"到"转"：北京冬奥会带来跨文化传播新模式》，《青年记者》2022 年第 6 期。

间以短视频和数字迷因的形态广泛传播，频频冲上国际热搜，在全球"吸粉"无数。被称为"义墩墩"的日本电视台记者辻冈义堂与奥运吉祥物"冰墩墩"的友爱互动也让全球网友忍俊不禁，以"冰墩墩"徽章为核心的换"pin"（徽章）风潮在奥运赛场内外青年间悄然兴起，成为跨文化友谊的生动表达。①

另一方面，传播基础设施的移动化、全球网络化和数字化使文化边界逐渐模糊，异质性文化直接互动，彼此杂糅成为全球文化流动的新现实。在此语境下，作为"数字原生代"的"Z世代"群体带有"第三文化人"的特征属性，具有开阔的文化视野，能够以高度灵活性去适应、容纳他者文化，包容不同的生活方式，应对错综复杂的交际场景。② 以谷爱凌为代表的"Z世代"的冬奥参与者，在各自领域的优异表现之外，更在文化层面建构了超越文化边界的跨文化主体想象。中国运动员徐梦桃与美国运动员考德威尔赛后拥抱互祝"我们都是冠军""为你骄傲"的场面被广泛传播，在"新冷战"硝烟再起的当下显得弥足珍贵。正如谷爱凌在夺冠赛后接受采访时所言："体育可以团结所有人，体育不需要与国籍挂钩。"新生代青年群体正在解构传统欧美中心主义视角下的"一元文化主体"叙事，展现了文化全球化时代的转文化交往和"多元文化主体"生成。③ 这在理性层面进一步丰富了"萌酷中国"的深层价值意涵。

三 "乌卡"时代数字体育公共外交发展趋势研判

数字体育公共外交适配了智能化传播和"乌卡"时代的相关特征，能够最大限度发挥"全程、全息、全员、全效"的传播效能。这一体育公共

---

① 胡钰、赵晋乙：《"冰墩墩"火爆流行现象对中华文化国际传播的启示》，《对外传播》2022年第3期。
② 贾文山、冯凡：《跨文化认同的流变与升华："人类命运共同体"的内涵再释》，《扬州大学学报》（人文社会科学版）2020年第5期。
③ 谭震：《"双奥之城"的国际传播新气象及其经验启示》，《对外传播》2022年第4期。

外交新模式可在精准把握多元主体具备的差异化优势的基础上，为其定制公共外交网络中所扮演的角色及相应的意涵维度，从而统筹协调以制定精准化且可操作的传播战略路径。结合前述分析及当前公共外交理论与实践呈现的"全球、全媒、全员"三大新特征，后疫情时代数字体育公共外交的发展趋势如下。

首先，在全球层面，以战略传播（strategic communication）思维统筹DSPD是体育国际传播能力建设的机制前提。数字化背景下，非国家体育行动者的广泛参与丰富了公共外交的内容形式，但也导致了相关实践的分散和效果淡化。战略统筹和共识目标的缺乏致使多方主体参与面临"各自为政"的实践困境，甚至产生彼此冲突的阻碍效应。因此虽然多元化和"去中心化"是DSPD的显著特征，但政府主体的顶层设计和战略统筹仍不可或缺。[1] 具体而言，官方主体应当主动深化全局性连接作用，将"传播"环节前置，让"传播"进入竞技体育发展和社会体育建设的决策环节，努力把本国体育制度优势、组织优势、人力优势转化为传播优势，开创官方、精英、行业、民间多层次话语圈"同频共振""复调传播"的体育全球传播新格局。[2]

其次，把握智能传播风口，推动媒介"表征"与"互动"的深度融合，打造深度沉浸的混合（hybrid）体验是DSPD"数字转型"的前进方向。尽管饱受"创新迷思"的质疑与批判，但"元宇宙"（Metaverse）所强调的虚实相生、深度重混的媒介环境特征依然为数字化、智能化传播的发展"下半场"提供了路径指引。北京冬奥会可视为这一路径上的初步尝试。在此基础上，主流媒体和互联网媒体应当在审慎地判断可能存在的行业泡沫的同时，把握这一历史机遇，在"元宇宙"逻辑的指引下升维全媒体融合，打造虚实结合、高度拟真的新传播场域，突破当前DSPD在表征层面的"语境

---

[1] 史安斌、刘长宇：《智能传播时代的体育公共外交：历史脉络与未来走向》，《青年记者》2022年第1期。
[2] 史安斌、盛阳：《从"国际传播"到"战略传播"：体育国际传播能力建设的创新路径》，《成都体育学院学报》2021年第6期。

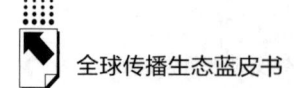

缺失"和"互动"层面"形式掩盖内容"的困局。作为全球"Z世代"的潮流娱乐，电竞将有可能借助即将召开的杭州亚运会正式"出圈"进入主流体育界，并成为中国利用DSPD打造"华流"品牌的切入点与增长点。

最后，以"人民外交"（People to People Diplomacy）推动全球交往从"跨"到"转"的转型是疫情常态化时期DSPD效能提升的必由之路。北京冬奥会提供了"全球媒体聚焦东方"的国际传播历史机遇，带来从"跨"到"转"的跨文化传播新模式。区别于"跨文化传播"的二元对立文化本质主义内核，"转文化传播"更注重对跨区域、跨体系、跨主体文化共生共荣、杂糅转型的分析与体认。包括体育明星在内的各界名人，借助其"关键性意见领袖"（KOL）的影响力优势，与全球公众开展线上和线下的直接互动，通过"人民外交"助力国家品牌的转文化互动实践将成为后疫情时代DSPD的常态路径。他们对于官方物料的精选、裁剪和解读，能够将官方话语方式和表达习惯改造以适应不同平台传播特点，其信息解读转述，能够贴合不同受众群体的使用习惯，激发公众更为积极地参与体育事件的互动之中，衍生出不同层次的"趣缘粉丝网络"，这些子网络彼此关联，形成数个多层次"国际体育社群"，最终实现受众之间更为广泛的全球互联。

四 结语

尽管世界卫生组织的官员乐观地表示，新冠肺炎疫情有望在2022年结束，但这场"大疫"对全球化带来的影响并不会就此消失。人类将继续在"乌卡"时代的不确定性迷雾中寻找前行方向。体育赛事是连接全球公众的共通文化想象、重燃全人类同舟共济信念的关键。体育公共外交成为在当前充斥着分裂与不和谐声音的世界舞台中促进文明交流互鉴的有效途径。在前沿科技发展的驱动下，体育公共外交升维成为"数字体育公共外交"新形态，以更好适应"数字化生存"的发展变迁。

身处全球新冠肺炎疫情依旧蔓延、俄乌冲突陷入僵持、"反全球化"与"去全球化"论调甚嚣尘上的不确定环境下，日渐频仍的全球公共健康危机和结构性经济危机深刻警醒着世界，世界人民彼此团结，携手构建"人类命运共同体"，是形塑更为坚实强大可续的人类文明的必由之路。北京冬奥会是这一愿景与呼吁的集中表达。以北京冬奥会为契机，中国作为东道国，借助数字科技手段建构数字体育公共外交和转文化传播实践，是增进跨区域、跨体系、跨主体交往的可行路径。① 这既为利用后续开展的成都大运会和杭州亚运会等全球性或区域性体育赛事，进一步完善与丰富"全球中国"形象体系提供宝贵经验，也将为未来体育国际传播与数字公共外交发展创新奠定坚实基础。

---

① 史安斌、盛阳：《从"跨"到"转"：北京冬奥会带来跨文化传播新模式》，《青年记者》2022年第6期。

B.6
中国媒体国际传播创新发展报告

刘滢 伊鹤*

摘　要： 在世界百年未有之大变局和全球新冠肺炎疫情交织的背景下，国际舆论环境纷繁复杂，中国媒体国际传播遭遇空前挑战。随着传播技术迅猛发展，新的内容形态和传播方式方法层出不穷，国际传播生态环境呈现与以往不同的样貌。本报告回顾2020～2022年中国媒体国际传播的创新举措，盘点中国媒体在国际传播理念、内容、技术、策略等方面的创新探索与进展，总结实践经验，巩固创新成果，以应对前路未知的更大挑战。

关键词： 国际传播　中国媒体　理念创新　内容创新　策略创新

在世界百年未有之大变局和全球新冠肺炎疫情交织的背景下，国际舆论环境纷繁复杂，中国媒体国际传播遭遇空前挑战。一方面，中国日益走近世界舞台中央，影响力不断增强，世界对中国的关注度持续上升，"中国"本身成为关键词，对中国相关信息的需求量巨大；另一方面，全球传播渠道仍然掌控在少数发达国家手中，美西方媒体主导国际舆论，中国媒体"说了传不开，传开叫不响"的窘境没有得到根本改变。此外，随着传播技术迅猛发展，新的内容形态和传播方式方法层出不穷，国际传播生态环境呈现与以往不同的样貌。基于以上背景，本报告回顾2020～2022年中国媒体国际传播的创新举措，盘点中国媒体在国际传播理念、内容、技术、策略等方面

---

* 刘滢，北京外国语大学国际新闻与传播学院副院长、副教授；伊鹤，北京外国语大学国际新闻与传播学院硕士研究生。

的创新探索与进展，总结实践经验，巩固传播成果，以应对前路未知的更大挑战。

一 理念创新：开辟国际传播新境界

2021年5月31日，习近平总书记在主持中共中央政治局第三十次集体学习时发表关于加强和改进国际传播工作的重要讲话。习近平总书记强调，要加强国际传播的理论研究，掌握国际传播的规律，构建对外话语体系，提高传播艺术。要采用贴近不同区域、不同国家、不同群体受众的精准传播方式，推进中国故事和中国声音的全球化表达、区域化表达、分众化表达，增强国际传播的亲和力和实效性。要广交朋友、团结和争取大多数，不断扩大知华友华的国际舆论朋友圈。要讲究舆论斗争的策略和艺术，提升重大问题对外发声能力。[①] 这就从理论、战略、策略、实践等多个层面为中国媒体的国际传播能力建设指明了创新的努力方向。

在媒体的整体国际传播能力建设和科技创新方面，中宣部副部长、中央广播电视总台台长兼总编辑慎海雄提出，要坚持把创新作为工作的主基调主旋律，持续推动"思想+艺术+技术"的融合传播，奋力打造国际一流新型主流媒体。要以"大象也要学会跳街舞"的精神风貌守正创新、拥抱改革，不断深化"5G+4K/8K+AI"战略格局，让互联网这个最大变量成为做好对外传播工作的最大增量，着力做全球媒体科技创新的践行者、传播者、引领者，不断在融合传播上实现新突破，让对外传播事业插上高科技的翅膀。[②]

在媒体的对外内容创新方面，新华社社长、党组书记傅华提出，做好外宣工作，讲好中国故事，首先要讲好习近平总书记故事。习近平总书记既是中国故事的总导演，又和14亿多中国人民一道，是中国故事最夺目的主角。

[①] 《习近平主持中共中央政治局第三十次集体学习并讲话》，中华人民共和国中央人民政府网，2021年6月1日，http://www.gov.cn/xinwen/2021-06/01/content_5614684.htm。
[②] 慎海雄：《不负使命 守正创新 奋力打造国际一流新型主流媒体》，《国际传播》2021年第6期。

总书记故事是中国故事的"封面故事",把总书记故事讲好了,讲好中国故事、中国共产党故事、中国特色社会主义故事、中华优秀传统文化故事就会水到渠成。习近平总书记在重大国际场合提出的全球发展倡议、全球安全倡议,是总书记直面世界百年未有之大变局,对"世界怎么了、我们怎么办"这一历史之问给出的中国答案,是我们党关于人类和平与发展崇高事业思想的重大发展,是推动构建人类命运共同体的"鸟之两翼、车之两轮"。①

在媒体的对外合作传播方面,人民日报社社长庹震在2022"一带一路"媒体合作论坛开幕式上表示,我们要大力传承和发扬以和平合作、开放包容、互学互鉴、互利共赢为核心的丝路精神,发挥增进各国相互了解的窗口作用、促进各国民心相通的桥梁作用、推进各国友好往来的纽带作用,深入开展联合采访、人员互访、信息互换、节目共制、合作传播等,共同讲好高质量共建"一带一路"的故事,为把"一带一路"建设成为和平之路、繁荣之路、开放之路、绿色之路、创新之路、文明之路发挥媒体作用,贡献媒体力量。②

在媒体的对外话语创新方面,中国日报社社长兼总编辑曲莹璞提出,要加快推进话语传播的创造性转换、创新性表达,在中译外的跨文化传播中,让国际社会更真切了解中国最新发展成就,更深刻理解中国领导人的所思所行以及中国所选择的道路、所追寻的方向。要加快实现从"新闻传播"、"信息传播"向"思想传播""价值传播"的转变,深入阐释习近平总书记重要讲话、重要论述的世界意义,彰显中国立场、国际视野,不断提高对外宣介阐释习近平新时代中国特色社会主义思想的新闻化呈现、学理性阐释和国际化表达水平,让海外受众更深入领悟中国理论的思想魅力和实践伟力。③

---

① 傅华:《坚定"两个确立"政治自觉 唱响"两个维护"时代强音》,《党建》2022年第7期。
② 庹震:《发挥媒体作用,讲好共建"一带一路"的故事》,《人民日报》2022年8月10日,第9版。
③ 曲莹璞:《新形势下构建中国战略传播体系的思考》,《对外传播》2022年第6期。

在新的国际传播理念的指导下，中国媒体在开展面向其他国家的传播活动中，在内容、技术、策略等维度上均有不同程度的创新和发展。

二 内容创新：展示真实、立体、全面的中国

2020年，突如其来的新冠肺炎疫情将中国推向全球舆论场的中心，美国先后将中国的15家媒体列入"外国使团"名单，西方国家恶意干涉我国香港和台湾地区事务，污蔑抹黑新疆政策等，肆意污名化中国，舆论环境恶劣。中国媒体迎难而上，积极正面应对，第一时间发布权威信息，讲好抗疫故事，回应国际社会关切，展现大国担当。2021年是中国共产党成立100周年、"九一八事变"90周年、辛亥革命110周年。2022年，中国共产党迎来第二十次全国代表大会。紧紧围绕这些主题，中国媒体从不同角度创造性地讲好中国共产党的故事，中国地方故事，践行好感传播，努力塑造可信、可爱、可敬的大国形象，展现真实、立体、全面的中国。

（一）讲好抗疫故事，展现大国担当

2020年2月3日，习近平总书记《在中央政治局常委会会议研究应对新型冠状病毒肺炎疫情工作时的讲话》中提出，要主动回应国际关切，讲好中国抗击疫情故事，展现中国人民团结一心、同舟共济的精神风貌。[①] 在此指导下，各媒体以政府、社会组织、个人等多元主体为报道对象，通过不同主体的故事讲述和日常生活呈现，表现宏观的社会整体风貌与国家精神，同时列举大量数据，摆明事实，使抗疫故事有血有肉、立体可感、引发共情。

纪录片与短视频相结合，融媒体、社交化讲述抗疫故事。各大媒体在报道上采用纪录片、短视频、直播、Vlog等视觉传播形式，针对各个社交平

---

① 习近平：《团结合作是国际社会战胜疫情最有力武器》，《求是》2020年第8期。

台的属性和特点制作相应内容，丰富了内容的呈现方式。有研究统计显示，中国国际电视台（CGTN）在2019年12月31日至2020年3月12日期间，通过传统媒体发布报道550篇，通过社交媒体发布报道400篇，数量和质量远远超过美国有线电视新闻网（CNN）、英国广播公司（BBC）等国外媒体。[1] CGTN于2020年2月28日推出33分钟的英语新闻纪录片《武汉战疫纪》，回顾武汉"封城"1个多月发生的真实故事。该片不仅是第一部全景式展现武汉"抗疫"历程的纪录片，更是首部向世界展现中国抗疫措施和过程的英文纪录片。国际视频通讯社整合总台各方面资源，精心编制，素材播发后，相继被29个国家和地区的226家境外电视台及新媒体平台采用，累计播出566次。[2] 新华社于2020年4月30日在Twitter上发布了一则名为《病毒往事》（Once Upon a Virus）的短视频，视频中，中美两国的形象分别具象化为兵马俑和自由女神，通过对比两国在疫情中的回应、政策与实际行动，突出了中国在疫情信息发布上的公开透明、言行如一，而美国话语敌对、逻辑矛盾，引发了海内外受众的强烈反响。"第六声"在Facebook上推出《隔离日记：我的护士妻子确诊了》三则系列短视频，短时间内获得大量观看与互动，海外覆盖人数达609万。[3]

记者变身脱口秀主播、歌手和演员，把抗疫故事"说出来""唱出来""演出来"。2021年，新华社推出了英语脱口秀节目《迪迩秀》（Deer Show），该节目共发布十期，其中，《为什么美国政客总是迷信"实验室泄漏"论？》《为什么彭博社将美国排在抗疫第一？》《我是怎么拿到那管"泄露的病毒"的？》《中美抗疫版〈后妈茶话会〉》四期节目都与新冠肺炎疫情相关。例如，在短视频《中美抗疫版〈后妈茶话会〉》中，新华社记者王迪迩一人分饰两角，她改编歌词并重新演绎了Pattycake Productions团队制作的《后妈茶话会》短视频作品，讲述了中美两国在抗

---

[1] 周亭、巩玉平：《国际媒体有关新冠肺炎疫情报道的传播力比较研究——以CGTN、CNN和BBC为例》，《国际传播》2020年第2期。
[2] 数据来源：国际视频通讯社。
[3] 上海市政府新闻办：《发出中国战疫声音讲述上海抗疫故事》，《对外传播》2020年第5期。

疫方面的巨大差异，并以新颖的创意和诙谐犀利的措辞，获得海内外网友的好评。[①]

（二）讲好中国共产党的故事，展现百年大党形象

中国共产党故事是中国故事的核心内容[②]，讲好中国共产党故事是讲好中国故事的关键。2021年是建党百年，是向世界展示百年大党形象的重要契机。中国媒体主动设置有利于党正面形象塑造的全球性议题，创新内容形式，拓展内容范围，加大讲好中国共产党故事的力度与创意。

讲好领导人对外交往故事，塑造中国共产党的亲和形象。例如，CGTN制作的短视频《习近平亲民外交六个瞬间》，选取习近平总书记在北京钓鱼台国宾馆接见30年前曾经在这里下榻的美国家庭的成员、在澳大利亚访问期间曾探访过的老朋友一家等六个代表性瞬间，用视频资料生动呈现了平易近人、真挚恳切的中国领导人，拉近中外人民的"心距离"。视频在多平台发布后，反响热烈，以较高的观看量和互动量获评国家广电总局"年度优秀新闻短视频"。

基层共产党员现身说法，从小人物说起，讲百年大党故事。选择小切口，讲述共产党员的个人事迹，从个人讲述中展现中国共产党是热爱人民、服务人民的大国政党组织。例如，自2021年1月4日起，《人民日报》（海外版）开设了《感人肺腑的中国故事》栏目，选取报道了大量基层中共党员事迹，以生动故事改善了国外民众眼中的中共党员形象。

多角度趣味知识科普，提高国际受众对中国的正确认知。外媒长期的歪曲报道，使国际受众对中国难以形成正确认知，随着中国在国际舞台上扮演愈加重要的角色，这种正确认知就显得更为迫切和重要，因此中国媒体采取多种方式报道中国智慧、中国道路以及中国方案。例如中新社于2021年初创办学理型融合专栏《东西问》，推出高端政治文化类特稿，以富有趣味的

[①] 袁玥：《接入Z世代的平台：中国主流媒体短视频传播创新实践——以〈迪亚秀〉为例》，《现代视听》2022年第3期。

[②] 韩方明：《向国际社会讲好中国共产党故事》，《公共外交季刊》2021年第1期。

方式，从历史文化的角度向国外受众传播有关中国共产党的知识。其中，"中国共产党的'十万个为什么'"系列，以国际视角梳理中国共产党百年来的发展历程，力图增进外界对中国共产党的理解和认同。该栏目策划专门面向海外受众打造《中南海正门，影壁上为什么刻的是这五个大字?》等一组具有较强对外视角的稿件，多篇被境外主流媒体全文转载。①《中国日报》"新时代斯诺工作室"的系列视频《求索》，由美国共产党员出镜，以简单易懂的话语方式解读中国共产党的成功之道，引发海外广泛关注。② 2021年"七一"前夕，新华社国家高端智库推出《人民标尺——从百年奋斗看中国共产党政治立场》专题报告，解读中国共产党的成功原因，海外社交媒体浏览量超过2000万次，是讲好中国共产党故事的一次成功实践。③

（三）讲好地方故事，展现立体中国

地方主流媒体长期扎根本地，对当地自然资源、风土人情都有着更深入的了解，地方媒体虽然与国家级媒体相比在诸多方面有较大差距，但在国际传播体系中也有其独特优势。有研究认为，地方在对外交往和国际贸易等现实需求推动下，不断为国际传播注入新内容，创造国际传播新形态，开辟国际传播新渠道，引入国际传播新主体，成为有效推动国际传播发展的新势力、新动能。④ 近年来，不少地方媒体立足本地，探索创新，积极推进对外传播，传播具有本地特色、聚焦本地特性的多元声音，共同构成立体、真实、鲜活的中国形象，也推动建构了多维度、立体化的对外传播格局。

挖掘本地特色，对外城市形象塑造差异化。城市形象是国家形象的组

---

① 陈陆军：《转型 创新 探索——中新社在新形势下的国际传播新作为》，《中国记者》2021年第7期。
② 周树春：《让"大流量"和"正能量"在国际传播中相互激荡》，中国日报网，2021年11月26日，https://baijiahao.baidu.com/s?id=1717402254830808905&wfr=spider&for=pc。
③ 何平：《发挥外宣主力军作用 担当展现形象使命任务》，2021年8月1日，http://www.xinhuanet.com/sports/2021-08/01/c_1127717909.htm?ivk_sa=1024320u。
④ 《对外传播》编辑部课题组：《新形势下地方国际传播实践探索与发展路径》，《对外传播》2021年第7期。

成部分，因此，打造独具特色、个性化、差异化的城市形象对国家形象的传播同样重要。中国土地幅员辽阔，文化源远流长，各地的历史文化、地理风貌、人文景观、经济发展各有千秋，这为城市打造独具特色、差异化的品牌形象提供了先天优势。各地媒体在国内传播中，打造各地"名片"与标签已卓有成效，与此同时，也在积极探索对外讲好中国故事的新方式与新路径。2019年杭州正式推出首张英文报纸 Hangzhoufeel（《韵味杭州》），2021年该报新开设"Speak Hangzhou"（说杭州）栏目，邀请长居本地的外国友人聚焦文化、城市交通、数字经济、5G等城市生活多个领域在海内外社交媒体上进行传播。①《海南日报》推出多语种融媒产品，包括外语网络视频节目《外国人在海南》《海南外传》等，向世界展示海南风采。②湖南卫视国际频道特别制作的《湖南八分钟》以短小精悍的体量和巨大的信息量获得网友称赞，向世界全方位立体地展示了开放包容的新湖南。③

抓住地缘优势，因地制宜精准传播。2021年6月27日，《广西日报》与东盟五国联合建立国际传播联络站，推动传播内容创新，讲好中国故事、讲好广西故事。④《厦门日报》抓住"侨"文化特色，与马来西亚华文报纸《光华日报》多年保持合作，还推出了"今日厦门"专版。除了传统媒体，《厦门日报》还在新媒体上积极布局，例如，在《厦门日报》自有App上开设"海丝"频道，聚焦21世纪海上丝绸用户群体，推出多形态内容，还使用英语、闽南语宣传厦门相关发展，覆盖海外用户和在厦国际友人，取得可

---

① 李筝：《抓风口办报纸　借外眼看杭州　搭平台交朋友〈韵味杭州〉（Hangzhoufeel）对外传播的策略创新》，《传媒评论》2021年第7期。
② 黄楚新、曹曦予：《2020年报业媒体融合发展状况、问题及趋势》，《中国报业》2021年第1期。
③ 国家广播电视总局发展研究中心：《网络视听国际传播的挑战与路径》，武汉新闻网，2021年12月13日，http://www.jinguanwh.com/gj/186296.html。
④ 《云签约！云挂牌！广西云·东盟五国国际传播联络站来了!》，澎湃新闻，2021年6月28日，https://www.thepaper.cn/newsDetail_forward_13356362。

观的传播效果。①

突出本地治理特色，呼应国家大政方针。城市传播融入国家战略与重大事件，在突出本地特色的同时，为国家政策作出宣贯与本地化阐释。疫情期间，"印象浙江英文网"（In Zhejiang）推出"国际战疫"主题系列报道，展现了中国浙江与国际社会守望相助、同心战疫的积极态度。疫情期间，《上海日报》推出"企业在行动"专题，邀请在沪跨国企业讲述各自参与中国抗疫的故事，并借助跨国企业的国际传播网络，将故事进行对外传播。"第六声"图集《上海复工日》收录了在沪外企员工保证健康前提下复工复产的画面，体现了上海市政府在做好疫情防控的同时推进生产生活的恢复。②

（四）讲好中国文化故事，打造好感传播

相比政治类内容，文化领域更容易吸引国际受众的注意，引起好感，因而中国媒体一直在"美食""熊猫""武术"等热门中国文化议题上用力，成绩卓著。同时，中国媒体近几年也在积极探索新的"软性"议题，推出原创作品，打造新的热门IP，同时迅速抓住突发事件，趁机推进好感传播，塑造可信、可爱、可敬的中国形象。

聚焦生态文明，塑造可爱中国形象。2021年上半年，云南野象迁徙事件意外"出圈"，媒体抓住机会打造富有趣味性的"萌态"对外报道。中央广播电视总台及时跟进并将迁徙象群命名为"大象旅行团"，在YouTube平台发布作品《云南15头亚洲象的奇妙之旅》，大象以"拟人化"形态接受采访，呈现了事件的始末还针对大众疑问进行解答，不仅以生动可爱的形象打造了大象旅行团IP，还向世界展现了人与动物和谐相处的中国生态治理成效，该作品平台累计播放量近1万次。象群迁徙报道传播了"可爱中国"的正面形象，扩大了中国在全球的影响，是一次有效

---

① 杨家慧：《发挥优势，书写国际传播新篇章——地方媒体讲好中国故事策略探析》，《新闻战线》2021年第19期。
② 上海市政府新闻办：《发出中国战疫声音讲述上海抗疫故事》，《对外传播》2020年第5期。

的国际传播。在当下剑拔弩张的舆论环境中，动物长途迁徙这样的非政治性事件以及大象这样的可爱代表，运用在国际传播中，既能展示中国热爱动物、保护环境的人性化形象，又能缓和当下恶劣的国际舆论环境。因而，未来抓住新的软性议题，打造好感传播，是媒体创新对外传播的又一个发力点。

硬新闻"软着陆"，使中国科技大国形象更具亲和力。中国在航天科技领域的发展进步令世界瞩目，中国媒体通过"萌态"好感传播实践，着力开展科技文化传播，塑造具有亲和力的科技大国形象。2021年，中国发射神舟十二号飞船首次把三名宇航员送往"天宫号"空间站，CGTN在YouTube平台发布由俄罗斯和中国歌手翻唱经典童谣，配上熊猫版宇航员形象的动画短片，被海外网友亲切地称呼为"Pandanauts"（熊猫宇航员）和"spaceship restaurant"（宇宙飞船餐厅），该作品累计播放量1.2万次。①

三 技术创新：以智赋能，人机协同

国际传播高度依赖传播技术，国际传播的发展史从某种程度上就是传播技术的发展史。当下，作为传播体系的支撑力量，包括5G、人工智能、虚拟现实在内的、以元宇宙为代表的先进技术的迅猛发展，进一步为国际传播的创新带来了关键的契机。近年来，中国各大媒体都在积极使用新的传播技术，进行内容形式的创新表达，提高内容生产传播的效率，呈现人机协同的雏形，构建了更多元的国际传播新样态。

（一）使用虚拟演播技术，创新沉浸式体验

未来影像是基于VR、AR、MR、全息投影等技术手段打造的具有沉浸

---

① CTR媒体融合研究院：《2021年上半年主流媒体网络传播力榜单及解读》，腾讯网，2021年2月4日，https://new.qq.com/omn/20210202/20210202A0C5J100.html。

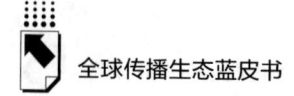

感、在场感及互动感的传播媒介。这类传播媒介能通过数字影像技术模拟甚至创建出一个与现实世界无比接近的虚拟仿真系统，进而为用户带来逼真的沉浸式体验。[1] 新媒体技术日新月异，信息呈现形式也更加丰富，中国媒体充分利用虚拟现实（VR）、增强现实（AR）、混合现实（MR）等先进智能媒介技术，打造未来影像以创新叙事形式，打造全新观看体验，提升新闻的沉浸感、趣味性、互动性。例如，在2021年全国两会召开前夕，新华社推出5G沉浸式多地跨屏访谈，通过CAVE演播室技术让受众突破时空壁垒，实现"沉浸式听会+沉浸式聊会"。再如，2022年北京冬奥会的报道中打造了AR虚拟直播间，将比赛场馆"搬入"演播室的实体空间，以更直观、充满趣味与技术感的方式让观众了解冬奥会的相关知识。这种先进的视听呈现系统带来的强大沉浸感，使观众能够同时获得多方位的视听信息。利用先进技术和未来影像的呈现方式，这种富有新意的报道产品生动有趣，更易入脑入心。[2]

（二）超高清技术突破式发展，构建超高清电视传播模式

中央广播电视总台继续推进5G+4K/8K+AI战略实施，实现全球首次8K超高清电视直播和5G网络环境下的电视播出，为观众带来全新体验。[3] 2021年春晚，通过采用总台研发的智能切换和多主体智能追踪技术，用户可以通过多视角观看；首次采用的AI+VR裸眼3D演播室技术等高科技，突破了传统舞台空间呈现形态，创意与科技感俱足，给用户带来颠覆性的感官体验。[4]

---

[1] 李芊芊：《智能媒体与未来影像语境下的国际传播路径创新初探》，《传媒》2021年第10期。

[2] 齐慧杰、高熹、何强：《"跨"屏传播，怎么来真的？——以5G沉浸式多地跨屏访谈为例》，《中国记者》2021年第4期。

[3] 《全球首次实现8K电视直播和5G传输播出 中央广播电视总台8K超高清频道试验开播》，央广网，2021年2月2日，https://baijiahao.baidu.com/s?id=1690544077627651908&wfr=spider&for=pc。

[4] 韩韶君：《2021年总台春晚传播新景观——兼论"5G+4K/8K+AI"战略布局下"总台创新"模式》，《电视研究》2021年第2期。

（三）人工智能技术广泛应用，呈现人机协同雏形

近年来，人工智能技术逐步走向成熟，颠覆并重塑了新闻生产流程的各个环节。一方面，人工智能技术带来的道德问题引发担忧与批评；另一方面，人工智能的广泛应用提高了新闻生产和国际传播效率，助力新闻报道活动准确且高效，呈现了人机协同的利好局面。

人工智能辅助新闻生产，提高效率与准确度。以2021年两会期间为例，人民日报社 AI 编辑部 2.0 上线，全面提升全媒体新闻生产效率。在审核环节，一个涉及人物众多且出场时间较短的视频素材，以往人工审核模式需 2~3 天才可完成，而 AI 编辑部 2.0 智能审核功能在半小时内快速完成了敏感人物的初筛工作，在提高工作效率的同时还筛查出错误，提升了工作的准确性。由此可见，人工智能的辅助能更好地助力编辑的日常审核工作，人机互助共赢、深度合作的良好生态机制随之初见雏形。[①]

虚拟主持人逐渐融入新闻报道，提升报道的科技感与趣味性。虚拟主持人是以 AI 面目识别驱动的 3D 超写实虚拟数字人，它们拥有细微的表情变化，能完成更高精度、更高拟真度的动作指令，这种人机交互的报道模式，以其新鲜感与互动性受到了众多年轻网友的关注，更为媒体融合在技术层面的运用，以及打造全新报道场景方面提供了新思路。[②] 如中央广播电视总台央视网推出了两会特别节目"C+真探"，小 C 通过云连线采访代表委员，完成多场采访直播，很大程度上解决了新冠肺炎疫情期间无法面对面采访的问题。

大数据挖掘，发现新闻线索。大数据时代，数据的重要性不言而喻，随着数字新闻的广泛应用，大数据挖掘成为新闻工作的重中之重。人工智能技术帮助新闻工作者在海量数据中寻找数据之间的相关性关系，进而发现新的

[①] 顾名贵、郝冠南、李璨、刘星宏：《新技术引领全媒体新闻生产新模式——人民日报社 AI 编辑部 2.0 助力两会报道提质增效》，《中国传媒科技》2021年第4期。

[②] 朱立松、谭志洪、张勇：《科技成就精彩　智慧赋能媒体——从2021年全国两会报道看总台技术的融合创新与发展》，《中国传媒科技》2021年第4期。

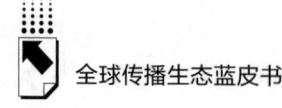

新闻线索。① 例如,《中国日报》于2020年建设媒体大数据基础平台,数据采集范围覆盖100多个国家约1000家境外媒体网站,日均入库新闻条目约23万条。面对海量数据,《中国日报》技术人员与采编人员依托大数据平台,联合策划大数据新闻选题。例如,分析整合国务院联防联控机制新闻发布会数据,用深度报道和创新的新闻产品,有力回应并直击国际社会中歪曲事实、攻击中国的声音(见表1)。②

表1 部分中国媒体国际传播技术创新举措(2020~2022年)

时间	国际传播技术创新举措
2020年3月	中央广播电视总台利用"AI云剪辑"技术,结合人工智能计算,进行人脸、动作以及穿帮镜头的查验,直接剪辑成片
	新华社推出"5G全息云采访+异地同屏",开远程同屏访谈的先河;发布全球首位3D版AI合成主播"新小微",人物形象逼真;新华网推出《5G+AI声像分析,掌声里的"共振时刻"》报道,首次基于5G+AI声像分析技术分析政府工作报告的全场掌声,让政府工作报告"所听即所见"
	人民日报社推出"5G AR"采访眼镜,记者只需手势或语音控制即可完成视频录制、拍照、直播等工作,并能实时了解人物信息资料、进行第一视角的现场直播,在拍摄时还能与后方编辑实现屏幕共享、实时互动
2020年8月	新华社将卫星新闻分类,初步形成多个与卫星相关的细分栏目,选题也逐渐尝试小视角切入
2020年12月	新华社推出报道"60万米高空看中国",成为新华社的第一条5G消息。新华社"5G消息智能采编发平台""5G消息版全民拍""5G沉浸式多地跨屏访谈"等技术创新应用,充分体现了新闻与前沿数字技术融合发展
	人民日报智慧媒体研究院发布重磅智能产品"创作大脑"。"创作大脑"利用人工智能等技术,帮助媒体机构和内容创作者提高内容生产和分发效率

① 聂书江、樊彦芳:《人工智能与对外传播有效性》,《对外传播》2018年第10期。
② 孙尚武:《在推动媒体深度融合中提升国际影响力》,《中国报业》2020年第13期。

续表

时间	国际传播技术创新举措
2021年3月	人民日报智慧媒体研究院推出"智能创作机器人",融合5G智能采访+AI辅助创作+新闻追踪等多项功能
	总台央视网推出以AI面目识别驱动的3D超写实虚拟数字人"小C"担纲主持的全新栏目《C+真探》,通过云连线代表委员,打造人机交互的趣味场景
	新华社建成"新立方化智能演播室",实现沉浸式多地跨屏访谈系列报道。两会期间,主持人身处演播室,便可进入代表委员实地工作和调研场景,"亲身在场"地听他们的履职故事
	光明网向"云"发力,整合多个渠道资源,合力打造《文化强国云访谈》融媒体专栏
2021年6月	新华社推出全球首位数字航天员"小净",她负责国家重大航天项目的报道任务,以及开展灵活多样的媒体和公众配合工作,更高效地完成真人不能或很难完成的任务,这也是前沿游戏技术应用在航天科普上的一次重要实践
2021年12月	深圳报业集团推出AI飞卡阅读模式,集合AI人工智能技术,通过视觉化的卡片呈现,赋予用户更便捷轻松的交互体验
2022年1月	新华社卫星新闻实验室发布重磅报道《卫星调查:美国城市陷入分裂》,通过商业卫星影像、公开的人口普查统计、POI(地图信息点)等一系列数据的可视化对比,直观地证明了美国很多城市近百年来一直存在的"种族居住隔离"现象,并与2019年数据相比,发现"隔离现象"愈加严重
	总台打造5G移动超高清演播室、虚拟演播室赋能冬奥赛事报道,推出虚拟形象熊猫小墨、娜娜提升好感传播;打造CGTN首档全程使用AR虚拟直播的节目《活力冬奥》
	总台奥林匹克频道(CCTV-16)及其数字平台是国际上首个以4K超高清和高清标准24小时上星同步播出的专业体育频道。3D回放、场馆仿真、无人机、生物数据、主观摄像机、声音采集、仲裁信号、子弹时间等众多技术手段和创新应用都在电视转播中广泛使用,辅助和扩展转播效果
	人民网灵境·人民艺术馆发行数字藏品,用数字技术服务大众艺术,还尝试海外发行与中华文化相关的数字藏品,用新技术传播中国优秀传统文化

续表

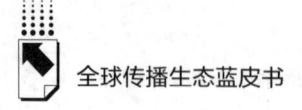

时间	国际传播技术创新举措
2022年3月	央视网推出融媒体直播节目《两会C+时刻》，节目打造了虚实融合的场景，通过数字主播小C与代表委员、专家学者互动来解读两会热点
	新华社新立方智能化演播室再次技术升级，实现"融屏访谈"。身处北京演播室的新华社主持人得以"飞上太空"并"走"进中国空间站，身临其境地与王亚平代表面对面交流
	光明网聚焦"十四五"开局之年发展成就，全面升级虚拟主播，让AI形象更高效、准确地服务视频新闻制作，推出《AI数说"十四五"开局之年》系列短视频
	人民日报推出AI编辑部3.0版，新增AI编辑部移动端、5G全媒体生产、事实核查辅助、一键生成视频等功能，助力两会报道提质增效

资料来源：根据媒体报道整理。

四 策略创新：主动出击、打造网红、借嘴发声

近几年，我国国际传播在策略创新方面积极探索，初见成效。"主动出击"逐渐成为中国媒体对外传播的新姿态，在关键时刻正面回应，直接发声，粉碎外国媒体的恶意抹黑，传出真实的中国声音。一批网红工作室在海外影响力逐渐提升，开辟了国际传播的新渠道。借外嘴传达中国声音得到更广泛的应用，官方和个人账号均有不俗表现。与此同时，中国媒体正在尝试走出"舒适圈"，以与外媒合作、向外媒供稿、在他人平台发声等方式拓展传播渠道。

（一）主动出击，发出响亮的中国声音

党的十八大以来，我国外交特征由"韬光养晦"转为"奋发有为"，新冠肺炎疫情发生以来，中国在一些重大问题上越来越敢于主动发声申明立场。[①]

[①] 赵可金、赵丹阳：《应急外交：新冠疫情下的中国外交变化》，《外交评论（外交学院学报）》2020年第4期。

国际传播话语应对方面也逐渐彰显主动性，而这与疫情下国际舆论泛政治化带来的巨大挑战相关。随着疫情的蔓延与治理并举，国际舆论动辄将中国疫情治理的相关问题上升到政治层面，部分美西方媒体蓄意制造虚假信息，借机对中国发起舆论战。在此背景下，国际传播的话语应对模式需迫切转变为更"主动式、战略化、常态化"。① 主流媒体积极打造评论类节目，在关键时刻主动出击、正面回应、直接发声，向世界传出真实的中国声音。例如，中央广播电视总台打造对外评论品牌，相继推出中国国际电视台（CGTN）名主持人刘欣的《点到为止》系列评论、邹悦的《悦辩悦明》系列短评、王冠的《冠察天下》系列短评，通过正面诠释中国的抗疫举措，呈现举国上下战胜疫情的决心和信心，粉碎了外国媒体的恶意抹黑扭曲。总台播发的《国际锐评》系列文章也凭权威客观的声音，被多个境外媒体转引转发。②

（二）打造网红工作室，发出有温度的中国声音

"网红"的个人形象使国际传播主体更具有吸引力和人格魅力，使跨越国界的信息传播更具有情感温度，容易与海外受众产生共情。目前，以CGTN为代表的主流媒体经过几年的探索与实践，多语种网红矩阵已初具规模，积累了大量海外粉丝的网红工作室也逐渐在国际舆论斗争、讲好中国故事等方面展现出独特的价值。

2018年7月，中央广播电视总台决定打造国际传播多语种网红工作室③，这是中国国际传播尝试打造网红的开端。网红工作室以个性化、年轻化为主要特征，通过互动性强、轻松有趣、富有吸引力的作品讲述中国故事，取得了较好的国际传播效果。例如，"一千零一日工作室"凭借有创意

---

① 段鹏、张倩：《后疫情时代我国国际传播话语体系建设的价值维度与路径重构》，《新闻界》2021年第3期。
② 田晓、胡正荣：《基于新技术新手段的合作传播与话语权争夺——中央广播电视总台抗疫国际传播策略分析》，《国际传播》2020年第2期。
③ 奚啸琪、杨扬：《论网红在抗疫国际传播中的作用——以中央广播电视总台"小溪工作室"报道为例》，《国际传播》2020年第2期。

的社交媒体作品受到中东观众喜爱，收获境外粉丝数约600万。①希伯来语"小溪工作室"在新冠肺炎疫情发生初期发布了53期抗疫主题的原创视频，YouTube覆盖量2353.1万，独立观看量210.5万。截至2021年7月7日，"李菁菁工作室"境外粉丝约265万，"Vica工作室"和"Jessica有话说工作室"的境外粉丝也都超过了100万。②新晋"90后"新华社"国际网红"徐泽宇个人账号在海媒三大平台的总粉丝量已达140万，成为目前总粉丝规模最大的中国中央媒体记者个人账号（见表2）。③

表2 中央广播电视总台亚非中心部分网红工作室情况

工作室名称	语种	账号名	平台
小溪工作室	希伯来语	中国人 itzik	YouTube
		crihebrew	Facebook
火星工作室	印尼语	Oom Beijing	Facebook
		Lentera	Facebook
		Ariana Xie	Facebook
		Jurnal Koh Wang Xin	Facebook
		Nining's Days	Facebook
菠萝星工作室	老挝语	CRI-FM93	Facebook
大宝工作室	老挝语	Song Siao（松邦喜欢老挝语）	Facebook
婉·约工作室	老挝语	小婉	Facebook
马来貘工作室	马来语	Husna Liang	Facebook
弘观工作室	马来语	Satria Zhang	Facebook
A酱工作室	日语	A酱 ChinaNow	Facebook

---

① 余燕丽：《新媒体时代对外传播"爆款"作品的分析及思考——以中央广播电视总台阿语部实践为例》，《对外传播》2021年第6期。
② 宋焕钰：《中央广播电视总台网红矩阵的实践与研究》，《新闻研究导刊》2021年第7期。
③ 《新华社有位"国际网红"，让外媒"灰黑滤镜"现原形》，《新华每日电讯》2021年3月17日，https://baijiahao.baidu.com/s?id=1694478716304379480&wfr=spider&for=pc。

续表

工作室名称	语种	账号名	平台
木月工作室	日语	Moku 的厨房大冒险	Facebook
柯拉果工作室	豪萨语	Kande Gao（山山而川）	Facebook
		Murtala Zhang	Facebook
红石榴工作室	普什图语	三朵金花	Facebook
中国古缇工作室	普什图语	中国古缇	Facebook
龙象工作室	印地语	Neelam 蓝宝石	Facebook
米拉工作室	印地语	中国米拉	Facebook
咖喱肖工作室	印地语	我是 Anjali	Facebook
小小工作室	泰米尔语	小小	Facebook
加丽工作室	泰米尔语	说泰米尔语的中国人	Facebook
星月工作室	乌尔都语	乌尔都语姐妹	Facebook
		IFFAT WANG	Facebook
		Tabasum's life	Facebook
诺林工作室	乌尔都语	Chinese Noreen	Facebook
		Chosi	Facebook
如意工作室	泰语	平平	Facebook
		通过阿那亚了解中国	Facebook
郁金香工作室	土耳其语	蓓蓓阿斯亚	Facebook
		Nuray Chen	Facebook
		Irem_mayuyao	Facebook
素白工作室	缅甸语	Inzali supaing	Facebook
冰山一角工作室	缅甸语	Zinma Ran	Facebook
白雪工作室	缅甸语	Hnin Pwint Phyu–Niki Zhang	Facebook
中国孟工作室	孟加拉语	孟加拉姐妹	Facebook

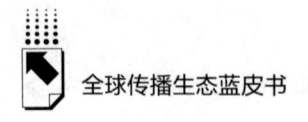

续表

工作室名称	语种	账号名	平台
新伽罗工作室	僧伽罗语	Waruni JZ	Facebook
		Rasika Liu	Facebook
		I'm Sheng Li	Facebook
CC 工作室	柬埔寨语	CC Studio	Facebook
玉米花工作室	朝鲜语	Xiaosongchinese	Facebook
		Rani	Facebook
		피송송	Facebook
		Jo&Park	Facebook
安达工作室	蒙古语	安达工作室	Facebook
		Том Заан	Facebook
		Б. Алтаннавч	Facebook
		Sandag	Facebook
尼好工作室	尼泊尔语	नेपालप्रेमी ललिता	Facebook
		SuperLalima	Facebook
		Samudra	Facebook
青木瓜工作室	越南语	Em Mi Nhon 在中国	Facebook
		Dế Mèn độc hành	Facebook
		Review Thu Nguyệt	Facebook
		HAY Đóa	Facebook
		小夏畅游中国	Facebook
		Thiên Thu' 小舒	Facebook
		M&V Studio	Facebook
波涛工作室	波斯语	奇思淼想	Facebook
菲鱼工作室	菲律宾语	菲律宾语在中国	Facebook

资料来源：中央广播电视总台。

（三）借外嘴说话，发出跨文化的中国声音

"借外嘴说话"，把国际面孔从"幕后"推向"台前"，以外国人视角

讲述中国故事，是传统主流媒体国际传播的新探索。相比于中国记者，外国人作为"文化他者"，用自己的语言和视角阐述海外受众关心的中国问题，更易被海外受众理解和接受。近年来，中国媒体有意识地邀请国际友人参与到中国新闻对外报道中来，通过他们的表达发出中国声音。

借外嘴讲中国治国理政故事，以外籍精英观察视角放大中国声音。国际社会对于中国的发展道路和中国治国理政思想仍然一知半解，甚至有许多误解和刻意曲解，请真正了解中国的国际友人去讲述他们理解的中国时事政治有助于增进国际受众对中国的认知和认同。2021年初，新华社推出访谈栏目"中国说China Chat"，邀请在华生活多年的外籍嘉宾，以及在新冠肺炎疫情中默默奉献的本地凡人英雄，推出一系列中英文融媒产品，获得海内外受众广泛好评、媒体用户高度认可，有网友留言称，希望该视频能被更多西方国家的人看到，了解真实的中国。①

借外嘴讲中国社会生活故事，用个人叙事勾连国家叙事。相比中国人"自己讲"，外籍人士作为探寻者与体验者的讲述，具有多角度、多层面、多语种的天然优势，更为立体地展示他们在这片土地的见闻与感受，因此更具真实性和可信性；同时，外籍人士个人生活经历的讲述，实则是在时代更迭、中国快速发展这一大背景下的个人叙事，以个人化、去政治化的表达勾连国家发展的方方面面，也使宏观议题更具体、生动、易于理解。例如，新华社推出了"全球连线"栏目，邀请旅居中国多年的外国人，讲述他们眼中的中国。日本纪录片导演竹内亮旅居中国并拍摄了《后疫情时代》，他用亲身经历证明"中国不仅很好地控制了疫情，经济还开始强力反弹。我想把这个事实分享给包括日本在内的其他国家"。②扬州广播电视总台策划推出"外籍人士看扬州"系列活动节目，邀请300多位外籍人士积极参与，外籍人士用自己的眼睛发现、用自己的声音表达改革开放后的扬州人和他们

---

① 缪晓娟、熊琦、曹鹏远、戴威、吴植、饶饶、乐文婉：《善用"外眼外脑"创新涉华叙事表达》，《中国记者》2021年第5期。
② 《"全球连线"带你"连线"全球，"看中国观世界"》，2021年5月25日，https：//baijiahao.baidu.com/s? id=1700718088903371094&wfr=spider&for=pc。

这些外籍人和合共生的故事。

借外嘴澄清事实,揭露外媒歪曲报道。充分洞悉了解美西方媒体的动向与主张,挖掘寻找对中国友好的媒体及媒体从业者,借助他们之口辩驳歪曲报道,澄清事实。例如,位于华盛顿的独立调查媒体"灰色空间"指责美国众议院通过新疆人权政策法案的依据为两份非常可疑的"研究",CGTN《环球瞭望》节目借力该报道,连线"灰色空间"主笔 Ajit Singh 本人,阐述其文章中的重要观点,回应舆论。[1] CGTN 美洲台与社会活动家、作者兼研究员 Carlos Martinez 连线采访,通过 Carlos 的表述"中国完全不是西方媒体口中的专制无情、残酷、镇压人民的国家"有力反击境外恶意抹黑,视频累计观看量 20 万次,互动量超 3500 次。[2]

(四)走出"舒适圈",扩大"朋友圈"

长期以来,中国媒体习惯于在自有传播渠道或自己的账号、栏目上发声,不太习惯在"别人的主场"上讲故事。近年来这方面有一些变化,中国媒体正在尝试走出"舒适圈",以与外媒合作、向外媒供稿、在他人平台发声等方式拓展传播渠道。新冠肺炎疫情期间,总台积极在他人平台发声,例如,与澳大利亚、韩国、印度、南非、意大利等多国媒体以视频连线、直播访谈或发表署名文章等多种方式,主动讲述中国真实的疫情故事,驳斥西方媒体的歪曲与质疑。[3]

为进一步扩大对外报道传播范围,中国媒体积极扩大"朋友圈",与外媒合作,通过联合采访、稿件共享、人员交流等合作方式加强对外发声,提升传播效果。例如,新冠肺炎疫情期间,总台北美总站与全美电视节目专业协会(NATPE)、美国公共广播电视公司(PBS)、墨西哥 6 频道以及苹果

---

[1] 钟雪娇:《中国国际电视台涉疆"反击"报道及其对国际传播的启示》,《中国记者》2020年第9期。
[2] CTR 媒体融合研究院:《2021年上半年主流媒体网络传播力榜单及解读》,腾讯网,2021年2月4日,https://new.qq.com/omn/20210202/20210202A0C5J100.html。
[3] 田晓、胡正荣:《基于新技术新手段的合作传播与话语权争夺——中央广播电视总台抗疫国际传播策略分析》,《国际传播》2020年第2期。

TV、亚马逊 Fire TV 等驻在地媒体机构展开合作，北美总站制作的抗击疫情专题纪录片《武汉 24 小时》在 50 多个国家的 180 多家媒体平台播出。① 地方媒体也积极利用本地资源，拓展合作加强发声。如《新民晚报》海外版累计向 18 个国家合作华文媒体输出 680 余篇抗疫报道；东方网海外中心聚焦海外华侨华人资源，通过"美国头条"等自有媒体平台讲述中国防疫故事，还将部分海外用户的友好回复进行多次传播，打造了合作抗疫的积极氛围。②

---

① 江和平：《驻外媒体机构国际传播力提升之路探析——以中央广播电视总台北美总站为例》，中国科普网，2021 年 4 月 23 日，https://baijiahao.baidu.com/s?id=1697835060642226852&wfr=spider&for=pc。

② 上海市政府新闻办：《发出中国战疫声音讲述上海抗疫故事》，《对外传播》2020 年第 5 期。

技术—实践篇

Reports on Technology and Practice

B.7
5G新媒体在北京冬奥中的
应用与创新报告

卢 迪　庄蜀丹　张鹏洲　陈 刚*

摘　要： 5G是驱动媒体融合与创新的重要技术力量。2022年，5G云转播和5G消息作为具有代表性的5G技术应用，在北京冬奥会的组织和举办中实现了超高清云转播、自由视角、虚拟同框以及赛事一站式服务、智慧化场馆、商品售卖、多语种服务等多元化、精细化的"冬奥"典型性新媒体传播实践，广泛深入地渗透了冬奥会开闭幕式、新闻采编、资讯发布、观众互动、赛事转播等丰富的应用场景。5G新媒体在北京冬奥中的应用创新不仅提高了传播效果和传播效率，更推动媒体服务水平升级，催生新产品与新业态，最终惠及各行各业发展。

---

* 卢迪，中国传媒大学媒体融合与传播国家重点实验室新媒体研究院副研究员；庄蜀丹，中国传媒大学新媒体研究院硕士研究生；张鹏洲，中国传媒大学互联网信息研究院院长、教授；陈刚，中国联合网络通信有限公司北京市分公司产业互联网中心副总经理。

关键词： 北京冬奥　5G 新媒体　云转播　5G 消息　体育赛事

一　To B、To C 协同，5G 新媒体技术赋能"冬奥"全媒体传播

5G 云转播和 5G 消息，是 5G 新媒体在北京冬奥会中的两个具有代表性和典型性的应用实践。5G 云转播的特点在于充分发挥 5G 云网优势，基于 5G+云的技术为 B（Business）端媒体机构及其冬奥传播工作提供了专业、全面的视频传播能力保障。5G 消息的特点则在于充分体现了 5G 终端原生的短信入口优势，基于 5G+RCS（Rich Communication Suite，富媒体）技术为 C（Consumer）端用户和全球观众提供了一个集"看冬奥""玩冬奥""买冬奥""游冬奥"于一体的轻量化应用产品。5G 云转播和 5G 消息的 To B 与 To C 协同模式，用新技术全面赋能北京冬奥会的全媒体传播，通过对新一代信息技术的综合运用与创新探索，为国内外新闻媒体、参赛队员、工作人员与全球观众提供了高效的传播服务，带来了更好的冬奥参与体验。

（一）5G+云转播——超高清视频态的云应用

5G+云转播基于 5G 网络切片技术和边缘计算，通过搭建 5G 背包+5G 云转播平台架构的云转播系统，为媒体提供高效、稳定、云化的超高清云转播服务。科技发展瞬息万变，利用 5G+云转播手段进行赛事报道，可以让观众更好地领略北京冬奥会的风采，使 2022 年北京冬奥会成为史上"最具科技驱动力"的奥运会[1]，5G 云转播在北京冬奥中的应用不仅是 5G 科技硕果在国际大型赛事上的精彩亮相，也是在"数字中国"和行业数字化转型的背景下，云转播技术渗透各行业领域，驱动大视频产业发展，加快云化全媒

---

[1] 韩强：《科技冬奥与转播创新——兼论北京冬奥会对体育赛事转播的未来影响》，《中国广播电视学刊》2022 年第 4 期。

体多维度视听模式前进步伐的一种体现。①

北京冬奥会的5G+云转播应用是基于北京国际云转播科技有限公司自主研发的5G云转播背包和云转播平台所搭建的。2020年，北京国际云转播科技有限公司在北京市委市政府的大力支持和冬奥组委指导下，由中国联通、新奥特、广科院、北京歌华有线共同筹建，是科技冬奥重点布局产业之一。云转播立足服务科技冬奥，通过转播设备云端化和人员服务远程化，实现轻量化、专业级的转播服务，为大型活动转播工作注入新能量，助力构建全媒体传播格局，助力提升国家传播能力和新兴媒体的影响力。5G+云转播的关键技术首先是搭建专业级云转播平台——5G+4K超高清云转播平台，该平台把传统以现场为主的转播工作分为前端信号采集、云端传输处理和远程导播制作三个环节。

在前端信号采集环节，前端设备将采集到的超高清视频信号通过5G云转播背包回传至云导播台。不同于单纯的直播推流背包，5G云转播背包能通过绝对时钟将多路信号对齐，实现多路信号的云端帧级同步导播切换。5G云转播背包能同步输出高低两路码流，现场工作人员可远程使用低码流信号进行导播切换、图文加工等操作。同时这些操作还可映射至云端，由云端输出分发相同操作后的高码流信号。在网络传输方面，则主要运用的是5G边缘计算和网络切片技术。边缘计算是在靠近数据源或者用户的网络边缘侧提供计算能力，通过将云导播台部署在边缘云侧，利用边缘强大的算力实现多路超高清信号导播切换时的实时编解码，从而低时延、低损耗地完成超高清内容的分发。网络切片是一种按需组网的方式。运营商可以在一张物理网络上分离出多个虚拟端到端网络，每个网络切片从无线接入承载再到核心网都是逻辑隔离的。在云转播业务中，网络切片技术能提供专属网络资源，兼具大带宽和低时延的优势，更好地保证信号传输稳定可靠，护航超高清视频信号的实时传输。5G+云转播技术的核心在于将传统转播车的转播流程移至云端，便于媒体工作人员远程协同制作，在保持专业要求的同时大幅度降低成本、提升效率。

---

① 国际云转播科技：《云转播亮相PT展——创新赋能　服务科技冬奥》，https：//mp.weixin.qq.com/s/600_ GgnWl3wUGmCb3u2wxA。

（二）5G+RCS——以短信为入口的轻量化应用

5G消息是终端原生短信入口的富媒体消息业务，支持多种媒体格式传输，包括文本、图片、音频、视频、表情、位置和联系人等，可用于个人用户之间的多媒体消息交互，还使行业能够为其用户提供基于富媒体（Rich Media）的新型数字化交互服务①。5G消息引入了MaaP（Messaging as a Platform）技术，MaaP是通信运营商建立的，使企业和其用户之间能够直接在短信入口传递富媒体消息的平台，满足企业与用户之间进行交互的需求。行业客户以Chatbot的形式与个人用户通过运营商网络进行消息交互，Chatbot除了可发送多元格式的媒体信息，还能发送悬浮按键、富媒体卡片内置按键、消息对话界面底部的固定按键等消息形态。

在2022年北京冬奥会的组织和举办过程中，5G消息是赋能赛事全媒体传播的一大利器。"联通冬奥"5G消息和"巢信"5G消息是中国联通基于5G消息应用为北京冬奥会打造的两个一站式服务平台。"联通冬奥"5G消息为用户提供冬奥赛事期间的赛事服务、赛事资讯和城市生活服务；"巢信"则是鸟巢场馆服务应用的智慧升级，主要提供鸟巢风采介绍、鸟巢导览、餐饮购物等多元服务和针对鸟巢合作伙伴的商务功能三大板块内容。5G消息由于具有高可信、强触达、免安装、强交互、富媒体等特性，能够融合微信、支付宝等多个相互独立的渠道，既能弥补传统赛事服务渠道独立不互通的短板，又能主动、直接、精准触达用户，满足赛事传播需求。"联通冬奥"5G消息对话界面下设置"冬奥咨询""通信服务""畅玩冬奥"三个底部固定按键，用户点击这些选项卡可以完成赛事介绍、精彩瞬间、城市美食、冬奥商品等信息交互。5G消息作为一个信息聚合中台，不仅能够提供一站式、一体化的参与体验，还具有信息主动触达、精准触达的优势，在信息聚合程度和传播力度上具有与传统的宣传模式不同的特点和优点，通过紧密连接观赛体验和生活服务，为北京冬奥会的赛事宣传和北京城市宣传添上了亮眼的一笔。

---

① 中国电信、中国移动、中国联通：《5G消息白皮书》，http://www.asmag.com.cn/download/889/。

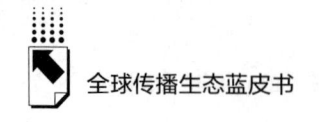

二 北京冬奥新媒体传播中的5G技术多元应用

（一）5G+超高清云转播

5G+超高清云转播新媒体应用，在北京冬奥会开幕式暖场环节承担了"多地实时连线"的转播任务。该应用基于云转播平台+5G背包的同步技术将黑龙江哈尔滨、新疆阿勒泰、江苏南京等地点的实时连线演练素材播放在鸟巢的大屏之上，并通过电视直播呈现给电视机前的观众。此外，在北京冬奥会闭幕式的央视特别报道节目中，云转播系统也提供了鸟巢外景慢直播、大雪花火炬慢直播，以及现场演员跟拍采访等三路信号，并基于云上制作中心对三路信号进行加工制作，最终将内容发布至央视新媒体平台。

5G新媒体时代下，信息在传播全链路上越来越呈现采集场景全景化、内容全面视频化、接收终端多样化等特点。媒体采编发工作朝着轻量化、云化的趋势发展，大型体育赛事媒体制播更不例外，5G+超高清云转播技术的应用就是对传统媒体制播环节的优化和创新。其独特的采集设备5G背包重量只有1500克，减轻了现场工作人员的负担；其集中管控平台更是可以做到同时管理多套采集设备，包括5G背包和媒体接收机，使素材采集过程更加智能化。云转播平台可谓是传统转播车的云端化，在具有传统转播车各项业务能力的基础上，同时又具有低成本、灵活轻便的特点。北京冬奥会上的5G+超高清云转播系统，为媒体降低了超高清视频的制作成本，优化了体育赛事转播流程，提高了制作效率和内容质量，也为用户带来全新的观看体验和多元的观看视角，为未来各行业场景大型转播活动提供了参考借鉴和全新的选择。

（二）5G+多语种云视频新闻发布平台

2022年北京冬奥会在新闻媒体服务中使用的INFO-AV系统，是可以支持多场地部署、多语种传播的云视频新闻发布平台，由北京国际云转播科技有限公司研制并提供全程技术服务。该平台在北京冬奥会每一场新闻发布会中的应用为现场工作人员和全球媒体记者、编导提供了高效、便捷的新闻发布会视频素材采编支撑服务，为各国新闻媒体的编辑制作和报道工作提供了有力的技术支持。"INFO-AV"主要由四部分组成，分别包括多场地新闻发布端、云转播系统、云制作中心和平台展示端。其业务流程是将17个新闻发布厅、IOC每日新闻发布、混采区采集的音视频传输至远程同传中心；同传中心翻译人员完成多语种翻译后将同传音频传输回现场；同传音频再与现场音视频一同被传输至音视频中心进行整合、处理；输出的多音轨视频推至云转播平台，在云上进行转码、直播流收录、编辑、导播及CDN分发等操作；随后云制作中心完成导切、监看和编辑工作，最后将成品视音频推送到发布平台。

北京冬奥多场地多语种云视频新闻发布平台为媒体人员提供了云上远程视频制作的可能性。基于云的远程制作极大减少了媒体人员到馆需求，现场工作人员和节目制播人员分离，大幅减少进入冬奥闭环的人数，在疫情防控需求下，有效控制管理成本，助力疫情防控。北京冬奥多场地多语种云视频新闻发布平台中多音轨技术的运用更是媒体工作者接收多语种同声传译音频的重要技术支持。多音轨技术使直播/点播视频可携带最多八个音频轨道，即最多可传输八种语言的同声传译音频，这使全球媒体报道冬奥赛事的效率得到提升，为促进文化交流、展现中国国家形象提供了强有力的支撑。

（三）5G+"自由视角"

5G+"自由视角"的新媒体应用是在节目制作时利用多机位布置生成整个场地的多角度视频信息，用户通过自主交互观看任意角度画面，产生360°环绕观赛效果。5G+自由视角系统由四个部分组成，包括前端拍摄、现场预处理、信号传输以及后端制作。北京冬奥会张家口赛区云顶滑雪公园空中技巧场地、U形池场地各部署有一套自由视角系统，在每个系统的部署场景中都需要以场地中心点为核心，搭建60个4K摄像机机位。通过平台统一授时，保证每一个摄像机信号时码一致。5G+自由视角系统可以在3秒内完成视频的渲染和回放,并运用 AI 图像防抖算法实现平滑过渡,最终输出给 OBS 转播车制作全球电视公共信号,通过媒体云分发至移动端。

在以往的赛事转播中,用户的观赛体验只能被动接受媒体提供的固定点位观赛视角,5G+"自由视角"的出现及应用创新地突破了传统的观赛方式。5G+"自由视角"应用可以在比赛实况转播中将即时生成的运动员高光时刻的360°环绕视频提供给电视公共信号播出端,观众即可以通过电视屏或者手机端实时收看和欣赏运动员在比赛中最精彩的"子弹时间"视频,体验时空凝结般的独特观赛感受。5G+"自由视角"在北京冬奥中的创新应用全面体现了先进技术赋能新媒体传播的价值。首先,5G+"自由视角"的运用减少了观赛盲区,让观众能够全方位、多角度地观看运动员的高光瞬间,饱览比赛全貌,革新观赛方式。其次,"自由视角"视频在视觉上更具冲击力和刺激性,契合新媒体平台视频短、快的传播特点,更有利于在新媒体平台的传播扩散,提升赛事传播效果。此外,5G+"自由视角"技术应用也可以通过360°捕捉运动员动作细节,辅助裁判员进行打分与判罚。

(四)5G+"虚拟同框"

5G+"虚拟同框"是让身处赛事现场的运动员与远程记者通过虚拟抠像和画面合成渲染达到视觉上面对面访谈效果的技术,是集云计算、5G+4K、虚拟抠像技术于一体的音视频远程互动系统。记者身处演播室蓝箱或绿箱中,虚拟抠像主机对记者进行抠像,合成至远程运动员采访场景之上,渲染合成的画面可在大屏进行展示或推送到云直播平台进行直播分发。在实时制作过程中,摄像机可以根据被访者身高、肤色进行远程调整参数,控制拍摄角度;流程方面,云端导播系统可以线上完成制作与包装;画面质量方面,可以支持1080P、4K广播级别的制式,满足广电级别的内容生产制作;传输方面,由于以5G+专线网络作为支撑,则可以基于超低延时使远程的音视频互动更加完美、逼真。

5G+"虚拟同框"技术应用凭借5G高速率、大带宽、低延时的关键优势,为体育赛事新闻采访中的采访者和被访者搭建了一个虚拟的实时交流空间，赋予双方如处同一空间的现场互动感，保证媒体内容生产的质量。后疫情时代下，无论是体育赛事场景，还是其他重要新闻报道活动，身处异地的新闻工作者和嘉宾可以"同框"完成采访活动，保证媒体内容产出工作如常运转，5G+"虚拟同框"展现出了极大的应用价值。

（五）5G消息+"观赛指南"

冬奥5G消息平台为冬奥赛事量身定制了丰富的相关服务，用户点击选项卡可以浏览"赛区赛场""赛事介绍""赛程安排""精彩瞬间""奖牌榜单"等资讯。其中，"赛区赛场"卡片除了图文并茂的介绍，还可点击卡片的"导航前往"按键调用定位和地图功能进行导航；"赛事介绍"、"赛程安排"和"奖牌榜单"卡片都可以通过点击按钮跳转至北京冬奥会官网，浏览来自官方的权威信息；"精彩瞬间"卡片上的按键则可以跳转至央视频和腾讯视频的冬奥专题视频页面，观看直播、点播回放、赛事热点新闻等。在基本服务功能之外，冬奥5G消息也提供赛事各个阶段的场景触达，例如赛事前期的预热活动、冬奥合影；赛事中的精彩瞬间、观赛抽奖；以及赛事后的闭幕式、精彩瞬间等。

传统的综合信息服务平台因为各自属于不同企业、不同渠道、不同类型，大多各自为政，相互之间难以互通，用户需要来回切换入口才能获得相对更完整、全面的信息。而5G消息中台能有效糅合多个渠道，比如为用户同时提供腾讯视频、央视频和北京冬奥官方网站的入口，避免用户不断切换的烦琐操作，实现对各渠道的有效融合与串联。用户在以5G消息平台为核心的场景内就能完成对不同渠道、信息源的接触和操作，获得全面、多元的赛事资讯与赛事服务。5G消息平台创造了赛事服务的新形式与新模式，使观赛体验在一站式、一体化、多聚合等特性上取得了重大突破。

（六）5G消息+"城市生活"

冬奥5G消息平台不仅为赛事举办提供了多元化的信息服务，还通过融合城市的交通、购物、美食、旅游等生活维度，用数字技术赋能城市生活，为用户提供国际赛事配套的城市服务。例如，冬奥5G消息平台"畅玩冬奥"选项卡配置了"城市美食""景区景点"等选项，美食服务场景通过图文并茂的介绍可以让观众更好地了解地方特色美食文化，并且可以跳转至热门店铺的携程网站界面，获得店铺的导航和美食信息。景区服务场景则为用户了解三个赛区的城市景点提供了窗口，点击具体景点的卡片也可直接跳转至携程网站相关页面，使用户获得购票服务和导航服务。周边线上商城服务场景，与大型赛事相互结合，更能带动和刺激周边消费，带动大型赛事活动辐射的经济增长。

冬奥5G消息将赛事服务和城市生活服务紧密结合，利用用户对赛事的关注带动用户对城市的关注。从短期效应而言，能够将用户对城市的关注和了解转化为体验消费，用户品尝特色美食、游览人文自然景观，都具有短期内拉动城市旅游经济、刺激消费的作用。从长远角度而言，大型赛事也彰显了城市的文化魅力与价值内涵，有利于打造赛事城市IP、塑造城市品牌形象，为城市的持续发展筑牢基底，达到赛事与城市的良性互动。

（七）5G消息+"智慧场馆"

"巢信"5G消息是针对"鸟巢"作为冬奥场馆的相关传播需求、服务需求而产生的观众服务应用。"巢信"5G消息在界面底部设有包含三大板块内容的三个选项卡，分别是"鸟巢风采"、"鸟巢生活"和"鸟巢商务"。"鸟巢风采"的主要内容是对鸟巢场馆的相关介绍，通过相关图片、文字以及音视频展现鸟巢风采；"鸟巢生活"是为用户提供多元服务的模块，通过加载包括天气、导览、座位导航、餐饮购物、票务等多渠道融合消息，贯穿吃、喝、玩、乐、游全流程，打造全方位游客服务；"鸟巢商务"是针对鸟巢合作伙伴开发的商务板块，为其合作伙伴提供商务合作、商业开发、场地合作、咨询问讯等高效智能的商务服务。"巢信"5G消息在功能上具备智慧物联、实景导航、实时互动三大特点，智慧物联将鸟巢环境系统与"巢信"平台对接，实时提供天气查询等智慧化服务；实景导航结合AI与AR技术，利用手机摄像头实景与虚拟提示信息叠加在一起，为用户提供指引；实时互动功能使用户能实时在线进行图文评论，分享所见所感，提升互动感。

体育场馆不仅是体育赛事的举办场所，也是群众日常健身、休闲娱乐、举办文体活动的重要场地。在移动互联网背景下，传统的体育场馆迫切需要跟随时代发展朝智慧化方向转型，为场馆用户提供智能化、多元化的信息服务。鸟巢作为北京两次奥运会的重要活动场地、大型活动承办场所和北京市民日常体育活动的专业场所，其服务的群体数量较大，且场馆用户对服务质量的预期也较高。"巢信"5G消息通过人与人、人与物、人与场馆之间的互联互通，建设一站式场馆服务入口，具有主动触达、精准触达、多渠道融合、多节点融合的优势。在为场馆管理提质增效，为用户提供全流程、一体化服务的同时，也助力奥运场馆打造场馆IP，实现体育场馆服务的升级与价值延续，为其他大型体育场馆提供了借鉴。

（八）5G消息+在线"抢墩墩"

冬奥5G消息平台在界面首页中设置"冬奥商品"的查看按钮，点击按钮即进入商品选购界面，用户可查看多种多样的冬奥与冬残奥吉祥物文创产品，比如印有"冰墩墩"和"雪容融"的手提袋、贴纸、中性笔、胶套本等商品。点击具体的商品后，系统随即将商品信息以卡片消息附带按钮的方式发送至用户。卡片载入了商品的展示图片、基本信息、价格以及兑换方式，点击兑换按钮即可跳转至中国联通官方网站进行兑换与购买。冬奥5G消息后台运营数据显示，2022年2月4日冬奥会正式开幕后，联通冬奥5G消息H5链接冬奥商品专区累计点击达到219451次，点击率达22.45%，点击率峰值为30.46%，数据显示出移动终端用户对以该形式进行商品购买的接受和认可。

奥运吉祥物除了具有商品属性外，更是当届奥运会以及举办城市、举办国家的具象化文化符号。冬奥会吉祥物"冰墩墩"毫无疑问是体现中国文化、中国形象与中国精神的载体，在北京冬奥会期间受到全球观众的极大关注，成为冬奥会现象级话题之一，相关商品售卖也在全球范围引起热潮，

"冰墩墩"成为本届冬奥会蕴藏巨大传播价值的符号。5G消息是一个全新的、能够触达海量潜在用户的入口，将吉祥物商品展示与售卖窗口设置其中，形成"冬奥宣传—商品售卖—文化传播"生态，可谓拓展文化传播场景的新方式。

三 5G技术赋能传播创新，拓展丰富应用场景

（一）开闭幕式——跨越时空聚焦科技精彩

北京冬奥会运用5G新兴转播技术赋能开闭幕式转播，使开闭幕式呈现跨越时空的精彩纷呈效果，为观众打造完美的视觉盛宴。冬奥会开幕式暖场环节在鸟巢主场地表演的同时，还通过"多地实时连线"与河北张家口、黑龙江哈尔滨、新疆阿勒泰、江苏南京、四川成都等10个城市进行视频连线，将全国各地不同年龄层、不同身份职业的人民群众轮番表演的广场舞节目投映至鸟巢大屏和电视直播端，向现场和电视机前的全球观众充分展现中国春节的喜庆氛围和广大中国民众参与冰雪运动的热情。闭幕式当日鸟巢外景的慢直播，大雪花火炬的慢直播，以及对现场演员的跟拍采访，也通过多地实时跟拍系统在央视北京冬奥会闭幕式特别报道节目中呈现，为观众带来了更生动、更沉浸的观看体验。开闭幕式是奥运会的重大仪式与活动，是展现国家文化、国家形象和举办城市风采的重要场景，亦是历来奥运会万众瞩目的焦点。5G高清云转播平台+5G背包构成了多地实时连线系统和多路实时跟拍系统，具备轻量化、便携化的采集优势，低延时、超高清的传输优势，云端化、远程协同化的制作优势。该技术应用在开闭幕式上实现了联结全国各地、跨越时空的节目设计，丰富了节目内容和节目形式，增加了观看节目的沉浸感和氛围感，是提升观看体验的有效路径。

（二）新闻采编——各国媒体参与协同报道

在大型国际赛事中，大量赛事相关的"第一现场"信息资讯，如赛事

新闻发布会、赛程安排等内容如何在第一时间以更好的方式提供给全球媒体机构和奥运工作人员，以便于各国媒体参与协同报道，是一项极为重要的工作。北京冬奥多场地多语种云视频新闻发布平台是云转播、多语种同声传译音频、高可用视频直播技术三个关键应用与5G网络结合的产物。持权媒体主要通过内网页面或者互联网方式登录授权的账号，即可使用加载了多语种同声传译音轨的所有赛事新闻发布会高清视频的直播、点播和下载服务。冬奥会是一项国际性重大赛事，新闻媒体报道是彰显冬奥精彩赛事的一座桥梁、一个窗口。北京冬奥多场地多语种云视频新闻发布平台服务新闻采编场景，在使用方式和内容质量上具有双重优势，云端应用简化了新闻采编流程，延伸了新闻工作场域，提高了新闻生产效率，增强了协同创作能力，解放了人力、物力；多语种同传音轨降低了国际赛事报道语言方面的困难，提供了专业高质、丰富翔实的一手赛事资料，为跨语种新闻媒体报道赋能，使新闻发布会这一赛事重要宣传手段更好地发挥作用。同时，在疫情防控的要求下，通过云端协同的方式分散现场与会人员和节目制播工作人员，也创造了更加安全的工作环境，降低了潜在风险。

（三）赛事服务——一站式移动化服务窗口

以用户为中心的全程赛事服务是大型体育赛事的重要场景。在纵向的流程环节上，冬奥5G消息服务在赛事前期发布预热活动，赛事中推出资讯推送、观赛抽奖等服务，赛事后推送高光集锦等信息，贯穿了赛事全环节，为观众参与赛事提供了全流程优质体验。在横向的场景拓展上，5G消息服务设置了赛事资讯、美食、场馆、购物、景区等多个节点，在基础的资讯推送功能之外开发了商品购买、场馆导航、美食推荐等多元场景的信息服务。在传播渠道上，5G消息服务融合了视频网站、旅游网站、赛事官网、电信服务商等多个渠道，提供了一个全新的、综合性的信息聚合入口。5G消息兼具支持企业与个人用户之间交互以及可承载富媒体内容两个特质，能够实现在赛事服务中串联多元赛事场景，聚合多元渠道。此外，从用户需求的角度来说，冬奥5G消息应用也可满足观赛群体对获得赛事资讯的信息需求与餐

147

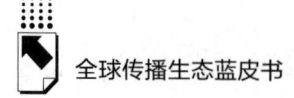

饮、纪念商品的购买需求，从赛事和生活全维度服务观众。在信息融合角度，冬奥5G消息应用改善了以往服务渠道入口分散、平台使用步骤烦琐、应用单点不持续、运营和服务滞后等问题，实现多渠道在一个中台的快捷交互。5G高速路上的新媒体正在使面向观众的赛事服务变得更加智慧化，以多元化的服务场景和丰富的交互方式，赋予赛事服务一体化、一站式、轻量化的体验。

（四）资讯发布——个性化的精准信息送达

在北京冬奥会中，冬奥5G消息发挥了个性化、精准化的信息触达优势。第一，5G消息是在保持用户原有通信习惯，充分继承电信业务的码号体系、实名制、安全性、互联互通和电信级服务质量的基础上，以终端原生方式升级短信服务[①]，这决定了5G消息与手机号码、手机用户深度绑定。5G消息的终端原生属性意味着服务方通过手机号主动推送信息，而不需要用户下载App或者小程序等其他中介，信息触达具有主动性。第二，5G消息能摆脱其他网络平台推荐算法的限制，加强服务方对传播全流程的控制力度，信息触达具有精准性。第三，5G消息能合理利用大数据实现个性化转播，比如用户在比赛场馆附近停留就会收到相应的关联性消息，信息触达个性化。赛事资讯发布是体育赛事宣传的重要内容，资讯发布的触达范围和触达强度与赛事的宣传效果息息相关。5G消息主动性、强触达、个性化和免安装的特性使资讯推送实现个性化的信息精准送达，使体育赛事的传播范围和触达力度得到拓展和提升，开启信息找人的新传播模式。同时，5G消息也是媒体构建自主可控私域流量的有效路径，提高冬奥的全媒体传播能力。

（五）观众互动——新玩法释放用户主动性

移动互联网时代下，用户的信息接收习惯产生新的变化，会更倾向多元的、具有双向互动性的信息接收方式。5G+"自由视角"生产的360°环绕

[①] 中国电信、中国移动、中国联通：《5G消息白皮书》，http：//www.asmag.com.cn/download/889/。

视频让观众摆脱以往媒体固定视角、单一视角输出的限制，呈现立体、多元的内容展现方式，是对传统观赛方式的变革性升级。5G消息Chatbot的交互形式也增强了互动的智能性，富媒体的信息形式让观众可以通过卡片或者跳转链接完成答题抽奖、留言评论等多种形式的互动活动。5G+"自由视角"增强了观赛界面的互动属性，5G消息增强了短信入口的互动属性。5G驱动媒体深刻把握用户对于互动的需求，北京冬奥会上的5G新媒体应用就是洞察用户互动需求结出的硕果。无论是自由视角还是5G消息，目的都是寻找用户互动新入口，开发互动新形式，创造互动新玩法，促使用户作为信息接收者的主动性得到最大释放，使赛事传播从单向朝着双向转型，利用互动的"化学反应"提升传播效果，让内容深入人心。

四 北京冬奥典型5G应用，展现全媒体传播价值

（一）内容创新信息聚合，传播效果多维提升

就内容形式层面而言，基于5G的自由视角应用提供多视角转换与时空凝结效果的精彩呈现，创新了媒体报道形式，丰富了媒体内容形态，创意足，交互强，为观众提供了耳目一新的视觉体验。就信息聚合程度层面而言，5G消息在信息形态上支持传输多种媒体格式的富媒体内容，在信息渠道上打通各个渠道壁垒，不同渠道、不同媒体形态的内容在同一平台中汇聚，具有融合性优势。新的内容形式以极具冲击力的方式为观众带来视觉和心理上的新鲜感，强有力的信息聚合能力则满足了用户更深层次的信息需求，5G新媒体应用通过在内容、形式、渠道上的创新升级，有力提升了赛事传播的效果，让冬奥声音传递得更真、更远、更好。

（二）优化媒体采编流程，传播效率明显提高

北京冬奥多场地多语种云视频新闻发布平台可同时支持5场并发的新闻发布会视频直播，每场直播支持8个音轨的同声传译。自2022年1月30日北

京冬奥会首场正式新闻发布会至 2 月 20 日北京冬奥会闭幕，顺利服务了 249 场新闻发布会，总时长 8049 分钟，每次直播结束后 40 秒左右即可提供点播素材并可以下载到本地供进一步编辑使用。媒体制播离不开大量数据高速稳定的传输，5G 高速率、低时延、广连接的技术优势使多个同时工作的媒体设备都能具备超高清视频信号低延时、低损耗传输的能力，使媒体摆脱传统新闻生产流程中的时间、空间限制，向基于云的远程协同制作方式转变。5G 引领 AI、大数据、边缘计算等新兴信息技术，驱动媒体内容生产流程优化、创新和再造，新闻采、编、发的能力与效率在新设备与新技术加持下得到大幅提升。

（三）渗透冬奥多元场景，服务能力全面升级

在北京冬奥会的 5G 新媒体应用中，面向媒体机构的服务能力在以 5G+云转播为核心的一系列媒体制播技术支撑下实现了多方面升级。一方面，促进全球媒体机构的新闻生产便捷化；另一方面，也保障了疫情期间工作人员异地工作的需求。此外，面向观众的赛事服务能力和场馆服务能力也在 5G 消息平台的助力下实现了巨大飞跃。5G 消息除了作为信息传播的宣传渠道，更深层次的应用方向是提供个性化的服务，并能够与各垂直场景紧密结合。比如赛事 5G 消息具备住宿美食推荐、预约购买门票、周边购买等功能，体育场馆 5G 消息具备实景导航、天气通知等功能，为观众提供了全面且全新的赛事服务和生活服务。此外，5G 消息与用户的手机终端、手机号码直接关联，手机号码赋予了媒体形成私域流量的可能。流量是进一步运营的核心要素，将终端、入口和服务密切结合，才能实现面向观众服务能力的跨越式升级。

（四）传播参与者范围扩大，驱动传播业态创新

技术力量被认为不仅是解决当前传统媒体困顿现状的要义，更是改造传媒营收模式、构建良性传媒业态的核心通路。[1] 5G 技术的综合运用无疑会

---

[1] 赵睿、喻国明：《"互联网下半场"中传媒经济研究的问题意识与技术进路——基于 2017 年中国传媒经济研究的文献分析》，《国际新闻界》2018 年第 1 期。

催生新产品、新业务与新业态。5G+云转播与 5G 消息是新产品、新模式，促进上游信息采集方式变革、中游信息编辑流程优化、下游信息分发渠道扩展，实现信息生产业务全环节升级。其中 5G 消息更蕴藏着巨大能量，对媒体行业外的企业用户而言，5G 消息不是传媒行业专属业务而是一种手段，政务、文化、旅游、教育等各个垂直领域的行业用户都可以将 5G 消息作为新的平台，引入直播带货、线上旅游等各种新业态。企业成为传播活动的发起者，成为传播链条上的重要一环，为行业发展注入数字化新动能，驱动传播生态全链路变革。

（五）展现中国技术实力，带来积极国际影响

5G 新媒体应用使北京冬奥会彰显浓厚的科技色彩。国际奥委会主席巴赫曾在北京冬奥会主媒体中心举行的新闻发布会上表示，中国的赛事组织经验和先进科技为冰雪运动作出了重要贡献，此次冬奥会在很多领域都有突破，尤其是转播和通信技术。长远角度而言，5G 新媒体更重要的是成为驱动包括体育行业在内的千行百业发展的力量之一。北京市科委主任许强在"科技冬奥"专场新闻发布会上表示，后冬奥时代还将持续为科技冬奥的成果提供应用场景，使冬奥科技成果从冬奥会走向城市发展的应用场，"飞入寻常百姓家"。5G 引领的媒体创新不只是传媒行业的创新，它兼具"发动机"与"螺丝钉"的角色，最终会扩展到城市运行、产业发展，在百姓生活每一个角落落地生根，带来广泛积极的社会影响。

B.8 元宇宙与深度媒介化发展报告

喻国明 滕文强 郅 慧*

摘　要： 元宇宙作为一种未来传播的形式，蕴含着媒介对个体感知的深度构造以及对于社会回归"重新部落化"的内在机制，激发着人类对于社会文明与结构变革的深度想象。本报告以探析元宇宙对于社会的"重新部落化"为起点，审视元宇宙对于媒介生态与社会文明的变革机制，在此基础上，探讨社会基于关系与连接进行"再组织化"的可能性，并结合元宇宙未来发展的关键性入口，理解元宇宙作为一种全新的数字文明的未来愿景。

关键词： 重新部落化　元宇宙　媒介生态　价值入口

一　问题的提出：元宇宙推动社会"重新部落化"的图景想象

在社会发展的历史长河中，革命性技术的发展往往激发着人类对于社会文明与结构变革的深度想象。媒介的技术属性含有改变社会形态和文明阶段的讯息。[①] 20世纪初，广播和电视等全新通信技术的发明和应用，曾引发众多对于全球未来与人类文明的预测。历史学家阿诺德·汤因比（Arnold

---

* 喻国明，教育部长江学者特聘教授，北京师范大学新闻传播学院教授、博士生导师，北京师范大学传播创新与未来媒介实验平台主任；滕文强、郅慧，北京师范大学传播创新与未来媒介实验平台研究助理。
① 黄华：《技术、组织与"传递"：麦克卢汉与德布雷的媒介思想和时空观念》，《新闻与传播研究》2017年第12期。

Toynbee）曾在伦敦大学的一次演讲中称"交通和通信的发展或将创造一个行星社会（planetary society）"①。媒介对于时空边界的拓展极大影响了个体的行动范围，将机械化的感官重新统合成有机整体，实现基于感知平衡基础上对于原始部落化情感的回归，进而影响社会交往、社会结构的变革。

21世纪，数字社会的发展提供了新形式的文化活动、个人赋权和游戏模式，带来生活、工作和思维的革命。②当下，以人工智能、区块链、5G为后端基建，以VR/AR/MR、可穿戴设备为前端设备，元宇宙作为一种升维意义层面的技术媒介集成，为个体提供沉浸感和具身性的交互体验，实现个体流动性与行动自由度的拓展，使之能够在物理空间与虚拟空间的融合共生中生存，进而形成不同于现实社会的新的规则、新的体系与新的结构。从本质上看，元宇宙提供了更具想象性的未来传播图景，成为继原始文明、农耕文明、工业文明之后，数字文明发展的一种全新的文明形态。③

元宇宙作为一种未来传播的形式，是对于社会生态与文明变革的图景想象，首先需厘清媒介对个体感知与行为的影响及其发展演变的内在规律。换言之，我们无法抛开人这一核心要素来谈元宇宙。媒介技术的起点和终点都是人类，人类自身就是最原初和最核心的。④以"人"这一具有自主性、能动性的要素为起点，通过审视元宇宙对于个体感知与身份的重新构造，能够更为深刻理解复杂媒介与社会的关联和作用机制。实际上，麦克卢汉基于技术对于社会发展阶段的论述提供了具有启发意义的思路。他认为，人类社会经历了"部落化（tribalization）—去部落化（detribalization）—重新部落化（retribalization）"的三次社会形态更迭，带来社会关系、社会秩序的解构与重构。元宇宙作为一种升维意义上的集

---

① E. Georgiadou, "McLuhan's Global Village and the Internet", 2nd International Conference on Typography and Visual Communication, 2002.
② Kitchin R., Dodge M., *Code/Space: Software and Everyday Life*（The MIT Press, 2011）.
③ 喻国明：《虚拟人、元宇宙与主流媒体发展的关键性操作要点》，《媒体融合新观察》2022年第1期。
④ 喻国明、耿晓梦：《元宇宙：媒介化社会的未来生态图景》，《新疆师范大学学报》（哲学社会科学版）2022年第3期。

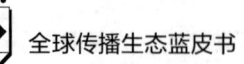

成形式，其对于视觉、听觉、触觉等多种感官的连接和激活及虚拟与现实的交融已超越传统技术单一、静止的感官触动，有望在更大程度上实现多元感官与环境的整合，对世界产生新的感觉和认知，使个体在"去部落化"时代偏向线性和单一的思维方式得到改变，在感官平衡中得以统合，社会得以"重新部落化"并逐渐走向整体化。因此，本文以探析元宇宙对于社会的"重新部落化"为起点，审视元宇宙对于媒介生态与社会文明的变革机制，在此基础上，探讨社会基于关系与连接进行"再组织化"的可能性，并结合元宇宙未来发展的关键性入口，以理解元宇宙作为一种全新的数字文明的未来愿景。

二 何以"重新部落化"：元宇宙是对社会生态与文明的更高层次的"回归"

元宇宙的最初的表述即意味着对于现实空间的超越（Meta-），在这一高度超越、广泛存在的新型空间中，虚拟与现实的边界变得模糊，中心化的社会网络正逐渐被打破，被多元技术赋权的个体成为传播与行动的能动性因素，也成为推动社会生态与文明变革的能动性力量。概言之，元宇宙是在时空突破、感知整合、深度参与下对于"部落化"的回归，这种回归是一种更高层次的回归，也就是对于社会的"重新部落化"。若要理解元宇宙发展下社会结构的宏观图景，则要立足于人的主体性，探讨元宇宙如何通过重塑感知，使个体成为自我意识的塑造者、社会环境的塑造者，进而影响社会连接、环境乃至文明的进程。

（一）时空突破：元宇宙以感觉空间对客体物理空间的超越，实现对"部落化"的升维构建

时间与空间是传播所蕴含的基本维度。通过现实与虚拟的不同层次，可以将空间分为客体化的物理空间和主观化的感觉空间。其中，物理空间是一

种实体，它可知可感，是在有形实体上的广延状态与伸张状态。① 而感觉空间则是在社会关系、社会连接基础上的感知延展，是广泛意义上的社会联系。人类早期的生产生活由于社会连接的相对匮乏，大多存在于可知可感的客体物理空间。而技术的发展打破物理空间与感觉空间界限，甚至以关系连接和感知提升超越现实空间的行为界限。正如麦克卢汉所说，借助电子媒介，人类生活在瞬时世界的信息之中，时间和空间在一个时空世界中相互渗透，每一个物体凭借它与其他物体之间的关系而产生自己的独特空间。② 因此，从某种意义上看，"部落化"的概念满足了媒介对于环境的空间想象，其中既包含着具有实体意义的地域的物理空间特性，也包含着以人的中枢神经系统为基础的感觉空间特性。在媒介带来的广泛连接下，物理空间意义上的"地球"已经被感觉空间意义上"村落"所取代。③ 即对于个体而言，媒介通过对视觉、听觉、触觉等多维感官的激活，以接近瞬时的传播速度缩短了人类交流交往的障碍，个体之间的距离被缩短，而感觉的作用则被凸显，实现理想意义上的"和谐"与"平衡"，形成重新部落化的理想状态，并通过技术与媒介达到感觉空间对客体物理空间的超越。

不同于电子媒介时代，元宇宙是一个虚拟与现实高度互通且由闭环经济体构造的开源平台。④ 通过沉浸感、交互感、高拟真等特性，元宇宙对于时间和空间的拓展上升到一个新的维度。正如斯蒂芬森在科幻小说《雪崩》中描述的场景，原本被现实地域限制的个体可以通过"数字化身"（avatar）进入虚拟空间，开展一系列的娱乐、社交乃至经济行为。元宇宙涉及的空间范围是无限的，它摆脱了物理空间的时空观，人与人之间的距离被进一步拉

---

① 李彬、关琮严：《空间媒介化与媒介空间化——论媒介进化及其研究的空间转向》，《国际新闻界》2012 年第 5 期。
② [加拿大] 马歇尔·麦克卢汉：《理解媒介——论人的延伸》，何道宽译，译林出版社，2011，第 190 页。
③ 陈长松、蔡月亮：《技术"遮蔽"的空间：媒介环境学派"空间观"初探》，《国际新闻界》2021 年第 7 期。
④ 喻国明：《未来媒介的进化逻辑："人的连接"的迭代、重组与升维——从"场景时代"到"元宇宙"再到"心世界"的未来》，《新闻界》2021 年第 10 期。

近，使个体能够在物理空间与虚拟空间中自由穿梭，通过连通丰富个体的感知，并通过体验性的活动进一步打破现实社会的身份束缚，为延伸人的创造力提供了更多的想象和可能。从另一层面来说，元宇宙由现实物理空间延伸得出，通过对现实的描摹和复刻又再次反作用于物理空间，最终在交互中模糊了空间之间的界限，从更具想象力的维度恢复了个体在虚拟与现实空间更为广泛的面对面乃至意识层面的交流，实现对于"部落化"的回归和升维构建。

（二）感知整合：元宇宙实现个体中枢神经系统的融合性延伸，统合为感知平衡的"部落人"

历史地看，媒介技术的每一次变革都影响着个体感知世界的方式。麦克卢汉对人的感知赋予重要意义，他认为，人的感觉是个体身体能量上"固有的电荷"，形成了每个人的知觉和经验。[①] 在最初的部落化时代，受传播条件的限制，口语传播使人们得以面对面聚集和交流，个体是具有平衡、和谐感知的人。随着文字的出现和印刷术的发展，人类地域的空间界限被打破，传播的广度有所增加，也促使个体形成一种单一、线性、理性化的思维，使传统的部落开始解体。而电子媒介的出现，延伸了个体的感官，身体的技术性延伸搅动了原本的感知平衡，使感官系统必须谋求新的平衡。[②] 在此基础上，个体重新成为完整意义上的感知平衡的人，"给部落亲属关系和相互依存编织了一张天衣无缝的网络"[③]，部落化的社会形态逐步实现回归。但实际上，这种部落化的回归与理想化的部落仍存在一定的差距。由于技术对于单个感官的过度延伸，个体的感知也呈现碎片化的现状，仅仅达到了机械化的整合，却并未真正实现沉浸感、交互性、想象力的感知平衡。换言

---

① ［加拿大］马歇尔·麦克卢汉：《理解媒介——论人的延伸》，何道宽译，译林出版社，2011，第50页。
② 刘婷、张卓：《身体—媒介/技术：麦克卢汉思想被忽视的维度》，《新闻与传播研究》2018年第5期。
③ 师曾志：《互联网时代媒介叙事下的生命传播》，《中国编辑》2018年第9期。

之，保持身体感知的完整和平衡是人类传播的一种理想状态。①

技术本身蕴含着对于个体行为的塑造与偏向，学者吉布森（Gibson）提出"可供性"的概念来描述环境为用户提供行动的可能性。这意味着，媒介的特有属性也为个体提供了感知与行为框架。元宇宙以人工智能技术、网络及运营技术、物联网技术、区块链技术、交互技术、电子游戏技术作为支撑性技术，也为个体在现实和虚拟社会的感知与行为提供了可能，这是一种更高维度的提升，因为其带来的变化，与电子媒介时代仅实现感官物理整合的机械化的部落化存在差异。例如，在当下，尽管我们也可以通过电子媒介浏览网页、视频，获得视觉和听觉的双重体验，但仍然处于现实时空，时刻可能被周围发生的一切事情打断，并无身临其境之感。相反，元宇宙则使人类进入一个更具自由度、更高灵活性、更多体验性、更强功效性的超现实世界，② 通过个体的数字化实现了真正意义上的感官互动与平衡。个体在元宇宙中具有极高的自由度，能够实现接近于现实的沉浸体验，并且个体本身也作为媒介进入不同环境之中，实现中枢神经系统全方位、多维度的系统整合，个体感官不再是电子媒介时期机械意义上的整合状态，而是一种激活与融合的全新体验。在这一脉络下，元宇宙可被视为社会"重新部落化"的表征与实践。通俗地说，个体从最初部落状态下的"听觉人"进化为电子媒介时期的"视觉人"，最终在元宇宙时期成为感官融合与感知平衡的"部落人"。

（三）深度卷入：个体以元宇宙为场域，深度参与虚拟与现实的媒介实践

从社会实践层面，部落化对于个体与环境的塑造则体现为个体能动性的深度卷入。麦克卢汉曾这样评价电子媒介带来的影响：电子媒介时代是一个内爆、具有包容性意识、个人深度参与的时代。③ 在他看来，部落化需考虑

---

① 林凯、谢清果：《重返部落化：结绳记事的传播模式、机理与功能探赜》，《国际新闻界》2021年第2期。
② 喻国明：《元宇宙就是人类社会的深度"媒介化"》，《新闻爱好者》2022年第5期。
③ E. Georgiadou, "McLuhan's Global Village and the Internet", 2nd International Conference on Typography and Visual Communication, 2002.

每个人对于生活与行动的全面参与，把它视为一个创新性与动态性的全新因素。具体而言，人们有机会创建虚拟部落，可以和世界各地的其他人一起进行交流和沟通，甚至在虚拟环境中生存。这一观点对理解目前的社会与媒介环境具有洞见。当下，媒介已实现对社会方方面面的浸透，技术变革使时空的界限变得模糊，地球上任何两点之间的瞬时连接成为可能，人类被卷入了一场参与的运动之中。[1] 概言之，技术的发展提升了个体与部落间传播的能力，使时空的界限大大缩小，这一变化使任何一个个体都无法独立存在，连接与关系成为媒介实践的底层逻辑。通过原子化的个体的聚合，相互依存成为部落化社会的典型表征。

一部人类文明的发展史，从某种角度上看就是人类的实践半径不断扩大的历史。[2] 从信息行动的本体意义上看，元宇宙中行动主体与行动工具之间已发生深刻改变。在传统社会中，人的行动需要依靠工具实现，并未实现真正的自主和流动，一定程度上影响了个体行动的范围。而在元宇宙时代，个体以数字人的身份进入虚拟世界中，完成与现实世界类似的各种行为，不再受制于物的束缚，实现了对于个体的"解放"。媒介是人的连接点，人体也是媒介的连接点，展现的是技术与人和世界的关联。[3] 作为社会实践中的能动性力量和积极因素，人是元宇宙发展中的核心，一定程度上可以开拓整合性的部落发展方向。在网络社会之中，当社会行动的社会情境发生变化，社会行动的主体发生变化，从逻辑上推论，社会行动的过程和结构也就会发生重大的变化。[4] 元宇宙中通过技术的升维与助推，个体能够选择性地进入自己所期望的场景之下，满足自身的实践需求。梅洛·庞蒂曾指出，直接感知并不

---

[1] 张康之、张桐：《"地球村"能否抹平世界的中心—边缘结构——评麦克卢汉的"地球村"》，《北京行政学院学报》2015年第3期。
[2] 喻国明：《理解未来传播：生存法则与发展逻辑》，《新闻与写作》2020年第12期。
[3] 黄旦：《延伸：麦克卢汉的"身体"——重新理解媒介》，《新闻记者》2022年第2期。
[4] 陈氚：《信息行动理论——数字社会时代的社会行动理论探讨》，《社会学评论》2021年第5期。

是被动接受产生于大脑内的表征，而是身体主体在生活中的交互实践。① 元宇宙当前交互用户的数量已经达到亿级规模，被视为一种大型的交互参与式媒介，加之 5G 等底部技术的普及与推动，未来元宇宙将承载更大规模的用户参与。元宇宙对于实践环境的扩展已经超越了现实社会，深入虚拟社会中，进一步扩大了个体的实践半径，并在此基础上认知和把握世界的复杂性，以提升实践操作的有效性。因此，个体以元宇宙为场域，深度参与虚拟与现实的媒介实践。

三 理解"重新部落化"的社会变革：
"再组织化"社会的逻辑构造

媒介技术与形式的每一次"巨变"都与人类生产、生活方式的"剧变"息息相关，以元宇宙为代表的新兴媒介下沉为社会"肌理"时，其已然成为当代部落化景观的重要动力。这既表现在其无限连接本质所带来的信息传输的超时空化，更在于其彻底改变了人的感知思维和行为方式，更深刻影响了社会结构与社会变迁。②

（一）实践表征：从"认知时代"到"体验时代"

站在麦克卢汉"重返部落化"这一视角上看，以元宇宙为代表的新媒介与人之间形成了一种新的连接，其对人的多重感官系统进行了全面延伸，进而带来了感知整合，甚至人开始作为媒介技术的延伸，就此人们从"认知时代"步入"体验时代"。

在传统的电子媒介时代，人们认知世界、感知世界的方式是通过视觉与听觉系统的双重接收，相较于印刷媒介时代，这已然有了很大进步。但究其

---

① 彭影彤、高爽、尤可可、马蝶、沈阳：《元宇宙人机融合形态与交互模型分析》，https：//kns.cnki.net/kcms2/article/abstract?v = wAwtVZlv7YomPTqi0fFVlgAl2_Hu7RkrxICh89OUG5ENCAPA18RLGlCspocTIn54siVFOGGE7CC2FHdnyeA3bEnMwclWVAOhhCn-mZ1WYVPXsjwXUJNdxdEDXzRPkuHdpD5-gm-e9vxypEWWzse6Hv6x-bA5lyEg&uniplatform=NZKPT。

② 欧阳友权：《网络传播与社会文化》，高等教育出版社，2005，第 188 页。

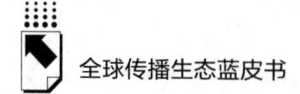

根本，人们在认知时代的社会化进程和知识体系依然处于"认知"过程，人们认识的世界依旧是不完整的，但是人的感官体验能获得的信息丰富度远胜过单纯的"认知—习得"模式能够获得的内容。

当新媒介技术下沉为社会变革的"核心序参量"时，声音、图像、文字、感觉等多种信息载体的融合过程，又给人们的感知系统带来了新的突破。元宇宙对媒介技术的升维重组，将虚拟世界与现实世界的壁垒成功突破，智能媒介技术将人、物和环境之间建立了广泛连接，实现虚拟和现实交互，以至"万物皆媒"。基于新媒介技术的发展，人们达到了感知的巅峰，人与媒介、人与人、人与社会的连接进化到更高维、更广泛、更深层的阶段，人们基于新的感官连接快速沉浸，将未知的生活场景变为第一人称的体验场景，实现了从"认知时代"到"体验时代"的跨越。

在"体验时代"，视觉、听觉、触觉、味觉乃至神经系统被全方位调动，最终达成了全面且深度的综合感知体验。① 如果说认知时代是人单向度地理解世界，那么体验时代的重点则是基于实现生理连接、心理连接与时空连接的种种媒介可供性，人成为虚实相间世界中的重要居间主体。但更为重要的是，在体验时代，人体开始作为媒介技术的延伸。媒介技术将认识世界的物理方式逐步拓展，人的身体开始通过媒介进行呈现，成为媒介化进程中重要的符号之一。从元宇宙的发展来看，"体验时代"的媒介不再局限于同人类感官的融合，而是开始逐步突破人类感觉器官的瓶颈，将原有的"半沉浸式"人媒连接延伸到生理维度和心理空间，实现感官维度和神经系统的深度连接与共鸣。同时，元宇宙使人与媒介技术建立的新的连接也开始发生转向，从依据身体思考技术转变为依据技术思考身体。

"体验时代"的到来，无疑将人们的社会实践自由度再次提高。现实世界与虚拟世界的交互，真实身份与虚拟身份的共生，媒介中的人得到前所未有的实践自由度。从本质上而言，人是连接媒介与社会的核心，人的价值、人的能力开始空前释放，人的生活生产方式和组织治理模式将会被重构。

---

① 王传领：《失衡·构建·偏差：重新理解新媒介时代的部落化》，《编辑之友》2020 年第 11 期。

（二）关系耦合：从机械连接到协同共生

在传统媒体时代，人媒关系相对割裂，媒介技术对人、对生活场景的构建是独立的。媒介技术的进步尽管对于社会的进步和人类生活实践的创新发挥了根本性的作用，却始终以"单枪匹马"的状态进行，始终无法发挥最大公约数的协同效用。从"重新部落化"的视角来看，此刻的人媒关系并不是用简单的连接即可形容，以元宇宙为代表的新媒介将技术、媒介与人按照新的传播法则充分解构，按照"协同与共生"的底层逻辑进行交织重组。

元宇宙时代下的人媒关系早已不再是传统时代的二维关系，传播主体、传播媒介、传播技术与传播环境融为一体，成为一套新的传播法则，它们相互协调、共同发展。究其本质，关系不固定、关系不单一、影响不单向，人与媒介相互塑造，共同在一个新的"传播部落"中互动共生。元宇宙作为一种升维媒介，[①] 它提供了一个天然的传播"部落"，在这其中，人的生活需要通过媒介实现，媒介的价值需要通过人的发展实现，二者的耦合共生直接决定了新媒介环境下人生存与发展的新方式。从一定程度上来说，人与媒介的共生其实是一种必然，个体以元宇宙为场域，深度参与媒介实践。

媒介往往与人通过彼此协商、对话形成了主体间性，不断展开新的社会实践。[②] 在社会发展的逻辑之下，人与媒介之间共生与协同，人、社会和媒介三者必然会产生交互作用，同时人媒关系之间的新变革，也将会进一步重构人与人之间彼此的连接方式与社会结构。当元宇宙将人媒关系演变至协同与共生，人、媒介和社会构成"部落"共同体时的协同作用也开始显现，此时，社会结构开始迭代重组，社会深度媒介化的进程开始起步。

（三）结构创新：从媒介化到深度媒介化

从传播学的视角来看元宇宙，其重要的角色就是人与社会连接的中介，整

[①] 喻国明、滕文强：《元宇宙：构建媒介发展的未来参照系——基于补偿性媒介理论的分析》，《未来传播》2022年第1期。

[②] 韩铭、苏士梅：《媒介化与主体间性：模仿实践视域下人媒关系的转向》，《出版广角》2022年第6期。

个社会是在媒介化基础之上进一步深度媒介化的过程。现在的社会已经完全由媒介所浸透，媒介参与和改变了社会的整体生态环境和人们的全部社会活动，除了内容传播外，媒介已经"跨界"成为重构社会生活方方面面的基础设施①。

在传统传播时代，媒介化是指媒介数量级的增长，使许多社会空间中的生产活动与运作机制逐渐受到媒介逻辑的影响的过程②。而深度媒介化是不同于媒介化的一种社会结构创新的全新范式，以元宇宙为代表的新媒介和以算法为代表的智能技术开始下沉为社会肌理，成为一种新的社会力量，其不再是数量增长、效果增强等粗放型社会变迁，而是成为社会的操作系统，带来根本性、颠覆性的社会变迁。从媒介化到深度媒介化范式的变革本质是传播不只是社会结构中一个组成部分，而是社会形态的基本要素，传统的社会结构开始按照传播法则、传播形态和传播逻辑变革与发展。

当下，以"元宇宙"为代表的下一代数字媒介的使命在于重构社会形态的"再组织化"。新技术革命催生下的"新"媒介并不是时间新，而是理念新、环境新。伴随着数字技术的下沉，技术的发展对于传统社会结构的解构已经基本完成，但如何重塑组织形态、重现组织活力、重构社会机制，仍然是一个重要的命题。深度媒介化的视角下，将原有的"粗放型"社会连接转变为"精耕细作"的关系联结是基础，将传统的"分布式"社会力量进行"再组织"是底层逻辑，这需要高层次、更深刻的社会革命，更需要媒介的深度参与。

不可否认，"元宇宙"的诞生，成为我们理解社会的"再组织"与深度媒介化的重要抓手和范例，同时对于进一步探求未来深度媒介化过程中媒介变革的价值实现、未来传播的肌理构造和社会发展的底层逻辑有重要意义。

四 经济、主体与文明：元宇宙时代媒介价值实现的关键入口

元宇宙作为社会深度媒介化的样态，是数字技术协同创新、升维重组的

---

① 喻国明：《元宇宙就是人类社会的深度"媒介化"》，《新闻爱好者》2022年第5期。

② 顾烨烨、莫少群：《媒介化研究：理论溯源与研究路径》，《全球传媒学刊》2022年第2期。

必然结构。AR、VR、NFT、边缘计算、数字货币、区块链、数字孪生、计算机视觉、传感技术、游戏引擎、3D建模、脑机接口等技术都向元宇宙汇聚，这些技术赋能使传播的诸种可能交叉汇总，正向社会大众提供经济、娱乐等多层次的方案。[①] 在可预测的未来，数字资产对新经济体制的构建、虚拟人对个人主体性价值实现、部落共同体的契约关系对社会新的文明形态的落地达成将成为元宇宙时代媒介价值实现的关键入口。

（一）新经济体制的构建：从信息互联到价值共享，数字资产满足部落个体价值传递需求

从部落化的视角出发，基于情感联系的部落个体对于价值传递与共享的需求已提升到更为重要的层面。米歇尔·马费索利（Michel Maffesoli）在《部落时代》一书中指出，现代部落本质上是流动的、小规模的、感性的。进一步而言，部落化的社会秩序维持并不依赖于中心权力的存在，而是依靠成员在社会互动过程中的情感体验。[②] 这种情感化的部落是一种经济体系下的"利益共同体"，需要以价值建立牢固、持久的联系，即价值交换与互惠提供了部落中的个体建立共生关系的机会。[③] 概言之，媒介与部落化的发展使价值作为传播内容的重要性得到重视，并催生了社会价值互联的潜在需求。这种复杂交织的方式在元宇宙时代可能会呈现更广的形态，为理解元宇宙如何构建新经济体制提供了核心特征与关键事实。

从当下的媒介环境来看，互联网促进了信息的实时传输，这种基于连接产生的效应不仅在于广义层面的信息共享，更在于其对于价值交换双方信息不平等的打破。但实际上，现有信息不平等格局的改变并不彻底，由于中介机构的存在，价值流通的效率仍有待提高，并进一步影响了价值流动的成

[①] 陈龙：《元宇宙：一种深度媒介化时代的媒介实践》，《探索与争鸣》2022年第4期。

[②] 王长征、周玲：《面向"联系价值"的后现代部落营销》，《外国经济与管理》2005年第2期。

[③] Cova B., Cova V., "Tribal Marketing: The Tribalisation of Society and Its Impact on the Conduct of Marketing", *European Journal of Marketing*. 2002（1）：1-27.

本。数字资产（Non-Fungible Token，NFT）作为一种基于区块链技术的资产凭证，具有区块链技术去中心化、抗篡改的特质，被视为在未来的元宇宙中建立数字所有权（Digital Ownership）和经济系统的基本要素。[1] 基于区块链技术的数字资产是元宇宙发展的重要催化，如果将元宇宙社会比作一片汪洋，人是其中的岛屿，那数字资产就是穿梭在岛屿间的快艇。数字资产具有超链接全域证明的能力，能够实现不同的应用场景之间的全域化证明。[2] 因此，从本质上看，数字资产是一种新的社会连接，它已然超越趣缘关系，由源代码帮助数字居民完成资产的流通与共享，形成虚拟身份的构建与感知，进而完成虚拟世界的"虚拟社会化"进程。当这种连接开始落地，人与社会之间的壁垒开始打破，认知信任开始强化，人们在新价值交换体系中就能真正实现对等。数字资产作为一种非实体化的虚拟形态参与到未来媒介的实践之中，其属性从原有的信息互联变为价值共享，是元宇宙发展的新经济体制构建的关键入口之一。

（二）个体主体性的实现：数字虚拟人拓展人类生活实践自由度

元宇宙世界更强调的是整体感官的回归，是依托于数字媒介技术而达到传播的极大赋权，在数字躯体的驱动之下为麦克卢汉的"重返部落化"概念提供了更彻底的实践阐释，其也一定映射着某些真实生活场景的人的行为。作为一个全新的数字文明的未来愿景，元宇宙能够开启全新的时代，人则是这个新时代中不可或缺的重要因素，而数字虚拟人的出现拓展了人类实践自由度，一定程度上来说，其已然成为元宇宙的入口。从元宇宙具身传播的视角看，数字虚拟人具有面对面交流和跨越时空社交的优势，将传统传播特征与数字传播特征进行有机整合，一方面数字虚拟人整合了感官互动，另一方面其弥合了技术之间的鸿沟，这更符合"重新部落化"的显著特征[3]。

---

[1] 梅夏英、曹建峰：《从信息互联到价值互联：元宇宙中知识经济的模式变革与治理重构》，《图书与情报》2021年第6期。
[2] 郭全中：《NFT及其未来》，《新闻爱好者》2021年第11期。
[3] 李都、马云阳：《重返部落化：元宇宙社会的未来传播》，《青年记者》2022年第9期。

数字虚拟人是建立在聚合变化的基础上对人的身体进行再次构造，并由此实现与世界万物的互联互通。数字虚拟人具有三大属性，即存在、感知和交往。从存在属性上看，数字虚拟人同现实人类一样，具有基本的社会化形态，有肢体也有灵魂。从感知属性上来看，通过 CG 和深度神经网络渲染实现数字虚拟人的创作与协同，其可以感知环境、感知情绪、感知社会。从交往属性来看，数字虚拟人的核心就是能够像真人一样交流、唱歌、有情绪、会创作等。

从本质上看，数字虚拟人是以人为本的未来媒介，在社会深度媒介化的进程中，在"重新部落化"的场景中，数字虚拟人对于人个体主体性的实现具有双向作用。一方面，透过数字虚拟人的连接，可以重新整合和互联各次元；另一方面，人可以借助数字虚拟人来实现自我进化，来扩张人的实践半径，组织成一种新的实践的时间和空间。

（三）部落共同体的契约关系：社会新的文明形态的落地达成

麦克卢汉用"地球村"来形容现在的媒介社会，新兴的感知模式和新兴的数字技术为人类社会带来了更加融洽的社会环境，这进一步消除了地域与文化的限制[1]。同时，"重新部落化"还有一个显著特点，就是每个"部落"都有属于自己的文化、内涵以及符号，而以元宇宙为代表的新媒介带来的"部落"势必会带来社会新的文明形态。

回顾每一次科学技术的进步，人们认知世界的水平都达到了新的高度，改造世界的能力实现新的飞跃，经济、社会和人类文明上升到新的层次。元宇宙媒介时代的重新部落化已经不仅是对于人感知系统的重新整合，而且是对部落化的重新定义和全面超越，更是社会新的文明形态将落地达成。如果把今天看为数字文明的初级阶段，那么元宇宙时代将是数字文明的高级阶段。不能简单地将元宇宙时代下的数字技术革命看成一次工业或技术革命，

---

[1] ［美］约书亚·梅罗维茨：《消失的地域：电子媒介对社会行为的影响》，肖志军译，清华大学出版社，2002。

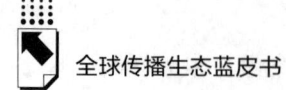

它是对农业文明和工业文明的迭代，更是一次社会文明形态的升级。无论是数字资产、数字虚拟人，还是当前的智媒技术，都只是数字文明的开始，按照社会动力学的逻辑，新的文明形态落地之后必将打破人的单向度，重构人类的多向度。元宇宙带来了新的智能虚拟世界，现实世界和智能的虚拟世界互通共生，在进入元宇宙这一高级阶段的数字文明之后，高度智能的数字文明成为人类社会文明的新入口。

综上所述，"元宇宙"满足了我们对未来媒介嬗变逻辑的想象，其虽然还是一个"待落地"的过程，但其代表的媒介发展方向或许能弥补电子媒介时代的机械"部落化"特征。从媒介演进机制来看，我们还需着眼那些能让"元宇宙"越过技术泡沫破裂低谷的社会性条件及个体能动性实践，把握住"元宇宙"带来的媒介革新和社会变革，抓住元宇宙时代媒介价值实现的关键入口，这才是我们面向未来传播的着眼点和着力处。①

---

① 喻国明、丁汉青、刘彧晗：《媒介何往：媒介演进的逻辑、机制与未来可能——从5G时代到元宇宙的嬗变》，《新闻大学》2022年第1期。

B.9
2022元宇宙产业发展报告

赵子忠　廖文瑞*

摘　要： 2021年，元宇宙成为新的产业赛道。相对于元宇宙理念的快速发展，元宇宙的产业周期刚刚开始，产业还处于创新启动期。产业发展是元宇宙进步的基础，元宇宙的产业发展，从技术角度来看，源自硬件技术、网络技术、人工智能、区块链等技术发展与产业化；从应用角度来看，当前主要集中在虚拟现实（VR）产业、虚拟办公产业、数字人产业、游戏产业、虚拟经济等几个领域，本报告对元宇宙主要产业方向进行了梳理与分析，以期不断研究探索元宇宙产业发展的趋势。

关键词： 元宇宙产业　虚拟办公　数字人　游戏产业　虚拟经济

2021年，被称为"元宇宙元年"。在这一年，"元宇宙"成为社会热词，元宇宙的各种分析和研究纷纷涌现，各类社会角色都在纷纷探讨和探索自己的元宇宙道路，元宇宙产业成为新赛道。

在众多元宇宙研究中，元宇宙产业的发展是这些理论的中重要基础。元宇宙相关的技术和创新、实现产业化转型，是元宇宙进一步发展的基石。2022年，元宇宙产业还处于一个孵化创新的阶段，是产业周期刚刚起步的阶段，是一个技术应用创新开始的阶段。

面向用户应用的元宇宙产业会成为带动元宇宙发展的关键。本文研究的

---

* 赵子忠，中国传媒大学新媒体研究院院长、教授；廖文瑞，中国传媒大学广告学院新媒体产业博士研究生。

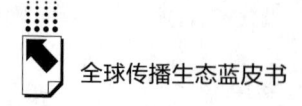

元宇宙产业主要是针对消费者的元宇宙应用产业研究。涉及消费者的元宇宙产业领域主要包括虚拟现实产业、虚拟办公产业、数字人产业、游戏产业、虚拟经济产业等，这些产业还处于元宇宙产业探索初期，是元宇宙重要的产业创新领域。

一　虚拟现实产业（VR）

元宇宙的产业起点之一就是硬件设备，元宇宙的硬件入口是元宇宙产业创新的标志。回顾移动互联网的发展历程，智能手机作为标志性产品，凭借创新模式替代了几十种硬件设备，推动形成了移动互联网产业。元宇宙产业的硬件设备，需要强力创新，目前产业创新方向就是虚拟现实（VR）的硬件设备和内容平台。

麦肯锡2022年6月发布的"Value-creation-in-the-metaverse"指出，增强现实和虚拟现实（AR/VR）是帮助用户体验元宇宙的重要界面，并指出了一些可能更令人兴奋的体验。例如，62%的受访者对在元宇宙旅行的可能性感到兴奋或非常兴奋，特别是能够访问"我不能亲自去的地方——包括太空"。虚拟现实（VR）产业，是平台型的产业，包括前端的VR终端和VR的内容平台。这个平台也采用生态模式，以VR的内容供应商和VR的商业模式作为支撑。

虚拟现实（VR）硬件中，头戴式设备，或者叫头盔显示器设备，是衡量虚拟现实（VR）产业发展的一个重要指标，也可以说是衡量元宇宙产业发展的重要指标。国际数据公司（IDC）全球AR/VR头戴设备季度跟踪报告的数据显示，2021年全球增强现实和虚拟现实（AR/VR）头戴设备市场同比增长92.1%，出货量达到1120万台。IDC预测2022年AR/VR头戴设备的出货量将同比增长46.9%，到2026年将达到两位数的增长，届时AR/VR头戴设备的全球出货量将超过5000万台，复合年增长率为35.1%。

在虚拟现实（VR）用户硬件中，Meta Quest 2是迄今为止最受欢迎的产品，在2021年的AR/VR综合市场中占有78%的份额；高通CEO在2021年投资者日上表示，Meta 旗下的 Oculus Quest 2 销量已达到 1000 万台。不仅对于 Meta 来说，对于整个 VR 行业生态来说，这 1000 万销量奇点的里程碑意义重大。排名第二的是 DPVR，在全球范围内取得了 5.1% 的份额；字节跳动的 PICO VR 产品排名第三（份额 4.5%）；VR 先锋 HTC 和中国的在线视频平台爱奇艺则跻身前五名。苹果公司和索尼公司的两款产品，Apple MR 设备、索尼 PS VR 2，对于这两款产品，市场都给予了高度关注。

市场上大约有 10 种主要的增强现实/虚拟现实设备（价格从 300 美元到 3000 美元不等），预计未来一两年还会有多达 10 种主要设备发布。然而，在显示质量、可用性因素（如重量、电池寿命和计算能力）方面还需要更多的改进。

虚拟现实（VR）公司都建立了内容平台，Meta 公司的 Oculus，就是最具有代表性的 VR 平台。Oculus 是一个基于 VR 的闭环生态系统，包括平台、内容、硬件、用户和实验室。字节跳动的 PICO 平台，建设的平台包括运动节奏、视频直播、娱乐竞技、轻松休闲、创作探索等板块。

虚拟现实（VR）的应用场景目前从设计上看还比较广泛，包括教育、科技、交通、电商、文化娱乐等多个场景。教育应用——根据 IDC 预测，具体到细分行业，从 2019 年数据来看，VR 教育占比最高，达到 25.1%，其次是制造、零售、消费及服务业。政策方面，教育部印发的《2019 年教育信息化和网络安全工作要点》中将 VR 技术纳入教育信息化的年度重点工作任务。产业方面，根据华为 AILab 于 2018 年 6 月发布的 VR 教育白皮书，国内的讯飞幻境已与 40 多家公立学校开展 VR 教育合作。VR 教育在得到政策支持的情况下飞速发展，显示出了强大的商业潜力。

游戏应用——2020 年，VR/AR 行业产业链各环节成熟度提升，叠加疫情推动居家需求上升，以 Facebook 发布的 Oculus Quest 2 为代表的消费级 VR 设备需求增长强劲，其中爆款 VR 游戏"Half-Life：Alyx"就是经典的行业案例。另外一个经典的 VR 游戏案例是 VRChat，VRChat 仅 Steam 平台近一年同时在线玩家就基本保持在 2 万以上，推断其日活远高于 2 万。VRChat 评分为 89.43%，Steam 玩家数量为 200 万～500 万，同时在线玩家于

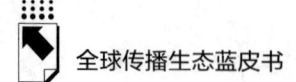

2021年10月达到2.9万左右的峰值，近一年同时在线玩家有较明显增长，且基本保持在2万以上，叠加其他平台的玩家，估计VRChat日活远高于2万。

销售及营销应用。VR/AR技术改变当前的业务模式和交易方式。例如，苏富比拍卖行已开始用VR技术来展示豪宅，有望颠覆520亿美元的美国房地产佣金市场。VR/AR技术还能降低店内展示商品的需求，加速实体店价值的弱化。

二 虚拟办公产业

虚拟办公一直是社会发展的重要需求，线上办公具备非常多的便利性，成为线下办公的重要补充。特别是新冠肺炎疫情以来，线上虚拟办公成为非常重要的工作方式，得到更加广泛的应用。艾媒咨询《2021年中国协同办公行业趋势研究报告》显示，2021年中国协同办公市场规模达到264.2亿元；预计2022~2023年将保持每年10%以上的增长率，2023年的市场规模将达330.1亿元。

元宇宙产业的企业从一开始，就对虚拟办公领域给予了高度重视。Meta公司对于虚拟办公一直非常看重。2021年，在Connect 2021大会上，Meta公司推出四大Horizon家族产品——Horizon Worlds、Horizon Workrooms、Horizon Home和Horizon Venues。其中，Horizon Workrooms就是Meta主打的线上办公平台。

国内企业的元宇宙虚拟办公也有着良好的基础，远程会议是元宇宙产业的重要应用领域，国内腾讯公司的腾讯会议和阿里公司的钉钉，成为元宇宙虚拟办公的典型案例。腾讯会议是腾讯云业务推出的产品和服务，和腾讯文档企业版、腾讯企业邮、腾讯HR助手等产品组成了企业应用与云通信解决方案。腾讯会议在2019年12月正式上线，相较于海外的视讯通信产品推出较晚，但自2020年新冠肺炎疫情以来，其普及率迅速提升。从Questmobile披露的数据来看，2020年1月，腾讯会议的月活在上线后第一个月仅77万

MAU（月活用户，当月钉钉、企业微信的 MAU 分别为 7743 万和 3064 万），而到了 2020 年 2 月、3 月，腾讯会议的 MAU 就爆发至 4726 万、5823 万，在疫情期间其用户快速增长。

阿里集团的钉钉业务。据 Questmobile 最新数据，2022 年 4 月钉钉的 MAU 为 2.26 亿。根据阿里巴巴集团公布的数据，截至 2022 年 3 月 31 日，钉钉已经服务 2100 万个企业和组织，在钉钉上开发的应用超过 350 万个。钉钉最新公布的数据显示，阿里云钉一体战略以来，钉钉活跃用户中大型企业组织持续攀升，目前 2000 人以上大型企业贡献了钉钉近 1/3 的活跃度。目前，钉钉生态伙伴总数超过 4000 家，其中包括 ISV 生态伙伴、硬件生态伙伴、服务商、咨询生态和交付生态伙伴。

行业方面，钉钉与生态伙伴服务覆盖了 20 个国民经济行业，遍布 135 个城市。阿里财报还显示，截至 2022 年 3 月 31 日，在钉钉上开发的应用数超过 350 万个。其中大部分是低代码应用，60%～70% 的低代码应用由基层业务人员开发。

网易公司开发的会议办公系统网易瑶台具有较多的元宇宙虚拟办公要素。根据网易瑶台的介绍，其创造了一个古风沉浸式的虚拟会议世界，进入瑶台当中可以看到一些亭台楼阁作为会议场景的设计，以及一些人物的导览，还有一些场景的 MPC（模型预测控制）都是以古风形象出现。

三 数字人产业

2021 年是元宇宙概念爆发的一年，随着元宇宙概念的火爆，数字人市场快速升温。大量数字人、虚拟偶像涌入用户视野，如抖音的"柳夜熙"、英伟达发布会的"Omniverse Avatar"、天猫超级品牌日的数字主理人 AYAYI 等。据天眼查数据不完全统计，2021 年全年，数字人相关投资共 27 笔，融资金额从数百万元人民币到数千万元美元不等。2022 年开年不到一个月的时间，数字人领域就完成了近百起融资，累计额度超过 4 亿元人民币。

艾媒数据显示，虚拟偶像产业保持稳定增长态势。2021 年，虚拟偶像

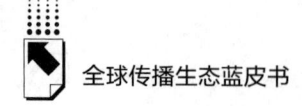

的带动市场规模和核心市场规模,分别为1074.9亿元和62.2亿元,预计2022年将分别达到1866.1亿元和120.8亿元。商汤公司2022年4月发布的数字世界系列白皮书"企业级AI数字人"显示,数字人主要的应用方向有三个:方向一,主要以创建IP影响力或打造粉丝经济为目的的AI数字人应用,包括虚拟偶像、虚拟KOL、虚拟演员、虚拟主播等;方向二,主要以替代真人服务、实现降本增效为目的的AI数字人应用,包括虚拟客服、虚拟前台、虚拟导游、虚拟主持人等;方向三,随着人工智能、虚拟现实等相关技术的逐步成熟,通过深度学习和认知泛化,AI数字人将会全面突破应用边界,升级成为数字世界的"超级助手"。商汤公司提出来的三个应用方向,也代表了三个层次,会在将来的各种场景中找到产业应用的基础。

洞见研报发布的"虚拟人行业报告"显示,虚拟人现在仍为投入阶段,一个虚拟人的成熟期为1~2年,需不断赋予其丰富的内容。虚拟人制作客单价在百万元以上,更高精度的虚拟人成本甚至达到千万级。在制作周期上,以百度为例,单个特异性(有特殊形象要求的)虚拟人需耗时1个月以上。

虚拟数字人引擎,是虚拟人领域的重要工具体系。目前市场上最具代表性的用于生成虚拟数字人的工具平台为英伟达的Omniverse Avatar、Epic的Metahuman Creator等。虚拟数字人的两条技术路径为CG建模和AI驱动。在未来,每个用户都需要有自己的3D虚拟化身,因此需要工业化的标准生产流程与更智能的制作工具,能够让创作者与普通用户便捷地生成属于自己的虚拟形象,进行数字创作。生成虚拟数字人的工具化平台提供了更轻量便捷的工具,让普通用户都能快速生成自己的虚拟形象。

虚拟数字人内容平台,也是虚拟数字人发展的重要环节。例如魔珐科技作为数字人内容平台,已成功打造出服务不同场景的虚拟形象,有天猫虚拟代言人喵酱、欧莱雅集团虚拟代言人M姐、原创虚拟IP"翎_Ling"等。其中,"翎_Ling"出道至今已有微博粉丝40余万,其登上中央电视台国风少年创演节目《上线吧!华彩少年》,以梅派京剧经典《天女散花》的片段,向梅兰芳先生致敬。2021年1月,"翎_Ling"作为首位登上*Vogue me*

封面的虚拟人物，身着 Dior 2021 早春款与邓紫棋、刘浩存、刘雨昕联合打造 M-Force 战队。

虚拟人正处于一个快速发展的阶段，在商业广告、形象代言领域中应用逐渐增多，但是受困于人工智能以及 CG 制作的难度，无论是 AI 导向的虚拟人还是用户的数字分身，都没有得到普及。但虚拟人仍被整个投资部门看好，其应用范围与前景广阔。

四 游戏产业

游戏产业是一个成熟的产业，历经了电视游戏、电脑游戏、网络游戏和手机游戏几大阶段，是互联网领域经营规模较大、利润较好的一个产业板块。

元宇宙概念的一个产业启动者，是游戏公司 Roblox，作为元宇宙概念第一股，其提出了很多元宇宙创新概念。游戏产业作为目前元宇宙领域的重要组成部分，得到很多关注，其中元宇宙游戏有两种模式最值得关注：一个是用户生产内容模式（UGC），另一个是人工智能生产内容模式（AIGC），这两个模式对于传统网络游戏模式的挑战和创新，可能会创造一种新的游戏业态。

从游戏行业本身面对的挑战来看，游戏引擎的平台化趋势是推动元宇宙 UGC 模式发展的关键。早期虚拟世界通常由大型公司进行设计，设计引擎通常也是自有的封闭引擎。随着针对虚拟世界的开发人员不断增多，虚拟游戏产业不断壮大，很多优秀的引擎选择平台化发展战略，其中最具代表性的平台有 Unity 和 Unreal 引擎。平台化引擎的出现很大程度上降低了开发门槛，使更多中小创作者有能力进行高逼真度或者是更加宏大的虚拟世界创作，促进了 UGC 的发展。

人工智能生产内容（AIGC）将会成为游戏中的生产要素，AI 生产的内容可以满足大量实时交互的需求，元宇宙中用户会更加积极地参与叙事，增加情感的投入，以此产生大量实时交互的需求。同时 AI 生产的内容可以满

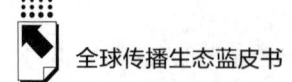

足沉浸式交互需求，元宇宙的互动内容是动态、身临其境的，尤其涉及观众可以与之交互的角色时，用 AI 技术提供交互式叙事已经成为一大趋势。特别是 AI 技术驱动的内容创作能够减少媒体制作与后期制作的成本、时间，给创作者提供全新的数字体验。

元宇宙游戏公司的典型案例是 Roblox，该公司明确提出了元宇宙的概念，已具备 Metaverse 的初步基本框架。Roblox 最早从儿童教育起家，逐渐发展成为大型多人游戏创作、分享及销售平台，通过开放式的平台和创作机制、由玩家主导建立一个去中心化的世界，已经逐渐搭建起 Metaverse 的基本框架。

Roblox 列出游戏平台具有通向元宇宙的 8 个特征：①Identity（身份）：自由创造虚拟形象，第二人生；②Friends（朋友）：跨越空间、多维社交；③Immersive（沉浸感）：虚拟与现实世界无障碍连接；④Anywhere（随地）：低门槛+高渗透率+多端入口；⑤Variety（多元化）：超越现实生活的自由；⑥Low Friction（低延迟）：5G、边缘计算，消除失真感；⑦Economy（经济）：UGC 创造价值、与现实经济打通；⑧Civility（文明）：最终发展方向，虚拟世界大繁荣。这 8 个特征，非常明显地归纳出了元宇宙游戏产业的发展框架。

五　虚拟经济产业

元宇宙产业中，搭建元宇宙的虚拟经济体系是最让产业心动的领域，也是涉及元宇宙产业发展的基础课题。

元宇宙经济体系中，数字货币建设是其中的重要环节。数字货币通常具有以下五点特征：具有价值属性，元宇宙内的任何商品都可以一定数量的数字货币表现出来；具有良好的流通属性，可以作为虚拟商品交换的媒介；具有共识性，社区参与者认可该数字货币的经济模型；具有流动性，可与法币或现实资产进行兑换，拥有便利的交易场所；具有合规性，数字人民币是中国互联网的合规数字货币。

2017年9月，中国人民银行发布关于防范代币发行融资风险的公告，确定数字币发行（ICO）是未经批准的非法融资行为，任何组织和个人不得参与。在2018年4月23日宣布所有数字货币发行ICO平台已经全部退出中国市场。

随着元宇宙的发展，数字资产逐渐成为重要的产业方向，NFT热度快速上升，数字艺术藏品成为热点业务。2022年上半年，全球NFT项目融资事件共发生240笔，已透露的融资金额共计达36.26亿美元。下半年NFT项目融资规模环比略有下滑，但依然维持在高位，NFT赛道热度不减。

从融资企业类别上看，2022年上半年NFT融资主要集中在NFT发行、NFT交易平台、NFT游戏三个赛道，其中NFT发行商Yuga Labs融资额高达30.38亿元，是整个赛道融资额最高的企业；NFT扩容解决方案商Immutable融资额高达13.5亿元，居赛道第二位。从融资阶段来看，主要是早期融资。

根据Nonfungible的分类，主流NFT项目包括艺术及收藏品（Collectibles & Art）、视频游戏（Video Games）、元宇宙（Metaverses）和工具类（Utilities and Finance）。其中，艺术及收藏品在市场上独占鳌头，2021年为NFT市场合计贡献64%的销量。除此之外，NFT在音乐（Music）、体育（Sports）等领域的应用亦方兴未艾。

从中国数字藏品相关投融资情况看，2022年上半年共发生了27起融资事件，其中23起透露具体融资金额，融资金额达6.32亿美元。相较此前，国内NFT进入加速发展阶段，国内数字藏品平台大量涌现。

比较有代表性的案例，2022年1月1日，由周杰伦的潮牌PHANTACi与EzekClub联名限量发售NFT项目PhantaBear（幻象熊），限量1万个，单价约6200元，仅在40分钟左右售罄，销售额共计6200万元。PhantaBear是通过算法随机生成的一万个数字收藏品，发行于以太坊，存储于IPFS网络。每个幻象熊都是独一无二的，持有者不仅拥有这个数字形象，更是加入了幻象熊社区，拥有了后续相关的特权。

同样，主流媒体的NFT项目也在推进。2022年6月19日，人民网科技

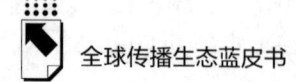

（北京）有限公司（简称人民科技）自主研发的人民科技数字藏品平台（简称人民数藏）正式上线，并同步发行首款数字藏品——《人民日报》头版数字藏品·新中国第一个特等发明奖授予袁隆平团队，藏品将以公益形式面向公众免费限量发行，向杂交水稻之父致敬。

元宇宙产业的发展有其自身产业规律。元宇宙的各类观点、各类模式、各类现象之中，真正要实现的是"前所未有的沉浸式体验和应用"。元宇宙产业基于人工智能、区块链等技术的创新应用，形成健康的元宇宙产业，是元宇宙发展的未来之路。

参考文献

中国传媒大学新媒体研究院等：《2022 元宇宙研究报告：多元视角》，2022。
北京大学、安信元宇宙研究院：《元宇宙 2022——蓄积的力量》，2022。
清华大学新闻与传播学院新媒体研究中心：《元宇宙发展研究报告 2.0 版》，2022。
商汤科技：《企业级 AI 数字人白皮书》，2022。
商汤科技：《元宇宙白皮书》，2021。
中国传媒大学媒体融合与传播国家重点实验室：《中国虚拟数字人影响力指数报告》，2022。
中商产业研究院：《2022 年中国数字经济行业市场前景预测及投资研究报告》，2022。
阿里巴巴集团：《阿里巴巴 2023 年第一财季财报》，2022。
腾讯、复旦大学新闻学院：《2021—2022 元宇宙报告》，2022。
头豹研究院：《2021 年中国 VR 内容行业概览》，2021。
艾媒咨询：《2021 年中国协同办公行业趋势研究报告》，2021。
焦娟、易欢欢等：《元宇宙大投资》，中译出版社，2021。
洞见研报：《虚拟人行业报告》，2022。
Ramon T. Llamas, "Worldwide Virtual Reality Headset Market Shares, 2021: Oculus Dominates with 80%", 2022.
Questmobile：《2022 中国移动互联网半年大报告》，2022。

B.10
网红国际传播发展报告

——以中日韩三国为例

赵　敬　潘　冰*

摘　要： 本报告以中日韩三国为例，通过对国际视频社交平台的头部网红及该国网红国际传播案例的梳理，对网红在国际传播中的类型、内容和作用进行了分析，提出在国际传播中用好网红这一补充角色、在跨文化传播中积极推动网红发展、在外宣工作中谨慎培养和引导网红等策略建议。

关键词： 网红　国际传播　社交媒体

随着社交媒体在世界范围内的兴起，过去的十年中，自媒体大量涌现。其中通过互联网获取影响力，并且能够持续吸引网民关注、影响网民意见和情感等的网络红人及网络舆论领袖，不断形成规模，类型渐趋多样化。除了草根网红之外，明星艺人、主持人、电商主播、企业家、体育冠军、学者文人甚至虚拟偶像都运营起了自己的网络账号，积累并发挥影响力。

网红影响力在商业领域不断变现，在广告、直播电商、种草带货等各方面取得了令人瞩目的成绩。与此同时，一批网红在文化传播领域也展现出惊人作用。如李子柒、丁真等凭借其独特的内容和魅力引发海外众多网友关注与好评。《环球时报》原总编辑胡锡进、外交部发言人华春莹等一批主编、

---

* 赵敬，博士，中国传媒大学新媒体研究院助理研究员，硕士生导师；潘冰，中国传媒大学新媒体研究院硕士研究生。

记者、评论员、外交官的个人账号也发挥了类似网红的效应。过往的国际传播往往是机构主导，以政府和媒体作为主体，以国际广播、卫星电视等作为渠道。如今在社交媒体平台上，网红成为重要的信息节点，有望成为新兴有效的国际传播渠道。

本文将国际传播下的网红作为研究对象，考虑到日本和韩国是文化输出强国，其网红现状与案例或可对我国有重要的参考和借鉴作用，因此采用了比较分析的思路，在国际主流社交媒体平台中选择当前网络流量集中的YouTube 和 TikTok 视频平台，采集中日韩三国的头部网红数据，同时对三国的网红国际传播案例加以补充和分析，进一步概括其特点和思路，以期为我国的网红国际传播提供参考。

一 中国网红发展情况及国际传播实践

（一）中国社交媒体发展情况

中国的社交媒体市场可分为国内市场和海外市场，国内市场规模大，以微信、抖音、微博、小红书、Bilibili 等为代表，海外社交媒体平台如 Instagram、YouTube、Facebook、Twitter 等也分布着大量个人和机构账号，成为中国网红分享经验、打造海外影响力的重要渠道。TikTok、微信、微博等中国本土社交媒体"走出去"后，也取得了令人瞩目的成效，获得海外众多用户的青睐和认可。2022 年 3 月，抖音及其海外版 TikTok 以超过 6300 万的下载量蝉联全球非游戏类移动应用下载冠军，[1] 成为海外短视频平台的主阵地。

（二）YouTube 及 TikTok 的中国网红特点分析

YouTube 平台上中国十大头部网红账号[2]，主要包括乡村生活类、旅游

---

[1] 汪淼：《2022 年 3 月全球热门移动应用下载 TOP10 公布，TikTok & 抖音蝉联第一》，IT 之家，2022 年 4 月 11 日，http://stock.10jqka.com.cn/usstock/20220411/c638197740.shtml。
[2] 统计范围包括 IP 地址归属地为中国大陆及港澳台地区的网红账号。

类、美食类、艺术类、创意类网红。除了"李子柒"粉丝数高达 1710 万以外,其他账号粉丝数量不超过 1000 万。"李子柒"以 27.92 亿、"Songsong and Ermao"以接近 20 亿的播放量远超其他网红。"李子柒"分享田园风光和美食做法,在 YouTube 的全球粉丝排名为 409,虽目前处于停更状态,但粉丝数和观看量仍保持上升趋势。"Songsong and Ermao"是两个住在乡下的兄弟,主要分享乡村食品、乡村烹饪、辛辣食品挑战、乡村生活、恶作剧等。

其他头部网红中,"葉氏特工 Yes Ranger"是做创意特效的一个团队,"Jay Lee Painting"是居住在台湾的韩国人开设的账号,主要分享有趣的油画技巧。"emi wong"是健身博主,"小穎美食"介绍家常美食做法。"The Food Ranger"发布中国美食和风土人情等各地美食内容。"這群人 TGOP"是一个情景剧集账号,主要是中文表现和中文情景。"WayV"是来自中国的男子偶像团体组合。总的来说,艺术、健身、乡村风光、美食类网红,不仅观看量高,且来自各国的海外观众评论众多。纯粹的中文表达和中文场景内容则主要是华语圈评论占绝大多数(见表 1)。

表 1 YouTube 粉丝数排名前十的中国网红账号

账号名称	粉丝数	总观看量	类别	全球排名	IP 属地
李子柒 Liziqi	1710 万	27.92 亿	日常知识分享	409(前 1%)	中国大陆
ZAmerican English	858 万	4.08 亿	教育类	1532(前 1%)	中国香港
Jay Lee Painting	558 万	11.26 亿	教育类	3091(前 1%)	中国台湾
emi wong	551 万	7.05 亿	人物与博客	3157(前 1%)	中国香港
The Food Ranger	548 万	8.55 亿	旅游类	3192(前 1%)	中国大陆
Songsong and Ermao	458 万	19.07 亿	日常知识分享	4181(前 1%)	中国台湾
葉式特工 Yes Ranger	394 万	15.73 亿	娱乐类	5244(前 1%)	中国台湾

179

续表

账号名称	粉丝数	总观看量	类别	全球排名	IP属地
小颖美食	363万	11.61亿	日常知识分享	5980(前1%)	中国香港
這群人TGOP	353万	10.54亿	娱乐类	6202(前1%)	中国台湾
WayV	340万	3.1亿	音乐类	6547(前1%)	中国大陆

资料来源：Noxinfluencer网站，统计日期为2022年7月28日。

从TikTok平台上国内头部网红账号①来看，TikTok粉丝数排名前十的网红可以分为三类。第一类是"云""美姬""Austin東坡"等颜值类网红，发布特效、舞蹈、日常生活等娱乐化内容，平均观看量高。第二类是以"玲爺""奇軒Tricking"为代表的才艺特技类网红，主要更新挑战、训练等视频内容，例如粉丝数排名第二的"玲爺"会在每个视频中尝试一个高难度挑战，海外网友在评论区给予了很多互动和称赞。第三类是生活类网红，如排名第一的"黃吉吉的無聊日子"是宠物博主，拥有520万粉丝。账号"homesea"发布赶海内容，对丰富的海洋生物和海滩风光进行呈现，收获了较高的观看量。综合来看，中国网红在TikTok的总体影响力相较于日韩头部网红来说较为逊色，国内网红主要在抖音发力。从账号内容来看，颜值类、娱乐类、生活类、才艺特技类内容受到海外观众的青睐（见表2）。

表2 TikTok粉丝数排名前十的中国网红账号

账号名称	粉丝数	点赞数	平均观看量（最近20个视频）	全球排名	IP属地
黃吉吉的無聊日子	520万	4450万	9566	3387	中国台湾
玲爺	360万	4420万	6.69万	6249	中国台湾
云♣	300万	4940万	29.27万	8466	中国台湾
Gabut doang	270万	6010万	5.84万	9620	中国台湾
Austin東坡	240万	3500万	108.43万	12043	中国台湾
廖妹仔Kris	210万	2640万	8.39万	14497	中国台湾

① 统计范围包括IP地址归属地为中国大陆及港澳台地区的网红账号。

续表

账号名称	粉丝数	点赞数	平均观看量（最近20个视频）	全球排名	IP属地
❗美姬🍀	210万	4590万	174.05万	14781	中国台湾
✈ Neneko ✈	210万	2300万	38.4万	14696	中国台湾
奇軒Tricking🤸‍♂	200万	1730万	14.67万	15791	中国台湾
homesea	190万	4590万	13.31万	16811	中国香港

资料来源：Noxinfluencer网站，统计日期为2022年7月28日。

（三）中国网红的国际传播实践

我国网红的国内市场容量大，发展空间大。国内各大社交媒体平台在平台定位、内容调性、传播特点等方面各有特点，差异化较为显著，导致不同平台的头部网红之间差异性较大。例如Bilibili百大UP主大多侧重二次元、游戏、鬼畜等类别，小红书头部网红大量聚集在美妆时尚领域。随着网红的商业化运营不断深化，国内涌现了一大批MCN机构，绝大部分头部网红均签约机构，在资本的支持下保障内容持续输出，实现商业变现。

国内网红在中华优秀传统文化的对外传播中发挥了重要作用，除了排名前十的网红"李子柒"之外，"滇西小哥""阿木爷爷"等网红，将现代视听语言与晦涩难懂的中国传统文化符号进行有机结合，通过爆款短视频等内容建构起文化意象与田园想象，传递着中华文化的新奇性与异域性，[①] 意外地推动了中华文化走向世界。

近年来，国家和政府也开始积极探索网红在国际传播中的可能性，并且有意识地在海外社交媒体平台打造个人网红账号，或与网红合作开展国际传播工作。例如《环球时报》原总编辑胡锡进、外交部发言人华春莹的个人账号在Twitter拥有强大影响力，在新疆棉事件、香港问题上积极发声，反击海外抹黑中国的言论，切实维护了中方利益。丁真一夜走红之

---

① 英颖、孟群：《中国网红在YouTube的跨文化传播》，《青年记者》2022年第4期。

后，担任"理塘县形象大使"，配合四川文旅部门拍摄旅游宣传片《丁真的世界》，外交部发言人华春莹在 Twitter 上为丁真宣传，海外媒体掀起了"丁真热"，海外网友也通过丁真了解了中国风光和中国文化。2019 年中央广播电视总台在国际传播高质量发展中创新实施"多语种网红工作室"项目，陆续推出英语、日语、希伯来语等多个网红工作室，培养出"小溪""小鹿"等一批在海外具有较强影响力和知名度的网红主持人。2021 年 6 月，中央广播电视总台强调以多语种网红工作室为突破口，深入推进"好感传播"。①

二 日本网红发展情况及国际传播实践

（一）日本社交媒体发展情况

从流量来看，Twitter 在日本占据主导地位，紧随其后的是 Pinterest、Facebook、YouTube、Instagram。Twitter 在日本市场的流量占比高达 48.65%，日本用户最青睐 Twitter 的匿名特性。Facebook 流量占比达到 16.4%，在日本 Facebook 更多充当了领英的功能，主要用于对商业人际关系的维护，发布与工作相关的内容以及公共业务公告。② 日本人使用 YouTube 的主要目的是娱乐、了解最新时事、看新闻和学习等。Instagram 在年轻人群中占有相当大的比例，女性是主要用户，且使用时间明显多于男性用户。TikTok 在日本受到年轻一代的大力支持，用户群体多为青少年和女性。

日本本土流行的社交媒体平台为 LINE、MIXI、GREE。LINE 是韩国互联网集团 NHN 的日本子公司 NHN Japan 推出的一款即时通信软件，提供免

---

① 《总台党组专题传达学习习近平总书记在中央政治局第三十次集体学习时的重要讲话精神》，央视网，2021 年 6 月 3 日，https://www.cctv.com/2021/06/03/ARTIk93Dwjpwhs01C288Pt7m210603.shtml。

② Upay：《日本社交市场,「Twitter」流量占比超过「Facebook」》，知乎，2022 年 1 月 12 日，https://zhuanlan.zhihu.com/p/456189761。

费通话、消息服务、搜索服务。MIXI 是融合公共社群和个人博客的非实名制网络社区，类似中国的豆瓣。GREE 在日本年轻人中享有较高人气，业务板块分为社交游戏、广告媒体和元宇宙三部分，曾与国内 Bilibili 达成战略合作伙伴关系。

（二）YouTube 及 TikTok 的日本网红特点分析

YouTube 的日本网红主要涉及娱乐搞笑、音乐、Vlog 日常、亲子、游戏、时尚美妆、电影、教育等。从平台前十大网红来看，可以分为以下几类。第一类是日式搞笑类网红，他们擅长夸张的表情和搞怪内容，例如"Junya.じゅんや"以拍摄搞笑内容为主。第二类是亲子美食类网红。比如"せんももあいし"是展现四个兄弟姐妹郊游、成长记录等家庭生活片段的账号，拥有 1120 万粉丝，日本和美国的粉丝居多，总观看量超过 76 亿。第三类是娱乐探险类网红。如"はじめしゃちょー""HikakinTV""Fischer's""東海オンエア"等，往往是挖掘有趣的、有争议的、稀少的各种事件、地点等进行拍摄。"はじめしゃちょー"拥有 1020 万粉丝，主要内容包括生活实验、恶作剧、灵异探索、文具介绍、游戏实况、商品介绍与企业合作等。"HikakinTV"拥有 1080 万粉丝，喜欢在日常生活中介绍有趣事物，其视频访问总数接近 100 亿次，他也是 YouTube 的网红公司 uuum 的创始人。总体看来，日本网红的 YouTube 账号中娱乐搞笑、亲子、美食、游戏类网红内容具有一定的普适性（见表 3）。

表 3 YouTube 粉丝数排名前十的日本网红账号

账号名称	粉丝数	总观看量	类别	全球排名
Junya.じゅんや	1660 万	92.96 亿	娱乐类	432（前 1%）
せんももあいし-Ch Sen, Momo, Ai&Shii	1120 万	76.06 亿	人物与博客	944（前 1%）
HikakinTV	1080 万	99.01 亿	娱乐类	1003（前 1%）
Sagawa/さがね	1030 万	95.44 亿	娱乐类	1097（前 1%）

续表

账号名称	粉丝数	总观看量	类别	全球排名
はじめしゃちょー（hajime）	1020万	89.76亿	娱乐类	1116(前1%)
Fischer's-フィシャーズ-	750万	142.41亿	娱乐类	1896(前1%)
タキロンTakilong Kids' Toys	747万	28.95亿	娱乐类	1909(前1%)
Nino's Home	738万	7.43亿	日常知识分享	1946(前1%)
Maryana Ro	666万	7.71亿	人物与博客	2312(前1%)
東海オンエア	652万	107.36亿	搞笑类	2399(前1%)

资料来源：Noxinfluencer网站，统计日期为2022年7月25日。

Tiktok中的头部网红中娱乐类、搞笑类占大多数。第一类是以搞笑实验为主要内容的账号，网红"Junya/じゅんや"同时在YouTube和TikTok中粉丝数排名第一，TikTok粉丝数达4299万，全球排名为26，凭借其搞怪的内容和夸张的表情收获了全球观众广泛的喜爱。第二类是以模仿为主的账号，如"ウエスP（Mr Uekusa/Wes-P）""ISSEI/世界の英雄になる男"等账号模仿TikTok中的热门挑战和热门选题，获得较为不错的流量。"michaeljackton.official"是模仿巨星迈克尔·杰克逊的网红，在外形、穿着、舞蹈动作上都能达到以假乱真的程度，视频平均观看量高，收获了大量海外尤其是美国粉丝。第三类是生活类视频，包括美食、宠物等，排名第二的美食类网红"bayashi"其视频内容制作精良，前半段视频是食物制作过程，后半段视频是吃播，视频凭借ASMR音效和简洁的画面带来治愈感，在TikTok平台拥有3190万粉丝，收获9.15亿点赞数。"Panna"用拟人的手法拍摄宠物狗，在每期视频中介绍一件与宠物相关的家具或电器。第四类是才艺类，包括舞蹈、魔术等内容。

总体来看，日本的头部网红账号在TikTok全球排名中表现较好，在国际上具有较大影响力。搞笑、搞怪类内容使日本网红收获了全球的关注，模仿、挑战类内容在很大程度上为网红带来流量和热度（见表4）。

表 4　TikTok 粉丝数排名前十的日本网红账号

账号名称	粉丝数	点赞数	平均观看量（最近 20 个视频）	全球排名
Junya/じゆんや	4299 万	7.02 亿	673.33 万	26
バヤツ🐦Bayashi	3190 万	9.15 亿	715 万	58
景井ひな	1100 万	2.82 亿	98.45 万	806
ウエスP（Mr Uekusa/Wes-P）	1090 万	2.17 亿	51.43 万	822
michaeljackton. official	1080 万	1.01 亿	188.42 万	842
ISSEI/世界の英雄になる男	1020 万	1.96 亿	76.96 万	946
Panna	970 万	9540 万	28.45 万	1056
Buzz Magician Shinシソ	930 万	1.72 亿	13.9 万	1152
内山さん（Uchiyamasan ☀）	870 万	1.76 亿	65.82 万	1314
Hayataku/はやたく	770 万	9640 万	87.07 万	1643

资料来源：Noxinfluencer 网站，统计日期为 2022 年 7 月 25 日。

（三）日本网红的国际传播实践

日本居世界七大文化内容产业强国的第三位，日本动漫、日本游戏等内容在世界文化舞台上绽放魅力，给国家形象和经济增长带来正面影响。[①] 然而在网红领域，由于日本文化的独特性和价值观的鲜明特色，尚未见到比较突出的跨文化网红，因此世界文化舞台上的日本网红影响力主要局限在本民族文化圈内。

日本一直以来就有鲜明的文化输出意识。其中"酷日本战略"作为一项国策，以强化日本软实力为目标、打造酷日本国际品牌为抓手，向海外推广日本产品和服务。在该国家战略中，特别值得一提的是"借嘴说话"的宣传思路。即通过与喜爱日本并在外国人中具有影响力的舆论领袖合作，以

---

① 赵敬、蒋天玉：《日韩视听内容出口研究》，《电视研究》2020 年第 10 期。

外国人的视角重新编写传播内容，提高日本产品国际营销的效果。酷日本机构曾准备出资11亿日元给面向东南亚做网红营销的新加坡企业Clozette，目的是从海外视角来发掘日本的旅游景点和饮食文化的魅力，通过社交网站等扩大"酷日本"的影响。2018年又向美国视频网站Tastemade出资，希望从海外视角宣传酷日本。此类思路亦可以看作网红外宣的实践。然而，日本也出现过激进的、争议性很强的案例。例如防卫省为大幅增加防卫预算，曾计划指定百名网红在YouTube上宣传"严格的安保环境"，该计划在网络引发批评。福岛的污水问题及食品出口受到抵制，为改善形象，福岛县曾计划邀请来自中国和韩国的网红到当地体验高尔夫和户外运动，并在社交媒体上发布推广福岛当地旅游的内容，此举也产生了很大的舆论争议。

在网红营销领域，日本网红商业化程度较高。据统计，2018年日本网红营销市场超过2亿美元，预计到2023年将达到5亿美元以上。[①] 网红在游戏领域的营销能力尤其突出。大部分头部网红已经与uuum、GROVE等网红经纪公司签约。这些签约网红的合作意识较强，合作基本上要通过公司来完成，较为严谨负责，配合度高，也遵循独家宣传等商业原则。

三 韩国网红发展情况及国际传播实践

（一）韩国社交媒体发展情况

韩国社交媒体的使用率极高，据统计其使用率高达89.3%，在全球排行中仅次于阿联酋位列全球第二。[②] 在几大主流平台中，YouTube成为韩国用户使用最多的新闻资讯类社交媒体平台，占比高达44%。Instagram是使用频率最高的社交媒体平台，占比达到31.4%，平台凭借分享生活日常照

[①] Inpander：《日本网红营销行业现状及KOL特点》，腾讯网，2022年5月18日，https://xw.qq.com/cmsid/20220516A0802300。

[②] DMC传媒：《报告：韩国人社交媒体使用率全球第2》，韩联社，2021年6月19日，https://cn.yna.co.kr/view/ACK20210616001400881?section=society/index。

片受到年轻人群的欢迎。Facebook 在韩国的使用频率为 28.6%，排名第二，凭借与陌生人聊天在青少年人群中占据一席之地。紧随其后的是 Kakao Story、Naver Band、Twitter、TikTok 等。其中 TikTok 的使用率为 0.9%，频率较低。[1] Kakao Story 和 Naver Band 来自两家韩国本土的互联网企业 Kakao 和 Naver，占据了非常高的市场份额，是韩国最受欢迎，也最常用的本土社交媒体平台。

（二）YouTube 及 TikTok 的韩国网红特点分析

从 YouTube 平台上的韩国头部网红账号分布情况来看，音乐类和娱乐类的网红账号占比最高。其中，偶像演唱组合账号如"BTS 防弹少年团""BLACKPINK"等，以及经纪公司官方账号"HYBE LABELS""JYP Entertainment""SM TOWN"等在 YouTube 平台的头部网红账号中排名和占比情况较为出色。这些官方账号在其 YouTube 频道中发布 MV、现场演出、新歌宣传、幕后花絮等内容，视频制作精良、内容风格统一，收获了全球粉丝的大量关注，在 YouTube 全球排名中也获得了良好的表现。此外，个人翻唱类、知名歌手类、知名艺人类、吃播 ASMR 类账号在 YouTube 平台也获得了较好的流量关注（见表5）。

表5　YouTube 粉丝数排名前十的韩国网红账号

账号名称	粉丝数	总观看量	类别	全球排名
BLACKPINK	7550 万	244.61 亿	音乐类	12（前 1%）
JFla Music	1760 万	36.5 亿	音乐类	386（前 1%）
officialpsy	1760 万	97.7 亿	音乐类	397（前 1%）
Jane ASMR 제인	1670 万	64.05 亿	人物与博客	428（前 1%）
BIGBANG	1480 万	73.28 亿	音乐类	537（前 1%）

---

[1] Nina Jobst：《韩国社交媒体使用情况市场调研和分析报告》，statista 网站，2022 年 4 月 11 日，https://www.statista.com/topics/5274/social-media-usage-in-south-korea/#dossierContents__outerWrapper。

续表

账号名称	粉丝数	总观看量	类别	全球排名
TWICE	1420万	36.66亿	音乐类	600(前1%)
Hongyu ASMR 홍유	1360万	42.36亿	人物与博客	651(前1%)
핑크퐁(인기 동요·동화)	1080万	66.15亿	教育类	998(前1%)
DuDuPopTOY	1050万	48.16亿	娱乐类	1067(前1%)
TwinRoozi 쌍둥이 루지	1030万	61.28亿	人物与博客	1101(前1%)

资料来源：Noxinfluencer网站，统计日期为2022年7月25日。

TikTok上的韩国头部网红账号情况与YouTube有所不同，除了艺人账号外，一些娱乐类、搞笑类、日常类的素人账号也获得了不错的排名和占比。第一类是偶像、艺人、男团女团账号，例如"black pink official""ROSÉ""sia_jiwoo"等，艺人账号的视频播放量以及评论区的互动情况都十分可观。第二类是高颜值娱乐类网红，这些网红大多具有姣好的面容和时尚的外表，在账号中发布舞蹈翻跳、日常生活、搞笑搞怪等短视频内容，内容时长短、节奏快、娱乐化程度高，符合TikTok平台的传播特征和内容调性，在观看量、点赞数等数据上表现良好。排名第十的网红是中国人，在账号中发布跳舞视频。总体来看，TikTok的韩国头部网红在全球排名靠前，影响力大。其中偶像明星账号占比最高，在全球拥有大量粉丝和广泛知名度，成为韩国娱乐、音乐、偶像文化输出海外的强有力渠道（见表6）。

表6　TikTok粉丝数排名前十的韩国网红账号

账号名称	粉丝数	点赞数	平均观看量（最近20个视频）	全球排名
원정맨 WonJeong	4640万	13亿	258.57万	19
black pink official	3000万	2.54亿	1533.88万	65
ROSÉ	2800万	2.86亿	4659.44万	84
sia_jiwoo	2300万	3.61亿	65.45万	137
창하 CHANGHA	2210万	3.01亿	750万	151

续表

账号名称	粉丝数	点赞数	平均观看量（最近20个视频）	全球排名
온오빠 On Oppa	2150万	3.29亿	245.81万	165
노아	2060万	3.45亿	50.43万	184
TOMORROW X TOGETHER	1750万	6.37亿	378.33万	275
이시영	1740万	3.92亿	367万	279
Cindy ◇	1710万	2.33亿	53.08万	297

资料来源：Noxinfluencer网站，统计日期为2022年7月25日。

（三）韩国网红的国际传播实践

韩国历来重视"文化立国"。从20世纪末开始，韩国流行文化逐渐在周边国家有了市场。各种偶像团体的出现，推动韩流在亚洲范围内迎来大爆发。韩国文化对外传播离不开文化工业水平以及推广战略的助推。韩国出产大量风靡亚洲，甚至登上世界舞台的偶像艺人。号称数百亿市场规模的网红市场，不仅吸引素人，也有很多艺人和名人参与进来。SM、JYP、YG作为韩国三大巨头经纪公司，注重将旗下的艺人和偶像打造成社交媒体网红，并且在各大社交媒体平台上积极布局账号生态，更新旗下艺人家族的相关内容，在全球输出其娱乐和偶像文化。

随着社交媒体和网红的快速发展，韩国官民协力，共推本国网红进入亚洲市场，尤其是中国。一方面，韩国政府积极推动网红走向海外市场。2021年首尔市表示与首尔产业振兴院携手微博、西瓜视频等中国八个平台合作，支持网红进军中国；另一方面，韩国经纪公司也积极将旗下的网红推向海外，经纪公司、MCN等机构擅长迎合市场和观众的需求来塑造网红，甚至扶持网红进军海外市场，针对各个国家的观众喜好来定制账号内容。例如宋智雅凭借综艺《单身即地狱》在中国走红之后，立即在小红书、微博、抖音开设账号，并大量地铺开个人营销推广，在社交账号中发布穿旗袍、吃螺蛳粉等与中国相关的内容，迅速占领中国市场，其背后的MCN公司hyowon

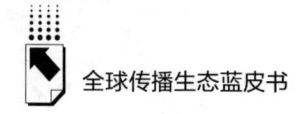

的主营业务就是"发掘培养网红，构建消费模式，进军海外市场，向全世界宣传韩国的商业品牌"。

四 中日韩网红在国际传播中的类型、内容和作用

（一）网红在国际传播中的类型分析

总结和梳理中日韩三国头部网红和观察其网红实践，可以把网红的类型分为身份为本国人士并在国际上发挥影响力的"本国网红"，身份为非本国人士的外籍"洋网红"，此外虚拟类网红的发展也值得关注。

从本国网红来看，"李子柒""办公室小野""滇西小哥""李永乐老师""阿木爷爷""龙梅梅""周六野""冒险雷探长""拜托了小翔哥""日食记官方频道"等网红的诞生，虽然初衷并不是为国家意志服务，但是他们展现了中华文化和中国人的形象风貌，客观上起到了国际传播的效果。他们的优势是本国形象和本国语言，属于本国文化，天然带有本国立场。

"洋网红"则可进一步分为在 Instagram、YouTube 等海外本土社交媒体平台上的海外本地网红，以及长期在中国工作、学习和生活，并在我国各大社交媒体平台活跃着的外国人网红，例如"高佑思""阿福 Tomas""我是郭杰瑞"等。"洋网红"在我国的跨境电商营销方面已有较多应用和投放的尝试，尤其在游戏、美妆、服装领域。例如跨境电商品牌 SHEIN 会与 Facebook、YouTube、Twitter 等多个平台的网红合作进行商品的种草、带货等。洋网红在跨文化交流中，天然拥有"他者"身份，可以用"他者"视角进行叙事，有利于提高海外受众的接受度。积极和这些洋网红合作，有利于培养一批在关键时刻为中国发声的"外嘴""外笔""外脑"。[①]

网红主体甚至可以考虑"人"之外的可能性，例如央视节目《秘境之眼》以野生动物为载体，通过讲述人与自然和谐共生的故事，向海内外展

---

① 杜国东：《试析如何发挥洋网红在中国国际传播中的作用》，《国际传播》2019 年第 6 期。

示生态文明建设成效和生态文明理念。"云南大象迁徙""iPanda熊猫频道"等"动物网红"也在生态文化传播中取得了显著成效。随着虚拟数字人技术的发展，以及Instagram虚拟网红"Lil Miquela""Shudu""Imma"，抖音虚拟网红"阿喜""柳夜熙"等的应用实践，虚拟人网红开始进入大众视野。此类网红的优势在于低风险、高可塑性、高安全性、高稳定性，目前已在商业营销中开始投入测试和应用。例如SK-II曾邀请窦靖童、绫濑遥等明星和虚拟网红"Imma"共同出演神仙水广告大片；"Lil Miquela"入选《时代》杂志"网络最具影响力人士"榜单，并先后与CHANEL、Prada等品牌进行合作。此类网红在国际传播中除了商业应用，是否还可以应用在文化乃至主流宣传中，是今后值得关注和研究的问题。虚拟人引发的信任危机，受限于技术瓶颈互动性较弱、风格单一雷同等问题都是在传播中需要考虑的风险。

（二）网红在国际传播中的内容分析

网红除了人格魅力之外，主要通过不断更新的内容来吸引粉丝，与网民交流。对比中日韩三国网红的账号内容，本文对适合与不适合进行国际传播的网红内容做了总结。

最适合国际传播的内容是本国、本民族的独有景观和特色文化。中华美食与田园风光传递着中华文化的新奇性与异域性，"李子柒"等国内网红的视频，充满了中国传统文化符号，即便没有语言，也能让观众通过画面感知到东方之美。其次，搞笑、惊奇、感人等普世情感内容也很适合国际传播。社交媒体是基于情感、娱乐的流量经济，其本质是情感的、娱乐的，不同于路透社、CNN等严肃媒体，社交媒体的感性传播影响力大，而严肃议题的传播则具有一定的难度。尤其是网红跟粉丝之间基于情感而绑定，更多的还是一种短期的兴趣吸引和长期的情感互动。最后，美食、家庭生活、音乐、萌宠、旅游等都是比较适合国际传播的网红账号内容。YouTube中国区粉丝数排名前十的"The Food Ranger"，是吃货老外，他不仅介绍中国美食，还介绍很多亚非拉国家的美食，激发了观看者对视频中国家和地区的兴趣。在

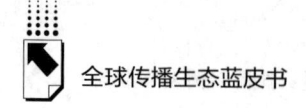

中日韩三国的头部网红中，约有1/3的网红属于这些内容领域的原创博主。社交媒体用户不那么认可正襟危坐的大国风范，以情感引起共鸣，用生活拉近距离，往往能够达到事半功倍的效果。

从中日韩三国头部网红及其他案例来看，以下两种是尤其不适合国际传播的内容。一是本国语言、本国场景和只有本国人可以理解的特色文化。即便是日本排名第一的网红"Junya/じゅんや"，当他的视频充满了日式搞笑梗，评论区就没有英语留言，几乎全是本国人的留言互动。二是政治倾向明显的内容。笔者在调研MCN机构时了解到，网红对于政治诉求一般都无法执行，而旅游类的宣传诉求则可以接受。有营销公司此前用一批网红转发过领导人看熊猫的视频，该案例取得了不错的宣传效果。从日本的案例也可以看出，利用网红进行政治诉求明显的传播，反而容易起到负面效果。

（三）网红在国际传播中的作用分析

从网红发挥的作用和影响来看，除了在国际传播这个视角下进行观察，还可以从跨文化传播、对外宣传的角度进行分析，以更好地总结网红传播的应用策略。

首先，在国际传播中要注意联结同盟，协作配合。网红的确引起了海外网民的喜爱，也起到了传播交流的作用。然而，国家层面的宏大议题宣传与个人分享之间的张力如何平衡，非专业的个体如何承担严肃议题，网红作为经济个体是否能够承担国际传播的责任等，都是值得谨慎思考的问题。从实践经验来看，可以肯定的是网红以其个人视角，在对组织视角进行补充；网红作为民间叙事，在对官方叙事进行补充；网红作为非正式渠道，在对主流传播渠道进行补充。疫情防控常态化时期，加之国际局势动荡之下，既要强调组织在国际传播中的主导作用，也要重视个体在国际传播中的补充作用。将网红传播作为与"正规军"打"配合战"的补充角色更为恰当。

其次，在跨文化传播中要积极使用，多元开发。目前世界各国越来越重视文化软实力，提倡文化外交、文化立国等。2021年习近平总书记指出，要深入开展各种形式的人文交流活动，通过多种途径推动我国同各国的人文交流和民心相通。大量成功的案例启示我们在跨文化传播中要积极探索如何更好地把握和利用网红这一新主体。网红天然具有地区性和跨文化性，不同国家网红的侧重点不同，例如日本网红更注重二次元搞笑，韩国网红更注重流行文化，中国网红在题材风格上更兼容并蓄。网红的跨文化性在文化交流中具有明显优势，这也要求我们要用文化的眼睛去发现网红，包括目标国家的文化、全球的文化、我国的本土文化，才能借助网红之势，讲好中国故事、传递中国声音。

最后，在外宣工作中要谨慎使用，培养主流。网红数量多、偏草根、形态多样化、垂类丰富，找到比较合适的网红，以及在外宣上把宏大严肃的议题跟网红擅长的泛娱乐内容结合起来是难点。此外，网红是算法技术和社交媒体的产物，天然具有经济属性，从内容到运作的商业化属性非常明显，也会存在非专业化、自发性等问题。良莠不齐的网红甚至可能带来刻意抹黑、无意曲解等负面情况，例如洋网红引发的"用爱中国的表演作为财富密码"等争议。一方面，在外宣工作中要谨慎使用网红群体，在挖掘、引导、合作的过程中要有危机管理的预案。与网红合作可以一步一步来，在逐渐确定其稳定性和效果的基础上加深合作。例如《中国日报》同意大利在领英上有影响力的一位网红合作，网红在领英走红后，《中国日报》先进行了报纸约稿，随后约上镜采访，取得不错效果后便邀请网红作为出镜角色之一参与到纪录片的拍摄中，再后来做了网红个人的专题采访，最后邀请网红加入专家库。另一方面，在外宣工作中要加强培养主流，做到政治过硬、素质过硬。例如主流媒体对"多语种网红工作室"的建设，团结驻外记者、知名编辑、评论员等重要力量，打造在海外社交媒体有影响力的中国网红队伍。

市场—案例篇
Reports on Market and Case

B.11
全球新兴视频传播平台发展报告

李 宇*

摘　要： 当前，数字化、移动化、网络化、智能化日趋普及，全球媒体形态快速变革。与此同时，全球传媒产业竞争格局悄然改变，全球性和区域性网络视频业务平台纷纷涌现。值得关注的是，随着全球媒体联结深度进一步增强，美国的垄断优势显著加强。在全新的全球影视业发展格局下，中国影视业发展要强化国际化导向，积极参与国际市场竞争，通过竞争倒逼产业提质升级，提升国际影响力和竞争力。

关键词： 国际传播　网络视频　奈飞　亚马逊　迪士尼

当前，全球影视产业处于历史变革期，在新兴媒体快速发展大背景下，

---

* 李宇，传播学博士，中央广播电视总台国际传播规划局处长，高级编辑，主要研究方向为国际传播、对外新闻、跨文化传播。

网络视频业对传统影视业发展造成了前所未有的冲击，同时增强了全球影视市场的联结深度和一体化程度。值得关注的是，在技术变革背景下，全球媒体竞争格局的多元化特征并未得到强化，美国垄断优势反而更为显著。本文主要分析全球网络视频业务发展特点和主要平台概况，以供参考。考虑到腾讯视频、爱奇艺、优酷土豆和芒果电视等平台订户主要分布国内（东南亚等地区订户占小额比例），本文不对其进行专门分析。

一 全球网络视频业务平台发展概况

（一）概念与概况

基于电视/视频产业概念体系，网络视频业务平台是指基于固网或移动网络运营视频分发业务的平台。相比之下，传统付费电视业务平台是基于有线电视、卫星电视、IP电视或数字地面电视传输体系开展视频分发业务的平台。随着新兴媒体蓬勃发展，网络视频业务平台的订户规模增长迅速。2021年，全球网络视频业务的订户规模达到了13.4亿，超过了传统付费电视业务，后者订户规模为10.3亿。今后几年，两者的订户规模差距将进一步拉大。到2027年，两者的订户规模预计分别为20亿和10亿。①

从经营模式来说，网络视频业务可以划分为六种主要类型，其中居于主导地位的是以下两种类型：①订阅型网络视频业务（SVOD），即以获取订阅费为主要经营收入来源的业务类型；②广告型网络视频业务（AVOD），即以广告费为主要营业收入来源的业务类型，部分平台同时也向用户收取订阅费，但资费标准要低于同类订阅型网络视频业务。2021年，全球网络视频业务的整体营业收入规模为2460亿美元，其中订阅型网络视频业务为

---

① Editor,"Global Pay－TV, Online Video Subs to Smash 3BN Barrier by 2027", www.rapidtvnews.com, 28 June 2022, https：//www.rapidtvnews.com/2022062862620/global－pay－tv-online-video-subs-to-smash-3bn-barrier-by-2027.html#ixzz7XYiZNIsP.

850亿美元，广告型网络视频业务为1410亿美元。[①] 此外，网络视频业务还包括交易型网络视频业务（TVOD）、电视型网络视频业务（BVOD）、下载型网络视频业务（EST）、院线型网络视频点播业务（PVOD）等。

就全球不同地区网络视频业务的营业收入情况而言，北美地区位居前列，2021年营业收入总额为2470亿美元；亚洲和大洋洲地区为1420亿美元，列第二位；欧洲紧随其后，营业收入规模为970亿美元；拉丁美洲地区和非洲地区相对靠后，营业收入总额分别为290亿美元和200亿美元（见图1）。

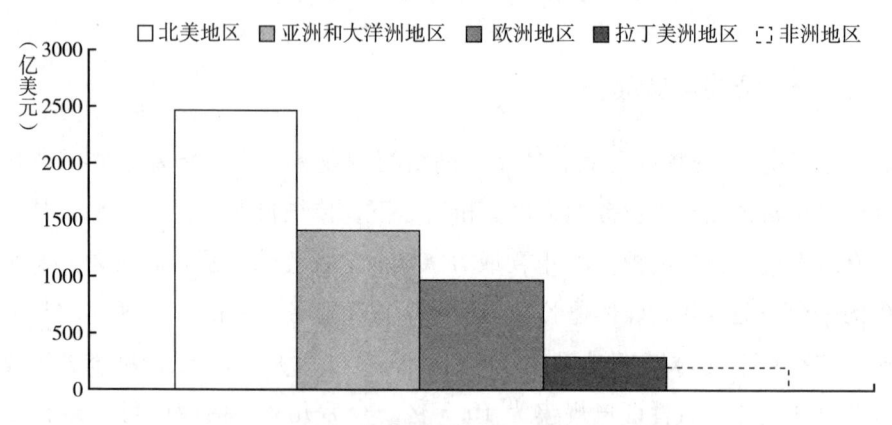

图1 2021年全球网络视频业务营业收入概况

（二）全球主要网络视频业务平台

基于全球网络视频业务平台订户规模排名，2021年居于前列的10家中有6家是美国公司，包括美国奈飞（Netflix，位居第一）、美国亚马逊精选视频（Amazon Prime Video，位居第三）、美国迪士尼+（Disney+，位居第六）、印度迪士尼+热星（Disney+Hotsar，位居第七，隶属于美国迪士尼公司）、美国苹果电视+（Apple TV+，位居第九）、美国葫芦（Hulu，位居第

[①] Tony Gunnarsson, "Global Online Video: 1Q22 Sector Snapshot", 2022, pp. 11-40, Omdia database, https://omdia.tech.informa.com.

十）。其中，美国奈飞、美国亚马逊精选视频和美国迪士尼+这三个平台订户之和在全球网络视频业务付费订户总数中的占比达到了39.4%，三者分别为2.17亿、1.19亿和1.63亿。

在排名前十的网络视频业务平台中，中国占据了4席：中国腾讯视频（Tencent Video，位居第二）、中国爱奇艺（iQiyi，位居第四）、中国优酷土豆（Youku Tudou，位居第五）、中国芒果电视（Mango TV，位居第八）。需要指出的是，腾讯视频、爱奇艺、优酷土豆和芒果电视等4家平台主要聚焦于中国国内市场，虽然也在积极拓展东南亚等地区的国际市场，但国际市场订户的整体占比相对较小，因此不纳入本文分析。

（三）不同地域的主要网络视频业务平台

在不同地域的网络视频业务领域，美国平台整体居于优势地位，但不同地域的竞争格局特征也有一些差异化特点。在北美地区，美国奈飞订户份额排名第一，订户份额为21%；美国亚马逊精选视频位居第二，订户份额为16%；美国迪士尼+位居第三，订户份额为10%；美国葫芦位居第四，订户份额为8%；美国苹果电视+位居第五，订户份额为7%（见图2）。

在拉丁美洲地区，美国奈飞具有较大市场领先优势，订户份额为37%；巴西环球播放（Globo Play）位居第二，订户份额为15%；美国亚马逊精选视频位居第三，订户份额为11%；美国迪士尼+和美国家庭影院分列第四、五位，订户份额分别为6%和5%（见图3）。

在西欧地区，虽然当地政府采取多种举措来提升本土网络视频业务的竞争力，但美国公司仍居于垄断地位。其中，美国奈飞位居第一，订户份额为35%；美国亚马逊精选视频位居第二，订户份额为18%；美国迪士尼+位居第三，订户份额为12%（见图4）。

在非洲地区，美国奈飞的订户份额为31.7%，居于首位；美国极致播放（ShowMax）位居第二，订户份额为23.1%；美国星光播放（Starz Play）位居第三，订户份额为9.6%；阿联酋沙希德贵宾（Shahid VIP）位居第四，订户份额为9%；美国亚马逊精选视频位居第五，订户份额为6.9%（见图5）。

全球传播生态蓝皮书

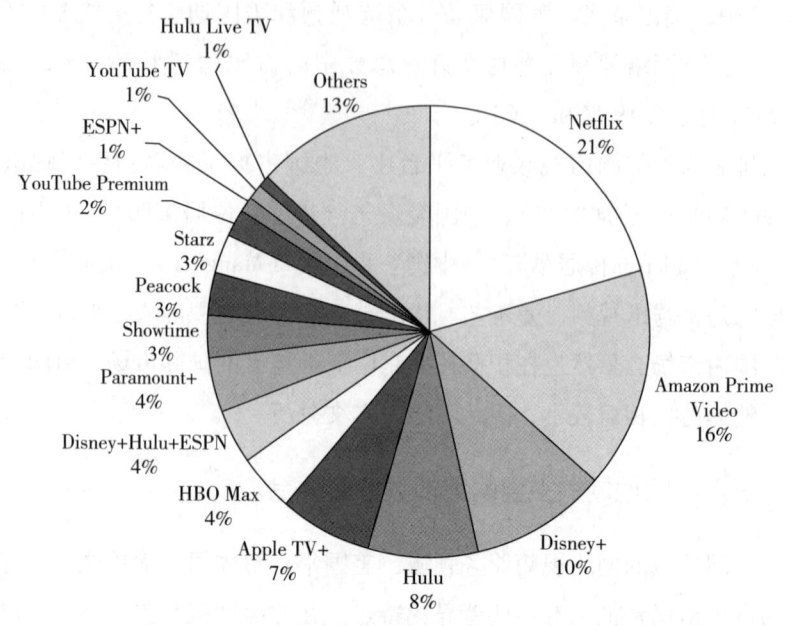

图 2　2021 年北美地区网络视频业务市场格局

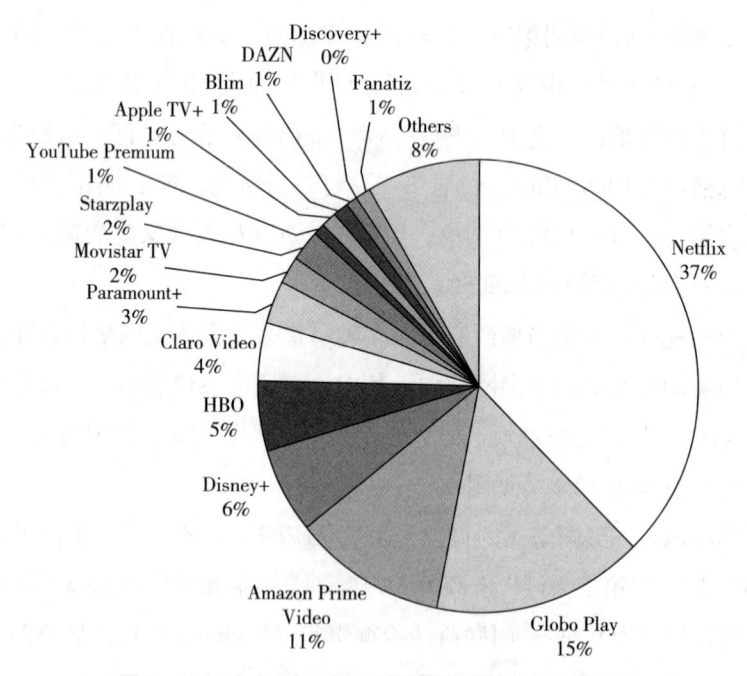

图 3　2021 年拉丁美洲地区网络视频业务市场格局

全球新兴视频传播平台发展报告

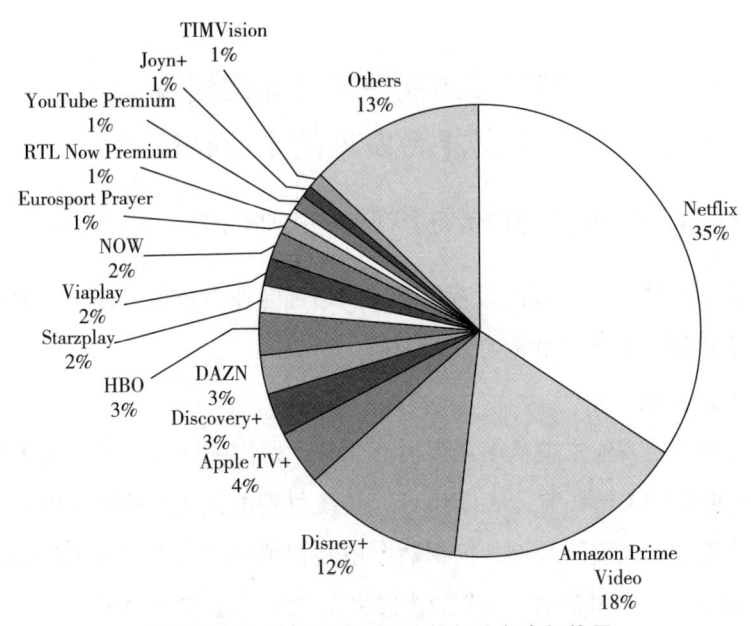

图4 2021年西欧地区网络视频业务市场格局

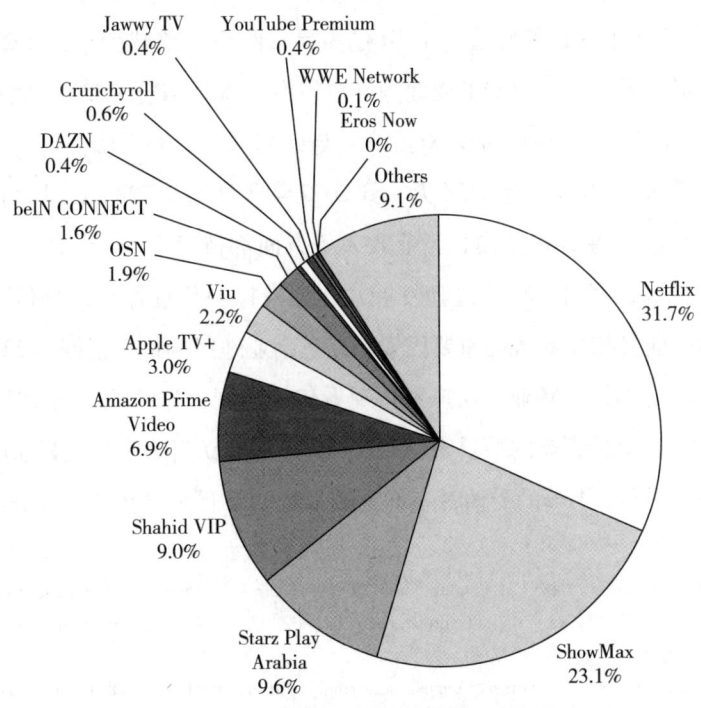

- TIMVision 1%
- Joyn+ 1%
- YouTube Premium 1%
- RTL Now Premium 1%
- Eurosport Prayer 1%
- NOW 2%
- Viaplay 2%
- Starzplay 2%
- HBO 3%
- DAZN 3%
- Discovery+ 3%
- Apple TV+ 4%
- Disney+ 12%
- Amazon Prime Video 18%
- Netflix 35%
- Others 13%

图5 2021年非洲地区网络视频业务市场格局

- Jawwy TV 0.4%
- YouTube Premium 0.4%
- WWE Network 0.1%
- Eros Now 0%
- Crunchyroll 0.6%
- DAZN 0.4%
- beIN CONNECT 1.6%
- OSN 1.9%
- Viu 2.2%
- Apple TV+ 3.0%
- Amazon Prime Video 6.9%
- Shahid VIP 9.0%
- Starz Play Arabia 9.6%
- ShowMax 23.1%
- Netflix 31.7%
- Others 9.1%

199

二 国际传播视角下全球网络视频
业务平台发展的主要特征

(一) 网络视频业务对传统影视业的挑战加剧

在新兴媒体迅猛发展的大背景下，网络视频业对传统影视业的挑战显著增大，主要体现在渠道和内容两个方面。

1. 渠道领域

传统付费电视业主要从事渠道运营业务，是传统影视业的重要构成，也是整个产业链的关键环节。从 2010 年，传统付费电视业开始陷入增长乏力甚至衰退的境地。以美国为例，根据数字电视研究公司（Digital TV Research）2022 年数据，美国付费电视业务的渗透率在 2010 年达到了峰值，为 91%；此后逐年下降，2021 年为 60%，2026 年预计降至 50% 以下。付费电视业务的营业收入在 2014 年达到了峰值的 1010 亿美元，此后一路减少，到 2027 年预计减至 530 亿美元。美国付费电视业务订户规模在 2019 年至 2021 年间每年减少 600 万户，到 2027 年预计为 6000 万户。与此同时，没有订阅任何付费电视业务的家庭总数在 2010 年为 1134 万，到 2027 年预计增至 7286 万。[1] 可以看到，传统付费电视业在订户规模、营业收入等方面都持续下滑。

究其原因，网络视频业蓬勃发展并逐渐发挥替代性作用，是传统影视业的渠道运营业务出现颓势的重要因素。以东南亚地区为例，根据 2022 年数据，东南亚 22% 的网络视频业务用户不再观看传统电视，这一比例与 2021 年相比增长了 29%。就最喜欢的节目来源而言，56% 的受访者表示其最喜欢的节目来自网络视频平台，41% 的受访者表示其最喜欢的节目来自传统电视。[2] 另以拉

---

[1] Jonathan Easton, "US Pay Penetration on Course to Dip below 50%", www.digitaltveurope.com, 7 February 2022, www.digitaltveurope.com/2022/02/07/us-pay-penetration-on-course-to-dip-below-50/.

[2] Jonathan Easton, "Southeast Asians increasingly shifting to OTT", 28 February 2022, www.digitaltveurope.com/2022/02/28/southeast-asians-increasingly-shifting-to-ott/.

丁美洲为例，根据 2022 年数据，该地区付费电视业务订户规模在 2017 年达到峰值，为 7300 万，此后开始持续下降，到 2027 年预计维持在 6200 万订户规模的水准上。与此同时，拉丁美洲网络视频业务的订户规模和营业收入稳步增长，19 个拉美主要国家网络视频业务营业收入规模在 2027 年有望达到 140 亿美元，订户规模预计增至 1.45 亿。随着网络视频业务的普及，传统付费电视业受到的冲击还将延续。

2. 内容领域

在内容领域，网络视频业正在对传统影视业的优势地位构成严峻挑战。以美国为例，好莱坞制片公司在奥斯卡评奖历史上一直具有压倒性优势，但从 2017 年开始美国奈飞公司等新兴媒体成为有力挑战者。美国奈飞公司从 2017 年开始在奥斯卡提名数量方面显著增长，2017~2021 年分别为 3、8、15、24 和 35 项。在 2022 年美国奥斯卡提名中，美国奈飞公司获得了 27 项提名，超过所有传统电影公司居首位；迪士尼公司（Disney）、华纳兄弟公司（Warner Bros）和米高梅公司（MGM）分列第二到第四位，提名数量分别为 23、16 和 8 项（见图 6）。

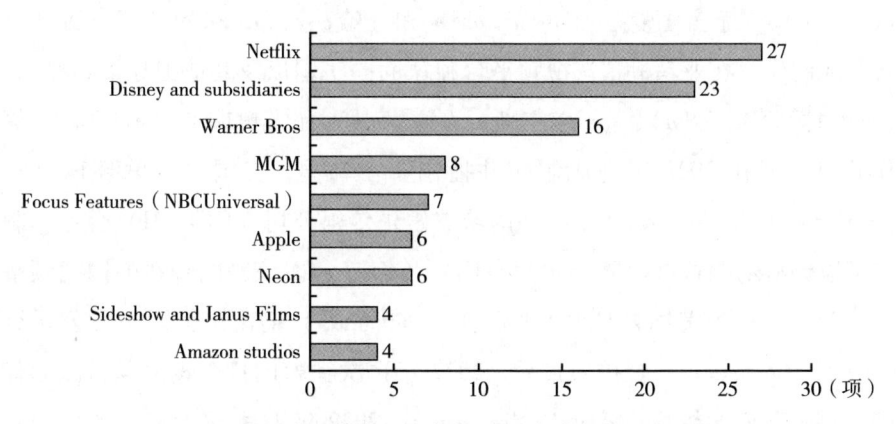

机构	提名数量
Netflix	27
Disney and subsidiaries	23
Warner Bros	16
MGM	8
Focus Features（NBCUniversal）	7
Apple	6
Neon	6
Sideshow and Janus Films	4
Amazon studios	4

图 6　美国主要媒体机构获得 2022 年奥斯卡提名概览

当然，美国电影业为了适应媒体发展趋势已经开始着手推进变革。例如，美国电影协会（MPA）2019 年 1 月吸纳美国奈飞公司成为会员，这也是该协会历史上第一个新兴媒体公司会员。

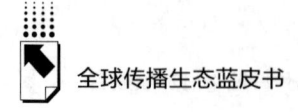

需要注意的是，传统影视业与网络视频业并非二元对立关系，传统影视业运用新兴媒体的技术、模式、平台和渠道，可以拓展内容分发渠道和经营收入来源；新兴媒体吸纳传统影视业的内容资源、制作经营等要素，则可大大强化平台的竞争力和吸引力。

（二）全球市场联结日趋紧密

在传统媒体时代，全球影视市场已经形成了较为紧密的相互联结关系，有效促进了全球影视产品和服务的跨境贸易。随着网络化、移动化、智能化的普及，全球影视市场一体化程度得到了极大提升，产业链、价值链正在跨国跨地区进行深度交织，全球影视业的内容创意、制作、译制、分发、播放等资源实现了前所未有的流通与聚合。例如，美国近年来一方面加大在海外进行节目制作的力度，另一方面积极以订制、合拍等方式在海外开展影视合作。本土化制作或海外合拍既能有效丰富网络平台上的内容资源，又能有效兼顾本土市场内容需求和媒介特点。在法国，美国亚马逊公司2022年和2023年计划制作7部电影、电视剧和真人秀节目。其中，《经典》（*Classico*）、《宇宙之爱》（*Cosmic Love*）和《哈瓦》（*Hawa*）三部作品2022年完成制作，在亚马逊精选视频平台独家面向法国以及其他国际市场播出；《麦德林》（*Medellín*）、《阿尔丰斯》（*Alphonse*）和《奥瑞卡》（*Ourika*）等作品则计划在2023年完成制作并播出。在韩国，美国派拉蒙环球公司（Paramount Global）2022年与韩国希杰娱乐传媒公司（CJ ENM）合作，制作了原创科幻题材电视剧《永生空间》（*Yonder*）。该剧同步在韩国视频平台（TVING）和美国帕拉蒙+平台（Paramount+）播出；美国奈飞公司继《王国》（*Kingdom*）合拍项目后，2022年再次在韩国打造丧尸题材原创韩剧《现在我们学校》（*All of Us Are Dead*），2022年1月28日在奈飞平台上向全球播出。此前，奈飞公司还委托韩国制作了电视剧《鱿鱼游戏》（*Squid Game*）。《现在我们学校》和《鱿鱼游戏》都登上了奈飞平台全球热播榜，其中，《现在我们学校》在2022年2月7~13日位居全球收视榜首，单周累计收视时间长度为1.13亿小时。《鱿鱼游戏》上线后28天内全球受众的总收视时长为 16 亿小时，居奈飞平台 2021 年全球热播榜第二名。此前，美国奈飞公司已经与全球不同地区多家影视公司合作，大力制作具有本土文化特点和风格的内容精品，例如与土耳其 O3 Medya 公司合作运用土耳其文化元素和伊斯坦布尔城市风景，制作了一部 10 集土耳其语原创历史题材电视剧；与哥伦比亚 Dynamo 公司合作挖掘毒枭题材，制作了多部哥伦比亚原创电视剧。其他国家一些有实力的媒体公司也采取了相似的国际化策略。以法国凯勒普拉斯集团（Canal+）为例，为了拓展在非洲地区的内容资源和渠道规模，2019 年 7 月收购了尼日利亚 ROK 公司；ROK 公司是一家尼日利亚媒体公司，总部位于拉各斯。ROK 公司从 2013 年开始经营电视网，也从事影视制作业务，已生产 540 部电影和 25 部电视剧。影视产业的跨区域合作对于丰富媒体的内容资源具有直接作用，同时在提升品牌多元文化内涵以及国际市场竞争力方面也有重要价值。

在平台和渠道建设领域，全球一体化的特征更为明显。基于网络视频业务的发展特征，美国奈飞公司、亚马逊公司、迪士尼公司等都致力于打造全球性平台，以打通不同国家和地区的影视市场。对于网络视频平台来说，市场全球化有助于实现长尾效应，实现利润最大化。可以预计，影视产业在渠道建设、平台建设方面的区域一体化甚至全球一体化的特征在未来将更为普遍。

（三）垂直经营渐成趋势

在传统媒体时代，影视产业的内容领域与渠道领域基本是分开的，电信业与电视业也是分隔的；美国甚至在 1996 年之前通过法律强制要求不得跨行业发展。例如，迪士尼公司等专注于电影电视剧等内容的制作生产业务，美国全国广播公司等专注于内容的播出业务，美国康卡斯特公司（Comcast）等专注于渠道运营和内容分发业务。基于这种产业分工，传统影视产业形成了"内容为王"与"渠道为王"的二元化格局。随着媒介深度融合，跨行业、跨领域发展日渐普及。网络视频平台更是打通传统产业链上的各个环节，大型传媒公司实现了兼具"内容为王"与"渠道为王"的垂直经营模

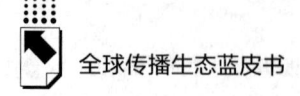

式。为此，兼并、收购、合并风潮骤起，电影、电视、电信、网络平台等纷纷涉足其他领域业务，谋求发展规模以及竞争资源优势，这已经成为当前全球影视业发展的重要特征。

第一种垂直经营模式是影视内容领域的公司将渠道平台领域的公司纳入旗下，例如美国时代华纳集团（Time Warner）2016年斥资5.8亿美元收购了葫芦平台（Hulu）。时代华纳集团是家庭影院频道（HBO）的母公司，近年来为应对媒介环境变化的挑战一直致力于拓展新兴媒体平台业务。葫芦平台的网络视频业务付费订户规模在2022年预计到达2239万，营业收入规模预计为22.39亿美元。此外，美国福克斯公司（Fox Corporation）2020年3月宣布斥资4.4亿美元收购途碧公司（Tubi）；途碧公司是目前全球最大的广告型网络视频平台（AVOD）之一，已进入美国、加拿大和澳大利亚市场。对于拥有强大影视内容制作能力和丰富节目资源的传媒公司而言，渠道和平台意味着直接打通了市场销售环节，也增加了营利能力和营收来源。另外，在新兴媒体背景下，影视产业"直营直销"（DTC）正在成为主流，这就要求内容型传媒公司改变过去"内容为王"的发展理念，通过发展渠道平台相关业务有效提升垂直经营的综合实力。

第二种垂直经营模式是渠道平台领域的公司直接收购影视内容领域的公司，例如美国电话电报公司（AT&T）将时代华纳集团收到麾下。另外，美国亚马逊公司（Amazon）2021年6月与米高梅影业公司（Metro-Goldwyn-Mayer, MGM）达成收购协议，金额为84.5亿美元。作为全球网络视频业务的领军者，亚马逊公司通过此次收购获得超过4000部电影和1.7万部电视节目，包括《沉默的羔羊》（The Silence of The Lambs）、《冰血暴》（Fargo）和《洛奇》（Rocky）等米高梅影业公司经典电影。对于拥有广泛发行渠道和规模用户基础的平台而言，内容资源的注入大大提升了全球市场竞争力，尤其是独家内容资源正在成为渠道型公司和平台型公司发展的核心竞争力。

第三种垂直经营模式是大型传媒公司之间进行资源重组，以此协同推进垂直经营能力的提升。美国哥伦比亚广播公司（CBS）和维亚康姆集团（Viacom）在2019年12月合并成立了维亚康姆哥伦比亚广播公司

(ViacomCBS Inc.），这是全球传媒业的大事件。2022年2月，维亚康姆哥伦比亚广播公司宣布更名为派拉蒙环球公司（Paramount Global），其在海外180多个国家和地区的累计电视订户总数达到了4.3亿，年度的营业收入规模约为280亿美元。在内容领域，派拉蒙环球公司的年度影视节目资源产出达到4.3万多小时，其中2.5万小时在美国制作，1.7万小时在海外制作，这些影视节目内容以43种语言在183个国家播出。在渠道平台领域，该公司拥有哥伦比亚广播公司2014年推出的两个网络电视业务"全路径"（CBS All Access）和"播映时光"（Showtime），以及维亚康姆集团在2019年斥资3.4亿美元收购的冥王星电视平台（Pluto TV），以及旗舰平台"派拉蒙+"（Paramount+）；派拉蒙环球公司网络视频业务的付费订户规模在2022年为5600万，计划到2024年增至1亿。另外，美国华纳传媒公司（WarnerMedia）与美国探索公司（Discovery Inc）在2022年完成合并，组建了"华纳兄弟探索公司"（Warner Bros. Discovery），节目资源规模达到20万小时。对于华纳传媒公司而言，探索公司的并入将大大增加节目资源规模，并降低网络视频业务的运营成本，其中极致家庭影院平台（HBO Max）每年60亿美元的技术运维和营销费用支出可以和"探索+"（Discovery Plus.）实现分担。[①] 对于具备丰富内容资源和渠道平台资源的垂直型传媒集团而言，当前激烈的市场竞争也要求进一步优化资源配置，降低运营成本，实现内容供给和渠道平台体系的最优配置。

第四种垂直经营模式是传媒公司自建渠道和平台。德国卢森堡广播电视集团（RTL Group）是德国主要的传统媒体公司，近年来持续在新兴媒体渠道和平台建设方面发力，已推出了两个网络视频业务"卢森堡广播电视+"（RTL+）和"视频领地"（Videoland）；这两个业务主要面向德国和荷兰市场，2022年订户规模分别为170万和85万。2022年，"卢森堡广播电视+"

---

① Daniel Frankel, "HBO Max and Discovery to Combine into One 'Blowout DTC Product,' Discovery CFO Wiedenfels Says", https：//www.nexttv.com, 14 March 2022, https：//www.nexttv.com/news/hbo-max-and-discovery-to-combine-into-one-blowout-dtc-product-warnermedia-cfo-wiedenfels-says.

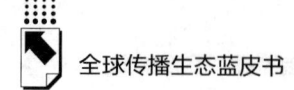

平台与其母公司贝塔斯曼集团进行业务深度融合,包括企鹅兰登书屋出版社（Penguin Random House）的电子书业务,此刻音频公司（Audionow）旗下的播客和音频书业务,以及古纳亚尔出版集团（Gruner + Jahr）旗下的电子杂志业务。为了强化网络平台的竞争力,该集团计划逐年加大在原创内容,尤其是网络视频原创内容的投资,其中2019年在两个网络视频平台的原创内容投资规模为8500万欧元,2026年预计增至6亿欧元。根据该集团发展规划,2026年付费网络视频业务的订户规模预计达到1000万,营业收入增长至10亿欧元。① 另外,美国一些传统新闻类媒体也着力自建网络视频平台,例如美国福克斯公司推出了网络视频业务"福克斯新闻国际"（FOX News International）,主要播出福克斯新闻频道（FOX News Channel）、福克斯商业电视网（FOX Business Network）以及点播视频,每月资费为6.99美元,2022年已进入了44个国家。2022年3月29日,美国华纳传媒公司（WarnerMedia）正式推出了付费网络视频平台"CNN+",月度的订费价格标准为5.99美元,全年的订费价格标准为59.99美元。此前,美国有线电视新闻网旗下的网络视频业务"有线电视新闻网直播"平台（CNN Live）主要通过传统运营平台开展频道分发业务,年度的订费以及广告收入总额为10亿多美元。但随着传统付费电视渠道订户持续减少,包括新闻类频道在内的传统电视频道都亟须进行分发与营利模式的变革,因此都开始致力于打造自有网络视频业务。

（四）美国垄断优势放大

在传统媒体时代,每个国家在媒体内容生产、渠道运营、平台建设、技术标准、监管政策等方面具有相对的独立性。随着新兴媒体的纵深发展,全球市场一体化程度显著提升,传媒强国能凭借自身产业、资本、资源、人才等方面优势提升在全球市场中的竞争力。在此趋势下,全球传媒竞争格局中

---

① Rob Moyser, "RTL Combines TV, Music, and Podcasts to Counter Streamers", *Media & Technology Digest* 01（2022）：6.

一个显著特征就是美国的垄断性优势得到放大。

在营业收入方面，美国在全球影视产业的营业收入居前列。2021年，美国影视业的营业收入为2470亿美元；相比之下，亚洲和大洋洲地区为1420亿美元，欧洲为970亿美元，拉丁美洲为290亿美元，非洲地区为200亿美元。在其他国家和地区，美国传媒公司也占有较大的市场份额。以欧洲市场为例，根据2021年营业收入规模，美国康卡斯特公司在欧洲的市场份额位居第一，其营业额在整个欧洲电视市场中所占份额为12%；美国奈飞公司位居第二，其营业额所占份额为6.1%。德国电视一台（ARD）、英国广播公司（BBC）和法国威望迪集团（Vivendi）分列第三到第五，营业额所占份额分别为5.7%、4.2%、3.2%。[1] 相比其他地区，欧洲传媒业还相对发达，但美国传媒公司仍具有如此显著的优势，其在全球的竞争力可见一斑。

在内容生产方面，美国的内容投资规模和产量都遥遥领先。2021年，全球视频内容投资总规模约为2200亿美元，2022年预计达到2300亿美元，美国康卡斯特集团（Comcast）2021年内容投资规模就达到了227亿美元，居全球首位；美国迪士尼公司（Disney）位居第二，内容投资规模为186亿美元；美国奈飞公司位居第三，投资规模为140亿美元。[2] 作为全球网络视频业务领域的翘楚，美国奈飞公司近几年持续加大内容投资力度，2022年原创影视内容产量达到398部，[3] 2025年投资规模则预计达到189.2亿美

---

[1] Jonathan Easton, "Netflix Overtakes ARD to Become the Second Largest TV Group in Europe", www.digitaltveurope.com, 14 January 2021, www.digitaltveurope.com/2021/01/14/netflix-overtakes-ard-to-become-the-second-largest-tv-group-in-europe.

[2] Joseph O'Halloran, "SVOD Drives Content Spend to Reach $220 Billion in 2021", www.rapidtvnews.com, 20 December 2021, www.rapidtvnews.com/2021122061775/svod-drives-content-spend-to-reach-220-billion-in-2021.html#ixzz7FdkZI22I.

[3] Editor, "Netflix to Break New Record with Original TV Shows in 2022", www.rapidtvnews.com, 22 February 2022, www.rapidtvnews.com/2022022262104/netflix-to-break-new-record-with-2022-original-tv-shows.html#ixzz7LZMF12BK.

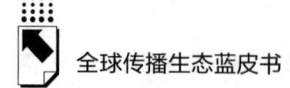

元，其中原创内容投资占比为46.5%。① 就内容版权资源的市场价值而言，美国传媒公司也居全球前列。根据研究预估，2024年全球内容版权资源排名前四的公司分别为迪士尼公司、华纳兄弟探索公司、康卡斯特公司旗下的全国广播公司环球公司/天空公司（NBCUniversal/Sky）以及奈飞公司，届时四家公司的内容版权资源市值预计分别为470亿美元、360亿美元、340亿美元和280亿美元。② 得益于高额投资和丰富的版权资源，美国影视内容在全球市场保持较高的竞争率和占有率。以电影为例，2012~2018年，15部票房最高的好莱坞电影占到了当年全球票房总额的约1/3，其中2012年为34%，2013年为32%，2014年为30%，2015年为37%，2016年为32%，2017年为34%，2018年为33%。③

在渠道建设方面，美国持续推进全球发行网络、渠道和平台建设。自20世纪80年代以来，美国好莱坞发展出了"世界电影"战略，主要包括三个关键机制：电影内容的全球化，合作的全球化以及电影发行市场的全球化。④ 在新兴媒体背景下，美国奈飞、亚马逊精选视频（Amazon Prime Video）、极致家庭影院（HBO Max）和"迪士尼+"（Disney+）、"苹果+"（Apple Plus）等大大强化了美国影视内容产品在全球的分发能力。此外，得益于庞大的国内用户规模、自身资本实力、英语通用性、多语种制作能力等因素，当前具备全球覆盖能力和市场影响的网络视频平台都源自美国，基本在全球形成了渠道和平台垄断。

---

① Daniel Frankel, "Netflix Content Spending Predicted to Rise 26% in 2021", www.nexttv.com, 24 September 2021, www.nexttv.com/news/netflix-content-spending-predicted-to-rise-26-in-2021.

② Jon Lafayette, "With Disney Leading in DTC Content, Analyst Sees Mergers Ahead", www.nexttv.com, 01 June 2021, www.nexttv.com/news/with-disney-leading-in-dtc-content-analyst-sees-mergers-ahead.

③ Antonios Vlassis, "European Union and Online Platforms in Global Audiovisual Politics and Economy: Once Upon a Time in America?", the International Communication Gazette 10 (2021): 603.

④ Antonios Vlassis, "European Union and Online Platforms in Global Audiovisual Politics and Economy: Once Upon a Time in America?", the International Communication Gazette 10 (2021): 602.

在市场规模方面，美国的投资、内容和渠道优势有效提升了其在全球的受众/用户规模。根据2022年数据，拉丁美洲网络视频业务的订户规模在2027年预计增至1.45亿，其中美国奈飞、亚马逊、迪士尼、派拉蒙、苹果、家庭影院等公司所占份额预计高达90%。[1] 同样，非洲网络视频业务订户规模在2027年预计达到1372万，届时基本上被美国公司垄断，仅美国奈飞公司就将占有47%的份额。[2] 就全球而言，美国奈飞公司等五大网络视频平台在2021年全球订户总数为5.85亿，到2026年有望增至9.1亿，届时在全球网络视频业务订户总数中所占份额将达到53%。[3] 受众是影视内容产品的消费者，受众规模也就意味着市场规模。可以看出，美国在全球影视市场中强劲的竞争力已经形成了垄断性格局。

三 结语与启示

长期以来，美国传媒公司在内容制作、市场推广、品牌运营等方面积累了丰富的经验，也具备了较强的综合实力，为全球扩张提供了坚实支撑。与此同时，美国网络视频平台在全球积极进行价值链和业务生态建设，致力于强化其竞争甚至垄断优势。另外，在全球影视产业深度转型变革的大背景下，媒体的发展策略、转型模式和升级路径非常关键，同时要强化风险意识，提升风险防控能力。以网络视频业务平台建设为例，传媒公司需要投入大量资金，例如美国华纳传媒公司为了打造订阅型网络视频业务"CNN+"，

---

[1] Jonathan Easton, "OTT Growth for Latin America", www.digitaltveurope.com, 7th March 2022, www.digitaltveurope.com/2022/03/07/ott-growth-for-latin-america.

[2] Joseph O'Halloran, "African OTT to Generate $2BN by 2027", www.rapidtvnews.com, 11 February 2022, www.rapidtvnews.com/20220211620051/african-ott-to-generate-2bn-by-2027.html#ixzz7KpNMKM5H.

[3] Joseph O'Halloran, "Top Five to Take Lion's Share of 1.7BN-strong SVOD Market by 2026", www.rapidtvnews.com, 17 November 2021, www.rapidtvnews.com/2021111761589/top-five-to-take-lion-s-share-of-1-7bn-strong-svod-market-by-2026.html#ixzz7CWixfyNS.

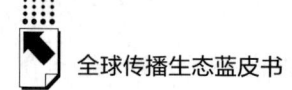

预计总投资为3.5亿美元;① 但网络视频平台往往需要几年才能实现收支平衡,例如美国派拉蒙环球公司（Paramount Global）的网络视频业务在2021年亏损10亿美元,2022年预计亏损额15亿美元。换言之,传媒公司一方面需要有雄厚的资本实力,另一方面也要有承受持续亏损的资本韧性,以及投资风险控制能力。

近年来,中国从事网络视频业务的媒体或公司在国际市场上取得了长足发展,但在全球市场的国际竞争力仍不及美国同类平台。究其原因,拓展国际市场、参与国际竞争的综合能力和内生动力不足可能是一个重要影响因素。以中国电影产业为例,它对接国际市场相对较早,但中国电影在全球市场的整体拓展力度和表现还不尽如人意。中国电影票房在2021年达到了约75亿美元（472.58亿元人民币）,美国电影票房仅约45亿美元;《长津湖》和《你好,李焕英》票房合计达到118.16亿元人民币,在全球都居前列,但中国电影票房收入绝大部分来自中国大陆市场,国外市场的贡献额非常小。② 随着中国影视产业资本、内容、渠道、技术、人才等方面实力的增长,中国影视业渐渐具备参与国际市场竞争的条件。在此基础上,中国传媒产业需要强化顶层设计和宏观规划,对国内产业资源进行合理布局和创造性转化,为国际传播能力建设提供强大的内容支撑和平台支持。

---

① Julian Clover, "CNN+ to be priced at ＄5.99", www.broadbandtvnews.com, 3 MARCH 2022, www.broadbandtvnews.com/2022/03/03/cnn-to-be-priced-at-5-99.

② David Hancock, "Chinese Cinema Box Office Leapfrogs US due to COVID-19", *Media & Technology Digest* 1（2022）: 4.

B.12
国际传播中的"Z世代"角色发展报告

姬德强 杨珉儿*

摘　要： 随着全球化进程的深入与数字大航海时代的到来,① 与互联网共生的"Z世代"逐步在国际传播中塑造出独特的话语体系,形成了多元、开放且平等的世界观。本报告通过把握"Z世代"的群体特征与媒介使用习惯,描摹出"Z世代"参与构建国际传播话语体系的实践图景,探索他们在讲好中国故事中所发挥的作用,以期为我国"Z世代"肩负起讲好中国故事的重大历史使命提供启示。

关键词： "Z世代"　国际传播　社交平台　青年意见领袖

"Z世代"主要是指1995~2009年出生,与互联网相伴成长起来的一代人,他们深受即时通信设备、移动应用软件等信息通信技术(ICT)的影响,因此又被称为"网生代"、"移动互联网原住民"或"数字原住民"。当前,全球"Z世代"人口总量已超过20亿人,2022年2月联合国经济和社会事务部发布的数据显示,"Z世代"人口占2021年世界总人口的1/3。② 可以预见,数量庞大且自带网络基因的"Z世代"正逐步成为推动社会进步的重要力量,承载着国际传播和文明对话的重大历史使命。

---

* 姬德强,中国传媒大学教授、博士生导师,人类命运共同体研究院副院长,媒体融合与传播国家重点实验室(中国传媒大学)研究员;杨珉儿,中国传媒大学国际传媒教育学院硕士研究生,数字伦理研究所研究员。
① 《视频天下时代的你:为未来而来!——在中国传媒大学2022级新生开学典礼上的讲话》,http://www.cuc.edu.cn/2022/0924/c1383a199172/page.htm。
② The United Nations, https://www.un.org/zh/global-issues/population。

一 当前国际传播中"Z世代"的特点

（一）形成主动的新闻消费习惯

信息通信技术的发展，尤其是人们获取新闻信息和参与沟通互动的方式的拓展，在很大程度上塑造了不同代际差异化的新闻消费习惯。譬如，1946年以前出生的群体大多处于信息静默的环境，没有发声渠道，也没有固定接收信息的途径，因此被称为"沉默的一代"（Silent Generation）。"婴儿潮"（Baby Boomers）一代伴随着电视的出现而成长，因此，他们的生活方式和与世界的联系都与电视媒体及其驱动的社会媒介化息息相关。而电视中隐藏着一系列"看不见的"审查机制，受新闻生产机制以及收视率逻辑制约成为被高度管控的空间，导致他们不加思索地单向度接收新闻信息，成为布尔迪厄口中"被操纵的木偶"。[①] 作为"80后"的"X世代"（Generation X）则出生于计算机革命兴起的时代，由于彼时信息科技尚未高速发展，他们面对虚拟网络在相当程度上保持戒备，在进行网络社会化活动时有着较为明确的目标：通过社交平台进行日常交流，借助新闻网页或者客户端获取新闻资讯。相比之下，"千禧一代"（Millennials）以更加积极的态度拥抱互联网信息资源，他们在成长过程中见证着信息技术的勃兴，甚至其中很多人成为互联网媒体行业"第一个吃螃蟹的人"，也因此拥有更广的触媒习惯，更加主动地在各类社交平台中获取信息和分享信息。

相较而言，"Z世代"的独特之处在于，上述所有信息通信技术和信息分发渠道在一开始就是他们生活的一部分[②]。他们诞生于移动互联时代且成长于"去中心化"的媒体环境中，媒体传播方式的变革和创新塑造了他们

[①] ［法］皮埃尔·布尔迪厄：《关于电视》，许钧译，北京大学出版社，2020。
[②] Pew Research Center, "Defining generations: Where Millennials end and Generation Z begins", https://www.pewresearch.org/fact-tank/2019/01/17/where-millennials-end-and-generation-z-begins/.

全新的认知方式。Statista 于 2021 年 6 月发布的一项全球研究表明,"Z 世代"群体更有可能使用社交媒体作为获取新闻的方式,因为 35 岁以下消费者中约 34%的人群使用社交媒体获取新闻,而所有成年人的这一比例为 26%。[1] 因此,"Z 世代"所掌握的媒介渠道更加多元化,媒介使用习惯也趋于高度个性化和碎片化,随之而来的是新闻消费习惯的改变,他们不满足于从传统广电中获取新闻信息,而是转向多元的新媒体平台。

而且,"Z 世代"个性化的新闻消费偏好和强烈的社交动机要求媒体内容具备高度的互动性和趣味性,因此,媒体必须在传统文字深度报道、可视化数据、长短视频、互动 H5 等不同叙事风格之间自如切换才能满足这一群体的内容需求。此外,他们不满足于被动接收信息,而是转向积极生产信息,并根据不同圈层需要组建虚拟群集,成为数字空间内最活跃的社会群体。同时,他们也是最具传播生产力和社会连接力的"产消者",尤其是在游戏、娱乐和社交媒体领域,而这三者极其容易产生国际传播的破圈效果。[2]

(二)自发参与网络环境监督

随着信息技术的裂变式发展和媒介形态的快速更替,移动终端相机性能的升级为用户创作视听内容提供了设备准入,个体的传播姿态愈加多元化,创新的传播空间被持续激发。因此,以多点发布的"传播织网"为主要特点的社交平台成为"Z 世代"的思想场域和生活社区,这种信息网核状裂变的结构没有传播中心,每个人既是信息的接受者,又是信息的发布者和 N 次加工者,"传受一体"的传播模式极大增强了用户的自主性和表达权的均等化。[3] 但是,没有准入门槛的信息生产环节和缺乏把关的信息传播过程使

---

[1] Statista, "Main news sources used by Gen Z or Millennials vs. total consumers worldwide as of February 2021", https://www.statista.com/statistics/281915/main-news-sources-millennials/.
[2] 姬德强:《讲好数字青年的故事"破圈"国际传播》,《中国青年报》2021 年 6 月 11 日。
[3] 漆亚林、高敏:《问题与策展:微媒体时代的青少年媒介素养建构》,《中国青年社会科学》2015 年第 1 期。

"掐头去尾"和"二次加工"的虚假新闻以及捕风捉影的网络谣言肆意横行。同时，伴随新冠肺炎疫情在现实物理空间的蔓延，阴谋论与反智主义、后真相等谬讯在全球范围内的虚拟赛博空间中形成信息疫情。因此，无处不在的互联网接入和全天候在线的生存模式也对"Z世代"的数字媒介素养提出了较高要求，不仅仅停留在对媒介的综合使用能力的层面，还包括"媒介消费素养"、"信息生产素养"、"社会交往素养"、"社会协作素养"以及"社会参与素养"，[1] 于是，"Z世代"逐渐在触媒过程中形成对媒介化社会的批判与反思。

2021年11月，在Twitter总部外举办了一场名为"鸟不是真的"（Birds aren't Real）的集会，以阴谋论的方式宣称北美的大多数鸟类都被政府杀死并被无人机或其他监视物体取代。美国的部分"Z世代"群体试图借助这场运动"在一个以网络阴谋论为主的后真相世界中，齐心协力对错误信息嗤之以鼻、战斗和取笑"。运动发起人彼得·麦因多（Peter McIndoe）面对采访坦言道："运动的支持者并非真的认为鸟是虚假的存在，他们选择用这种戏仿阴谋论的荒诞行径来解构互联网肆意横行的现实阴谋论。"[2] 由此可见，"Z世代"在自身专属的信息场域和传播话语体系里不仅形成了较高的数字素养、懂得审视虚假信息，也习惯于主动检索信息、自觉监督网络环境。"Z世代"正逐渐在重塑高质量信息环境和重视理性真实的叙事上发力，并尝试通过自己的影响力改写全球传媒生态。[3]

（三）密切关注全球性议题

移动通信技术的渗透和互联网的基础设施化也使世界各国用户的在线规模和在线时长显著增加，"Z世代"可以充分借助多元终端了解国际局势，

---

[1] 彭兰、高钢：《中国互联网新闻传播结构、功能、效果研究》，高等教育出版社，2011，第291页。
[2] Taylor Lorenz, "Birds Aren't Real, or Are They? Inside A Gen Z Conspiracy Theory", https://www.nytimes.com/2021/12/09/technology/birds-arent-real-gen-z-misinformation.html.
[3] 王沛楠、史安斌：《2022年全球新闻传播新趋势——基于六大热点议题的分析》，《新闻记者》2022年第1期。

关注文明冲突与和平、生态文明与环境保护、反对歧视与性别平等、多边主义和全球化、文化和教育等全球紧迫性议题。在"Z世代"眼中，这些议题淡化了意识形态和文化差异，他们更多地纳入了跨区域、跨文化和跨阶层的多元视角。

根据皮尤研究中心的一项调查，关心气候变化的"Z世代"社交媒体用户在社交平台上脱颖而出，包括他们对解决问题的重视程度、他们为应对气候影响的政策提供的支持程度，以及他们在应对气候影响或接触到气候内容时所产生的情绪反应，近七成的"Z世代"表示了对未来的担忧和对现状的不满。同时，在气候行动的必要性以及对这一问题的参与方面存在较为显著的代际差异，"Z世代"（45%）和"千禧一代"（40%）社交媒体用户比"X世代"（27%）和"婴儿潮一代"及以上（21%）社交媒体用户更有可能参与有关需要采取行动应对气候变化的内容（见图1），而且已有32%的"Z世代"至少采取了四种行动中的一种（捐款、联系政府官员、参加志愿服务或集会抗议）来帮助应对气候变化。[①]

（四）塑造开放平等的世界观

在"东升西降"的国际格局变化和以"一带一路"倡议为引领的"新全球化"的影响下，全球"Z世代"群体看待国际问题的视角以及参与国际事务的态度都呈现平等化的趋势。美国卡内基国际和平研究院在《"Z世代"将如何改变外交政策》中指出，作为历史上与全球联系最紧密的一代，欧美的"Z世代"对内更关注经济衰退而非战争威胁，对外更加关注全球气候变化而非大国博弈。因此，美国"Z世代"提出，政策制定者须重塑美国全球角色，摒弃"全球警察"的过时愿景，转而采取有限的

---

① Pew Research Center, "Gen Z, Millennials Stand Out for Climate Change Activism, Social Media Engagement With Issue", https：//www.pewresearch.org/science/2021/05/26/gen-z-millennials-stand-out-for-climate-change-activism-social-media-engagement-with-issue/.

Gen Z and Millennial adults more likely to engage with climate change content on social media than older generations

% of U.S. adult social media users who ___ with content on the need for action on climate change

■ Engage with   ■ Do not engage

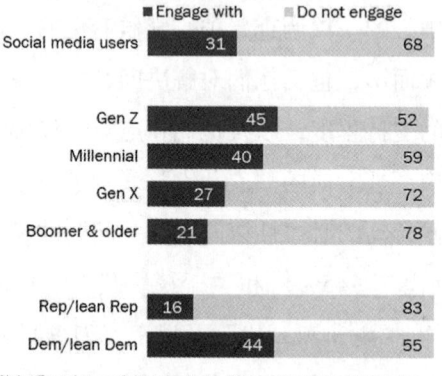

	Engage with	Do not engage
Social media users	31	68
Gen Z	45	52
Millennial	40	59
Gen X	27	72
Boomer & older	21	78
Rep/lean Rep	16	83
Dem/lean Dem	44	55

Note: Based on social media users. Respondents who did not give an answer are not shown. "Engage with climate content on social media" defined as those who follow an account, interact with posts, or post or share content on social media related to addressing global climate change.
Source: Survey conducted April 20-29, 2021.
"Gen Z, Millennials Stand Out for Climate Change Activism, Social Media Engagement With Issue"
PEW RESEARCH CENTER

图 1　2021 年美国不同代际社交媒体用户对气候问题的关注程度

谦虚姿态。[①] 中国的"Z 世代"在古今中外的话语冲突和"东升西降"的群体性崛起中，不断见证着国际形势和外部环境演变，因此，他们形成了强烈的国家民族认同感和中华文化自信心。而加拿大和澳大利亚等国开启的多元文化主义政策也在"Z 世代"落到实处。[②]

加之技术驱动下广泛而即时的全球连接带来多元观点的表达和碰撞，世界范围内的文化交流带来婚姻、性别、种族等诸多领域的再反思，这些也促使"Z 世代"形成更加开放且平等的世界观。国际社会重大格局变迁使"Z

[①] The Carnegie Endowment, "How Gen Z Will Shake Up Foreign Policy", https://carnegieendowment.org/2020/12/03/how-gen-z-will-shake-up-foreign-policy-pub-83377.
[②] 孙美娟：《凝聚国际传播"Z 世代"力量》，《中国社会科学报》2022 年 2 月 18 日。

世代"形成新判断力和开放态度,他们已经成为影响社会发展的新生力量,也是做好国际传播的主力军。

二 "Z世代"的国际视频社交平台使用状况

伴随着移动互联网的完善、智能终端的普及和移动流量资费的下降,视频的拍摄、上传和加载更加便捷,使互联网和社交媒体逐渐形成内容领域的"视频转向"(Pivot to Video),包括移动互联在内的网络媒体平台正在成为一个基于视频内容驱动的"收视平台"。[①] 作为网生群体的全球"Z世代"已经呈现对 TikTok、YouTube、Instagram 等以可视化信息为核心内容的视频社交平台的偏好(见图2),借助便携式终端和附带的影像程序,他们能够人机合一地随时进行创作、分享和展示,输出自我价值,打造自己的影响力。

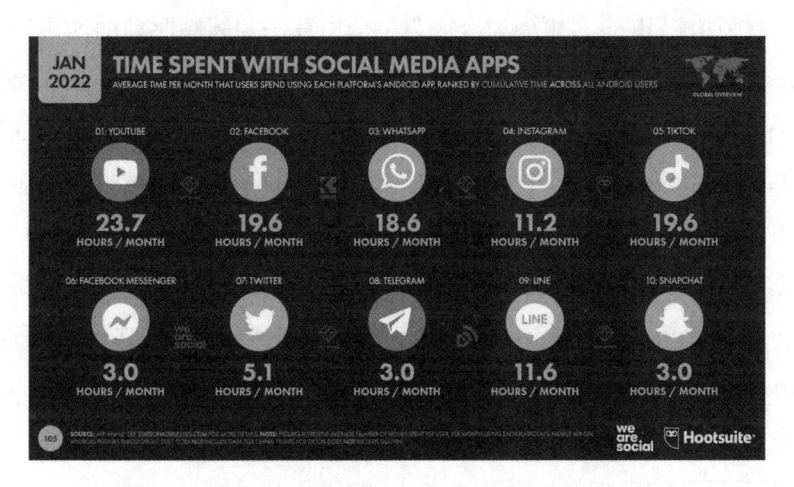

图2 2022年主要社交媒体平台的用户平均使用时长

[①] 王沛楠:《视频转向与国际传播理念创新》,《电视研究》2019年第7期。

（一）TikTok

根据Statista的统计，截至2021年12月，TikTok在美国共有7870万用户，其中约有3730万用户属于"Z世代"。[1] 随着"Z世代"用户数量的快速增加，TikTok持续吸引娱乐、快消、电商、媒体等众多行业的入驻，已经成为品牌推广和行业信息发布的一个必经站点。"Z世代"不仅在TikTok上寻找娱乐内容，也越来越多地利用该平台学习知识或讨论全球性议题，例如气候变化、政治形势和国际新闻等，[2] 从而形成了高黏合性的参与度和忠诚度。虽然大多社交平台都提供此类内容，但TikTok"丝滑"的界面设计和强大的视频编辑能力对"Z世代"有着独特的吸引力。

（二）Instagram

从2010年10月诞生并成为"图文社交"的"领头羊"到2020年8月上线短视频功能Reels，再到如今成为一个由算法和视频驱动的通用娱乐平台，Instagram过去12年的发展也恰恰反映了社交媒体格局的演变。DataReportal的《数字2022：全球概览报告》显示，在全球最受欢迎的社交媒体平台中，Instagram（14.8%）现已超过Facebook，在全球排名中位列第二，约57%的"Z世代"社交媒体用户使用Instagram。[3] Instagram的"高亮"创作者并非千万粉丝级的KOL，因为在此平台上，"Z世代"会受到各类创作者的影响，他们的关系主要围绕共同的兴趣而建立。换而言之，Instagram中的"Z世代"用户更愿意与自己感兴趣的影响者建立更加紧密的联系，而非成为大V们的拥趸。

---

[1] Statista, "TikTok user demographics in the United States", https://www.statista.com/statistics/1095186/tiktok-us-users-age/.

[2] eMarketer, "TikTok Will Have More US Gen-Z Users Than Instagram by Year-End", https://www.adweek.com/media/emarketer-tiktok-will-have-more-us-gen-z-users-than-instagram-by-year-end/.

[3] DataReportal, "Digital 2022: Global Overview Report", https://datareportal.com/reports/digital-2022-global-overview-report.

（三）YouTube

App Annie 的研究表明，典型的 YouTube 用户现在每月几乎花 23.7 小时使用其移动应用程序。[①] 在观看内容上，配乐视频是"Z 世代"用户每周都会观看的内容，其次是 Vlog 和一些"网红日常"。除了娱乐性内容，"Z 世代"也将 YouTube 视为帮助他们实现人生规划的一个重要工具，比如"跟我一起学"（study with me videos）的走红，这类视频一般是博主记录学习过程以此来督促自己养成良好的学习习惯，观看者将视频中的人视为和他们一起学习的同伴，这体现了"Z 世代"对于人际联系和情感勾连的需要。同时，还有很多人专门在 YouTube 上搜索 DIY 项目和经验技巧类的视频。这一趋势向世界展示了"Z 世代"在拓展视频社交平台的功能，这对国际传播中如何利用视频与年轻受众沟通有着重要的启示意义。

三 中国"Z 世代"在国际传播中的角色和作用

随着我国日益走近世界舞台中央，我国的国际传播目标也随着国际地位的变化而调整，从"让世界听见中国声音"逐渐走向"国际话语权建构"，从"寻求认知"逐渐走向"寻求共识"。[②] 随着古今中外的话语变迁以及"东升西降"的国际局势演变，中国"Z 世代"对中华文化的理解和对国家民族的认同愈发深刻。同时，随着移动终端的普及和信息传播的广泛性和便利性的提升，中国"Z 世代"拥有与全球各国"Z 世代"展开直接交流的机会，通过个性化视角与可视化内容的结合在全球化语境中呈现中国的真实样貌。

（一）以民族认同和文化自信话语，参与构建友好的国际舆论环境

信息传播技术的发展拓展和加速了全球范围内的跨文化沟通与碰撞。近

[①] DataReportal，"Digital 2022：Global Overview Report"，https://datareportal.com/reports/digital-2022-global-overview-report.

[②] 韩晶晶、赵允智、熊奕瑶：《动画短视频如何开辟国际传播新路径？——以"动画里的中国"系列短视频为例》，《中国记者》2022 年第 2 期。

年来，随着综合国力和国际地位稳步提升，中国的对外传播取得了长足发展，但同时也陷入了"有话说不出""有理讲不清"等"被建构"和"被误读"的被动舆论环境中。这是因为中国国内话语体系，如政治话语体系和媒体话语体系等，与国际话语体系在一定程度上仍存在脱节甚至逆向发展的问题。以媒体话语体系为例，主流媒体往往有着专业的叙事逻辑和严谨的采写作风，面对域外市场和海外受众的传播也大多基于上述话语惯性和叙事结构。难免会导致一系列"时"和"度"把握准确，但"效"有所落差的传播难题。因此，媒体需要全面地看待中国话语的"质"和"量"，突破独白式叙事的瓶颈，打造超越传统政治、经济、社会和文化边界的新话语空间，构建符合年轻世代脱域化信息交流和社会交往的全球传播生态。[1]

如今，全天候在线的中国"Z世代"是建立友好的国际舆论环境的重要一环，他们的成长伴随着国家复兴的进程，北京奥运会、新中国成立70周年、建党100周年以及中国抗疫成就等塑造了他们对中华文化的自信和对国家民族的认同。因此，"Z世代"既符合跨文化交流的需要，又熟知社交媒体平台传播所需的表达形式，他们所开展的国际交流与形象展示可以与全球青年网民产生较好的互动和对话。在实践方面，"Z世代"可以借鉴李子柒的跨文化传播经验，她依据中国传统文化中的时令节气和传统节日来选择主题，遵循自然规律呈现中国乡村的传统日常生活和中华美食文化。同时，文字语言与图像、声音等非语言符号结合起来的表现形式，既能融合图、文、声、色、味、触等多感官模态话语增强海外用户认知效果，也能打破语言壁垒提升中华文化的吸引力。海外用户除了在文化交织中感知中华传统，也在他者文化的"图式"中认知本土文化。[2] 同时，基于视频的虚拟网络集群形成了解疑答惑的互动域，构筑了多层次的对话，有助于不同文化背景的用户产生情感认同和文化互信，从而对真实立体的中华民族和中华文化产生深厚

---

[1] 张毓强、潘璟玲：《在变局中回到自我：中国与世界沟通的未来五年》，《对外传播》2021年第1期。
[2] 辛静、叶倩倩：《国际社交媒体平台中国文化跨文化传播的分析与反思——以YouTube李子柒的视频评论为例》，《新闻与写作》2020年第3期。

兴趣。

如果要在国际传播中实现理性沟通，中国亟须跨越以自我文化为中心的封闭樊篱，在通俗意义上说，就是逐渐摆脱自我设限，以否定之否定的实践姿态和坚定"四个自信"的态度面对复杂的舆论场，增强国家认同感和文化自信，创新对外传播的话语体系，建立"我和你"的间性对话机制。譬如，B站和湖北卫视联合打造的《非正式会谈》系列节目，邀请在中国的国际留学生和中国"Z世代"开展跨文化背景下的交流与碰撞，受到国内外青年的广泛关注，国外多家孔子学院也将《非正式会谈》作为中文教育的重要视频素材。"非正式"的节目形式与传统严肃的会议相区别，秉承着求同存异和包容的理念传播不同国家的文化。通过诙谐调侃的方式进行全球性分析，让更多人了解到不同国家的文化。中国的"Z世代"也可以通过第一视角输出相对软性的中华文化相关内容，既不能妄自尊大，也不要妄自菲薄，主动发声消除隔阂，增进海外受众的中国认知，从而逐步从文化自信走向文化互信，形成友好的国际舆论环境。

（二）以个性化视角和年轻化叙事，营造全球可沟通的意义空间

在人类新一轮的交往革命中，由于国情、文化、宗教等方面的差异，传统的传播手段和传播方式受到挑战，宏大叙事在海外受众中收效甚微甚至容易引起反感。[1]如此"传而不通"的叙事方式会使传播客体"通而不达"，最终形成"达而不受"的传播效能困局。因此，需要纳入个性化视角和年轻化叙事，寻找中外文化共通体和情感连接点，整合对话双方的文化观念和叙事思维，以此构建更加平衡、平等和平实的对外传播格局与话语权力秩序，进而塑造和扩容可沟通的意义空间。

从传播效果角度出发，社交媒体在文化传播、观点展示、舆论表达、价值观培养等方面显现出不可替代的作用。"Z世代"需要借助社交媒体讲述

---

[1] 张梦晗：《青年网民的互动与沟通：复杂国际环境下的对外传播路径》，《现代传播（中国传媒大学学报）》2018年第12期。

"Z时代"的故事,实现打破物理壁垒的即时沟通,营造全球可沟通的意义空间,聚焦于文明冲突与和平、生命健康与人权、科技创新与可持续发展、生态文明与环境保护、反对歧视、多边主义和全球化、文化和教育等全球紧迫性议题。2021年,新华社国际传播融合平台推出面向全球"Z世代"的英语脱口秀节目《迪迩秀》(Deer Show),不仅在传播形式上创新设计成短视频节目,也在传播内容层面主动触碰严肃性国际议题如中美关系。如此不同于往日"官方发言人"的传播形式给全球"Z世代"带来了意料之外的视听体验。贴合角色定位的场景转换、符合人物性格的服装搭配和结合国际特色的语言表达使"Z世代"不自觉地进入戏剧性的表演,并在故事性、观点性表述中围绕国际议题进行思考和讨论,从而构建了易理解、易吸收的共通意义空间。

同时,《迪迩秀》通过"人格化叙事"的短视频对美国政客炒作的"实验室泄漏病毒论"和闹剧式的全球"民主峰会"等热度较高的国际议题进行全面阐释与深度解析,以个性化视角和年轻化语态快速梳理关键时间节点,揭示美国在抗疫不力的背景下甩锅中国的真相,竭力避免在话语层面掉进美国设定的政治话语陷阱。最终收获了单个视频在海内外点击量破4亿的成绩,[①] 在社交叙事中增进了不同国家的"Z世代"受众对中国的真实观察和体验。

(三)以可视化形式和高质量内容,讲好中国故事,塑造中国形象

习近平总书记在中共中央政治局第三十次集体学习时强调,要"讲好中国故事,传播好中国声音,展示真实、立体、全面的中国"。[②] 新时代向世界展示中国理念和中国精神、中国道路,需要将好概念和好政策转化为好故事。同时,也要打开中国故事的多维讲述空间,"Z世代"将自己嵌入整

---

① 袁玥:《接入Z世代的平台:中国主流媒体短视频传播创新实践——以〈迪迩秀〉为例》,《现代视听》2022年第3期。
② 《习近平:讲好中国故事,传播好中国声音》,求是网,2021年6月02日,http://www.qstheory.cn/laigao/ycjx/2021-06/02/c_1127522386.htm。

个传播环境中，使人与技术、人与环境甚至人的情感达成深度勾连，实现"情感共振"的效果。从内容生产层面对于核心价值观的引入和高品质输出的把握，到内容传播层面对于国际传播话语的再梳理，再到内容反馈层面对于多元声音的吸收，通过具有共识性价值的传播实践和理念提升国际社会对于中国故事的认可度和接受度，而后通过可视化形式和高质量内容激发海外受众的多重感官体验，激活其情感唤醒机制，实现基于情感共鸣的价值认同，从而在更大层面引发国际传播环境中对于中国故事的共鸣效果。[①]

2021年7月，在上海市委外宣办策划指导下，"Z世代"插画创作团队聚变工作室与哔哩哔哩（B站）合作，携手推出了"一个都不能少——长卷寻宝"系列插画作品。[②] 长卷融合了动图、视频、H5互动游戏等融媒体传播方式，以人民为主角，通过民族以及省区市的地理区划作为主要线索，将24幅插画场景串联起来，并通过隐藏的100个知识"彩蛋"将习近平总书记的扶贫足迹、党的百年历程闪光点、全国脱贫攻坚楷模的事迹融入祖国的绿水青山中。通过借助习近平总书记关于"绿水青山就是金山银山"的科学论断，精准地切入了全球"Z世代"所关心的全球环境保护议题。同时，社交化、个性化的交互体验使海外"互联网原住民"自觉成为中国故事的"宣传者"，以色列UP主"高佑思不是皮克"和新西兰UP主"绿眼睛Andy"借助镜头将可视化的中国扶贫故事和游戏化的美丽景象呈现在更多海外用户眼前。[③]

四 "Z世代"特征对国际传播能力建设的启示

作为推动中外合作交流和东西文明互鉴的重要角色，"Z世代"的观念

[①] 张毓强、潘璟玲：《新征程、再启程：中国国际传播理论与实践新纪元》，《对外传播》2022年第5期。
[②] 《Z世代讲述百年大党暖心故事收获世界点赞》，《文汇报》2021年7月25日，https：//wenhui.whb.cn/third/baidu/202107/25/415728.html.
[③] 《Z世代插画长卷闯出中国故事全球传播新路径》，《文汇报》2021年7月30日，https：//wenhui.whb.cn/third/baidu/202107/30/416808.html.

和选择已经成为全球关注的焦点之一。通过研究"Z世代"的特征，凝聚"Z世代"力量，可以为推动构建人类命运共同体贡献青春力量，为全球治理提供青年智慧，这对于培养世界青年意见领袖和建设国际交流平台有着重要意义。

（一）培养世界青年意见领袖，推动构建命运共同体话语社群

数媒时代，互联网传播的去中心化、实时性、共享性等扁平化的属性特征极大地促进了网民的平等观念，社交媒体平台的自我叙事、垂直、多元等差异化的结构特点创造了圈层的讨论空间。因此相比官方话语和名人效应，"Z世代"在以趣缘为纽带的网络社群中更愿意倾听在同一圈层内的意见领袖的声音。全球网络指数网站GWI在《2022年Z世代群体研究报告》中指出在所有关注意见领袖的群体中，"Z世代"用户数量遥遥领先，截至2021年第三季度，他们对意见领袖的关注度比普通社交媒体用户高出31%。[1] 在互联网"一步流"的传播模式下，意见领袖的群体影响力愈加凸显，用好其信息解码、舆论引导和议程设置等能力可以为引导青年价值观和形塑青年世界观提供路径支撑。[2] 因此，培养世界青年意见领袖，是做好国际传播的新出发点，是推动构建人类命运共同体的关键步骤。

首先，可以从与国际青年舆论领袖的合作入手，充分运用"他者"视角，可提升内容的客观性，还能更精准地触达受众群体，满足海外受众需求。同时，借助此类网红在社交媒体上与粉丝建立起的较高信任关系、话语权和影响力，可影响或改变受众的认知和态度，提升传播效果。例如，CGTN与国际网红合作创办的系列个人专访短视频节目"Looking into China"（展望中国）发布于YouTube平台，将中华文化、涉华热点事件、社会发展现象等宏观主题巧妙地融入其中，增加了亲切感，打破了语言屏障，促进了中国故事的本土化传播。[3]

---

[1] GWI, "The latest trends for Gen Z", https：//www.gwi.com/reports/generation-z.
[2] 李佳：《数媒时代意见领袖的变迁、边界与进路》，《青年记者》2021年第7期。
[3] 赵子忠、王梦琦：《2022年国际传播展望》，《青年记者》2022年第1期。

其次，可以在海外留学生、中国移民二代、对华友好的华裔等海外力量中培养意见领袖，他们生活或穿梭于中西方社会，其视角更加具有跨文化的同理心。他们既了解西方国家对中国的"误读"，也熟悉中国"故事"，其传播具备不同文化社会情境中生活的在地性，可在更加微观和透明的社交叙事中增进不同国家受众对中国的真实观察和体验。由他们来传播中国故事议题，更可能建构起一个能在全球范围内获得不同族群认可、被跨文化群体普遍接受的世界故事。①

（二）重视国际交流平台建设，为全球治理贡献青年智慧

平台化转型趋势与平台化思维的运用可以为我国主流外宣旗舰媒体开辟新的发展路径，平台化思维主要基于平台经济的市场环境和运营逻辑，做好国际传播应根据不同平台的系统和特征调整内容和服务供给，并自主搭建自有、可管、可控的新型传播平台。② 一方面，做好对外文化交流和多层次文明对话的顶层设计，基于世界眼光和全球叙事优化海外媒体战略布局。从"多平台、多分发、多价值"的传播理念出发，建构我国主流媒体海外信息传播格局，发挥数字媒介的功用并融合人文智慧，不断增强自身国际传播竞争力。

另一方面，充分利用海外社交媒体资源，搭建海外社交媒体信息传播矩阵，对标国内年轻化的社交媒体，针对 TikTok、Instagram、YouTube 等社交媒体进行专业化、精细化深度运营工作，制定基于差异化用户心理的传播策略，提高"Z世代"粉丝黏性。例如，《人民日报》根据"Z世代"获取信息和兴趣导向的特点，在 Facebook 和 Twitter 平台开设 Video China（提供优质短视频）、Beautiful China（发布旅游文化、美食美景内容）、Modern China（提供商业经济、基建动态内容）垂类内容分账号，为有不同需求的海外社

---

① 张志安、唐嘉仪：《民间主体参与平台网络国际传播的路径和策略》，《对外传播》2022年第2期。
② 姬德强：《平台化突围：我国国际媒体提升传播效能的路径选择》，《中国出版》2021年第16期。

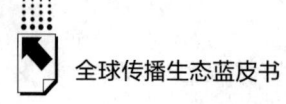

交媒体用户提供更多样化地了解中国的渠道。① 同时，凝聚"政府+社会组织+企业"三位一体的力量，重视对国外青年群体的传播内容、产品载体的开发，实现信息内容、技术应用、平台终端、管理手段的共融互通。将正向的价值观念蕴含在建设交流平台和营造创作环境中，启迪"Z世代"群策群力为全球治理贡献青年智慧、发挥青年力量。

---

① 赵子忠、王梦琦：《2022年国际传播展望》，《青年记者》2022年第1期。

B.13
打破惯性思维 探析全球传播新路径
——CGTN两个国际传播经典案例分析

江和平*

摘　要： 本报告从亲历者视角探寻CGTN两个国际传播经典案例对中国国际传播的启示。作为身处一线的国际传播工作者，必须不断解放思想，稳扎稳打，持续开拓创新。首先，要以内容建设为根本，增强重大议题设置能力。通过抢时效、进现场、强原创、拼独家、重深度、扩广度，传递中国声音，宣介中国主张。其次，要充分把握传播市场发展规律和趋势，深度推进"移动优先、台网并重、先网后台"的传播策略，抢占国际主流传播平台，提升传播效果。此外，CGTN还必须以媒体外交为手段，围绕"人类命运共同体"相关话题，持续打造"全球行动倡议"等品牌活动，与联合国、国际货币基金组织、世界银行等国际权威机构和人士合作，构建更广泛的国际传播"统一战线"，扩大"朋友圈"，向国际社会展现真实、立体、全面的中国。

关键词： CGTN　国际传播　传播策略

国际传播有狭义和广义之分。从狭义角度来看，国际传播专指对外新闻报道。但从广义角度来看，对外交流交往，境内外大型国际展览、论坛、活动等都属于国际传播范畴。

---

* 江和平，中央广播电视总台北美总站负责人、高级编辑。

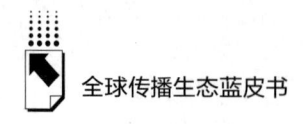

笔者从2000年创办CCTV-9英语频道到2016年创办CGTN，在国际传播的职业生涯中，更多从事新闻报道和频道运营，这是国际传播的载体。但要产生传播效果，还必须打破惯性思维，勇于探索新路径、尝试新做法。

CGTN开播以来，笔者参与策划并亲身经历了两个经典案例。一是2018年5月30日刘欣约辩Fox Business主持人翠西·里根（Tracey Regan）；二是2022年1月10日中央广播电视总台（简称总台）北美总站在华盛顿首都体育馆举行的"迎冬奥——一起向未来"媒体行动。这两场活动均产生了广泛的传播力和影响力，受到社会各界一致认可，被业界和学界认定为国际传播的经典案例。本文试图从亲历者视角探寻两个案例对中国国际传播的启示。

一 刘欣约辩翠西 新策略引发爆发式传播效果

尽管因为CGTN的版权问题，美国方面不同意在中国境内直播，而且在新媒体平台发布也必须在12小时以后，这场大家期盼已久的中美主持人跨洋约辩最终还是如约而至。2018年5月30日当天刘欣应邀连线参加了翠西主持的晚间财经节目，一向给嘉宾提问的刘欣这一次被提问了。在16分钟的对话中，刘欣围绕"公平贸易""知识产权""关税"等议题与翠西有理、有节地进行问与答。这是中国主持人首次与美国主流媒体进行硬碰硬的正面交锋。刘欣通过跨洋对话讲透了中国观点，讲清了中国立场，讲明了不能为一己私利而破坏世界经济的正义道理。通过总台全媒体、全平台传播，对话有效放大了中国声音。外界普遍认为，中国主播敢于斗争、善于斗争，在与美舆论斗争中占了上风。

"中美主播约辩"事件引发海外主流媒体及社交网络热议。路透社、彭博新闻社、《纽约时报》、《华尔街日报》等均对此进行了报道，中国观点与中方立场在海外以崭新的话语方式得到了有效传播。需要特别指出的是，Fox电视频道的观众也是特朗普的铁杆支持者，此次辩论让他们听到了中国人的声音，打破了自中美贸易摩擦以来中国"有理传不出"的局面。不仅如此，刘欣后来还接受了美国全国公共广播电台（NPR）的专访，使中国的声音更广泛地触达美国主流人群。

刘欣与翠西跨洋约辩事件是CGTN建设成果的集中爆发，是近年来中国国际传播能力投入和建设的必然产物，体现了CGTN的传播力和影响力。由此而生发的一系列新策略、新做法，对于讲好中国故事也具有启示意义。

第一，个体定位打破官媒传播壁垒。跨洋对话事件，既有刘欣个人行为引发的偶然性，更有多年来国际传播积累创造此次机会的必然性。与官方媒体的舆论轰炸不同，个体声音更容易引起舆论关注。刘欣和翠西"互怼"，更像是两个狙击手的较量。正是这种点对点的交锋，使中美贸易观点碰撞呈现几何级放大效果。对话过程中，刘欣主动强化个体定位、淡化官方色彩也是辩论成功的关键。翠西在开场时就坚称"我的嘉宾是中国共产党的一员"，刘欣则坦诚表明自己的非党员身份，着重强调不代表官方立场，避免被贴上官方代言人的标签。

第二，"三个转化"凸显国际传播独特价值。CGTN是国际传播媒体，传播方式和角度必须有别于国内报道，尤其是要做好"三个转化"：一是将"政务报道"转化成"政治理念和政策解析"，二是将"大政方针"转化成"公共政策报道"，三是将"主题主线成就宣传"转化成"中国社会民生故事"，使用西方受众更加熟悉的话语体系，才能使传播更具感染力、穿透力。

第三，过硬语言能力保障思维国际化。CGTN作为非英语母语国家开办的国际媒体，语言国际化是眼光和思维国际化的前提。在对话开始之前，刘欣的英语专业水平已被中外网友津津乐道。

中央电视台的英语传播从1986年开始，在36年间从CGTN News到CGTN培养了一大批英语传播人才。刘欣不是一个人在战斗，她的背后是整个中央广播电视总台的有力支撑。经过三次模拟辩论、多次轮番对垒提问，以及团队加班加点的精心准备，刘欣不负众望，用CGTN的国际化思维、用外语与对方的母语进行辩论，有理有据地呈现中国人的观点。

第四，"专家型"媒体人有效扩大媒体影响力。当事人不仅语言能力要强，也必须是相关领域的专家。培养"专家型"媒体人是CGTN的一贯理念。刘欣1997年进入中央电视台英语新闻栏目工作，1998年即开始主播《环球瞭望》节目。当《环球瞭望》改版成为首档英语直播节目后，刘欣也成为英语频道第一位直播节目主持人。2010~2016年，刘欣负责组建了央视驻瑞士日内瓦记者站并担任首席记者。长期以来的职业积累，成就了一个"专家型"的主持人。在团队的共同努力下，刘欣针对翠西的主持特点、可能预设的话题，做了专业预判和充分预案，对问题的回应获得各方认可。在后续接受法新社、路透社、NPR等媒体专访时，刘欣均应对自如，观点精彩，体现了极高的媒介素养，也推动了事件的二次传播，持续扩大了海外影响。

第五，培养一支信得过、靠得住的专业队伍才能赢在关键时刻。CGTN是中国人开办的国际传播平台。习近平总书记在开播贺信中所说的"鲜明的中国视角"即是CGTN的特色、风格和气质。这也决定了在涉及价值观、国家核心利益等层面的报道时，必须要培养并依靠自己的人才。刘欣的职业成长，始终与央视的国际传播相伴，政治立场、职业操守都是值得信赖的。值得一提的是，辩论结束之后，刘欣的国籍问题一度成为国内外网友关注的焦点，甚至有谣言说"刘欣是美国人"。但刘欣接受海内外多家媒体采访，毫不避讳这一话题，一再澄清自己的中国籍身份，获得了网民的正向反馈。这件事情也说明CGTN需要众多的国际面孔来丰富报道视角、屏幕形象，但要培养一支信得过、靠得住的专业队伍，关键时刻才能克敌制胜。

第六，找准海外主流受众"痛点"，强化观点自塑力，抓住扩大国际传播影响力关键。翠西提的五个问题，都是美国受众最关心的问题，也是美国社会给中国贴的标签，更是长期以来美国人对中国的刻板认知。刘欣采取了一种克制、坦诚、不回避问题的对话策略。谈及知识产权，直言双方可以互惠互利；谈及中国发展，反问"为什么中国不能像一个成人一样长大点呢？"统计数据显示，在两主播的推特留言区，刘欣获得大量网民支持。刘欣所发的8条推文在推特全网获得了最高声量，而翠西仅有两条推文进入声量前二十。在"非本土战场"上，作为中国媒体人，刘欣能够反客为主、获得广大网民关注和支持，表明 CGTN 国际传播大有可为。

在国际传播中，笔者认为既要采用东西方通吃的全球话语方式，也要以 G7、G20 等西方大国和"一带一路"沿线国家为主要目标，抓准"他塑"到"自塑"转变的核心"硬题材"，积极表达中方观点。

第七，视频基因催生融合传播的闭环机制。"中美女主播对话"案例是 CGTN 闭环式融合内容生产的典型案例。CGTN 新媒体对外传播实现了内容采集、制作、分发、舆情监测和效果评估等环节的一整套闭环操作。在这个闭环中，首先是 CGTN 采集到海外舆情，依托其视频优势，有针对性地制作、分发，并实时监测传播效果。这个过程中每一个节点，都是 CGTN 融合传播必不可少的一部分，印证了视频融合传播所能产生的巨大动能。视频具有无可比拟的强大穿透力，是传播的最高形态。视频是 CGTN 的基因所在，没有这个基因，其所表达的内容都会淹没在信息的汪洋大海之中。

第八，解放思想，因势利导，实现外宣理念升级换代。国际舆论环境在变，中国在世界上扮演的角色在变，固有的外宣理念也需要升级换代。如果 CGTN 按照固有思维、畏首畏尾，很可能与这次对话失之交臂，也就在舆论场错失了阐释中国主张、中国观点的良机。

多年来，CGTN 在诸多重大报道中都交出了亮眼的成绩单。今后，CGTN 还要敢打敢拼，坚持效果导向，以成果论英雄。

第九，国际传播与国内传播要相互借力，才能相得益彰。当前，全球社交媒体已经成为国际传播领域的一个重要的舆论"战场"，是直接接触海外主流人群最有效的渠道，是扩大国际报道影响力的必由之路。CGTN 在海外平台精心布局，首先燃起"战火"，同时也引起了国内舆论的热烈关注。微博话题"CGTN 刘欣与福克斯主播翠西约辩"阅读量达到 9.7 亿，相关话题多次冲上微博热搜榜，刘欣的个人微博一周内就涨粉十几万。与此同时，国内的关注热度又引起外媒的广泛关注，再次反射到海外社交平台。推特平台上，英国《卫报》、《华盛顿邮报》、德国媒体等多位相关领域认证用户纷纷转引、点赞 CGTN 新媒体贴文，CGTN 官方主账号和用户的互动又带动了数百万二次传播。国内国际反复发酵、相互借力、相得益彰。

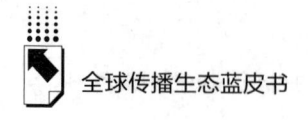

爆发式的传播效果并不是昙花一现，长尾效应仍在持续。此次跨洋对话虽然时间很短，但已成为中国国际传播的经典案例，对CGTN的影响也是深远的。

二 "迎冬奥一起向未来"媒体行动 话题策略打造"推波助澜"的长尾效应

2022年1月10日，中央广播电视总台北美总站在华盛顿首都体育馆举行"迎冬奥 一起向未来"媒体行动，取得圆满成功。在此期间，笔者按照"想到""去到""采到""发到""独到"的"五到"工作法对本次活动做了充分准备。其中，以"发到"实现"独到"是良好传播效果的关键所在。1月11日央视新闻客户端就本次活动发稿，阅读量迅速突破70万，最终达到85万。1月12日新闻联播就此次活动播出30秒"联播快讯"。同时，通过合作传播平台对外推送，该媒体行动相关稿件获北美地区87家主流媒体转载，触达海外受众850多万人次，有力提升了总台的引领力、传播力、影响力，为冬奥会的顺利举办营造了良好的外部环境。另外，当天Vlog"总台在美国体育场快闪'一起向未来'，美国观众嗨翻天了！"，以网感十足的方式完整记录活动现场，浏览量1625万、视频观看量1246万。该视频在微博平台名列"体育日榜最高排名十二"，并迅速在朋友圈和其他平台发酵。该活动视频在央视频抖音账号发布4小时后观看量就达到1213万，名列Top42热榜。

外交部发言人汪文斌在1月14日回答央视记者提问中表示："我也注意到这场活动的视频，现场充满了中国的传统元素和冬奥氛围，美国观众的反响也十分热烈。这场活动的成功充分表明，北京冬奥会是全球冬奥运动员和冰雪运动爱好者的盛会，也反映了美国民众和国际社会热切期盼北京冬奥会的共同心声。"

同一天，央视新闻客户端还发了"主播说联播丨美国观众收到一份'虎虎生风'的冬奥邀请"视频，由康辉点评这一活动，从另一角度升华了此次媒体行动。

外交部发言人答问和"主播说联播",体现了总台将热点新闻转化为热点话题的持续报道能力,形成了"推波助澜"的长尾效应,实现了反响热烈的正向传播效果。周一开始的活动到周五仍在发酵,持续时间之长在总台国际传播中是没有先例可循的。北京有位同事说,这是冬奥会倒计时之际,总台为冬奥会做了一次声量最高的推介活动,极大地鼓舞了国人的士气。

具体而言,此次以话题策略为核心的媒体行动传播具有以下十个特点。

第一,主动作为是前提。2021年底,北美总站收到总台为筹划"全球媒体创新论坛"给各总站布置的任务,论坛主题是"共享科技冬奥"。而这恰恰是我们的短板。受"外国代理人"和"外国使团"污名化的影响,美国各大媒体在与我方合作上唯恐避之不及,更不用说其媒体负责人参与论坛了。但这项任务不能不落实,于是,经过反复磋商,提出承办北美活动的创意,即"迎冬奥,一切向未来"媒体活动,扬长避短,变被动为主动,这一方案得到总台领导的认可。在此前提下,策划了与华盛顿首都体育馆(Capital One Arena)合作以线上线下相结合的路径和方式,向广大北美民众推介北京冬奥会和中国农历新年,为冬奥会的举办营造良好的外部环境。

第二,顶层设计是关键。在上报的活动方案上,慎海雄部长不仅亲自对活动的举办和新闻发稿情况做出批示和部署,而且应邀专门录制了致辞视频,更在活动举办后对报道工作亲自部署、亲自指挥,确保了全平台、多角度的传播,形成了"推波助澜"的长尾效应和碾压式的传播效果。秦刚大使也对此次活动给予大力支持并专门录制了致辞视频。总编室和国际交流局统筹协调,各相关中心通力合作,及时安排发稿和后续报道。

第三,组织实施是核心。在活动方案确定以后,执行力就是决定因素。北美总站抽调了三个部门的精兵强将,与合作方展开了多个回合的谈判,达成了合作协议并签署了合同。综合部、英文部和中文部各司其职、各尽其责,活动环节的设计环环相扣、新意迭出,各项前期准备工作在活动中得到

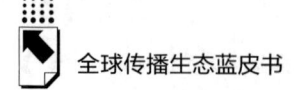

精彩呈现。同时，针对突发情况，以变应变，确保了主基调和主元素的完美演绎。

第四，线上线下是路径。此次媒体行动作为北美总站配合总台"全球媒体创新论坛"海外分论坛的重要组成部分，在节目呈现方式上，有机地将现场活动与此前独家采访的前国际奥委会官员、知名运动员的视频结合起来，融为一体，实现了"线上+线下"1+1>2的传播效果。这种运作方式成为新冠肺炎疫情下一种可持续的全媒体传播方式，可复制、可再生。

第五，融合传播是首要。活动仅在一瞬间，成功与否看传播。在传播方式上，CGTN既注重传统的大小屏发稿，发挥主渠道、主力军的作用，又强化个性化传播。特别是韩鹏的今日头条和微博"网红"账号在后续传播中发挥了"推波助澜"的作用，"网红"账号个性鲜明，"我在现场"的描述更易于为普通网民所接受，能够形成具有代入感的传播效果。这也体现了CGTN的持续报道能力。实践证明，在当下的移动媒体传播环境下，扩大影响还得靠视频。这进一步证明，移动的未来是视频，视频的未来是移动。

第六，好感传播是目标。习近平总书记在"5·31"讲话中明确要求国际传播工作者要加强"好感传播"。CGTN充分发挥总台多语种、网红工作室、CGTN融媒体平台等海外传播优势，提升总台报道的传播投送能力，创新性推进"好感传播"。此次活动中，青少年冰舞表演者与球队吉祥物人偶、现场工作人员向观众投放的虎年玩偶，引发全场欢呼，现场观众面向镜头表达对冬奥的美好祝福和热情期待，这正是实打实地"好感传播"，而且润物细无声。

第七，抓住主流是保障。此次活动和报道成功的重要保障在于紧紧盯住了北美的主流人群、主流平台和主流话题。冰球是北美四大职业联赛之一，在北美有着庞大的粉丝群体，这些粉丝都是冬奥会的主要受众。而本次活动就是紧紧抓住最主流的受众群体（白人中产），在最主流的平台（冰球场内场外的合作传播平台），利用媒体、广大民众最关注的话题，实现了最佳的传播效果，向目标人群直接且广泛地推介了北京冬奥会。

第八，分众传播巧借势。此次活动的成功还在于"借势"，借助美国人对冰球的热情和新年的节日气氛，在美国心脏地带寻找合适场合，传播我方议程和主张（冬奥会和春节）。境外舆论场不是CGTN的主场，中国媒体"自己起头说"一个话题很难获得共鸣，但"接着对方说"并加入自己的议程和主张，则难度就会低很多。"精准借势"需要做到"分众"借势。此次活动在美国城市白人中产中取得圆满成功，但美国社会高度撕裂，底层白人、黑人主流、拉美新移民等也是美国政客重点争取的选民，同时也是中国媒体重点传播和争取的对象。北美总站随后又"脚踏实地"地深入"深红州"，在田间地头与农场主举办活动；在南卡实地采访中国投资企业江南化纤；深入大学校园，借力参加"哈佛中国论坛"活动；与Aspen气候论坛合作，推进全人类共同关注的气候变化议题；参与美国工商界与对华投资的大小企业高管举办的活动等。

第九，公众外交有潜力。中美官方外交遇阻，需要在公众外交方面寻找突破口。此次在冰球场上点燃中国红的活动就是一次典型的公众外交行动。CGTN通过"冬奥+春节""体育+文化"的多元、立体、交互式传播形态，不仅突出了冬奥主题和中国传统文化，而且通过领导致辞视频、大屏视觉特效、赠送吉祥物等多个环节，在现场营造了浓浓的中国春节氛围，让现场观众感知中国文化，实现了官方外交达不到的多元传播效果。争取美国人民与争取美国政府同等重要，官方外交和公众外交必须两个轮子一起转，从而达到相互借力、相得益彰的效果。

第十，商业操作是手段。笔者曾经总结了国际传播工作者必须具备的"六种思维"，即底线思维、全球思维、本土思维、数字思维、创新思维和商业思维。在此次活动中全部应用上了，但笔者要特别强调商业思维在此次活动中的作用。尽管CGTN备受美国打压，但只要美国是资本主义社会，就可以以商业化手段找到与华盛顿冰球队的利益契合点，确保活动的成功举办。这也是CGTN北美总站以商业化手段融入美国传媒市场的一次成功实践。

通过此次活动，CGTN也进一步了解了美国社会。体育之中并非无政治，本次活动曾面对多次毁约的威胁，最重要的原因是美国国家冰球联盟

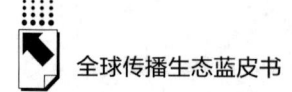

（National Hockey League，NHL）高层决定不派NHL球员参加北京冬奥会。所以作为中国媒体人必须时时牢记底线思维，凡事都要抱最好的希望，但也要做最坏的准备，努力做到"万无一失"。

三 思考与建议

中国国际传播事业任重道远。以上两个案例只是从两个不同侧面探寻了国际传播路径的创新之举，收到了良好的传播效果。作为身处一线的国际传播工作者，必须不断解放思想，稳扎稳打，持续开拓创新。

首先，要以内容建设为根本，增强重大议题设置能力。通过抢时效、进现场、强原创、拼独家、重深度、扩广度，传递中国声音，宣介中国主张。其次，要充分把握传播市场发展规律和趋势，深度推进"移动优先、台网并重、先网后台"的传播策略，抢占国际主流传播平台，提升传播效果。此外，CGTN还必须以媒体外交为手段，围绕"人类命运共同体"相关话题，持续打造"全球行动倡议"等品牌活动，与联合国、国际货币基金组织、世界银行等国际权威机构和人士合作，构建更广泛的国际传播"统一战线"，扩大"朋友圈"，向国际社会展现真实、立体、全面的中国。

B.14
中国国际传播话语策略实战创新报告

王 冠*

摘 要： 加强话语能力建设，提升话语的主动权、有效性和影响力，是当前我国对外传播的重大课题。本报告从国际新闻一线实战经验出发，结合大量涉华议题报道案例，对西方话语进行剖析解构，并在实践层面给出构建中国话语、提升外宣话语的五种策略建议。

关键词： 国际传播 对外传播 话语权

习近平总书记在党的二十大报告中对"增强中华文明传播力影响力"作出重要规划，强调"坚守中华文化立场，提炼展示中华文明的精神标识和文化精髓，加快构建中国话语和中国叙事体系，讲好中国故事、传播好中国声音，展现可信、可爱、可敬的中国形象"。随着中国日益走近世界舞台中央，"中国声音"影响力不断扩大，但是"西强我弱"的国际传播格局还没有完全打破，我国在国际舆论场上的话语权和影响力仍有待提高。传播力决定影响力，话语权决定主动权。加强话语能力建设，提升我们自身话语的主动权、有效性和影响力，增进国际社会对我国发展的理解、尊重、认同，成为我国对外传播的重大课题。

知己知彼，方能百战不殆。破解西方话术是构建中国话语的重要一环。在 15 年国际传播一线工作中，尤其是驻美 8 年期间，笔者采访了数百位美

---

* 王冠，中央广播电视总台 CGTN（中国国际电视台）主持人、主任记者，央视前驻美国首席记者。

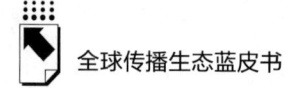

国政要、学者和普通民众,亲历多个涉华重大议题的报道,彻底见识了西方话术与话语体系。通过名词构建、议题设置、话语联动、"反共"框架、双重标准和自由倾向等六大手法,西方媒体不断"塑造"中国。如何有的放矢,解构西方话语,展示真实、立体、全面的中国?结合笔者十余年来国际新闻一线经验,以及对大量涉华议题的系统分析与数据挖掘,本报告认为在实操层面构建中国话语、提升外宣话语有以下五种策略。

一 诉诸同理心,运用"接话式"表达

突破西方话语围堵,困难不少。有时,我们难免受情境和身份的局限。有时,路径依赖的惯性大,国际传播领域的"新旧动能转化"需要时间,新话语体系的构建非一日之功。着眼未来,建议更多采取"接着说"的思路,展现同理心,与西方世界更有效地对话。

在西方的普世价值话语体系中,中国是应该"照着说"、"对着说"还是"接着说"?

"照着说"基本就是无条件地认同西方。比如,西方说自由民主制度是人类的终极社会制度,我们赞同;美国说自己主导的战后安全格局是最优制度设计,我们也认可。"照着说"常见于美国伙伴及其主流舆论,比如印度、澳大利亚。这些国家的官方表态和媒体报道经常向西方意识形态和价值观倾斜。"照着说"自然容易得到西方的认可。然而,中国作为数千年文明延续至今的大国,作为成功探索出独特政治制度的全球第二大经济体,需要拥有与之相匹配的话语体系,同西方"照着说"显然不是我们的首选。

"对着说"是对西方话语的"反叙事"(counter-narrative)。你说你的"西方式民主选举",我说我的"东方式选贤任能";你弘扬基督教文化,我弘扬儒家思想;你说南海航行自由,我说"横行"自由;你说卖台武器确保亚太安全,我说这是粗暴干涉中国内政。"对着说"解气,却容易造成各说各话的局面,实际效果甚为有限。在官方层面,像"一贯主张……""坚

决反对……"的立场表述十分必要，亮出底线方能保持威慑。但媒体话语、学术话语和民间话语如果也照搬官方语态，难免会让原本就有些逆反的西方观众觉得是"沆瀣一气"，并被贴上"政府传声筒"的标签。硬碰硬，有时能点醒对方，但有时也会触发对方更大的抵触。毕竟，在传播中最重要的不是我们说了什么，而是对方听进去了什么。

"接着说"看似退了一步，先引述西方观点，以倾听、理解的姿态来回应对方："我理解你的感受。"甚至大方承认对方批评的合理处，之后再用事实和道理澄清反驳。这种方式实际是以退为进。

比如，对方说："中国知识产权保护不利！"我们说："的确，中国知识产权存在问题，我们小时候身边盗版猖獗。但如今中国的纠错机制不断完善：在中国提起的知识产权案中，外企胜诉率超过95%，超过中国企业。此外，中国自主创新不断提升，专利申请数量已跃居世界前列。另外不得不说，一些逐利贪婪的西方企业对知识产权的过度保护，比如你们的医药巨头辉瑞（Big Pharma）。"

再比如，西方攻击我们："中国没有选举合法性（electoral legitimacy）。"我们说："西方式民主对西方国家来说的确很大程度上奏效了，中国确实没有采取西式选举制度，但西方忽略了中国基于执政表现的绩效合法性（performance legitimacy），以及中国制度中贤治（meritocrracy）和贤能（compentency）的特点。"

一些人或许认为这样的表述不够强硬，但多年在对外传播一线打拼的经验告诉笔者："接话式"表达总体看效果更好，容易唤起对方的同理心。同样一段表述，对方"真心听进去"的部分更多。"接着说"也展现了大国的自信与胸怀。

玩转西方舆论的传播大师也在自己的著作中论述过"接着说"的好处。弗兰克·伦茨（Frank Luntz）是美国著名的民调专家和媒体传播顾问，曾辅佐多位西方政要。他擅长设计和主持焦点小组民调——一种被认为比问卷更接近真实民意的舆论监测方式。他曾说："能被你说服的人不会在乎你有多懂，直到他们懂得你有多在乎。表露同理心吧。"

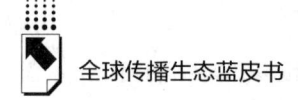

国际传播与人际沟通有相似之处。人们都希望被对方理解和体谅。过去几年，笔者同西方人不下百次的观点交锋也印证了这一点。在开口表达之前，先去了解对方的知识结构和认知，顺着对方的思路，肯定对方的情绪，甚至帮对方把他们的心里话说出来一部分，然后再引导对方看到事实的另一面，指出对方的谬误。

在笔者的第二次南海辩论前，笔者发现西方舆论对中国的谴责呈一边倒态势，如果此时"对着说"效果肯定不好，所以笔者花时间搜集了所有西方主要观点，在辩论时也采取了接话的策略。比如开头笔者说："《联合国海洋法公约》第 15 部分第 3 节的第 298 条规定，仲裁庭不能裁决主权问题。而海牙仲裁庭是否对主权问题做出了裁决呢？从文字上看，没有裁决主权……"之后，笔者层层推进，解释了菲律宾和仲裁庭如何通过九段线、岛礁差异和捕鱼作业等议题变相裁决了南海主权，"这样的裁决没有违反《公约》的法律文字（in letter）却违反了《公约》的法律精神（in spirit）"，笔者最后亮出了观点。辩论结束后，不仅是留言区的国际观众，还有一些西方国家的外交官、学者和专家也承认我们很好地表达了自己的立场。

二 注重形式，让外国受众入心入耳

传播学里有这样一个说法，"It's not what you say, it's what they heard"，即"重要的不是我们说了什么，而是对方听到了什么"。要让国际观众真心听进去，我们讲话的语气和语言所营造的气氛就显得十分重要，尤其是对电视和视频传播而言。假定内容一样，好的形式可以事半功倍，尤其是在视觉和听觉传播中。文字传播落在白纸黑字上，读者可以结合上下文反复推敲，但音视频表达是单向线性的内容，是说给耳朵听的。一个正常人的记忆"缓存"有限，如果句子太长或意思太绕，很难被耳朵和大脑接收。

可以通过以下三种方式打造更好的形式，使国外受众乐于接受、易于理解，让国外受众入耳入心。

（一）别贪求把观点讲"全"，用故事把观点讲"精彩"

在大众传播中的表达不是回答论述题，不需要面面俱到。评定好坏的不是阅卷老师手里的红笔，而是观众手里的遥控器。播出时长有限，即使表述者想面面俱到，时间上也来不及。另外，大量实践表明，人们爱听的还是故事。这里的故事是指广义的故事，它可以是一段亲身经历、几组数据或史实、一个格言警句或者当下的时事热点。佐料会让一道菜更有滋有味，故事会让观点更生动和具有说服力。

在电视直播或者公开演说时，笔者会把"横向思考"和"纵向思考"相结合。先快速扫描大脑"内存"，找到2~3个最犀利且切题的观点，然后针对每个观点找到最翔实贴切的"故事"，并思考用故事演绎观点的路径。把2~3个观点讲透彻讲精彩比面面俱到"干巴巴"地罗列5~6个观点，更容易让观众记住。

国际论坛上，很多西方嘉宾虽然不了解中国、没去过中国，但讲起中国的故事来头头是道。反观中国嘉宾，虽然知识渊博，准备充分，但讲起话来颇受条条框框束缚，道理和观点太多，故事太少。一些人论点就有四五条，每点中又包含两大点三小点。观众的心思早已不知飘向何处。

（二）巧用重复和排比句

经常看西方电视新闻的人会发现，他们的记者、主持人和评论员的播音腔较少，口语化的东西更多，经常插科打诨，显得放松自如。如果大家在语境下心领神会，他们经常还会省略主语或谓语，而不会正经八百地讲一个"主谓宾"完整的、语法精确无误的句子。在美国，从发言人到政客，从商界领袖到学者评论员，都会有"缺宾少主"的情况。这样的节奏显得更快、语言更流畅，拉近了和观众的距离。

此外，细心观察会发现，排比句可以让表达更精彩。从马丁·路德·金的"I have a dream"到奥巴马的"yes we can"再到特朗普的"make America great again"，在一段演说中多次重复，威力不小。用排比来说理，显得条理更分明；用排比叙事抒情，则显得感情充沛、气势如虹。人脑对平铺直叙有一种天然的审美疲劳，而排比句能很好地唤起听众的注意力。我们身边也有不少成功的案例。

2015年，复兴路上工作室出品《十三五之歌》动漫，以欧美说唱乐Rap的方式，将中国第十三个五年规划深入浅出地解释给国际观众。整个视频时长三分钟，节奏感和动感极强，歌词十余次重复了"shi san wu, shi san what？"（十三五！十三啥？）的主旋律，朗朗上口。该视频如春雷惊蛰，让国际社会对中国国际传播另眼相看，被称为"爆红神曲"。维基百科上很快就有了"十三五之歌"的英文词条。美国《大西洋月刊》《赫芬顿邮报》《纽约时报》、英国《金融时报》等媒体均对《十三五之歌》作出报道和评论。BBC报道称，这部MV为中国的对外宣传做出了新尝试[1]。《十三五之歌》在国际社会的大获成功与新颖的形式是分不开的。

（三）抓住"比金鱼还短"的注意力

2015年，微软公布了一份报告称，人们的注意力广度从2000年的12秒下降到了2013年的8秒，比金鱼的9秒还要短。[2] 研究者取样了2000人，让他们聚焦做某样事物，同时采取各种手段分散他们注意力，通过对他们脑电追踪得出了上述结果。后来，BBC等媒体对这个调查曾提出过疑问。然而大多数人的共同感受是：从电视时代到互联网时代再到手机时代，受众的注意力时间确实在一点点缩短。

如何抓住"比金鱼还短"的注意力？建议可以少一些平铺直叙，多用祈使句、自问自答、反问等修辞手法，让表达更抓人。记得笔者同哈佛大学学者理查德·韦兹（Richard Weitz）的辩论里，被问到"是谁在南海挑事"，笔

---

[1] 《十三五之歌流行 中国外宣新尝试》，BBC News 中文，https://www.bbc.com/zhongwen/trad/china/2015/10/151028_13th_five_year_plan_video。

[2] "Goldfish Have a Better Attention Span than You, Smartphone User", CNET, https://www.cnet.com/news/goldfish-the-actual-fish-not-the-crackers-may-have-a-better-attention-span-than-humans/.

者是这样回答的："美国驶入南海是搞地缘政治多于原则性政策。让我们面对吧（let's face it）：美国利用国际法也就是《联合国海洋法公约》，一个它自己都没签署的条约，来推进地缘政治利益。让我具体解释一下（I will explain exactly what I mean）：美国军方说驶入南海是行使航行自由权。如果真的如此，美国就应该客观公正地行使这一权利。而实际上，美国海军前往的地点都是精心筛选的。我们来看看（let's look at it）：目前放眼全世界大约有100个主权存在争端的岛屿。美国海军为什么不去（why didn't）南大西洋的英属福克兰群岛，即马尔维纳斯群岛呢？阿根廷一直对英国在那里的主权提出挑战。美国海军为什么不去（why didn't）地中海上西班牙控制的几个岛屿呢？摩洛哥对那些岛屿也正提出主权挑战。美国海军倒是去到了（did go）黑海，而且是在俄罗斯去年收复克里米亚之际，如今美国海军又去到了（now it went to）南海。"

整个回答约1分钟，大约每四句话就用了一次"let's face it"（让我们面对吧）或者"why didn't"（为什么不去……）等唤起听者注意的表达，给主持人、辩论对手和观众传递一个简单的信号：继续听，重要的话还在后面。

当然，形式背后是逻辑。美方主要有两大观点，一是在南海航行自由、正义且正当，二是中国南海声索过分且过大。反驳第二个观点需解释南海属于中国的来龙去脉，是"立"，相对复杂且容易陷入"自古以来就属于中国"的老调重弹。反驳第一个观点找出例外和反例就行，是"破"。只要能找出美国违反公平行使"航行自由"权利的反例即可。于是笔者先破后立，把最抓人的东西放在开头。深思熟虑过的逻辑，更要用有效的形式去驾驭和呈现，否则无法达到最优效果。扭转"有理说不出、说了传不开"的国际传播格局，我们有很多工作需要做。改变表达形式可以是一个较好的切入点，用更抓人的表达和更有气势的话语去讲述中国故事。

三　贴近目标受众，深入浅出遣词造句

过去半个世纪，西方世界最流行的口号的共同特点就是只用了最简单的小词。美国政治传播学界流传着这样一句话："过去55年，让人印象最深

的流行语里只包含单音节单词，最多两个音节。"正是英文辞典中最基础的3000个英语单词，让美国乃至西方受众产生了持久共鸣。而反观一些失败的例子，常常是因为用词"太高级"。

以美国为代表的西方表述发展到今天的一个趋势是：句子越来越短，用词越来越简单。根据宾夕法尼亚州立大学教授的统计，在美国总统就职演说和国情咨文演说中，一个句子的平均长度在1800年前后是40个单词，到了1900年只有30个，而2000年之后仅仅有20个；而一个单词的平均长度也由1800年的5个字母下降到2000年的4个[①]。

中国国际传播的主要受众在海外，西方观众是重要的目标受众。我们必须考虑按照对方的接收习惯，深入浅出地遣词造句。在互联网和新媒体时代，全球民众尤其是年轻人越来越多地使用社交媒体阅读新闻。除政府权威发布和学术研究需要较正式语态外，其他传播主体不妨尝试使用语意浅显的"小词"跟西方讲中国故事。

在具体实践方面，以下三点建议可供参考。

（一）化繁就简，方得始终

在媒体和民间，对官方概念可以采取更灵活的表述，将直译和意译相结合。比如"最高人民检察院"对应的官方翻译是"The Supreme People's Procuratorate"。"Procuratorate"一词生僻且在西方政治术语里极少使用，普通西方民众难以理解。我们在一篇文章中第一次介绍这个机构时需要给出全称，但再次出现时，可以使用"China's top prosecuting body"这样的解释性表述。一来西方人对机构名称使用首字母缩写的现象非常普遍，这种写法便于受众记住这些中国机构的名字，二来也能理解这些结构的职能。

在其他领域，要敢于使用小词去解释大概念。比如"中国企业国际化"的标准翻译是"the internationalization of Chinese enterprises"，中规中矩。但

---

① "Real Trends in Word and Sentence Length", Language Log, http://languagelog.ldc.upenn.edu/nll/? p=3534.

如果用"Chinese firms going global",则更简短。再比如"人民币汇率浮动区间扩大"的标准翻译是"the expansion of the floating range of the Chinese yuan's exchange rate ratio",语法上没问题,但如果用"allowing the Chinese RMB to trade more freely"则更简洁明了。"Go global"和"trade freely"的动词结构比"internationalization of"和"expansion of"的名词结构也更富动感。

(二)打造融通中外的新表述

对一些概念的表述,我们可以走出翻译的思维,采取"对等释义"(find its English equivalent)的思路。若逐字逐句将一个中国概念译成英文或其他外语,有时显得生硬,外国受众理解起来也很困难。不妨在另一种语言中寻找对等概念,结合中文原意,创造出新表述。比如"中华民族伟大复兴"这一个宏伟概念,如果直译成"the Great Rejuvenation of the Chinese nation",虽然意思准确,但稍显书面,对国际观众来说还有一丝政治宣传的意味。而且"rejuvenation"这个词相对生僻,长达5个音节,整个表述也有7个单词之多,听上去拖沓。在半官方或者非官方场合,可将"中华民族伟大复兴"翻译为"the Chinese Renaissance",三个单词,短、平、快。"Renaissance"原来特指欧洲中世纪文艺复兴,后来泛指一个社会和文化的崛起,当年指摆脱中世纪枷锁,现在也是进步、启蒙、闪烁人性光辉的代名词。"Renaissance"一词在西方人心中有着特殊的地位。

类似的例子还有很多,比如"治理环境污染",与其用"environmental protection and prevention"不如说"war on pollution",因为美国人对自己社会整治毒品走私"war on drugs"、打击恐怖势力"war on terror"的固定搭配已经非常熟悉。

(三)让更多中文词汇成为英文的"舶来词"

还有一些场合,可以尝试直接用汉语(或汉语拼音)表述中国概念,使其变成其他语言的"舶来词"。这种做法有时是必要的,一些中文概念没有相应的英文表述，即使有也是用西方的"履"套中国的"足"。此时，不如更加频繁地使用中文原词并附上解释，久而久之，让西方观众习惯成自然。比如中文里的"阴阳"（Yin and Yang）、"功夫"（Kung Fu）早已被西方主流社会接受，而其他一些概念正在走入西方人的生活，比如包子（baozi 或 bao）、关系（guanxi）、道（tao）、两会（lianghui）。此外，像"您辛苦了"这样一个温暖而含蓄的东方式寒暄也应该成为英文的"舶来词"。"辛苦了"如何译成英文，就难倒不少人。因为遇到类似情景，美国人一般只会说"You have been working so hard. Thank you！"或者"Thanks so much for your efforts. That's so sweet of you."如此直白的表达根本无法传递东方的韵味。不如更大胆地使用"xinku"一词，把"辛苦"的汉字放在括号里，然后紧接着解释这个词的意思和语境，慢慢西方人就熟悉了。

随着中国与世界交融的深入，会有越来越多的中文概念无法翻译成外语，如何让它们成为外语的"舶来词"？这需要我们积极有为。除了提高综合国力外，我们需要秉持文化自信，在国际舆论场上主动表达、用力传播。

四　四两拨千斤，运用"低调表述"技巧

西方人并非理解不了谦虚低调的魅力，谦逊之于他们，有一套不同的表达方式。比如，将直截了当包裹在政治正确中，让价值评判显得不动声色。夸赞自己时避免过分骄傲，批判对手时又避免过于粗鲁。其中有两个重要技巧：一个是"展示，不要告诉"（show, don't tell），另一个是低调陈述（understatement）。

"展示，不要告诉"的意思是让读者自己从文字的描述中体验故事的含义和情感，而不是被动接受作者直白的陈述和总结。从调动读者能动性上讲，前者中读者是主动的，后者则是被动的。而研究发现：读者通过主动思考得出结论所获得的智慧上的愉悦，是别人告诉自己观点所无法取代的。这个技巧已经深深融入美国人的日常表达中。

比如反驳西方的"中国威胁论"，与其说"西方人根本不懂中国，中国

人骨子有爱好和平的基因"，不如讲"当中国海军处于世界领先地位时，航海家郑和七下西洋走访数十国，但没有占领一块殖民地"。相比起强硬灌输，听者对经过自己思考后得出的结论更能心悦诚服地接受。"展现，不要告诉"巧妙地把握了这种心理。

国际化表达的另一个思路是低调表述。这也是展现自信和幽默的高招。Understatement 也翻译成"轻描淡写"，是用一个程度更轻的表达把一个人或一件事情特意"往少里说"，经常使用的修辞包括幽默、反语和讽刺，类似中国人常说的"我只是尽了绵薄之力""我也就是个芝麻大点的官"。

在今天的国际传播格局下，英语是全球传播的最主要语言是一个既成事实，而英文背后的修辞文化也就成了重要的潜规则。英文中有一整套独特的修辞、文法、句法和典故，如何贬低却不露骨、何时褒扬却不张狂、怎样婉转而不刻意，都需要悉心体会。中国是来自东方的文明古国，要论语言的博大精深，要论说话的艺术，我们有自己的一套方法。中华文本库的中文修辞多达 63 大类，在细微之处表达丰富的意涵，也许没有人比我们更擅长。然而，将东方的思路转换成英文讲话的分寸感，这中间还需要学习与体会。也唯有驾驭了这种转换，才能把中国情怀、中国故事表达得更精彩。在这里，有以下经验可供参考。

（一）用低调表述解释中国，彰显民族风度与幽默

随着中国影响力的全面提升，国际上也有一种声音把中国软实力称为"钝实力"（sharp power），有些时候也被翻译成"锐实力"。尽管笔者认为"钝实力"更能反映西方人使用"sharp power"时带有些许贬义色彩的语境。的确，我们理直应该气壮，但也不必气粗声高，更没有必要咄咄逼人。官方表态必须严正，而民间、媒体和学术话语可以考虑使用"低调表述"的方式，既避免中国的声音听上去"都是一个味"，又彰显了风度。

比如，针对西方频频指责中国在非洲和拉美加勒比地区的所谓"新殖民主义"，我们可以说："China probably knows a thing or two about colonialism. Beijing didn't make guns and battleships to attack London in the 1840s, it was the other way around"（中国对殖民主义的滋味应该还是略知一二的，19世纪40年代，中国没有用坚船利炮去打开英国国门，而是恰恰相反）。看似低调表述了西方侵华史，实际却一点没有示弱。这样的语态避免了过于民族主义和西方常指责我们的"揪住历史不放"，同时足以点醒对方的傲慢和偏见。

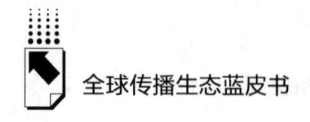

（二）用低调表述反驳对手，四两拨千斤

笔者在同美国专家丹尼尔·瓦格纳（Daniel Wagner）的南海辩论中，被问到为什么黄岩岛明明离菲律宾地理位置更近却被中国声索主权，笔者说："丹尼尔，如果地理远近是主权归属标准，那么看看美属马里亚纳群岛和美属关岛吧，它们离西太平洋国家好像更近了一点。"

关岛就在台湾岛旁边，人们都知道它是美国在海洋扩张时代豪夺的海外领地，用"a little closer"（近了一点）这样的低调表述，反而能让观众产生更大共鸣，也带去一丝喜感。在同美国专家辩论到最后，对方批评中国在南海扩张，威胁别国，不守国际法。笔者把时任总统奥巴马亲口承认美国遏制中国的原话一字不差地塞给对手，然后说，"如果这还不是勾结起来对付中国，那我就不知道什么才是了"（If this is not ganging up against China, I don't know what is）。看似退了半步，但比起"这显然是勾结起来对付中国，我千真万确地知道这一点"的表达，效果好了不少。

别把话说得太满，欲扬先抑，以退为进，其实这是一种融通中外的智慧，也很容易被国际观众尤其是西方人接受。放眼全球，不论是文学作品、新闻报道，还是政治演说经常使用"展示，不要告诉"以及"低调表述"等技巧，有时会比咄咄逼人的"亮剑"带来更好的效果。

五 理解内外有别，拓展外宣维度

翻阅一些对外报道，经常会发现洋洋洒洒一大篇，都是一边倒的平铺直叙，内容套路化，语言生硬，说教感十足。国际传播的确要适时发声，可也要考虑方式方法，考虑国际受众的感受。

西方舆论长时间给我们的国际报道贴上"propaganda"政治宣传的标签，这与我们的一些对外报道质量不高有一定关系。缺少翔实生动的解读，缺少接地气的语态和呈现形式，拒人千里。在注意力广度变短的时代，缺乏起伏的报道常流于平淡，让人在缺乏悬念的阅读中丧失兴趣。即使阅读，国际受众也只是想从中捕捉高层动态、政策走向，窥探政治舆论环境，而不是将我们的报道作为具有公信力的可信赖消息源。

新加坡在塑造其国际形象的过程中的一些策略和技巧值得借鉴。西方媒体一度充斥着对新加坡的负面报道，尤其针对其政治制度和社会制度，比如媒体监管和鞭刑，这些声音到现在也没有完全消散。但西方主流舆论的一个基本共识是，新加坡模式是西方模式之外的另外一个选择，他们对新加坡和李光耀也赞赏有加。

李光耀在一次访谈中，透露了一个秘诀。2009年，美国知名记者兼作家汤姆·普拉特（Tom Plate）采访86岁的李光耀，想写一本关于新加坡文化的书，李光耀答应了。将其请进了总统府的大门之后，李光耀出其不意非常严肃地对普拉特说："汤姆，这本书里需要有一些谏言性的描述。你把你眼中完整的事情描述出来，顺其自然就好（Let the chips fall where they may）。"[①]

"Let the chips fall where they may"，原意是指一个人去砍树时，刀斧砍下去的刹那木屑四溅。砍树人的首要目标是把树砍倒，四处飞溅的木屑和枝丫落到何处，既无法控制，也不应强求。这句话后来被用来形容抱着一颗平常心，顺其自然，注重主要结果，不过分看中次要结果。在英国剑桥受教育的李光耀用地道的英文谚语和让对方容易接受的方式，告诉对方要尽可能全面客观地描述新加坡文化。这样的姿态，很容易激发记者内心的敬意和内生动力。对记者来说，他对所描述的事情真心认可和完成一个规定动作的效果是不同的，区别在细微之处，用心体察方能领会。

果然，这本书刻画了一个立体的社会：政治"威权"但办事高效，法

[①] Tom Plate, *Conversation with Lee Kuan Yew: Citizen Singapore: How to Build a Nation* (Singapore: Marshall Cavendish Editions, 2010), p. 16.

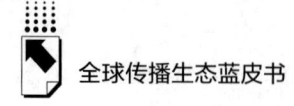

治过于严苛但社会秩序井然，不喜欢异见但也还能包容差异，以东方文化为傲但也精通西方文化和话术。这样的叙事和报道帮助新加坡社会真正在西方主流舆论中树立了积极正面的形象，虽然不够完美，但足够真实。而且因真实而可信。

假若通篇是平铺直叙，读了上句知下句，没有起伏和波折，难免会触发国际观众尤其是西方观众的抵触情绪，于是选择不去相信其中的大部分内容，反而事倍功半。

诚然，我们正处在全球"信息茧房"（Information Cocoons）的时代。新闻社交媒体化和大数据算法等因素叠加，导致世界各地的人们越来越多地听到自己原本就相信的叙事，对"异类"观点的接纳度和包容度有减无增。此外，以英美媒体为代表的西方媒体依旧塑造着"负面为主"的中国国际形象，这其中有对"共产党国家"意识形态的偏见，有西方新闻界保持批判姿态的路径依赖，有西方记者维系与其政府线人共生关系的需要，等等。这都为我们接下来的国际传播工作平添了挑战。我们必须将舆论斗争与好感传播相结合，将内宣与外宣做统筹及区分，从形式、逻辑、内容、思维方式等方面升级和优化讲述中国故事的策略和方法，创作出更多具有真正影响力的国际传播产品。

B.15
全球NFT产业发展报告*

赵立诺 曾玲**

摘　要： 非同质化代币（Non-Fungible Token）已成为全球传播、文化产业与区块链经济的重要一环。本报告通过梳理国际NFT与国内数字藏品发展脉络、技术构成、行业发展与监管治理，探讨了其经济属性、分类特征、传播方式，思考了艺术性与金融性之间的内在张力及其发展的内在症结与未来可行性。

关键词： NFT 数字藏品 区块链 以太坊

一　NFT内涵、历史与技术：区块链、去中心化与非同质化

NFT（Non-Fungible Token，NFT）的全称是非同质化代币，是区块链上一种特殊的加密货币，概念正式提出则源于2017年基于ERC-721标准诞生的首款区块链游戏《谜恋猫》（CryptoKitties）①，其思想来源于1993年密

---
* 本文系2021年北京市社科基金规划项目"XR科技与北京文化创意产业融合发展研究"（项目编号:21YTC039）、2021年北京市文联基础理论课题研究项目"北京XR文化产业发展模式研究"（项目编号:BJWLYJB03）的阶段性成果。
** 赵立诺，北京外国语大学艺术研究院讲师；曾玲，北京外国语大学国际新闻与传播学院硕士。本文系北京外国语大学国际新闻与传播学院XR互动媒介联合实验室成果，课题组成员包括：张紫彤、赵书凝、严雨晴、冉青华、胡琪悦、刘筱婧。
① "CryptoKitties——the first ERC-721-based blockchain game that allows users to collect and breed kitties"，https://medium.com/@EVALUAPE1/cryptokitties-the-first-erc-721-based-blockchain-game-that-allows-users-to-collect-and-breed-99e640991754.

码学专家与比特币（BTC）先驱哈尔·芬尼（Hal Finney）的加密交易卡（Crypto Trading Cards）概念①。自此，数字资产从仅指代同质化代币发展到包含"同质化代币"和"非同质化代币"两种加密资产。

2008年，化名为"中本聪"（Satoshi Nakamoto）的学者发表论文《比特币：一种点对点电子现金系统》②首次提到区块链，此文也被公认为区块链技术的奠基之作。区块链技术采用哈希算法（cryptographic hash algorithm）和非对称密码学（asymmetric cryptography）对数据进行加密，同时借助分布式一致性算法（Raft algorithm）来抵御外部攻击，保证区块链数据不可篡改、不可伪造。③简单来讲，区块链是一种在线共享、透明可查、以密钥技术与点对点技术为依托的、具有固定性的数字分类账本④。在这样的技术作用之下，区块链主要具有去中心化、安全密钥、可溯源性、智能合约化的四大特点⑤，得以构建全新的网络与全球合作形式，从而成为开启Web3.0时代的基础技术。

区块链的四大特点为NFT的出现提供了可行性。第一，"去中心化"被看作区块链最具革新性的特征。由于它采用算法来建立节点间的信任关系，形成了去中心化的分布式系统⑥，从而不依赖于传统互联网中诸如Facebook、Twitter等中心化机构，一反Web2.0时代需要依赖第三方才能掌握资产及数字信息的传统逻辑。第二，区块链的密码技术所生成的哈希函数（cryptographic hash function）可以作为信息的密钥，因为哈希函数的生成有

---

① "HAL F. Crypto trading cards", https://lists.cpunks.org/pipermail/cypherpunks-legacy/1993-January/001489.html.
② Nakamoto S. Bitcoin, "A peer-to-peer electronic cash system", *Decentralized Business Review*, 2008: 21260.
③ 代闯闯、栾海晶、杨雪莹、过晓冰、陆忠华、牛北方：《区块链技术研究综述》，《计算机科学》2021年第S2期。
④ Yaga D., Mell P., Roby N., et al, "Blockchain technology overview", *arXiv preprint. arXiv*, 1906.11078, 2019.
⑤ Zheng Z., Xie S., Dai H. N, et al, "Blockchain challenges and opportunities: A survey", *International journal of web and grid services* 14 (4), 2018: 352-375; Nofer M., Gomber P., Hinz O., et al, *Blockchain*; *Business & Information Systems Engineering* 59 (3), 2017: 183-187.
⑥ "Great chain of numbers: A guide to smart contracts, smart property and trustless asset management", https://s3-us-west-2.amazonaws.com/chainbook/Great+Chain+of+Numbers+A+Guide+to+Smart+Contracts%2C+Smart+Property+and+Trustless+Asset+Management+-+Tim+Swanson.pdf.

且只有一个，其复杂程度使破解几乎不可能，所以得以保证信息的唯一性和安全性。第三，"可溯源性"是区块链重要的信息结构方式，这与传统的Web2.0时代对于信息的上传—删除的信息记录方式不同，它通过链条式结构存储，将新的记账信息与旧信息环环相扣，所有的信息都是自动生成和储存的，无法删改，这就使其具有了溯源性。第四，通过上述技术，区块链最终生成的"智能合约"保证了结构化的、去中心化的共识机制的形成。

一般情况下，大多数加密货币都以同质化代币（Fungible Token）的形式存在。因此在交易过程中人们只关注它们的数量，而不会注重它们本身的特性[1]。绝大多数同质化代币都是基于ERC-20这一技术标准发行的。NFT一般在以太坊链（ETH）进行，并采取ERC-721技术标准，可以将完整的文件数据转换为固定长度的"哈希"（fixed-lenthh ash）作为文件摘要（message digest），且过程不可逆（一般称作"铸造"）[2]，也使NFT成为加密货币（cryptocurrency）系列中特殊的存在。

2012年，第一个类似NFT的代币彩色币（Colored Coin）诞生[3]。它出小面额的比特币组成，可代表多种资产，包括但不限于财产、优惠券、公司股份等。它存在的目的在于，将比特币锚定在现实实存的资产上，并通过比特币的智能协议，对现实实存资产的交易与变更进行管理[4]。彩色币为NFT的正式诞生奠定了基础。根据这一理念，2014年"交易对手"（Counterparty）区块链平台开始允许创建资产和分散交换[5]，游戏《创世纪咒语》（Spells of Genesis）[6]、《愿望之力》（Force of Will）等IP开始在该平

---

[1] 秦蕊、李娟娟、王晓等：《NFT：基于区块链的非同质化通证及其应用》，《智能科学与技术学报》2021年第2期。

[2] John F. Dooley, *History of Cryptography and Cryptanalysis: Codes, Ciphers, and Their Algorithms* (Cham: Springer, 2018), p. 179.

[3] "The History of Non-Fungible Tokens (NFTs)", https://medium.com/@Andrew.Steinwold/the-history-of-non-fungible-tokens-nfts-f362ca57ae10.

[4] "Colored Coins whitepaper", https://docs.google.com/document/d/1AnkP_cVZTCMLIzw4DvsW6M8Q2JC0lIzrTLuoWu2z1BE/edit#.

[5] "A Brief History of NFTs", https://thegallerynft.com/history-of-nfts/.

[6] "About Us", https://www.everdreamsoft.com/about.php.

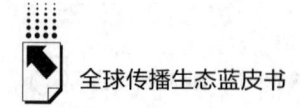

台发行定制卡牌[1]。而以太坊的支链姓名币链（Namecoin）是另一个重要的发轫之地，被视为早期加密艺术品的《量子》（Quantum）[2]等都在其上铸造发行，为之后 ERC-721 标准的 NFT 打下了基础。

随着以太坊在 2017 年初的崛起[3]，2017 年 6 月，总部位于纽约的软件公司幼虫俱乐部（Larva Labs）在以太坊区块链上创造了一个"像素角色生成器"，制作并发布了 1 万个 24×24 像素的朋克风头像[4]，拥有以太坊包的用户可以免费领取。由此，NFT 历史上著名的"加密朋克"（Crypto Punks）项目诞生，在二级交易市场上获得了巨大反响，开始吸引顶级投资者入局，催生了一个繁荣的、以图像为视觉对象的、以不可分割数据为特征的以太坊代币 NFT 产业，并被视作历史上第一个真正的 NFT 项目。同年，数字艺术家比普（Beeple）的 NFT 作品《每一天：最初的 5000 天》（*Everydays：The First 5000 Days*）以 6934 万美元（折合人民币 4 亿元）的价格创下 NFT 拍卖纪录[5]，该消息引发金融圈、艺术圈轰动，推动足球巨星梅西（Lionel Messi）[6]、著名说唱歌手坎耶·维斯特（Kanye West）[7]、周杰伦[8]、王家卫[9]等进入 NFT 领域。

---

[1] "Blockchain-Based TCG 'Force of Will' Launches This September", https://news.bitcoin.com/blockchain-tcg-force-will-september/.

[2] "NFTs Weren't Supposed to End Like This", https://www.theatlantic.com/ideas/archive/2021/04/nfts-werent-supposed-end-like/618488/.

[3] "Ethereum (ETH) price per day from August 2015 to September 5, 2022 (in U.S. dollars)", https://www.statista.com/statistics/806453/price-of-ethereum/.

[4] "CryptoPunks", https://www.larvalabs.com/cryptopunks.

[5] "It's All Happening: As an NFT Artwork by Beeple Sells for $6.6 Million, Market Observers Are Torn Between Jubilation and Alarm", https://news.artnet.com/market/observers-ask-wtf-as-ntfs-soar-into-the-seven-figures-1947275/.

[6] "Lionel Messi NFT Collection Set for Launch", https://www.coindesk.com/markets/2021/08/04/lionel-messi-nft-collection-set-for-lanch/.

[7] "Kanye Headed To The Metaverse as Ye Files 17 NFT Trademarks", https://www.nftculture.com/author/nftculture_pruxmg/.

[8] 《周杰伦入局 NFT，40 分钟卖 6200 万》，IT 之家，2022 年 1 月 3 日，https://t.cj.sina.com.cn/articles/view/1826017320/6cd6d028020011gwp.

[9] 《王家卫首个电影 NFT〈花样年华——刹那〉成交价 428.4 万港元》，IT 之家，2021 年 10 月 11 日，https://baijiahao.baidu.com/s?id=1713304937529737756&wfr=spider&for=pc。

2018~2019年，NFT生态系统逐渐完善，在首批NFT交易平台"开放海"（OpenSea）、"超级稀珍"（SuperRare）等网站的引领下，NFT的市场规模开始大幅增加。2020年新冠肺炎疫情在全球蔓延，英美在内的各国政府采取发放货币的手段刺激经济[1]，促使更多人在风险投资上变得大胆，进而将目光投向前景广阔的NFT领域。

当下，全球区块链系统已经基本形成规模，并主要有三个种类，分别是公链（public blockchain）、联盟链（consortium blockchain）和私链（private blockchain）。公链是指公开的区块链，任何人都可以成为公链上的一个节点，而不需要经过任何人授权。典型的公有链代表有比特币、以太坊、EOS（Enterprise Operation System）等[2]，主要用于全球比特币、以太坊等公共区块链数字货币的交易，也因为它过于开放，不法、混乱、不稳定的情况时常发生，导致公链系统常出现问题。联盟链是指多个机构联合或单独一个机构打造的一个独立的区块链，是一种会受到机构掌控的半去中心化区块链，通常是围绕一些特定的业务而组成的相对封闭的生态系统[3]；与公链相比，处理速度更快、更加稳定和便捷，但由于其数据可以被机构联盟修改，联盟链去中心化程度也更低。私链是指访问和写入权限都掌握在一个组织或机构手里的区块链，由于私链的公开程度由机构决定，他人要进入网络必须取得机构许可[4]。

由于区块链纷繁复杂的技术与历史背景及其所依存的全球环境，其技术并非没有漏洞，2022年俄乌冲突所引发的大量比特币钱包被屏蔽清零的事

---

[1] "Policy Responses to Covid-19"，https：//www.imf.org/en/Topics/imf-and-covid19/Policy-Responses-to-COVID-19#U.

[2] 《私有链、公有链和联盟链有何区别》，https：//academy.binance.com/zh/articles/private-public-and-consortium-blockchains-whats-the-difference。

[3] "Types of Blockchain：Public, Private, or Something in Between"，https：//www.foley.com/en/insights/publications/2021/08/types-of-blockchain-public-private-between.

[4] 《区块链有三种链：公链私链联盟链》，腾讯云开发者社区，2018年7月27日，https：//cloud.tencent.com/developer/news/286153。

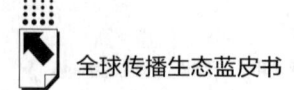

件①，恰恰说明了去中心化的技术无法彻底解决根植于后殖民时代的中心化的全球问题，这也为区块链的继续发展设下了一道屏障。

国内对NFT的探索虽然较晚，但也已初具规模。2021～2022年，蚂蚁集团等头部互联网大厂纷纷进入NFT领域，通过鲸探等平台发行被称为"数字藏品"的国产NFT，因同样拥有密钥，也可被看作"非同质化代币"。这就使我国的数字藏品与国际的NFT有着底层的不同，而这将会折射到技术、经营、监管、金融和社会影响等多个层面。

二 全球NFT行业：从海外NFT到中国数字藏品的产业现状

根据全球研究和咨询公司Verified Market Research（VMR）2022年7月发布的报告，2021年全球NFT市场的估值为113亿美元，预计在2030年全球市场规模将达到2310亿美元，该行业在未来八年的复合年增长率为33.7%②。这就意味着NFT即将成为全球最大的在线金融与艺术行业之一。但过快的发展规模产生了大量的混乱、欺诈与违法行为，为了加强管理，我国率先将NFT进行了本土化、合规化的改造，弱化了其极易发生混乱的资产属性和流转价值，并将之称为"数字藏品"。

（一）全球NFT发展现状与产业结构：极速膨胀、繁复类型、虚拟物品

NFT估值的不断增长成为推动区块链与数字资产投资的重要因素之一。根据市场调研公司Grand View Research的报告，在全球NFT市场中，北美

---

① "Crypto platform blocks thousands of Russia‐linked wallets"，https：//www.bbc.com/news/technology‐60661763.
② "NFT market worth $231B by 2030? Report projects big growth for sector"，https：//cointelegraph.com/news/nft‐market‐worth‐231b‐by‐2030‐report‐projects‐big‐growth‐for‐sector.

市场在全球 NFT 营收中所占份额最多，超过 31%[1]，数字资产领域超过 71.0%。实体 NFT 领域也在跟进，美国佛罗里达州坦帕湾地区的一幢房屋成为美国首个以 NFT 形式出售的地产[2]，纽约也出现了以 NFT 作为会员资格的餐厅[3]。根据"非同质化"网站（NonFungible.com）对 NFT 市场的调研数据，自 2020 年以来，重要的 NFT 项目的总资本增长了 10 倍，从 1 亿美元增加到 10 万亿美元——这种增长的主要受益者是生产和销售 NFT 的平台[4]。

国外 NFT 交易平台的一大特色是头部效应显著，以 OpenSea、Rarible、LooksRare 等为首的一批综合型开放市场先发优势明显、规模效应显著，在成立后迅速抢占了大部份额，引领市场行情，使 NFT 在 2021 年历经了"期望膨胀期"[5]。本报告通过汇总和研究国外 100 余个数字藏品平台，按照平台的功能属性，将国外平台划分为"艺术品交易平台""虚拟土地平台""区块链游戏平台""IP 衍生品平台""NFT 铸造与服务平台"五大类。

艺术藏品交易平台是国外 NFT 平台中占比最高的类型。这类平台能供用户铸造、销售和收藏摄影、音乐、视频等种类丰富 NFT 数字艺术作品；交易市场支持不同的加密货币作为交易方式，每笔交易收取一定量的手续费用于平台运营。代表平台有 OpenSea、SuperRare、Rarible、Foundation、Nifty

---

[1] "Non-fungible Token Market Size, Share & Trends Analysis Report By Type（Physical Asset, Digital Asset）, By Application（Collectibles, Art, Gaming）, By End Use, By Region, And Segment Forecasts", https：//www.grandviewresearch.com/industry-analysis/non-fungible-token-market-report#.

[2] 2022 年 2 月 11 日，美国房地产初创公司 Propy 宣布以 65.3 万美元（210 ETH）的价格拍卖售出了美国史上第一个 NFT 房屋，该房屋位于佛罗里达州坦帕湾，中标者将获得一枚 NFT 作为房屋所有权的证明。新闻链接：https：//www.wtsp.com/article/news/local/pinellascounty/gulfport-home-real-estate-nft-sale/67-73cd1e83-76fe-46a1-9564-2d8c18007936。

[3] VCR Group 集团将开设 Flyfish Club 纽约餐厅，立意为全球第一家 NFT 餐厅，并在 2023 年之前开门迎宾。该餐厅网址为：https：//www.flyfishclub.com/。

[4] "NFT Platform Development", https：//merehead.com/blog/nft-platform-development/.

[5] 黄乐平、陈旭东、胡宇舟：《Web3.0：互联网的下一站？》，远瞻智库，2022 年 7 月 20 日，https：//baijiahao.baidu.com/s? id=1738882224980060934&wfr=spider&for=pc。

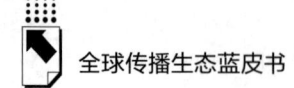

Gateway 等。OpenSea 是目前全球最大的数字藏品买卖市场，用户可以与世界上任何一个人进行 NFT 买卖和交换。平台上可用于交易的核心代币是以太坊（ETH）、WETH、USDC 和 DAI，还支持部分其他支付代币[①]。OpenSea 2021 年的交易额超过 140 亿美元，是前一年总额的 646 倍[②]。另一重要 NFT 交易平台 Rarible 于 2020 年初成立，具有跨链兼容性（以太坊、Tezos 和 Flow 三种区块链代币）、铸造功能、DAO 社区治理模式的独特性。第三大 NFT 交易平台 Foundation，则是一个采用"社群主导"和"自动限时拍卖"机制的 NFT 平台，但已于 2022 年 5 月全面开放[③]。

以沙盒（The Sandbox）、去中心乐园（Decentraland）、梦幻空间（Somnium Space）为代表的虚拟世界平台已成为国外 NFT 主流赛道之一。此类平台构建居于以太坊链上的虚拟世界场景，使玩家可以在共享的虚拟环境中进行社交、游戏、铸造和交易数字资产。沙盒、去中心乐园都是基于以太坊的 NFT 游戏元宇宙生态系统，它们以虚拟世界为主打特色，允许用户创建、出售、使用属于自己的 NFT 资产，是可以由用户共同拥有并构建的虚拟世界。在去中心乐园中，用户还可以创建个人虚拟形象、在数字土地上建造房屋、参与艺术表演、与其他用户互动社交等。

NFT 游戏作为区块链游戏与传统游戏相比的优势在于游戏公平性及透明度更高、虚拟资产安全性更强。"由于区块链游戏是建立在公链上的，其分布式结构能够有效抵御黑客入侵，越是活跃的公链就越不可能被黑客篡改数据，虚拟资产的安全性更高。"[④] P2E（play-to-earn）模式是一种区块链游戏所创造的数字产业模式，它的意思是玩家能够以游戏内代币／奖励的形

[①] "What currencies can I use on OpenSea?", https://support.opensea.io/hc/en-us/articles/1500003082521-What-currencies-can-I-use-on-OpenSea-.

[②] "OpenSea Saw a 646x Increase in Trading Volume in 2021", https://cryptobriefing.com/opensea-saw-a-646x-increase-in-trading-volume-in-2021/.

[③] " GM! After all the chaotic drama…", https://twitter.com/andrevieiraart/status/1527238764048826368.

[④] 《NFT 游戏是什么意思？一文读懂 NFT 游戏》，聚链网，2021 年 9 月 2 日，https://www.qkl126.com/baike/block/1088.html。

式获得收入①。因为这些游戏中的代币和奖励既可以在游戏中使用，也可以在公开的交易所进行交易，还可以兑换为玩家的本地法定货币②。代表性的NFT游戏平台有Axie Infinity、MOBOX、Gods Unchained等。但是也因此，由于全球性疫情对发展中国家的经济带来的影响，东南亚一代的发展中国家竟然集中出现了NFT"游戏劳工"的现象，这意味着区块链技术并未能实现中本聪理念上的去中心化，反而在某种程度上加剧了区域性的后殖民色彩。

除了上述以数字藏品消费者为主要服务对象的平台，还有一类专为创作者服务的铸造服务平台。此类平台为任何想创建和出售NFT的用户提供简单易上手的铸造界面和步骤，并能以低廉的价格将作品部署到以太坊、索拉纳（Solana）等主流区块链，便于作品上传到二级市场售卖。NFT艺术生成器（NFT Art Generator）为创作者提供简单的NFT编辑界面，支持创作者在无须编码知识的情况下通过简单的操作生成图像、GIF和视频形式的NFT作品并将其部署到以太坊、多边形链（Polygon）、雪崩链（Avalanche）、幽灵链（Fantom）、币安智能链（Binance Smart Chain）、索拉纳（Solana）等区块链上③。

2021年NFT成为全球最具影响力的产业，各大平台迅速发展，艺术品种类爆炸式增长。但在2022年6~8月，全球加密货币市场陷入低迷，NFT交易也面临下行趋势。根据加密货币数据公司去中心化应用雷达（DappRadar）汇编的数据，5月1日，全球最大NFT平台OpenSea处理了创纪录的27亿美元的NFT交易，但在8月28日，该平台的交易额仅为934万美元，注册用户为24020名，比5月创下交易记录时减少了约1/3④。NFT市场的大降温也将整个区块链市场推到一个发展的十字路口。

---

① 张勇：《基于区块链技术的NFT现状研究》，《数字通信世界》2022年第5期，第149~151页。
② 张勇：《基于区块链技术的NFT现状研究》，《数字通信世界》2022年第5期，第149~151页。
③ "No Code NFT collection generator"，https：//nft-generator.art/.
④ "Trading volume on top NFT marketplace OpenSea down 99% in USD from May peak"，https：//fortune.com/2022/08/29/nfts-opensea-crypto-winter-bubble-blockchain-web3/.

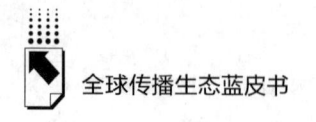

（二）我国数字藏品产业结构与现状：特有区块链与发展模式

为了防止经济与金融违法犯罪，我国关闭了与国际公链的端口，并提倡在国内联盟链和新兴的国家出版链上、以区块链技术发展"数字藏品"。尽管叫法不同，但是数字藏品仍旧是"非同质化通证"，它拥有唯一性密码，并可以通过智能合约完成去中心化的组织实践。

2021年在国际市场的引发下，国内许多企业率先进入了数字藏品领域，头部企业诸如阿里、腾讯、京东等成为我国数字藏品行业主要势力，但我国区块链中小企业也逐步探寻新路径，寻求其他方案，以避开高昂的联盟链加盟成本。与此同时，区块链服务网络（Block-chain-based Service Network，BSN）以及海南国际文化艺术品交易中心的开启，支持开放联盟链之间的NFT跨链流转，提高数字藏品的流转效率，数字藏品市场虽然现在仍处于初期阶段，但已经开始走出基于中国实际情况的特色路径，既有发展前景，又存在挑战。

截至2022年6月中旬，国内数字藏品平台已超过500家，5月一周工作日平均藏品发行量超过10万件。在现有元宇宙与IP运营的热潮加持下，根据海外现有700万交易用户规模与我国潜在用户进行测算，预计我国数字藏品交易市场将在2~3年达到500亿~800亿元[①]。由于跨链服务尚在探索试运营中，当下国内大多数数字藏品平台都基于联盟链，从而也与上文所述的国外基于公链的NFT平台发展路径不同，主要坚持去币化和去金融化，坚持将数字藏品与传统文化相关内容结合以推广优秀文化的新趋势。然而近期有关数字藏品投机炒作、欺诈跑路的负面新闻频频出现，国内数字藏品头部平台"幻核"关停的消息引发业界轰动，也让大众不得不重新审视这一新生业态[②]。

---

① 《数字藏品发展应用报告》，陀螺科技，2022年3月19日，https://www.tuoluo.cn/article/detail-10095850.html。

② 《数字藏品退潮，NFT合规之路渐明》，新浪财经，2022年7月26日，https://baijiahao.baidu.com/s?id=1739415913821136331&wfr=spider&for=pc。

国内数字藏品产业链主要由四个方面组成：版权方、发行方、交易平台和底层技术提供方。版权方是数字藏品的原始 IP 的提供者，主要包括自由设计师、艺术家、唱片公司、游戏制作方以及电影、电视剧、动漫等出品方，处于产业链上游。发行方既可以是数字藏品的版权方，也可以是授权方，主要通过对作品进行二次创作，呈现原型设计以及数字化产品。交易平台主要实现数字藏品的交易，相比于一般的商品，数字藏品具备虚拟性、难流转、高度依赖底层等特点，对交易场所具备更高的依赖性。底层技术提供方负责将发行方所提供的设计作品进行链上铸造，实现数字藏品的数字化形态与映射，原则来说，技术提供方可以是任意一条联盟区块链（见图1)[1]。

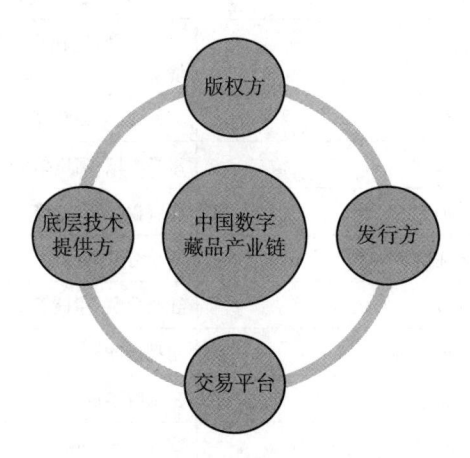

图 1　中国数字藏品平台产业链

目前，国内主流 NFT 数字藏品平台采用的区块链主要分为公链和联盟链，数字藏品平台根据自己的情况和资源使用不同的区块链。本报告对国内主要数字藏品平台的区块链类型进行了汇总（见表 1 和表 2）。

---

[1] 《中国数字藏品平台购物指南》，2022 年 3 月 24 日，https：//mp.weixin.qq.com/s/QlDctNKGPlchn6zEsOLJxA。

表1 中国采用联盟链的数字藏品平台一览

联盟链	国内数藏平台
蚂蚁链	鲸探、阿里拍卖、幻藏、超维空间、七级宇宙、蓝猫数字、一花 yihua、第九空间、神秘绿洲、数旅人 DT 宇宙等
BSN 联盟链 已推出文昌链（基于 IRITA）、泰安链（基于 FISCO BCOS）、武汉链（基于 Ethereum）、唐山链（基于 DBChain）、广元链（基于 Everscale）和中移链（基于 EOS）	Mytrol 数字文创、虎元元、数藏中国、河洛、千寻数藏等
至信链	幻核、TME 数字藏品、R-数字藏品等
百度超级链	百度超级链、洞壹元典、良选数字、元塑、麟境等
智臻链	灵稀、红果数藏等
星火链	斑马中国、阿里拍卖等
天河链	优版权、博物链等
骏途链	Hi 元宇宙等
趣链	红洞数藏、律核等
网易区块链	网易星球等
领御链	云岫数字藏品等
海斯匹链	草方格 Square 等
元镜联盟链	西湖一号等

注：数据统计截至 2022 年 4 月 15 日。

表2 中国采用公链的数字藏品平台一览

公链	国内数藏品平台
以太坊公链	Bigverse、Cosmos Art、BiBiNFT、青石幻城等
树图链	双镜博物、淘派、薄盒、Odin 元宇宙、雪崩科技、上镜、元代数藏、星图比特、无界数字藏品等

续表

公链	国内数藏品平台
币安公链	StarArk数字文创、umx art等
火币生态链	SKY艺术空间、ONE数字艺术、MetaBox等
新版链	鹤巢文化、阿里拍卖等
SOLANA	J-ART乐享艺术等
META	万物数字藏品等
Polygon	Art Meta元艺术、唯一艺术、元本空间、海幻境、芝士拍拍、链上数字版权、元宇宙藏品馆等
Nervos	稀象、丸卡等

注：数据统计截至2022年4月15日。

其中，阿里巴巴推出的鲸探、腾讯推出的幻核、京东推出的灵稀、百度推出的百度数藏以及第一个纯艺术数字藏品平台唯一艺术基本代表并反映了行业的现状，它们既是国内互联网大厂区块链技术发展的产物，又是NFT概念与交易大流行之下的新现象。但是，由于这一领域极新，各大互联网厂牌也在探索期，各自的经营模式、规范、交易路径与发展方向大不相同，这就使它们各自代表了中国数字藏品行业发展的不同方向与可行性（见表3）。

第一，大多数平台以B2C（Business-to-Customer）和PGC（Professionally Generated Content）的模式进行创作和发行，而不是像OpenSea那样开设一个完全自由的开放市场①。这样虽然导致市场内容比较少，但是内容精度高，且版权清晰明确，也防止了数字藏品可能金融化带来管理难度。

第二，大多平台不设二级市场，部分平台设立二级市场但也有着相当多的限制。唯一艺术是国内少有的开放二手交易的数字藏品平台，因此平

---

① B2C是发行模式，由平台直接面向消费者发行销售数字藏品。PGC是创作模式，即由创意专业人士来设计数字藏品，参见"How Business-to-Consumer Sales Works, 5 Types and Examples"，https：//www.investopedia.com/terms/b/btoc.asp；"UGC and PGC"，https：//thedambook.com/ugc-and-pgc/。

表3 国内代表性数字藏品平台运营模式

名称	所属	所属链	上线时间	内容	创作	发行	定价（元）	单次数量（份）
鲸探	阿里巴巴	蚂蚁链	2021年6月	支付宝的付款码皮肤和数字收藏品，包括但不限于数字画作、图片、音乐、视频、3D模型等形式	PGC	B2C	9.9~39	5000~60000
幻核	腾讯	至信链	2021年8月至2022年8月	腾讯IP资产的视频、音频、图像、3D模型	PGC	B2C	98~199	1000~2500
灵稀	京东	智臻链	2021年12月	文创IP为主，也包含《足球报》等新闻IP与公益、绿色IP	PGC	B2C	9.9~168	1000~50000
星际口袋	百度	超级链	2022年1月	航天、艺术、音乐、文创等	PGC	B2C	18~68	1000~10000

台会从每笔交易中收取交易额7.5%的费用。唯一艺术平台的易宝钱包支付功能已在App上线，藏家可以在完成钱包开户后使用充值、支付（钱包绑定银行卡或余额）、收款、提现等功能。平台正在基于合规、安全、稳定的基础上，不断更新第三方钱包支付功能。易宝钱包作为第三方支付服务，由易宝支付为唯一艺术平台用户提供钱包支付和其他服务，并进行资金托管①。在数字藏品平台相关监管办法出台后，唯一艺术也有所调整，而鲸探曾对私下进行交易的用户进行了处罚②。

第三，实体商品与数字藏品的融合。例如京东，作为老牌网商，其发行数字藏品最鲜明的特点在于"实体商品+数字藏品"的形式，其中实体商品占据主导地位，组合销售的数字藏品通常不能单独购买，而是随用户购买指定的实体商品送出，订单达到固定金额也有机会抽取或直接获赠数字藏品，藏品详情页往往也会嵌入商品详情页面，点击即可跳转及购买③。推进了数字藏品的实体价值，也为数字藏品的发行策略提供了新的可能性。

第四，联盟链开放铸造权限，提供底层技术共享，发行其他数字藏品平台内容。除了自有数字藏品平台，例如腾讯致信链、百度超级链等，还通过区块链底层技术共建共享，为合作伙伴数字藏品的发行提供技术支持④，以此建立联盟链内数字商品可信登记平台，通过成熟的账户管理、商品管理和交易管理等系统能力，为合作伙伴提供数字商品发行、管理和交易等一系列配套功能，支撑客户建设数字商品业务平台。

2022年8月16日，幻核宣布停止数字藏品发行，同时所有通过其平台

---

① 《平台规则和常见问题》，唯一艺术，https：//www.theone.art/question。
② 司林威：《因私下买卖数字藏品，蚂蚁集团旗下数字藏品平台鲸探处罚56名用户》，界面新闻，2022年2月22日，https：//www.jiemian.com/article/7129992.html。
③ 施冰钰：《618与数字藏品，谁成就了谁?》，界面新闻，2022年6月23日，https：//www.jiemian.com/article/7634176.html。
④ 《百度超级链上线首个数字藏品平台》，环球网，2022年1月29日，https：//3w.huanqiu.com/a/c36dc8/46bS4L1GRcB？agt=56%EF%BF%BD%EF%BF%BD%20%EF%BF%BD0%EF%BF%BD6%EF%BF%BD0%EF%BF%BD3%EF%BF%BD6%EF%BF%BD7%EF%BF%BD0%EF%BF%BD0%EF%BF%BD0%EF%BF%BD2%EF%BF%BD6%EF%BF%BD9%EF%BF%BD。

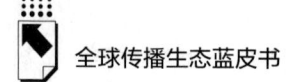

购买过数字藏品的用户可自行选择继续持有或发起退款申请[①]。但浙江大学国际联合商学院数字经济与金融创新研究中心联席主任、研究员盘和林认为，数字藏品行业是有前景的，但这些前景需要和现有社会体系结合起来，主要还是要在法治层面做制度性的完善，"建章立制在前，发展数字藏品在后"[②]。随着政策的逐步完善，未来国内数字藏品平台如何平衡法律监管和追求盈利将成为持续发展的最大挑战。

三 监管、规范与治理：版权保护、反对炒作、风险防范

纵使热度高涨期过后"唱衰"数字藏品的声量渐增，但该行业新的拐点也正在到来。国内对于 NFT 的监管，主要分为三个方面：其一是对 NFT 作品的版权保护；其二是针对平台二次交易的管控；其三是针对炒作虚拟货币的风险防范。

为了防止国内数字藏品出现国外 NFT 平台所产生的乱象，2021年10月31日，国家版权交易中心联盟、中国美术学院、央视动漫集团等机构共同发布《数字文创行业自律公约》[③]。2022年两会期间，"加强数字藏品版权保护""有效监管数字藏品发行""设立交易平台准入制度"等内容首度列入提案内容[④]。2022年4月8日，新一代人工智能产业技术创新战略联盟（AITISA）与多家数字藏品平台在北京共同发布《2022中国数字藏品自律公约》，"旨在防范和抵制任何形式以数字藏品为噱头进行的恶意炒作，强化

[①] 宋宇晟：《幻核宣布停售数字藏品 用户可选择持续持有或退款》，中国新闻网，2022年8月16日，https://baijiahao.baidu.com/s?id=1741301497864070006&wfr=spider&for=pc。

[②] 余继超：《腾讯幻核停止发行数字藏品，NFT 行业开始挤泡沫了？》，国际金融报，2022年8月17日，https://www.ifnews.com/news.html?aid=397643。

[③] Mytrol 数字文创空间：《NFT 行业首个自律公约发布，抵制炒作风气》，PANews，2021年11月1日，https://www.panewslab.com/zh/articledetails/N7583786.html。

[④] 《全国政协委员徐念沙：建议加强数字藏品版权保护》，中国新闻网，2022年3月8日，http://www.chinanews.com.cn/cj/2022/03-08/9696303.shtml。

行业自律，共建良性的数字藏品行业发展生态"①。2022年4月13日，中国互联网金融协会、中国银行业协会、中国证券业协会发布《关于防范NFT相关金融风险的倡议》，提出"坚决遏制NFT金融化、证券化倾向，从严防范非法金融活动风险，自觉遵守行为规范"②。

更为重要的是，2022年5月，中共中央办公厅、国务院办公厅印发《关于推进实施国家文化数字化战略的意见》（简称《意见》）。其中提到，到"十四五"时期末，"基本建成文化数字化基础设施和服务平台，形成线上线下融合互动、立体覆盖的文化服务供给体系"③。《意见》的出台，是国家在战略层面对文化的生产要素指出具体发展思路，将进一步加速科技创新与文化创新融合发展，优化甚至重塑文化产业的产业链和价值链，从而催生文化产业的新产品、新服务、新模式和新业态。对于数字藏品行业而言，这意味着更广阔的市场空间，数字藏品作为数字文化的一部分，将在国家总体文化方针的引领下有序发展，达到提升国家文化软实力的目的④。未来优质的文化IP将成为数字藏品市场的稀缺资源，也将成为不同数字藏品平台竞争的主要阵地。

于是，2022年6月13日，上海市人民政府办公厅发布了《上海市数字经济发展"十四五"规划》（简称《规划》），提出："支持龙头企业探索NFT（非同质化代币）交易平台建设，研究推动NFT等资产数字化、数字IP全球化流通、数字确权保护等相关业态在上海先行先试。"⑤《规划》的

---

① 柯岩：《数字藏品自律公约发布》，中国经济网，2022年4月11日，https：//m.gmw.cn/baijia/2022-04/11/35650514.html。
② 苏向杲、杨洁：《中国互联网金融协会等三协会倡议 坚决遏制NFT金融化证券化倾向》，《证券日报》2022年4月14日，https：//baijiahao.baidu.com/s？id=1730036384400088096&wfr=spider&for=pc。
③ 《中共中央办公厅 国务院办公厅印发〈关于推进实施国家文化数字化战略的意见〉》，中国政府网，2022年5月22日，http：//www.gov.cn/zhengce/2022-05/22/content_5691759.html。
④ 赵海英、李杰：《文化计算助推文化强国建设》，《光明日报》2022年7月21日，http：//tradeinservices.mofcom.gov.cn/article/yanjiu/pinglun/202207/135512.html。
⑤ 上海市人民政府：《上海市人民政府办公厅关于印发〈上海市数字经济发展"十四五"规划〉的通知》，2022年7月12日，https：//www.shanghai.gov.cn/hfbf2022/20220712/d3f5206dec5f4010a6065b4aa2c1ccce.html。

267

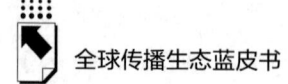

出台给上海本地NFT数字藏品平台发展带来良机，也为国内其他省市的数字藏品产业规划提供先行示范。2022年6月30日，在中国文化产业协会牵头下，包括蚂蚁集团、腾讯、百度、京东等互联网科技公司等近30家机构联合在京发起《数字藏品行业自律发展倡议》，反对二次交易和炒作、提高准入标准①。2022年9月4日，在中国国际服务贸易交易会"世界前沿科技大会——元宇宙与数字经济论坛"上，《数字藏品合规评价准则》（团体标准）（简称《标准》）正式发布。《标准》明确提出："数字藏品仅限于使用目的流转，不可开展炒作、洗钱、代币化、金融化、证券化等挂牌或私下非法交易流转。"②

海外，在NFT市场较为活跃的北美、欧洲等地区，也出台了一系列相关条理、协议和提案，扼制不断出现的乱象。2022年7月1日，欧盟出台《加密资产市场条例》（Markets in Crypto-Assets，MiCA），是全球主要国家之中针对加密货币全面监管的首次尝试③，包括数字货币发行商和交易平台在内的市场参与者均将被纳入监管。2022年2月初，美国财政部发布《通过艺术品交易开展洗钱和恐怖融资的研究》报告，计划为NFT、加密货币、数字媒体和艺术品等数字商品提供在线市场④。如果该申请通过，纽交所将可以开放加密货币和NFT的交易业务，而在纽交所发行NFT的发行方和NFT本身都将受到纽交所的管理。但是，虚报的NFT将不可以在纽交所上市，纽交所必须确保投资人购买的NFT是真实的，同时也是合法合规的。新加坡也开始迈向政府监管，并出台了对于数字货币的监管法律《支付服务法》（the Payment Services Act，PSA）。

---

① 《国内数字藏品行业再推自律发展倡议 蚂蚁、腾讯、百度、京东等联合发起》，2022年6月30日，https://baijiahao.baidu.com/s?id=1737051269301497142&wfr=spider&for=pc。
② 赵丽梅:《数字藏品正在告别"野蛮生长"》,《中国青年报》2022年9月6日，https://baijiahao.baidu.com/s?id=1743172415126210253&wfr=spider&for=pc。
③ "EU agrees on landmark regulation to clean up crypto 'Wild West'", https://www.cnbc.com/2022/06/30/eu-agrees-to-deal-on-landmark-mica-cryptocurrency-regulation.html.
④ "Trademark/Service Mark Application, Principal Register", https://tsdr.uspto.gov/documentviewer?caseId=sn97261560&docId=APP20220214081906#docIndex=1&page=1.

与之相比，可以说，我国的监管与鼓励支持政策的出台有力、准确、切中时弊，并形成了推进和开放的格局，既有利于数字藏品这一新技术产业的发展，又得以防止管理乱象的发生。

四　总结与展望

2022年，尽管因为不稳定的全球局势，区块链与数字货币整体为下降走势，但是就其技术所形成的全球NFT与中国数字藏品产业，已经在传播领域形成一股新的态势，并基本形成了以虚拟生产、计算机图像与智能合约为核心的Web3.0的基础格局。NFT产业的爆发也并非突如其来，它受困于几十年来互联网的信息不安全、私有信息不受保护、资本主义互联网寡头把持话语权等多种原因，也得益于计算机图形学、算法与AI技术的大力发展和互联网流行文化的生成——可以说，NFT的思想与发展路径早就呼之欲出，只差区块链技术与ERC-721标准的形成——而这些都只是时间问题。

通过本报告对国际NFT与中国数字藏品的产业研究，基本得出几个结论：第一，NFT依旧处于发展的早期，其技术尚未成熟，诸多类型的艺术诸如电影、音乐、话剧、装置以及其他多媒体艺术还未能够与之彻底兼容，只是以转成图像或抽帧的方式暂时进行IP改建的工作，而非真正的链上艺术；第二，NFT与数字藏品依旧乱象频仍，但各国各地已经开始出台法案、措施与帮助办法，以监管这一看似安全、实则易于出现乱象的产业，防止其走向无法收拾的崩溃局面，反而对实体经济与金融行业造成冲击；第三，NFT虽然以视觉形象示人，但其本质依旧有着挥之不去的金融属性，购买者所购买的对象不仅仅是其表面事物，更重要的是其密钥，密钥才具有真正的价值，所以其金融属性始终无法剥离地影响着其艺术属性，由此便影响着艺术这一古老事物的本质与特性；第四，NFT已经形成了鲜明的传播形式，并形成了诸多全新IP，传播规模、影响力巨大，已经成为全球最大的传播领域之一。

NFT作为Web3.0和元宇宙概念的重要部分，它不仅是一个重要的传播产业与现象，更为人类勾勒了一个未来的互联网时代的生产生活图景——它已经为走向一个虚实融合的未来搭建了第一个阶梯。然而,被裹挟在经济、政治话语中的算法、AI 与计算机图像,是否能够实现中本聪原本设想的端对端去中心化的平等交互的未来?技术的发展是否能够打破如今看似无法冲破的中心化的全球格局?我们拭目以待。

B.16
视觉化、智能化与武器化：
俄乌冲突中的全球媒介生态

王沛楠　冯建平　俞雅芸*

摘　要： 2022年初爆发的俄乌冲突成为观察智能传播时代的媒介化跨国危机的重要案例。俄乌冲突中的全球媒介生态呈现视觉化的媒介内容形态、智能化的媒介技术内核、武器化的媒介现实影响三个层面的变化，本报告尝试厘清俄乌双方及其他利益攸关方如何借助社交媒体与智能传播介入冲突中，开辟了由数字平台构成的"第二战场"，并以此前瞻未来中国在面对突发性全球危机时利用互联网和社交媒体开展国际传播的创新路径。

关键词： 俄乌冲突　媒介生态　全球传播　算法认知战

2022年2月24日，俄罗斯总统普京宣布，俄罗斯决定在乌克兰东部顿巴斯地区进行特别军事行动。俄乌之间关系的剑拔弩张使得全球地缘政治格局进一步复杂化。截至2022年8月，俄乌冲突已经造成双方超过4万参战士兵死亡，经济损失约4万亿美元，对于全球经济发展和政治格局稳定也产生了持续的冲击。

战争史同时也是一部媒体史，大众媒体对于战争和冲突的报道也在影响着公众的认知与战争局势的走向。越南战争是人类历史上第一次由电视媒体

---

* 王沛楠，清华大学人文学院讲师，伊斯雷尔·爱波斯坦对外传播研究中心研究员；冯建平，中央电视台资深新闻制片人；俞雅芸，清华大学新闻与传播学院博士研究生。

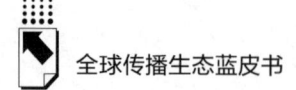

塑造的"起居室战争",美国公众在家中借助电视屏幕目睹了美军在越南的败退;1991年的第一次海湾战争成为第一次全球直播的战争;12年后,美国入侵伊拉克借助互联网的崛起演变成了基于数字媒体直播和网民互动构成的"YouTube战争"。人类社会正在逐渐进入"媒介化"驱动的传播生态中,大众传播对战争也在产生日益深刻的影响。不同于伊拉克战争时期大众媒体主导的媒介生态,数字化、智能化的短视频社交媒体的快速发展使2022年初爆发的俄乌冲突呈现技术、政治与战争融合的特点,在媒介生态与国际传播层面呈现视觉化、智能化与武器化的新特征。

本报告聚焦于数字媒体语境下的俄乌冲突媒介生态,分析短视频平台兴起的视频化趋势、算法推送驱动的智能化趋势和虚假信息认知战构成的武器化趋势如何重塑了国际社会对于俄乌冲突的认知,厘清俄乌双方及其他利益攸关方如何借助社交媒体与智能传播介入冲突中,开辟了由数字平台构成的"第二战场",以此前瞻未来中国在面对突发全球性公共危机时利用互联网和社交媒体展开国际传播可行的创新进路。

一 视觉化:俄乌冲突的媒介内容形态

在全球社交媒体的"视频转向"趋势下,短视频平台的兴起对于全球媒介生态的影响日益显著。借助TikTok和Instagram等视觉内容主导的社交媒体平台,俄乌冲突的战争场景成为全球数字平台上"日常可见"的传播内容。泽连斯基等政治家利用自拍短视频影响国际舆论,以及一线民众通过短视频平台发布实时战况,都体现出了数字视频媒体时代,多元主体参与内容生产的"可见性",进而对于俄乌冲突的走向产生直接的影响。

(一)政治家以视觉化手段实现"政治化妆"

从奥巴马的"脸书总统"到特朗普的"推特总统",西方政治家逐渐开始学习如何借助社交媒体提升政治影响,并塑造自己亲民友好的形象。但短视频社交媒体的出现打破了传统的社交媒体格局,引发了新一轮视觉化主导的"政治化妆"（political spin）。俄乌冲突中，乌克兰总统泽连斯基通过社交媒体直接与本国乃至全世界的民众进行沟通。他恳请俄罗斯 TikTok 用户以及"科学家、医生、博主乃至脱口秀演员"站出来帮助制止战争。

值得注意的是，泽连斯基发表言论的方式并非传统政治家演讲模式，他充分吸纳了短视频社交媒体的话语和表达风格，以植入其政治诉求和立场。泽连斯基的视频制作剪辑粗糙，从不似传统政治家对公众演讲般穿西服、打领带、坐在办公桌前，而是只穿着一件军绿色作战服举着手机拍摄，宛若自拍 VLOG 的过程。相比于其他政治家更多依赖文字形式与民众对话的形式，泽连斯基视觉化的展演方式呈现了更加明显的亲和力与感召力。他走在基辅街头介绍政府和军队的动向，逐一介绍了身边所有乌克兰政府高层人员，以极其简单、真实的语言向全球民众发布信息，表明他和主要政府人员会与士兵、人民在一起战斗。这一系列视频的发布在全球社交媒体引发转发浪潮，很大程度上扭转了冲突初期乌克兰所处的不利舆论局面。

在俄乌冲突的初期，泽连斯基持续发布类似的视频，虽然背后存在政府幕僚的策划与设计，但在受众面前呈现的则是一个战争"孤胆英雄"的角色。相较于普京在冲突爆发后发表的冗长的公开演说，泽连斯基的短视频社交媒体外交充分捕捉了社交媒体时代受众对于碎片化传播、情感化表达的需求，进而通过带有策划和展演性质的社交媒体表演实现了对于全球受众的观念影响。

（二）民众以短视频实现微观的"直播战争"

泽连斯基借助情感化的内容表达增加国际舆论对乌克兰同情的同时，大量一线的民众也通过 TikTok 平台左右战争期间的舆论形势。

一方面，美西方政府动员短视频网红博主以庞大的粉丝数为依托，利用自带流量市场确保观点的能见度，并借助个人身份，展开与受众的观点互动，从分享日常生活体验入手，以情绪共享换取受众信任以及观点支持。2022 年 3 月 10 日，美政府召集约 30 名颇具影响力的 TikTok 网红、国家安全委员会工作人员和白宫新闻秘书珍·普萨基（Jen Psaki）向博主们介绍了美国对乌克兰的援助政策、与北约合作的机制以及美国将如何应对俄罗斯使用核武器的问题，要求其"正确"介绍俄乌局势和美国、北约对俄政策，利用其个人影响力，宣扬俄乌冲突有关立场。①

另一方面，大量乌克兰民众借助社交媒体平台以视觉化方式传播战争场景，吸引关注。自2022年2月24日以来，TikTok上与乌克兰相关的内容呈爆炸式增长，截至3月17日，带有#Ukraine标签的视频的浏览量已超过305亿。《纽约时报》的一份报告发现，TikTok上关于的乌克兰内容热度显著超过其他议题。② CIR调查主任本杰明·斯特里克（Benjamin Strick）表示，在俄乌冲突初期TikTok上关于冲突的短视频有"80%到90%"都是由普通用户自发发布在平台上的。③

俄乌冲突中，乌克兰民众借助自己的移动设备详细记录了战争场景中的细节。一位名叫@valerisssh的乌克兰用户遵循最近流行的短视频迷因发布了一段视频，在该迷因中，用户在播放一首诙谐的意大利歌曲时指出他们家中各个很酷的地方，并且他们会做出匹配的手势。而在@valerisssh拍摄的视频中，用户指出了她所处的"防空洞"里的东西，包括一个家庭健身房、两个厕所，以及一份由香蕉和酸奶组成的"乌克兰军队早餐"。这一迷因模仿使得受众能够真切感受到俄乌冲突对普通民众的生活造成的影响，进而在社交媒体上引发共鸣。

在TikTok上，乌克兰人在全球受众的眼中与其说是遥远的受害者，不如说是听相同音乐、使用相同社交网络的网络共同体。共享的数字空间创造了一种拟态的亲密感，全球受众在社交媒体上关注并参与到了乌克兰民众微观的战地生活中。借助短视频平台视觉化的力量，欧美国家的舆论在战争中发生逆转，并影响到了各国政府做出介入冲突的决定，可以说，乌克兰借由

---

① Lorenz, T., "The White House is briefing TikTok stars about the war in Ukraine", https://www.washingtonpost.com/technology/2022/03/11/tik-tok-ukraine-white-house/.
② Paul, K., "TikTok was 'just a dancing app', Then the Ukraine war started", https://www.theguardian.com/technology/2022/mar/19/tiktok-ukraine-russia-war-disinformation.
③ Tiffany, K., "The Myth of the 'First TikTok War'", https://www.theatlantic.com/technology/archive/2022/03/tiktok-war-ukraine-russia/627017/.

视觉化的短视频传播形式在世界范围内形成的舆论优势，进而影响到了俄乌冲突的走向。

二 智能化：俄乌冲突的媒介技术内核

在国际传播和媒介生态层面，俄乌冲突其中的一个鲜明特征是从"图文信息战"向"算法认知战"的迭代。相较于传统舆论战主要以政府部门为主体的特点，俄乌冲突中跨国数字平台的嵌入使得推荐算法技术被运用于战争信息的国际传播中，进而借助算法分发的机制影响全球公众认知。媒介技术日益深刻地嵌入国际舆论和民众的日常生活中，将会对未来的国际传播产生直接的影响。

（一）算法技术驱动的信息传播和认知塑造

在俄乌冲突中，算法分发机制成为影响全球受众理解战争场景的重要因素。TikTok 等平台基于算法推荐分发内容的机制对互联网国际传播的机制形成了挑战和颠覆。TikTok 的信息分发模式是将"内容池"中的信息随机投喂（feed）给一批用户，并基于第一批用户的反馈（点赞、收藏和停留时间等指标）计算是否要将这一短视频继续分发给更多用户。[①] 这种新的算法分发机制基于"发布视频—算法过滤—内容保留—数据获取"的循环结构，让 TikTok 具备了决定何种内容成为热门议题的权力。

类似于 TikTok 这样的算法推送社交媒体所搭建的这一套由算法驱动的内容生产生态为算法可供性提供了一种想象性的空间，影响了内容生产者的使用策略和行为。当算法推送机制的可供性被内容生产者捕捉和研判，这无疑会刺激用户贴近算法的逻辑去进行内容生产，以期待自己的内容更容易被算法识别。这种内容运营机制引导内容生产者向着平台所期待的方向输出内

[①] 王沛楠：《全球传播中的数字基础设施：以短视频平台 TikTok 为例》，《现代视听》2022 年第 3 期。

容,为短视频平台的内容池划定主导性的内容生产方向。

TikTok等社交媒体平台由此带来了一个算法规训的内容生产机制,扮演了信息连接枢纽、算法策展平台和政治展演空间的角色。无论是俄乌双方政府、乌克兰战场一线的自媒体和民众,还是西方国家意见领袖和普通网民,所有参与其中的利益攸关方都需要感知TikTok的算法推荐逻辑并基于此进行内容生产。这使算法获得了主导国际传播议题走向的潜在权力,对于全球受众在俄乌冲突议题上的理解形成了宰制性的作用。这凸显了以TikTok为代表的算法推荐社交媒体作为数字基础设施对于全球信息流动和受众认知塑造层面的影响。

(二)人工智能技术形成的深度伪造

智能化的技术使得谣言变得更加难以辨别,"眼见为实"在深度伪造技术下变成了悖论。随着AI和视觉语言技术的发展,人工智能技术在虚假信息活动中的应用已经逐渐成熟,基于人工智能的图像音频合成技术被越来越多地应用于语音克隆、深度伪造的图像和视频中。此种"深度伪造"技术主要可以分为重现、替换、编辑和合成四个类别,可对目标人物面部、身体等进行重新生成、互相交换、添加属性或新建。经过训练,生成器可以生成具有高保真度的虚假图像。

2019年,以"深度伪造"技术为主开发的软件兴起后,网络上大量短视频出现"换脸"形态。2021年春季,一个TikTok账户发布了一系列高度逼真的汤姆·克鲁斯深度伪造视频,观看数高达1590万次。① 在美、法、韩多次总统大选期间都曾出现过大量由"深度伪造"技术虚拟形成的政治人物短视频,左右选举期间政治舆论,俄乌冲突也没有成为例外。

2022年3月18日,一段普京宣布和平的深度伪造视频在推特上广泛传播;与此同时,Facebook和YouTube删除了一段乌克兰总统向俄罗斯投降、

---

① Daniel, V., "Your Loved Ones, and Eerie Tom Cruise Videos, Reanimate Unease With Deepfakes", https://www.nytimes.com/2021/03/10/technology/ancestor-deepfake-tom-cruise.html.

视觉化、智能化与武器化：俄乌冲突中的全球媒介生态

告诉乌克兰人民"放下武器"的深度伪造视频。尽管泽连斯基的假冒视频被许多乌克兰人嘲笑"过于虚假"，其本人也在官方 Instagram 账号上称其为"幼稚的挑衅"，但乌克兰战略通信中心仍警告说，该虚假视频很可能会被用来说服乌克兰人投降。① 这是深度伪造的技术首次被运用于区域冲突的舆论战中，体现了这一技术对公众认知造成的潜在威胁。

由于普通公众缺乏对深度造假内容的识别能力，而"眼见为实"的错觉又会加深视频内容对受众的影响，这种深度造假运用于形势高度危急的战争场景时，可能会产生更加严峻的现实后果。一旦在公共危机中有组织大规模利用深度伪造技术制造虚假视频信息左右舆论，可能造成明显的混乱和恐慌。因此，它所产生的影响对于理解媒介生态与国际冲突之间的相互作用关系具有重要启示意义。

三 武器化：俄乌冲突的媒介现实影响

在俄乌冲突之中，大众媒体与社交媒体成为现实冲突之外的"第二战场"。无论是利用媒体发声制造舆论或者散布误导性信息，还是借助平台封号与限流控制舆论，影响公众认知，都凸显了数字平台对现实社会影响的日益深入。当前，全球社交媒体平台成为全球受众了解、认知俄乌冲突的主要渠道，但绝大多数全球社交媒体平台都掌握在美国等西方国家的互联网企业手中，形成了全球互联网和社交媒体舆论空间的寡头化。

以 Facebook、Twitter、YouTube 和 Instagram 为代表的西方数字平台吸纳了国际社会的不同要素进入平台生态中，借助用户条款的强制同意形成了对平台内容排他性和垄断性的私治理，由此获得了超越法理意义认可的平台权力。这使得俄乌冲突的国际舆论在平台层面呈现一边倒的不平衡态势。美国等西方国家利用本国互联网企业的平台控制、施压全球互联网舆论，系统地

---

① Wakefield, J., "Deepfake Presidents Used in Russia-Ukraine War", https://www.bbc.com/news/technology-60780142.

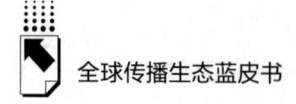

形成了对全球舆论场的信息操控与认知塑造。在这一背景下，数字平台逐渐成为影响战局的虚拟武器，在日益深刻的媒介化环境下对俄乌冲突的国际舆论走势产生直接影响。

（一）借助媒体主导阐释权，构建意见回声室

以美国为首的西方国家在俄乌冲突的舆论战中扮演了重要的角色并在话语影响力层面占据上风。西方媒体的策略可以被概括为发挥议题设置优势，抢占话语舆论先机。在俄乌冲突开始前，美国媒体不断渲染俄罗斯将要对乌克兰开战，从而抢占了这一议题的舆论高地。俄罗斯无论怎样回应都已经陷入对于"开战与否"的问题被动回应的境地中。在俄乌冲突开始之初，美国媒体迅速将其定义为"入侵"，以此抢占了对俄乌冲突事件的定义权和命名权，并为其他国家媒体参与这一议题的讨论设置了框架。

西方对俄问题采取的话语体系，最核心的目标是掌握议题的话语权、命名权和阐释权，并将俄乌之间具有复杂历史背景的冲突简化为民主与独裁之间的"价值观战争"，要求其他国家在其中选边站队。在俄乌冲突问题中，政客、智库、学者和主流媒体形成了一套完整的复调传播闭环，在舆论中形成规模庞大的主导性声音，挤压其他不同声音的表达空间。特别是这套主导性话语经由社交媒体算法推荐的机制大规模在全球社交媒体平台传播，强化了西方话语在社交媒体平台上复调传播的能力。这种经由社交媒体平台制造的同质化内容"回声室"，造成了国际传播领域亲乌观点的放大和亲俄观点的噤声。由此可见，西方国家利用手中的社交媒体驱动算法制造同类观点"回声室"的战略，带来了俄罗斯在国际传播舆论场的被动局面。

此外，有意识地利用误导性信息影响舆论是俄乌冲突"认知战"战略性的另一重要体现。在俄乌冲突爆发后不久，大量未经证实的信息开始在全球社交媒体上散布，诸如"俄军已经攻入基辅""泽连斯基出逃美国"等信息明显对全球公众的认知产生了重要影响。这场舆论战中的误导性信息有两个非常突出的特点：真假混杂难以辨别、俄乌双方有意利用发布误导性信息影响舆论。

视觉化、智能化与武器化：俄乌冲突中的全球媒介生态

在第一个层面上，真假混杂的误导性信息在社交媒体上广泛传播。例如"乌克兰男子被征召上战场流泪告别妻女"这一广为流传的视频虽然确实发生在乌克兰，但背景信息并非乌克兰征召男性参战。这种以事实背景为依托编造的虚假信息在互联网上广泛流传，加大了公众信息获取的难度，更容易引发舆论的混乱。在第二个层面上，俄乌双方利用发布误导性信息影响舆论的战略非常明显。俄乌双方的新闻发言人在前线战事的状况和双方谈判的立场上经常各执一词甚至针锋相对，借助互联网和社交媒体快速在国际舆论场发酵，明显有利用舆论影响冲突走势和谈判环境的企图。俄乌冲突中的舆论战在双方的博弈中同样扮演了非常重要的角色。

（二）借助平台管控限制不同声音，强化西方话语霸权

在俄乌冲突爆发之后，西方国家虽然并没有直接派兵，但它们通过封锁机构媒体和社交媒体传播渠道在舆论层面实现了对俄罗斯的遏制。俄乌冲突爆发以来，美国和欧盟相继宣布封禁俄罗斯媒体今日俄罗斯（RT）和俄罗斯卫星通讯社（Sputnik）。今日俄罗斯（RT）电视台美国分台（RT America）在落地美国十余年后宣布停播，与该电视台合作的 T&R Productions 制片公司已宣布停工并解雇驻美工作人员。社交媒体层面，包括 Facebook、Twitter、YouTube 和 TikTok 等平台都已经关闭俄罗斯媒体在其社交媒体平台上的账号。[①] 除了针对机构媒体的社交媒体账号外，几大互联网平台还关闭了一批亲俄立场的平台，欧盟官员则要求 Facebook 和 Twitter 关闭 100 多个俄罗斯大使馆及政府机构账户，以进一步遏制社交媒体平台上俄方观点的传播。

在俄乌冲突中，西方国家几乎没有实质性地介入一线战场，但通过操纵其手中的信息基础设施和社交媒体平台，西方国家抑制了俄罗斯试图在舆论场以"闪电战"抢占话语制高点的努力，并成功激发了全球民众的反战意

[①] Clayton, J., "Facebook Hits Out at Russia Blocking its Platforms", https：//www.bbc.com/news/technology-60626777.

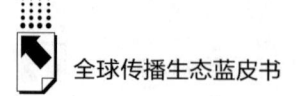

识，将俄罗斯置于相对被动的舆论地位。这说明俄乌冲突中的舆论战凸显了信息社会的"网缘政治"特点，权力关系和观念生产超越地缘的影响存在，改变了地缘政治对于区域性冲突的影响形态。

因此，俄乌冲突深刻揭示了国际关系和国际传播正在媒介化的驱动下实现从"地缘政治"向"网缘政治"的转向。即使欧美国家没有参与一线战事，也可以通过其手中的社交媒体平台实现对战争的干预。俄罗斯由于缺乏相对独立的国际传播渠道，在重大危机面前不得不受制于人，失去了利用国际传播渠道有效发声的机会。在未来的全球性危机和冲突中，西方国家基于"网缘政治"的媒介操纵和信息控制，是一个值得密切关注的问题。

四　全球媒介生态转型语境下的中国国际传播

作为2022年最大的全球地缘政治和国际关系事件，俄乌冲突背后的俄罗斯与美西方的一次激烈地缘战略碰撞，它不仅在政治和经济层面对当前的国际秩序产生直接冲击，也对数字媒体和智能传播语境下的国际传播带来新的启示。在俄乌冲突中，国际传播呈现视觉化、智能化和武器化的生态转型，这一新趋势给当前中国的国际传播战略带来了新的挑战。因此，应当基于俄乌冲突投射出的国际传播新问题对中国的国际传播战略进行有针对性的调整与提升，主要体现在以下三个层面。

第一，国际传播的舆论战已经被技术、政治共同驱动的算法认知战取代，应当在跨国公共危机中有效地植入战略传播理念，前置传播过程，注重概念阐释权和议题命名权。

在智能传播时代，传统的舆论战正在升级成为短视频平台、社交媒体、机构媒体和精准推送技术共同驱动的"算法认知战"，情感化的表达方式在其中扮演了重要角色。在智能传播的时代，国际传播中的"舆论战"逐渐演变成为"认知战"，受众的信息环境很大程度上被能够推送到他们面前的信息所左右。社交媒体和短视频平台的碎片化传播，使得受众的情感极易被具有情绪化的煽动性信息所操纵，这使得后真相政治更为明显地嵌入精准推送算法和社交媒体主导的传播环境中。在短视频社交媒体碎片化传播的特征背景下，"诉诸情感"超越"诉诸理性"成为更加有效的传播方式。在未来的全球危机中，中国的主流媒体和其他利益攸关方应当善用情感传播的策略，在诉诸事实和道理的基础上，兼顾情感化表达对于信息传播力的提升，善用情感化的修辞和内容传播输出道义政治的观念感召力。

在俄乌冲突这样的全球性突发公共事件中，应当将传播过程前置并纳入决策的进程中，在战略决策研判的同时设计相应的战略话语，将我们的观点凝练概括成为可以被迅速理解的精炼概念，并及时借助主流媒体在国内外进行发布，通过精炼明确的概念制造和全媒体的传播渠道更为有效地将我们的核心观点与立场传递出去，从而抢占议题的命名权和阐释权。应当广泛吸纳新闻发言人、主流媒体、学者和民间大V参与发声，借助社交媒体的网络化传播逻辑，从多个角度不同方式呈现我们的观点和立场，以"复调传播"思维型构多种声音、共同立场、面向国际舆论的同频合唱。

第二，数字平台是国际传播新的冲突场域，应当进一步加强平台渠道拓宽和生态建设，强化平台基础设施出海的扶持力度。

掌握"信息基础设施"主导权是国际传播能力建设的关键，应当进一步推动以互联网和社交媒体驱动的国际传播，重视互联网国际传播中平台的基础设施作用。在当前"内容井喷"的信息过载语境下，与如何吸引受众有限注意力的"说什么"与"怎么说"同等重要的是如何提升渠道建设以使相关内容保持稳定的媒介可见度，即"能否说"，其关键是掌握"信息基础设施"主导权。国际互联网巨头与政府的合谋将使"借船出海"的国际传播策略面临巨大的不确定性挑战。在技术助力下，这种不确定性的破坏性更强，轻易就可以使一国在国际传播场域中"消失"，完全丧失发声能力。俄罗斯没有自己的国际传播社交媒体平台，致使他们在重大议题上被"卡脖子"，无法有效地传播自己的声音和立场。基于此，"造船出海"以掌握"信息基础设施"主导权是新时代我国国际传播能力建设的关键。中国应当继续扶持本国数字内容平台出海，从而为社交媒体主导的国际传播抵达海外受众提供更多有效的渠道和路径。

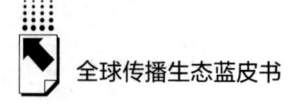

在顶层设计与战略布局层面，应顺应国际传播的"视频转向"趋势，深入了解短视频风行背后的受众信息消费习惯变革，充分意识到这一兼具灵活性和互动性的媒介样态在跨越传统国际传播的语言障碍、调动普通民众参与方面的强大传播潜力，抓住以TikTok为代表的中国数字媒体技术形态全球"反向输出"的宝贵机遇，转变既往的机构化传播思维，以"平台化世界主义"的新思路布局设计基于短视频社交媒体的国际传播战略，为围绕涉疆、涉港、涉台议题可能发生的"观念战"奠定进行音视频"议题设置"的战略基础。

第三，强化国际传播"在场感"，借助音视频内容积累情感资本，拓展中国国际传播的情感受众群，实现国际传播的情感价值嵌入，有效展现"可信可爱可敬"的中国形象。

从国际传播的层面看，本次俄乌冲突认知战的实质是在传统的全球舆论意见市场之外，聚焦更为广阔的国际舆论"情感市场"，以直观化、感性化的视频影像唤起全球受众情感共情，形塑"情感公众"以累积积极情感资本，引导认知倾向。因此，情感化传播作为社交媒体时代主要的话语内容形态，需要在未来的国际传播实践中得到更为广泛的重视。

基于此，中国未来的国际传播与公共外交实践中，应当充分发挥数字化、智能化传播技术的沉浸感与互动性优势，强化国际传播主体在与全球公众互动过程中的"在场感"。在短视频社交媒体碎片化传播的特征背景下，"诉诸情感"超越"诉诸理性"成为更加有效的传播方式。在未来的全球危机中，中国的主流媒体和其他利益攸关方应当善用情感传播的策略，在诉诸事实和道理的基础上，兼顾情感化表达对于信息传播力的提升，善用情感化的修辞和内容传播输出道义政治的观念感召力。

国别—生态篇

Reports on Country and Ecology

B.17 韩国新闻传播业发展报告[*]

刘晏华[**]

摘　要： 韩国的新闻传播业十分独特，与韩国政府的关系也极其复杂。每当政权发生更迭，韩国社会的新闻舆论环境也会随之改变。经过数十年的风云变幻，今天的韩国舆论环境得到较大改善，新闻业对政治也显示出强大的牵制力。另外，网络的发展和移动平台的普及使韩国民众获取新闻资讯的方式发生巨大变化，报纸等传统媒体逐渐式微，门户网站、社交媒体、视频平台成为民众阅读新闻的主要方式。韩国媒体要主动适应移动互联网环境下的竞争态势，做出更多尝试和改变。

关键词： 韩国　新闻传播　社交媒体

---

[*] 本文系北京市宣传文化高层次人才培养资助项目"中国周边国家信息传播基础结构研究"课题成果；教育部社科重大项目"'一带一路'沿线国家新闻传播业历史与现状研究"（17JZD042）阶段性成果。

[**] 刘晏华，北京第二外国语学院亚洲学院东亚文化研究中心研究员。

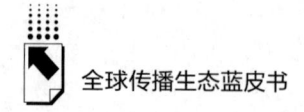

大韩民国，简称"韩国"，首都为首尔，位于东亚朝鲜半岛南部，总面积约 10 万平方公里（占朝鲜半岛面积的 45%），主体民族为韩民族，通用韩语，总人口约 5164 万。

韩国的传媒十分独特、复杂。与英美等成熟的传媒生态相比，韩国传媒具有明显的过渡性特征。[1] 本文一方面将对韩国新闻传播业的历史沿革进行梳理，另一方面，主要根据韩国文化体育观光部、韩国舆论振兴财团、韩国ABC 协会、韩国互联网振兴院、韩国放送通信委员会等政府、企业、行业协会的统计数据，对韩国新闻传播业的总体发展情况、各行业尤其是新媒体行业的发展情况和政策变化进行介绍。

一 韩国新闻传播业的历史沿革

新闻业自 16 世纪在欧洲诞生以来，已有 400 多年历史，虽然在韩国起步相对较晚，但迄今也有上百年。大部分韩国学者认同将韩国新闻史分为六个时期：前近代新闻事业（1883 年以前）；近代新闻事业的出现（1883 ~ 1896 年）；近代新闻事业的发展（1896 ~ 1910 年）；日本殖民时期的新闻事业（1910 ~ 1945 年）；美军政时期的新闻事业（1945 ~ 1948 年）；韩国政府成立后的新闻事业（1948 年至今）。[2]

韩国第一份近代意义上的报纸是 1883 年出版的《汉城旬报》，是一份政府报刊。1910 年，朝鲜半岛完全沦为日本殖民地，朝鲜人民英勇抵抗，1919 年掀起了反抗日本侵略、争取民族独立的"三一运动"，遭日本殖民政府的残酷镇压，超过 7000 名朝鲜义士被残忍杀害。后日本殖民政府实行文化统治，允许《时事新闻》《朝鲜日报》《东亚日报》三家全国性日报创办。《朝鲜日报》和《东亚日报》至今在韩国仍占据重要地位。

---

[1] 张涛甫：《试论韩国媒体与政治的关系》，《杭州师范大学学报》（社会科学版）2009 年第 4 期。
[2] 《战后韩国新闻事业的发展历程与趋势研究》，复旦大学博士学位论文，1996 年。

韩国新闻传播业发展报告

1945年8月15日，日本宣布无条件投降，9月，美国远东军发布公告，宣布军事接管北纬38°以南的朝鲜半岛地区。美军政时期实行所谓"言论自由"政策，但其真实目的是防止社会主义的扩散及建立符合美国利益的政权。在此背景下，各类不同意识形态的报纸如雨后春笋般出现。大致可分为三个集团：亲共的《解放日报》、《自由新闻》和《努力人民》等；进步党人办的《朝鲜人民报》《现代日报》《中央新闻》等；资本主义商业运营的《东亚日报》《朝鲜日报》等。①美军政府将报纸分为"亲共主义"和"民主"两类，对"亲共"报纸进行打压。1956年5月，《解放日报》被迫停刊。广播方面，1946年，美军政厅下设公报部，并将朝鲜广播协会归于其领导，开始使用KBS（Korean Broadcasting System）的名称。美军政府还将广播局吸收为政府机关，并通过事后检查的方式控制广播内容。

1948年大韩民国成立，李承晚任第一届总统，扶植亲政府报纸，极力打压反对媒体。仅1949年6月就停刊左翼日报8家、周报6家、双周刊1家、旬刊2家、月刊41家。1955年借口停刊了《东亚日报》，1959年又取缔了《京乡新闻》。1960年"4·19革命"②后李承晚下台，韩国新闻事业迎来短暂发展。

1988年上台的卢泰愚政府同为军政府，对媒体的压制尽管不像前任那般露骨，但仍保持了较强的控制。这一时期青瓦台鼓励媒体产业发展，1987年的30家报纸到1990年底增长至85家，媒体之间的市场竞争局面初步形成，财阀和广告商的资本开始介入，而财阀与当时的青瓦台同属"保守阵营"，实际财阀接替青瓦台完成了对媒体的控制。③1993年上台

---

① 郭镇之：《韩国新闻事业历史述评》，《新闻与传播评论》2001年第1期。
② 韩国"4·19革命"是一场于1960年3月起由韩国中学生、大学生和劳工领导的学运，因在第四任韩国总统选举时发生选票舞弊情形，而导致学生及民众抗议。该次革命推翻了李承晚统治之下独裁的韩国第一共和国。由于最大规模抗议运动发生日是在4月19日，因此被称为"4·19革命"。革命后一年即发生由朴正熙少将发起的军事政变（五一六军事政变），导致自由民主被压制，韩国进入漫长军事独裁统治，因此称之为"未完的革命"。
③ 王晓玲：《韩国媒体与政治》，《世界知识》2009年第13期。

的金泳三为韩国第一位文人总统,他强调政府不能对新闻进行强制性控制。

1998年金大中作为韩国"进步阵营"首次入主青瓦台,与代表"保守阵营"的主要报纸在价值观上存在根本差异,政府与媒体矛盾凸显,形成对立关系。一方面,保守媒体批判政府一系列政策;另一方面,政府也加大对报社偷税漏税行为的查处力度,保守媒体《中央日报》社长因涉嫌偷税被拘。金大中的继任者卢武铉也是"进步阵营"的典型代表,他试图对媒体进行改革,出台"新闻法"和"舆论仲裁法"限制传统保守媒体,建立"报业发展基金"推动进步报纸的发展。

2008年上台的李明博政府与2013年上台的朴槿惠政府均为"保守阵营",保守势力"收复"青瓦台后,开始对媒体界进行"清洗",李明博上台后即撤换"非保守阵营"的媒体负责人,取消媒体产业中对大资本的限制,出台"互联网侮辱罪"加强对网络舆论的管控。朴槿惠政府在"世越号"事件发生后,向韩国媒体下达报道指针,要求按照指针进程报道。炮制"文化界黑名单",打压就"世越号"事件发声和支持当时总统候选人文在寅及首尔市长朴元淳的媒体人和艺人。

作为"在烛光革命①中诞生的政府",文在寅政府在上台伊始便提出"百项国政课题"。韩国总统府前国民沟通首席秘书尹永灿曾表示,文在寅政府舆论政策的核心是沟通。不仅要向民众公开更多内容,还要加强双向沟通交流,重视民众的反馈,将"宣传秘书"改为"国民沟通秘书"意正在此。文在寅政府还在执政100天时,在青瓦台官网上推出"青瓦台国民请愿"栏目,规定如在30天内有超过20万民众在网站上就某一议题请愿,相关部门负责人或青瓦台秘书官须在30天内作出回应,这一举措也增加了民众与青瓦台直接沟通的渠道。

---

① 韩国民众在2016年10月26日至2017年4月29日发起的"要求朴槿惠总统下台"的运动,参加示威的民众手持蜡烛,因此被称为"烛光运动",运动在韩国多个主要城市爆发,每周六民众自发走上街头表达抗议。该运动最终使朴槿惠遭弹劾下台,因此又被称为"烛光革命"。文在寅及其所属政党共同民主党也是该运动的积极参与者之一。

二　韩国新闻传播业的基础结构与格局

（一）传统媒体的发展与现状

1. 韩国主要传统媒体

（1）主要通讯社

根据韩国舆论振兴财团 2019 年的调查，韩国共有通讯社 24 家，从业人员 2650 人，记者 1696 人。2019 年韩国新闻通讯社平均每名记者每天发稿 19.1 篇，发稿量在韩国新闻媒体中高居榜首。

韩联社。韩国联合通讯社，简称韩联社、YNA，是韩国的官方通讯社，也是韩国最大的通讯社，总部位于首尔市钟路区。韩联社成立于 1980 年 12 月 19 日，前身是原合同新闻社（Hapdong News Agency）和东洋通信社（Orient Press）。1993 年创建联合 TV 株式会社，并创设有线电视台 YTN，后将经营权转让。2000 年，在原 Infomax 部门基础上创建了 Infomax 株式会社，划为其子公司。2011 年创建 NewsY 电视台，后于 2015 年更名为联合新闻 TV。目前，韩国新闻振兴通信会是韩联社的最大股东，持股 30.77%，韩国放送社（KBS）和韩国文化放送社（MBC）分别持股 27.78% 和 22.3%。[1]

作为韩国最大的通讯社，韩联社记者规模超过 600 人，并在全球 31 个国家的 39 个地区驻有 60 多名记者，每天的报道量超过 3000 篇，内容覆盖政治、经济、社会、文化、体育等领域，为韩国 210 多家新闻媒体，110 多家门户网站、新媒体，280 多家政府机构提供新闻素材[2]，占 Naver 等韩国门户网站新闻总量的 70% 以上。韩联社在其网站上使用韩语、汉语、英语、日语、西班牙语、阿拉伯语和法语等多语种发稿。其中，汉语发稿从 2004

---

[1] 韩联社网站，https://namu.wiki/w/%EC%97%B0%ED%95%A9%EB%89%B4%EC%8A%A4。

[2] 《公司介绍》，韩联社网站，https://www.yna.co.kr/aboutus/company。

年开始，是仅次于英语的第二大外语发稿语种。[①] 韩联社与美联社、美国合众国际社、法新社、路透社等77个国家（或地区）的89家通讯社签署了新闻交换合作协议。另外，韩联社旗下还有《联合年鉴》、*Korea Annual*、*Yonhap IMAGINE* 等刊物。

纽西斯通讯社。韩国纽西斯通讯社是韩国最大的民营通讯社，成立于2001年，总部位于首尔市中区，其前身是成立于1995年的韩国新闻集团（News syndicate korea）。纽西斯通讯社致力于新闻采编和供给，为韩国各大新闻媒体以及Naver、Duam、谷歌等门户网站提供实时新闻素材，主要以B2B模式运营。另外，纽西斯通讯社还涉足出版、图片版权销售等多个行业。目前，纽西斯通讯社与新华社、美联社、路透社等多家通讯社及《纽约时报》《道琼斯》《美国商业资讯》等新闻机构签署了新闻交换合作协议。

（2）主要报纸

截至2018年，韩国共有报社1484家，2018年创造产值3.31万亿韩元。其中，广告收入1.99万亿韩元，占总产值的60.1%，附加产业收入0.66万亿韩元，占19.9%，报纸销售收入0.39万亿韩元，占11.8%，网络新闻内容销售收入0.27万亿韩元，占8.2%。

根据韩国ABC协会公布的数据，2019年韩国报纸日发行量前十的报纸为《朝鲜日报》《东亚日报》《中央日报》《每日经济》《农民新闻》《韩国经济》《韩民族日报》《文化日报》《韩国日报》《京乡新闻》[②]。韩国舆论振兴财团2019年12月发布的《2019韩国舆论受众调查》显示，韩国民众阅读率最高的10家报纸分别为《朝鲜日报》《东亚日报》《中央日报》《每日经济》《京乡新闻》《韩民族日报》《韩国经济》《韩国日报》《农民新闻》

[①] 王海鹰：《韩国传统媒体的处境与突围——随新华社访问团赴韩考察感悟》，《中国记者》2014年第2期。

[②] 《2019年度日刊报纸发行量》，韩国ABC，http://www.kabc.or.kr/about/notices/100000002955? param.page=&param.category=&param.keyword=。

《体育朝鲜》①。三大保守报社"朝中东"②是韩国发行量最大的报纸,阅读率接近50%,分别为19.5%、13.7%、15.3%,占据绝对优势。另外,这三家具有财团背景的"保守"报社均控有电视台,龙耘、李承恩认为,这些频道的介入可能会带来某些"媒体权力"的集中甚至垄断(见图1)。③

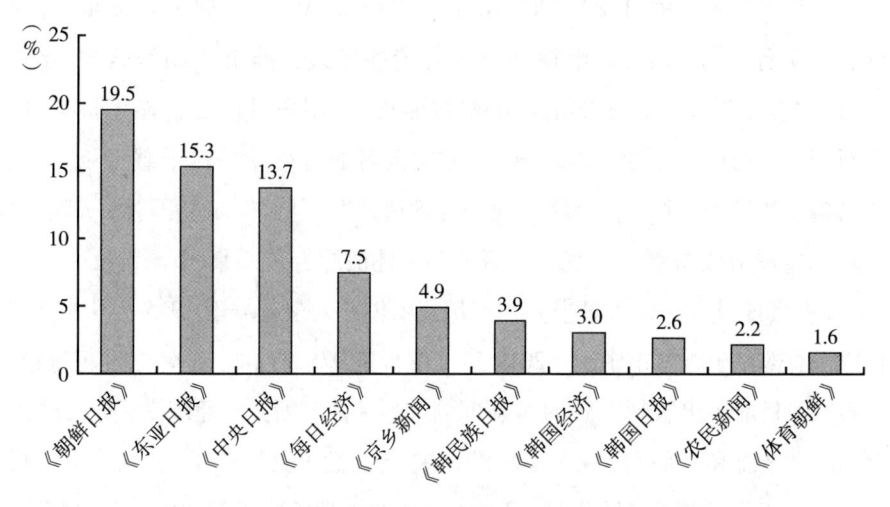

图1 韩国主要报纸阅读率

报纸	阅读率(%)
《朝鲜日报》	19.5
《东亚日报》	15.3
《中央日报》	13.7
《每日经济》	7.5
《京乡新闻》	4.9
《韩民族日报》	3.9
《韩国经济》	3.0
《韩国日报》	2.6
《农民新闻》	2.2
《体育朝鲜》	1.6

资料来源:韩国舆论振兴财团,《2019韩国舆论受众调查》,https://www.kpf.or.kr/front/mediaStats/mediaStatsDetail.do。

《朝鲜日报》。《朝鲜日报》创建于1920年3月5日,总部位于首尔市中区,是韩国发行量最大的报纸,也是韩国最有影响力的报纸之一,2019年日均发行1308395份。《朝鲜日报》在韩国釜山、大邱等14个地区设分

---

① 韩国舆论振兴财团:《2019韩国舆论受众调查》,https://www.kpf.or.kr/front/mediaStats/mediaStatsDetail.do。
② 2000年10月,《韩民族日报》在其"黑帮媒体系列"专栏中,首次将《朝鲜日报》《中央日报》《东亚日报》统称为"朝中东",后逐渐被韩国社会广泛使用。"朝中东"三大保守报纸在韩国影响力巨大,韩国四大有线电视综合频道中,有三家隶属于"朝中东",分别是《朝鲜日报》旗下的TV朝鲜、《中央日报》旗下的JTBC和《东亚日报》旗下的Channel A。
③ 胡正荣、李继东、唐晓芬:《全球传媒发展报告(2013)》,社会科学文献出版社,2013。

社,在中国、美国、俄罗斯等25个国家或地区有驻外记者。① 1995年建立了朝鲜日报网,在韩国最早开辟了网络新闻时代。《朝鲜日报》旗下还有《数码朝鲜日报》《周刊朝鲜》《月刊朝鲜》《女性朝鲜》《体育朝鲜》《健康朝鲜》等多家子刊,同时还运营着一家综合电视频道TV朝鲜。

近年来,《朝鲜日报》通过多平台"Cross Media"服务,逐步形成报纸、互联网、无线通信、电视联动组合传播形式;推出"朝鲜日报App",开通"朝鲜商务网",还推出"手机智能报",用户可通过智能手机查看报纸新闻;开通电子书店"Textore",方便读者通过移动平台下载报纸、杂志和书籍。2011年12月,有线电视综合频道"TV朝鲜"成功开播,《朝鲜日报》已发展成集报纸、电视、互联网为一体的综合传媒集团。②

《中央日报》。《中央日报》由三星集团创办人李秉喆于1965年9月22日创立,总部位于首尔市中区,2019年日发行量978298份,是韩国发行量第二大报纸。目前还出版韩文版的《新闻周刊》《福布斯》《经济学人》《时尚》等国际性杂志和《周刊中央》《月刊中央》《女性中央》等子刊。《中央日报》旗下另一家公司东洋广播公司(TBC),曾拥有AM639千赫的电台波段频道及电视第7频道,全斗焕执政时期,被强行解散合并至KBS(今KBS2)。目前,其旗下的综合电视频道JTBC是韩国民众信任度最高的电视媒体之一。

《东亚日报》。《东亚日报》创建于1920年3月5日,在日本朝鲜总督府新的文化政策下与《朝鲜日报》同期获准发行。总部位于首尔市钟路区,2019年日发行量为965286份,位居韩国第三。《东亚日报》在韩国13个地区设分社,另外海外有4家分社和17家分局。目前,《东亚日报》旗下有《新东亚》《少年东亚日报》《女性东亚》《科学东亚》《周刊东亚》等子刊,同时还运营一家综合电视频道Channel A。③

《韩民族日报》。《韩民族日报》是韩国进步媒体的代表,1988年5月

---

① https://terms.naver.com/entry.nhn?docId=1141861&cid=40942&categoryId=31755.
② 《〈朝鲜日报〉公司介绍》,https://about.chosun.com/home.php。
③ 《〈东亚日报〉公司介绍》,http://www.donga.com/docs/ilbo/html/01_company/company_010.htm。

15 日由宋建镐等原《东亚日报》记者以国民股募捐的形式创建,总部位于首尔市麻浦区,2019 年日发行量 214832 份,位居韩国第七。《韩民族日报》的政治主张与大部分的韩国保守派报纸不同,是基于进步主义与温和社民主义。2009 年韩国时事周刊《时事杂志》联合韩国各界 1000 名专家评审显示,《韩民族日报》获"最可信任的媒体"。目前,《韩民族日报》旗下有《韩民族 21》、*Economy Insight*、*Cine 21* 等多家子刊。2005 年 5 月,《韩民族日报》网络电视台"Han TV"正式上线,标志着《韩民族日报》向网络融媒体又向前迈进了一步。①

《京乡新闻》。《京乡新闻》是韩国进步媒体之一,1946 年 10 月 6 日由韩国京城天主教财团创建,总部位于首尔市中区。"京乡"译自拉丁语,是"罗马城及世界"之意。《京乡日报》在李承晚执政时期,因支持时任国务总理张勉而在 1958 年被迫停刊。2019 年日发行量 190745 份,位居韩国第九。目前,《京乡新闻》旗下还有《体育京乡》《周刊京乡》《京乡游戏》等多家子刊。

(3) 主要电视台

根据韩国放送通信委员会 2019 年的统计,截至 2018 年,韩国广播电视行业共有 420 家单位,从业人员 37288 人,创造产值 55.13 万亿韩元。三大地面电视频道(KBS、MBC、SBS)市场占有率分别为 21.5%、12.7% 和 14.9%,三家合计市场占有率为 49.1%。②

KBS。KBS 是韩国放送公社的简称,是韩国最具影响力的电视台之一,也是韩国最早的公营电视台与广播电台,总部位于首尔汝矣岛,在韩国 9 个主要城市设有分台,并在中国、美国、日本等全球 14 个主要国家或地区设有分局和驻外记者。目前有地面电视频道 4 个、卫星电视频道 2 个、广播频道 7 个,还提供地面 DMB 和 My K 等新媒体服务。③

---

① 《〈韩民族日报〉公司介绍》,http://company.hani.co.kr/。
② 韩国科学技术情报通信部、韩国放送通信委员会:《2019 韩国放送产业调查报告》,https://www.kisdi.re.kr/kisdi/fp/kr/board/listSingleBoard.do?cmd=listSingleBoard&sBoardId=BCAST_DB1。
③ 《KBS 公司介绍》,http://open.kbs.co.kr/index.html?sname=kbs&stype=introduce。

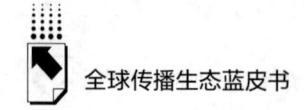

KBS 广播频道于1927年开播，电视频道于1961年开播。KBS 的前身是日治时期1926年12月21日成立的社团法人朝鲜放送协会，1927年2月16日更名为京城放送局，开始无线广播。日本投降后，1947年以首尔中央放送的名称重新开启广播。1948年8月6日，在韩国的朝鲜放送协会改名为大韩放送协会。其后，经过几次变迁，大韩放送协会改组为韩国放送公司，成为韩国国营媒体。1973年3月3日，韩国放送公司改制为公共媒体。为强化公益性，KBS 1台从1994年10月开始不再播放商业广告。

MBC。MBC 是韩国文化放送社的简称，创建于1961年，是韩国公营电视台，与KBS、SBS 并称为韩国三大地面电视台，总部位于首尔市麻浦区，现有在职人员3702人，其中本部2292人，各子公司共1410人，在北京、华盛顿和东京设有特派记者。目前运营地面电视频道1个、广播频道3个、有线电视频道5个、卫星电视频道5个、DMB 频道4个[1]。MBC 出品的综艺节目、电视剧制作优良，出口世界50多个国家或地区，广受好评。

SBS。SBS 是韩国一家民营电视台，是韩国三大地面电视台之一，总部位于首尔市阳川区，1990年11月14日由泰荣地产建筑公司和31家公司共同成立，前称首尔放送，2000年3月更名为SBS 株式会社。1991年3月20日，SBS 广播电台开播，频率为792 kHz。1991年12月9日，无线电视（SBS TV）于上午10:00开播，在首尔及周边地区播出。SBS 电视台是一家由综艺版块、新闻版块和电视剧版块共同构成的综合电视台，以娱乐节目见长，符合年轻人的口味。[2] 目前有在职人员1032人，2018年创造产值872703020韩元。

2. 传统媒体的发展现状

（1）传统媒体的式微与转型

韩国舆论振兴财团2019年发布的《2019韩国舆论受众调查》显示，韩

---

[1] 《MBC 公司介绍》，http://aboutmbc.imbc.com/。
[2] 杜立婷：《简析韩国电视自制剧产业链——以韩国SBS 电视台为例》，载天津市社会科学界联合会《科学发展·惠及民生——天津市社会科学界第八届学术年会优秀论文集（上）》，2012，第372~377页。

国所有传统媒体使用率（报纸、电视、广播、杂志）均呈下降趋势，报纸的阅读率从1993年的87.8%下降至12.3%，下降了75.5个百分点。杂志阅读率降至3%，仅为1996年的1/10水平。广播收听率也从1996年的66.8%降至17.2%。通过报纸、广播、杂志获取新闻资讯的受众分别为12.3%、10.1%和1.3%。然而值得注意的是，电视的收看率尽管有所下降，但几乎维持住了其原有竞争优势，收看率仍超90%，仍有82.8%的受访者通过电视获取新闻（见图2）。

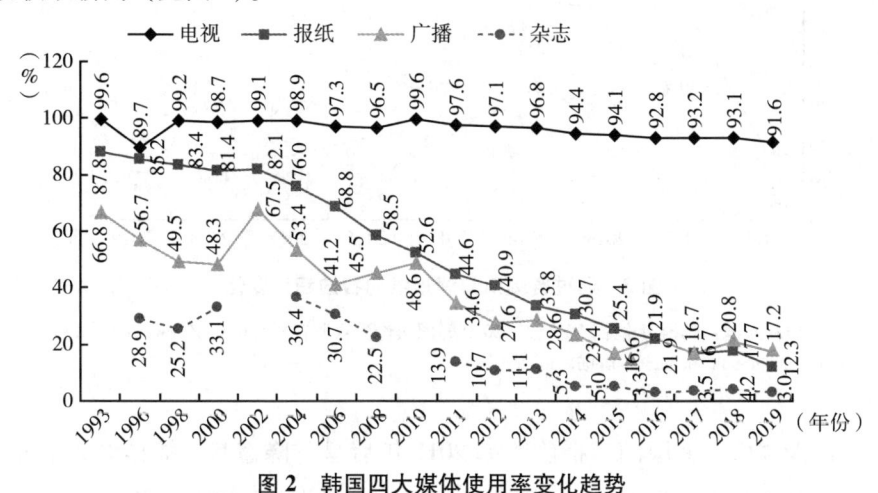

图2 韩国四大媒体使用率变化趋势

资料来源：韩国舆论振兴财团，《2019韩国舆论受众调查》，https：//www.kpf.or.kr/front/mediaStats/mediaStatsDetail.do。

从统计数据来看，四大媒体中，报纸的阅读率降幅最大。目前，仅有1/10的韩国民众阅读纸质报刊，数量为2002年的1/7，而报纸的订阅率只有6.4%。分年龄段来看，20~29岁的青年群体阅读纸质报纸的比例最低，仅为2.5%，日平均阅读时间最短，为0.6分钟，随着年龄增长阅读率和阅读时间也逐渐上升，其中50~60岁人群的阅读率最高，为19.9%，而60岁以上的老年人日平均阅读时间最长，为7分钟。

尽管纸质报刊的阅读率持续下降，通过其他媒介阅读报纸内容的比例却持续高位运行，2017~2019年通过移动端、PC端、电视端等媒介进行阅读的"报纸整体阅读率"始终维持在85%以上，分别为88.5%、86.1%和88.7%。

阅读途径方面，通过移动端阅读所占比例最高，从 2011 年的 19.5% 跃升至 2019 年的 79.1%，通过 PC 端和纸质报刊阅读的比例分别为 24.5% 和 12.3%。可见，报刊内容的传播由传统纸质媒介逐渐向电子平台转移（见图 3）。

图 3　通过各端口阅读报纸内容的趋势变化

资料来源：韩国舆论振兴财团，《2019 韩国舆论受众调查》，https://www.kpf.or.kr/front/mediaStats/mediaStatsDetail.do。

广播方面，韩国的广播收听率 2011 年后呈下降态势。抽样调查显示，2019 年广播收听率为 17.2%，同比下降 3.6 个百分点。收听途径方面，通过收音机收听广播节目的为 16.6%，占绝大多数，通过移动端和 PC 端收听的分别为 2.4% 和 1%。尽管广播收听率整体逐渐下降，但通过移动端、PC 端收听的人数同比有所上升，广播收听的途径更加多样化。2019 年通过广播收听新闻节目的比例为 10.1%，同比下降 2.3 个百分点。2015 年后，韩国民众通过广播收听新闻的比例大致在 10% 左右波动。分年龄段来看，20~29 岁的青年群体广播新闻收听率最低，仅为 3%，周平均收听时间也最短，为 1.1 分钟，50~60 岁的老年群体收听率最高，为 15.2%，收听时间最长，为平均每周 4.9 分钟（见图 4）。

杂志方面，根据抽样调查，2011 年杂志阅读率为 13.9%，而 2019 年这一比例仅为 3%，降幅较大。从阅读途径来看，纸质杂志阅读占大部分，为 2.2%，移动端和 PC 端分别占 0.9% 和 0.8%。与上年同期相比，纸质杂志

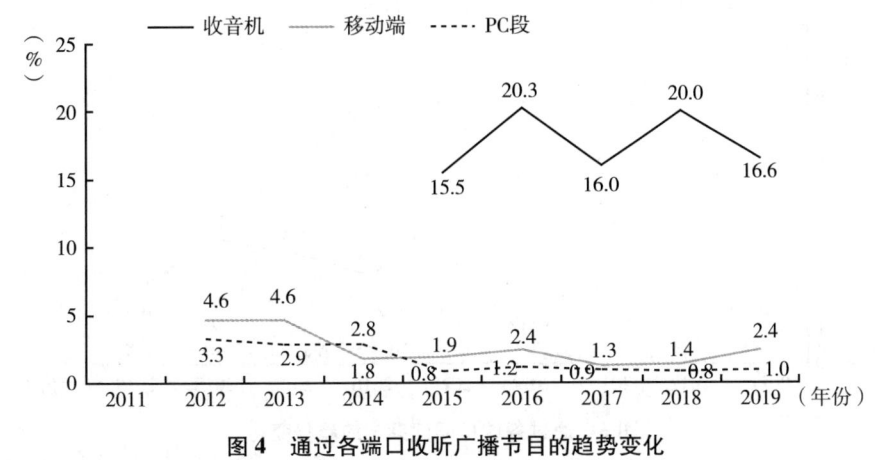

图 4　通过各端口收听广播节目的趋势变化

资料来源：韩国舆论振兴财团，《2019 韩国舆论受众调查》，https://www.kpf.or.kr/front/mediaStats/mediaStatsDetail.do。

阅读率下降 1.5 个百分点，而移动和 PC 端则分别上涨 0.2 和 0.4 个百分点。2019 年通过杂志获取新闻资讯的比例为 1.3%，同比增长 0.7 个百分点。分年龄看，20~29 岁的青年群体杂志阅读率最高，为 5%，阅读时间也最长，为平均每周 1.8 分钟（见图 5）。

（2）传统媒体中电视节目一枝独秀

根据韩国舆论振兴财团发布的抽样调查，2019 年韩国民众观看电视节目的比例为 91.6%，尽管较 1993 年 99.6% 下降了 8 个百分点，但在互联网大潮中，相较于报纸、广播、杂志等其他传统媒体占有率的大幅下降，电视节目可谓一枝独秀。值得关注的是，10~19 岁青少年的电视收看率也超过了 80%，为 81.8%。

从观看电视节目的方式来看，通过电视端观看的比例为 90%，占绝大多数，通过移动端观看的为 26.3%，通过 PC 端观看的为 9.3%。纵向比较来看，通过电视端和 PC 端观看电视节目的比例分别同比下降 2.1 个百分点和上升 3.3 个百分点，而通过移动端观看的比例则同比大幅上升 9.8 个百分点。分年龄看，20~29 岁的青年群体电视节目观看率最低，为 76.9%，周平均观看时间为 79.4 分钟，随着年龄段的增长观看率和观看时间逐渐上升，

295

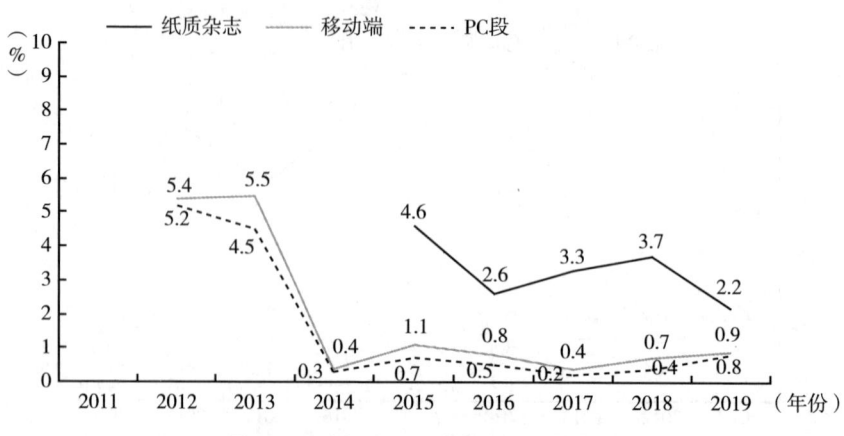

图 5 通过各端口阅读杂志的趋势变化

资料来源：韩国舆论振兴财团，《2019韩国舆论受众调查》，https：//www.kpf.or.kr/front/mediaStats/mediaStatsDetail.do。

60岁以上的老年人观看率最高，为98.4%，周平均观看时间最长，为204.6分钟（见图6）。

图 6 通过各端口观看电视节目的比例变化

资料来源：韩国舆论振兴财团，《2019韩国舆论受众调查》，https：//www.kpf.or.kr/front/mediaStats/mediaStatsDetail.do。

新闻资讯获取方面，观看电视新闻的比例为82.8%，同比下降2.6个百分点，电视新闻节目的观看率从2011年以后整体呈下降趋势。但观看新闻节目的时间则同比平均增长6.6分钟，为48.4分钟。总的来看，电视仍在韩国民众中占有相当的分量，电视节目也仍是韩国民众获取新闻的最主要渠道之一（见图7）。

图7 观看电视新闻节目变化趋势（2011~2019年）

资料来源：韩国舆论振兴财团，《2019韩国舆论受众调查》，https：//www.kpf.or.kr/front/mediaStats/mediaStatsDetail.do。

（二）新兴媒体的发展

1. 韩国的互联网发展与现状

韩国互联网起步于20世纪80年代，1994年开始提供商用互联网服务，经过20余年的高速发展，2013年韩国互联网用户突破4000万，全球最先提供WiBro HSDPA商业服务。

根据韩国科学技术情报通信部和韩国互联网振兴院发布的《2018韩国互联网白皮书》数据，2017年韩国互联网用户达到4528万，普及率超过90.3%（同期全球互联网平均普及率48%），无线网络接入率99.4%。智能手机普及率87.8%，高居世界首位。[①] 2018年12月1日，韩国三大运营商同时宣布正式推出商用5G网络，全球首个基于3GPP标准的5G网络正式

---

① 《2018韩国互联网白皮书》，https：//www.nia.or.kr/site/nia_kor/ex/bbs/View.do?cbIdx=99871&bcIdx=21334&parentSeq=21334。

297

向用户提供商用服务。韩国舆论振兴财团的抽样调查显示，2019年韩国民众的网络使用率为86.7%，通过PC端的网络使用率为40.2%，通过移动端的使用率为86.4%（见图8）。

图8 韩国互联网使用率变化趋势

资料来源：韩国舆论振兴财团，《2019韩国舆论受众调查》，https：//www.kpf.or.kr/front/mediaStats/mediaStatsDetail.do。

通过移动端上网成为大趋势。分年龄来看，20～59岁人群使用移动端上网的比例均在90%以上，20～29岁的青年群体是通过移动端上网的绝对主力军，使用率高达99.9%，周平均上网时间为150.9分钟，随着年龄的增加，通过移动端上网的时间逐渐减少，60～70岁的群体周上网时间平均仅为50.2分钟（见图9）。

2. 韩国互联网媒体生态

韩国文化体育观光部2019年3月发布的统计数据显示，韩国登记在案的定期刊物18670种，其中网络媒体达到8136种。①依托互联网平台的媒体使用率（门户网站、社交媒体、即时通信工具、在线视频平台）持续高速增长。即时通信工具和社交媒体使用率最高，分别为80.2%和49.2%，在线视频平台增长最快。分平台来看，使用频率最高的门户网站是Naver，

---

① https：//www.yna.co.kr/aboutus/company。

韩国新闻传播业发展报告

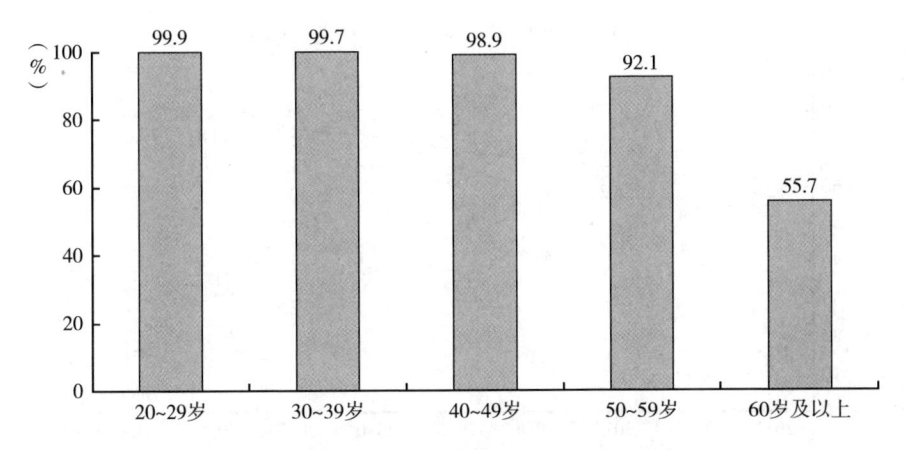

```
  %
100 ┤  99.9    99.7    98.9
 80 ┤                          92.1
 60 ┤                                  55.7
 40 ┤
 20 ┤
  0 ┼──────────────────────────────────
    20~29岁  30~39岁  40~49岁  50~59岁  60岁及以上
```

图 9　韩国各年龄段人群使用移动端上网比例

资料来源：韩国舆论振兴财团，《2019 韩国舆论受众调查》，https：//www.kpf.or.kr/front/mediaStats/mediaStatsDetail.do。

Facebook 使用率仍占据韩国社交媒体榜首，最常使用的即时通信工具、在线视频平台分别是 Kakao Talk 和 YouTube。

网络新闻获取方面，2019 年通过网络获取新闻资讯的比例为 80%，通过移动端的为 79.6%，较 2011 年增长 60.1 个百分点，通过 PC 端的为 21.1%，同比减少 10.6 个百分点，较 2011 年减少 30.4 个百分点（见图 10）。分平台来看，73.6% 的受访者表示会通过门户网站获取新闻资讯，13% 的通过即时通信工具获取新闻资讯，12% 的表示会使用视频平台获取新闻资讯，10.8% 的表示通过在线视频平台获取新闻资讯。

分类来看，门户网站方面，Naver 使用率占据绝对优势，达到 77.1%，Daum 使用率为 23.5%，位居第二，谷歌和 Nate 分别为 7.7% 和 3%、分列三、四位。通过门户网站获取新闻资讯的比例近年在 73%~76% 区间波动。根据抽样调查，2017~2019 年通过移动端门户网站获取新闻的比例在 70%~75% 区间，呈上升趋势，PC 端的使用率降幅较大，2019 年仅为 17.2%，同比大幅下降 13 个百分点。内容方面，社会类新闻占比最高，为 64.6%，生活资讯次之，为 58.1%，娱乐新闻 57.9%，政治类新闻 51.2%，体育和国

```
——通过互联网阅读新闻（移动端+PC端）  ——移动端  ----PC端
```

图 10　通过网络获取新闻资讯的比例变化趋势

资料来源：韩国舆论振兴财团，《2019 韩国舆论受众调查》，https：//www.kpf.or.kr/front/mediaStats/mediaStatsDetail.do。

际新闻分别为 37.8% 和 29.5%。

韩国舆论振兴财团 2019 年的调查显示，韩国民众最常浏览或使用的新闻媒体主页或 App 为 JTBC（19.1%）、KBS（19.1%）和 MBC（17.8%），"朝中东"的使用率分别为 15.7%、14.3%、14.3%（见图 11）。

即时通信工具方面，2019 年的使用率为 80.2%，同比下降 1.7 个百分点，但相较于 2017 年 66.2% 的使用率仍有较大幅度增长。分年龄看，20~50 岁人群使用率均在 90% 以上，20~29 岁群体使用率最高，为 97.4%，使用时间也最长，为平均日使用 6.3 分钟。其中，Kakao Talk 使用率最高，为 79.2%，20~49 岁人群 Kakao Talk 使用率均在 94% 以上。通过即时通信工具获取新闻资讯的比例为 13%，其中 20~29 岁的人群使用率最高，为 24%，随着年龄段增长使用率逐渐降低，60 岁以上人群使用即时通信工具获取新闻资讯的比例仅为 4.5%。内容方面，社会类新闻占比最高，为 61.4%，其次分别是娱乐（45.2%）、生活（30.8%）、政治（27.1%）、经济（24.3%）等。

社交媒体方面，2019 年使用率为 49.9%，同比小幅下降 0.7 个百分点，但仍保持上升趋势。分年龄段看，年轻群体与老年群体使用率差异巨大。20~

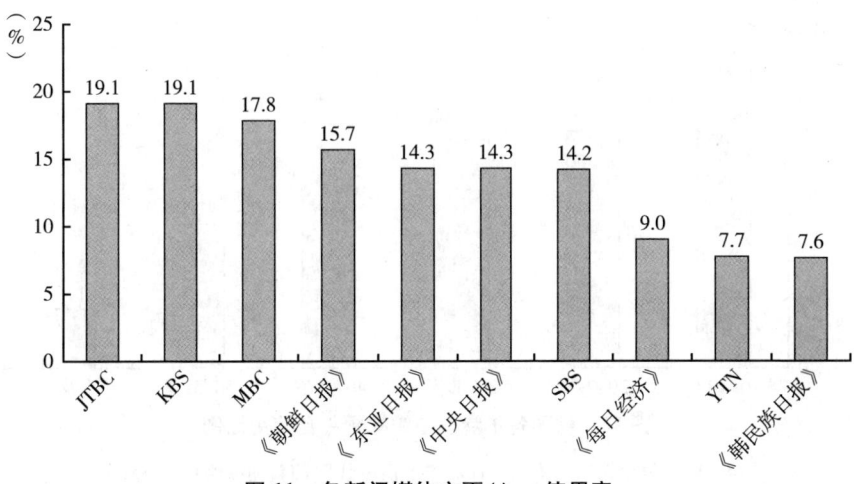

图 11 各新闻媒体主页/App 使用率

资料来源：韩国舆论振兴财团，《2019 韩国舆论受众调查》，https：//www.kpf.or.kr/front/mediaStats/mediaStatsDetail.do。

29 岁的青年群体社交媒体使用率为 85.3%，而 60 岁以上的使用率仅为 12.5%，相差 72.8 个百分点。其中，Facebook 使用率最高，为 21.7%，Band、Instagram 和 Kakao story 分别为 19.3%、18.2%、16.5%。通过即时通信工具获取新闻资讯的比例为 10.8%，其中 20~29 岁的人群使用率最高，为 22%，随着年龄段增长使用率逐渐降低，60 岁以上人群使用即时通信工具获取新闻资讯的比例仅为 1.4%。内容方面，社会类新闻占比最高，为 64.5%，其次分别是娱乐（49.2%）、生活（31%）、经济（31.6%）、政治（28.1%）等。

值得一提的是，在线视频平台出现后，迅速占领韩国市场，尤其得到年轻群体的青睐。2019 年韩国民众在线视频平台使用率为 47.1%，同比增长 13.5 个百分点，10~19 岁青少年的在线视频平台使用率高达 87.4%，使用率随年龄增长呈下降趋势，但 60 岁及以上的老年人也有近 20% 的使用率，视频平台可谓"攻陷"了各个年龄段。YouTube 是最常使用的视频平台，使用率为 45.7%，其后是 Naver TV（5.4%）、AfreecaTV（2.5%）、oksusu（2%）等。10~19 岁的青少年 YouTube 使用率高达 98.1%，小学生群体对抖音等短视频平台的使用率高达 58.3%（见图 12）。

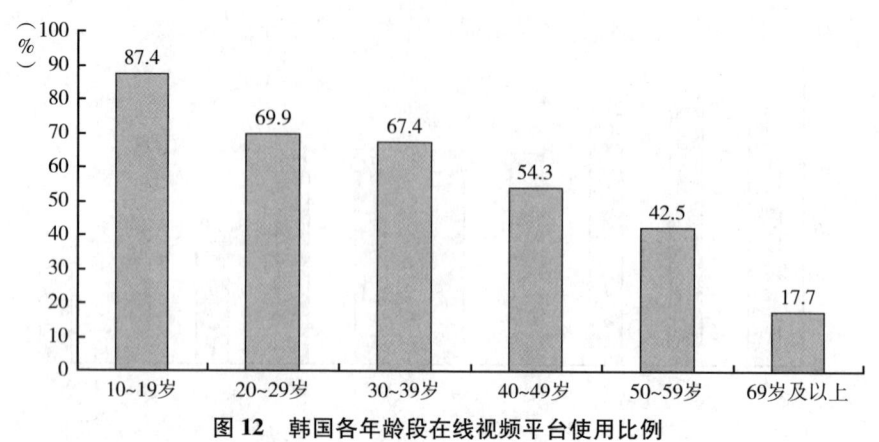

全球传播生态蓝皮书

图12 韩国各年龄段在线视频平台使用比例

资料来源：韩国舆论振兴财团，《针对"千禧一代"的新闻战略》，https：//www.kpf. or. kr/front/research/selfDetail. do。

通过在线视频平台获取新闻资讯的比例为12%，同比增长了近2倍，10~19岁青少年通过视频平台获取新闻的使用率为39.8%。使用YouTube获取新闻资讯的占绝对多数，为10.9%，从提供新闻的频道来看，JTBC的使用率最高，为6.5%，其次是YTN（3.5%）、Naver TV（2.7%）、MBC（2.6%）等。调查中回答"不记得"的占73.4%，说明受众对新闻是由哪家媒体提供的并不十分在意。内容方面，社会新闻依旧是关注的主体，占比65.8%，其次是经济、娱乐、生活、体育等。

（三）疫情后韩国新闻传播业的发展与变化

新冠肺炎疫情对世界产生深刻影响。2020年8月21日至9月4日，韩国舆论振兴财团对全韩1000名18周岁以上的成年人进行问卷调查，结果显示，疫情发生后，韩国民众对媒体的使用情况发生较大变化①。智能手机、

---

① 韩国舆论振兴财团：《新冠肺炎后民众的日常变化》，https：//www.kpf. or. kr/front/research/consumerDetail. do? miv_ pageNo = &miv_ pageSize = &total_ cnt = &LISTOP = &mode = W&seq = 591701&link _ g _ topmenu _ id = 676f2f0f377b4b19840685a46f69a233&link _ g _ submenu_ id = f193a96c92284493b56f35b5f0eb15e3&link _ g _ homepage = F&reg_ stadt = &reg_ enddt = &searchkey = all1&searchtxt = 。

302

电视、个人电脑、平板电脑的使用变化最为明显。78.8%的受访者称疫情发生后增加了手机使用频率，66.1%的受访者称增加了电视的使用频率，个人电脑和平板电脑使用率分别为63.9%和29.1%。

其中，门户网站使用频率的最高，为63.2%，其次分别是综合电视频道（54.4%）、聊天工具（53.7%）、1人媒体平台（53.4%）、OTT服务（49.9%）、有线电视频道（44.5%）、社交媒体（35.7%）。内容方面，新闻的观览量提高最为明显，为71.8%，其后分别是综艺节目（54.4%）、电视剧（49.3%）、知识类节目（45.4%）、电影（41.7%）、游戏（34.5%）、体育节目（26.6%）、漫画（24.7%）。

韩国舆论振兴财团发布从2021年1月13日至2月9日，对世界46个国家和地区①的92327名用户的问卷调查。受新冠肺炎疫情影响，世界范围内受众对新闻的信赖度有所上升，韩国舆论振兴财团发布的《数字新闻报告2021》显示②，韩国新闻的信任度在全部被调查的46个国家和地区中排第38位，信任度达到32%，是该报告发布以来首次超过30%。从新闻来源看，电视和报纸信任度最高，为41%，从社交媒体获取新闻的信任度仅为20%。主要媒体源中，YTN信任度最高，为56.4%，JTBC、MBC、KBS、SBS、韩联社电视台等信任度均在50%以上。

使用方式方面，通过在搜索引擎中输入特定网站浏览新闻的最多，为40%，其次为新闻链接37%、搜索特定新闻关键词37%、社交媒体27%、手机或平板电脑推送20%、使用特定的新闻App为13%、邮件订阅10%。

---

① 希腊、荷兰、挪威、丹麦、德国、罗马尼亚、比利时、保加利亚、瑞典、瑞士、西班牙、斯洛伐克、爱尔兰、英国、奥地利、意大利、捷克、克罗地亚、土耳其、葡萄牙、波兰、法国、芬兰、匈牙利、墨西哥、美国、巴西、阿根廷、智利、加拿大、哥伦比亚、秘鲁、韩国、中国台湾、马来西亚、新加坡、印度、印度尼西亚、日本、泰国、菲律宾、澳大利亚、中国香港、尼日利亚、南非、肯尼亚。
② 韩国舆论振兴财团：《数字新闻报告2021》，https：//www.kpf.or.kr/front/research/selfListPage.do? miv_ pageNo = 1&miv_ pageSize = &total_ cnt = &LISTOP = &mode = W&seq = &link_ g_ topmenu_ id = 676f2f0f377b4b19840685a46f69a233&link_ g_ submenu_ id = a36215d6b1b6484eaa30d9aea34fb199&link_ g_ homepage = F&reg_ stadt = &reg_ enddt = &searchkey = all1&searchtxt = 。

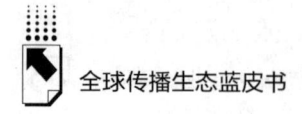

据统计，46个国家和地区中通过社交媒体获取新闻的平均值占41%，通过特定App获取的为36%，分别高出韩国14个和13个百分点，可见韩国民众偏好的方式与其他国家有所不同。

从使用社交媒体获取新闻的情况来看，韩国民众使用最多的为YouTube，比例高达44%，远高于其他社交媒体，也高出46个国家和地区平均值15个百分点。其后分别是Kakao Talk比例为27%，Facebook为16%，Instagram为12%，Twitter为7%。而46个国家和地区平均值中，使用Facebook获取新闻比例最高，为44%。值得一提的是，韩国民众年龄越大、政治倾向越保守，使用YouTube获取新闻的比例越高。60岁以上的用户为50%，比20~30岁的高10个百分点。另外，政治上为保守倾向的使用YouTube获取新闻比例为57%，而进步及中间倾向的均为43%。

总的来看，在社交媒体中，包括韩国在内的46个国家和地区民众，均最关注主流媒体账号发布的新闻消息。以韩国受众在Facebook平台为例，最关注主流媒体账号发布的新闻，比例为37%，其次为政治人物15%，明星等公众人物14%，网红大V为12%。但是，在抖音（TikTok）、Instagram等平台中，包括韩国在内的46个国家和地区民众，相比于主流新闻媒体，民众更关注公众人物、网红大V或一般用户等个人用户生产的新闻内容。

从使用的工具来看，韩国民众回答通过智能手机获取新闻资讯的比例最高，为77%，电脑为68%，平板电脑为31%。

（四）韩国新闻传播业的政策及从业人员状态

根据韩国舆论振兴财团的调查，截至2018年，韩国共有新闻媒体4459家，相关从业人员60568人，记者31364人。其中，报社1484家，从业人员24071人，记者15050人；广播电视台51家，从业人员16756人，记者3455人；网络媒体2900家，从业人员17091人，记者11163人；通讯社24家，从业人员2650人，记者1696人。

从业人员资质方面，受访记者中，70%为大学本科毕业，20.9%为硕士研究生毕业，3.5%为博士研究生毕业，专科和高中毕业的分别占4%和1.5%。大学本科为新闻传播专业的占25.4%、人文学科（语言、哲学、历史学）22.1%、法学类（政治学、行政学）14.6%。硕士和博士学历中，主修新闻传播、法学类（政治学、外交学、行政学）、商学类占比最高。

在针对韩国媒体人的调查中，最影响媒体言论环境的因素有广告商、媒体管理层、股东、政府或政界的干预以及记者的自我约束等。总体来看，认为受广告商干预影响的人数最多，为68.4%，其中报社记者回答受广告商干预的最多，为74.7%，报社中经济类日报记者认为受到干预的高达90%，这也导致韩国报社对企业行为的监督不足。

（五）中国媒体在韩国的落地情况

目前，中国媒体以韩文在韩国传播发展的不多，支持韩文网页的媒体仅有新华网韩文版、人民网韩文版、中国国际广播电台朝文版、中央人民广播电台朝文版等。其中，人民网韩文版在韩国有一定影响力。

人民网韩文版于2011年9月27日上线，是人民网在英文版、日文版、法文版、西班牙文版、俄文版、阿拉伯文版之后开设的第七种外语版本。人民网韩文版坚持主流媒体的传播导向，秉承权威性、公信力、高端化的新闻理念，旨在打造成韩国人民了解中国的权威窗口以及两国网民友好交流的桥梁。

人民网韩文版主要面向广大韩国民众，每天将在第一时间发布中国国内发生的新闻信息，同时还提供中国政治、经济、社会、教育、科学、文化、旅游等诸多领域的信息资讯。人民网韩文版致力于促进中韩两国之间的友好合作，作为中韩两国网民互动交流的平台，及时准确地发布权威信息，解读热点，释疑解惑，以此增进两国民众间的相互理解与信任。[1]

---

[1]《人民网韩文版今日正式上线》，http://china.cnr.cn/gdgg/201109/t20110927_508553307.shtml。

三 韩国新闻传播业面临的问题与未来发展趋势

（一）韩国新闻传播业面临的问题

1. 虚假消息泛滥

韩国舆论振兴财团在针对韩国媒体记者的抽样调查中，82.3%的记者认为"假新闻问题严重"，85.4%的记者认为"钓鱼报道问题严重"，83.8%的认为"媒体误报问题严重"，82.9%的认为"将社交媒体的内容不加删选进行报道问题严重"。韩国记者普遍认为，新闻媒体应提供准确信息，相关平台应强化社会责任意识、构建新闻筛选系统等以改善目前状况。

2. 新闻报道方式欠妥

抽样调查显示，58.5%的韩国新闻媒体记者认为韩国新闻报道"侵犯人权问题"较为严重，认为"不严重"的仅占6.6%。新闻通讯社有63.2%的记者认为该问题严重，人数最多。从原因来看，认为"媒体追求独家报道和快讯"导致侵犯人权的最为集中，为40.6%，17.8%的记者认为因为"煽动性报道"，认为因"对采编伦理认识不足"的为14%。

例如，2019年甚嚣尘上的"曹国事件"就再次引起了民众对韩国媒体的恐慌。事件中，多家韩国媒体捕风捉影，引用毫无根据的消息对曹国及其家人进行恶意抨击、曝光，甚至对曹国的女儿乘坐什么车这样的八卦新闻都大书特书，韩国世明大学新闻学院院长齐贞琳（音）教授对此表示，这是对人权的严重侵犯，是民主的倒退。[1]

3. 新闻报道有失公允

在针对韩国媒体受众的抽样调查中，认为"韩国媒体公正"的仅有21.9%，远低于认为"韩国媒体不公正"的37.7%，认为"韩国媒体可信"

---

[1] 《曹国报道带来的恐慌……出入处制度成为媒体的"凶器"》，http://www.ohmynews.com/NWS_ Web/View/at_ pg.aspx? CNTN_ CD=A0002588206。

的为28.1%，低于认为"韩国媒体不可信"的30.6%。在关于报道中最严重的问题调查中，认为"媒体偏袒性报道严重"的为28.1%，占比最高。在针对韩国媒体记者的抽样调查中也同样反映了这一问题，81.2%的记者认为"报道有失公允问题严重"。在韩国，掌握绝对话语权的保守媒体本就与大企业、财阀有着千丝万缕的联系，正如KBS前社长郑延柱（音）所说，"朝中东"早已完全沦为既得利益阶层势力的中心。[①]

韩国新闻媒体在报道中出现的问题，也直接导致了民众对媒体人的不信任甚至反感情绪。仅有17.2%的受访对象认为媒体人"可信赖"，对媒体人的"道德性"评分中，平均得分仅为2.75分（满分5分），同比下降0.09个百分点。在2012~2019年的6次调查中，对韩国媒体人的评价均未超过3分。

4. 网络时代应对欠缺　人员老龄化问题突出

随着新媒体时代的到来，传统媒体也在加紧应对网络环境。34.5%的受访记者认为韩国媒体目前面对网络时代应对不足，不足之处主要有经营人员缺乏长期应对战略、对相关基础设施投资不足、从业人员认识不到位、缺乏相关的专门人才等。88.4%的受访者认为需要掌握与网络相关的知识。

从业人员的老龄化也是应对不力的原因之一。韩国逐步进入老龄化社会，新闻媒体界也未能例外。在2019年发布的《第14次韩国媒体人调查》中，韩国新闻记者的平均年龄为40.1岁，比2017年提高了1.5岁。50岁以上的记者占20.7%，比2017年增加了5.4个百分点，35岁以下的记者占39.3%，比2017年减少了3.5个百分点。其中报社老龄化问题最为严重，50岁以上的记者占25.3%，35岁以下仅占31.8%。地方报社记者平均年龄最高，为44.7岁，网络媒体记者平均年龄最低，为36.4岁，但较2017年高了2.5岁。

（二）韩国新闻传播业的未来发展方向

"千禧一代"可谓互联网的原住民，对互联网和智能手机都运用娴熟。

[①] 《朝东100年，告诉你一个真实的〈朝鲜日报〉和〈东亚日报〉》，https：//newstapa.org/article/9gLc-。

根据韩国舆论振兴财团2019年对"千禧一代"获取新闻资讯的调查，阅读早间新闻时，18~24岁的青年群体45%会选择手机，而35岁以上的群体则更偏好电视。使用智能手机获取新闻资讯的途径，不同的年龄段也各有不同。18~24岁的青年群体更愿意通过社交媒体来获取信息，而35岁以上的则更习惯通过新闻网站来获取。事实上，社交媒体也向年轻人提供了更多的资讯。因为通过社交媒体获取的信息，大多是朋友转发或是基于算法推荐的，具有主动属性。在此过程中，传统媒体的品牌效应会黯然失色，年轻人并不十分在意是哪家媒体提供的新闻内容。

尽管青年群体习惯使用社交媒体来获取信息，但并不意味着获取信息途径单一，通常会根据自身需求来选择社交媒体、搜索引擎、新闻网站、报纸、电视等不同的方式。通过社交媒体获取的信息，大多是偶然阅读他人分享或推荐的新闻内容，如感兴趣的话会运用搜索引擎或新闻网站查询相关新闻，也会转发、留言等，新闻消费更具有主动性。为应对网络时代，特别是移动互联网时代的到来，满足现代人的新型新闻消费需求，韩国媒体需要做出改变。

1. 了解用户需求

青年群体对互联网平台的依赖甚至导致其对媒体概念的认知发生变化。20~40岁的人群使用网络平台获取新闻资讯比例较高，因此该群体多将"媒体"的概念理解为门户网站、社交媒体、即时通信工具、在线视频平台等媒介。获取资讯方式的差异也使不同群体获取的新闻内容有所不同。通过纸媒获取的新闻主要集中在社会、经济、政治类，而通过网络平台获取的则主要为娱乐新闻。

针对年轻群体的新变化，需要进行深入调查，准确掌握读者在哪方面需要什么，要了解读者喜欢和不喜欢阅读新闻的原因，发掘读者的潜在需求。成功的新闻媒体大多是先进行深入调查，以此为基础构建新闻服务模型。例如，韩国NEWNEEK网站对目标客户——二三十岁的年轻人进行调查，了解到年轻人不喜欢看新闻的原因主要有没时间、新闻无聊、内容晦涩难懂等。NEWNEEK网站精选新闻热点，配以轻松幽默的语言和表情包，发送至读者邮箱,还组织该网站吉祥物小刺猬的漫画大赛,称该网站的读者为"NEWNEEKer"等,增加与读者的互动,拉近与读者的距离。

2. 加强新闻监管

网络媒体、新媒体迅速发展,韩国新闻界对于快讯、独家的热衷,导致韩国舆论场上假新闻、侵权行为日趋严重。韩国媒体言论仲裁委员会秘书长权宇东透露:2015年,在仲裁委员会受理的3300多件媒体纠纷案中,网络媒体的案件已超过全部受理案件的半数,占67%。在韩国,新闻媒体在报道中侵犯了公民或法人的人格权利,包括姓名权、肖像权、名誉权、声音权、隐私权等,都属于新闻侵权纠纷的范畴。[①] 现代人通过移动终端接触新闻的比例越来越高,也成为媒体发布新闻的重要渠道,侵权纠纷也相应增多。韩国政府及相关监管部门应加强对新闻报道,特别是网络新闻报道的监管,充分发挥言论仲裁委员会的作用。

3. 创新组织架构

韩国舆论振兴财团调查发现,年轻人对"只看题目就能知道内容"、没有深度和知识性以及与己无关的新闻不感兴趣。移动互联网时代,为满足现代人的需求必须对韩国媒体的组织架构及新闻采编方式进行必要改革。韩国专家认为,应让更多年轻的记者参与到新闻策划中,给予年轻记者更多话语权,将目前的新闻媒体内部的垂直管理体制逐步向水平体制改革。法国新闻网站Mediapart就采取共同协作的水平模式,策划由记者商讨进行,各组领导由记者轮流担当,在薪资待遇等方面对所有记者一视同仁。记者工作也不受时间限制,自由采编,不片面追求快讯,而是集中提供有深度的报道。该新闻网站获得了法国民众的认可,上线11年获得了16万人次的付费订阅。

目前,韩国的主流舆论的话语权仍掌握在上一代媒体人手中,对年轻群体对何种类型、体裁的新闻感兴趣了解不够,对年轻群体的感动、悲伤、兴奋点研究不足,缺乏以现代人的视角对新闻结构的意识。NEWNEEK、UPPITY、dotface等成功案例均是由年轻媒体人,秉持"依靠年轻人,面向

---

① 洪文军:《韩国网络新媒体运维及监管的经验做法》,《军事记者》2016年第9期。

年轻人"的理念,创新内容形式,在网络中备受追捧。另外,移动互联网时代现代人对文字的注意力越来越低,新闻团队也不能仅有文字记者,设计、策划人、开发团队、视频团队等专业人员也需构建水平化的关系。正如英国《卫报》总编 Viner 所说,由背景相似的人员构成的团队,更有可能忽视大众关注的热点。①

4. 改革采编形式

现代社会读者渴望独特视角的新闻作品,但目前韩国媒体的报道千篇一律,其中一个重要原因就是韩国的"出入处制度"②。废止"记者室"和"记者团"的呼声由来已久,尽管"出入处制度"能在一定程度上保证媒体可以获得官方的信息,但记者与政府等信息发布方会形成裙带关系,韩国汉阳大学情报信息媒体系郑俊熙(音)教授认为,"出入处制度"实际上是一种采访特权制度。③ 获得"采访特权"的媒体照搬政府通稿,而大多数无法进入"记者室"的媒体只能复制主流媒体的报道,造成各媒体报道如出一辙。

韩国 KBS 电视台报道局长严景哲(音)曾表示建议废除"出入处"制度,严景哲称,该制度造成的"小团体文化"为韩国社会诟病已久,过度竞争也严重影响了民众对媒体的信任。④ 媒体需要摆脱对快讯的偏执,为受众提供差异化的新闻报道。但目前,韩国媒体还是"以量取胜",改革新闻采编的形式仍任重道远。打造面向未来的新闻媒体,韩国需要从固有的组织架构和新闻采编方式中解脱出来。

5. 构建移动互联网时代的新闻战略

移动互联网时代的迅速发展给传统新闻媒体带来了前所未有的机遇和挑

---

① Viner, K., "A Mission for Journalism in a Time of Crisis", https://www.theguardian.com/news/2017/nov/16/a-mission-for-journalism-in-a-time-of-crisis.
② "出入处"是韩国媒体记者常驻或定期访问以获取报道材料的地方,包括政府部门、政党馆舍、大企业等。"出入处"一般会设"记者室",向记者发布消息通稿。"出入处"的媒体和记者有限,"出入处"的记者一般称为"记者团"。
③ 《郑俊熙(音)教授:韩国媒体出入处制度的问题》,https://www.youtube.com/watch?v=IINdj7YvDKI。
④ 《KBS 新任报道局长:应废除出入处制度》,http://www.hani.co.kr/arti/society/media/916059.html。

战。为应对移动互联网时代带来的冲击，《华盛顿邮报》《华尔街日报》进驻了Instagram、Facebook等23个平台，CNN、《赫芬顿邮报》在22个平台上投放新闻。另外，还应针对不同平台的特点，对新闻的形式、篇幅等进行调整。

韩国的新闻读者流向YouTube、Instagram已久，报纸和电视等传统媒体面临智能手机平台上海量内容的竞争。《韩国经济新闻》记者崔珍顺（音）表示，报纸要基于移动时代的环境，提供全新的新闻服务。利用现代人熟悉的视频、音频、数据等方式，打造综合性媒体。综观韩国新闻媒体界，尽管"改革"的口号喊了很久，但目前尚未出现"颠覆性"的变化。韩国《今日媒体》杂志分析认为，报纸脚踏线上线下"两条船"，将互联网平台的内容制作视为"副业"。新闻媒体内部的新媒体部门未得到重视，面临严重人手不足但又未给予相应人员补充，培育相关技术人才的环境尚未形成。传统报纸仍在继续盈利，互联网媒体盈利时代尚未到来，因此媒体企业缺乏对互联网新媒体投资的主动性。

四 结语

综观韩国新闻媒体的发展历程，在不同的历史时期，韩国政府与媒体的关系存在很大差异。以1987年为转折点到1998年金大中当选总统进入一个新的阶段，2003年平民总统卢武铉入主青瓦台，采取一系列措施改善政府和媒体的关系，文在寅政府上台后，重新实行宽松的新闻政策，新闻环境得到极大改善。

今天，韩国新闻业对国家显示出很大的牵制力，具有积极提出独立政策模式的高度发言权。韩国的政治、社会及政府的政策制定，都受到来自媒体的巨大影响。如近年轰动韩国的"N号房事件"，韩国媒体记者卧底数月揭开了罪恶的链条，并促使警方迅速逮捕了罪犯；再如韩国前总统朴槿惠的"亲信干政"事件，也是由韩国媒体首先曝光，掀起了声势浩大的示威游行，最终弹劾了总统。即使在平时，韩国媒体也会把政府的一举一动放在

"手术台",不停地进行曝光和剖析。① 政府放松对媒体的管制,释放了媒体的能量,媒体的产业功能得以迅速扩张。

传统媒体在新闻传播领域的影响力逐渐被削弱,电视在韩国却能"一枝独秀",在全年龄段均保持了较大的影响力,即使是在10~19岁的青少年群体中,通过电视获取新闻也仅居移动端之后。而网络以其便捷的交互功能给传播模式带来了极大的革新。② 尼葛洛庞帝早在《数字化生存》一书中就曾指出:"分权"是网络时代的一大特质。他所想象的图景是受众可以在自己方便的时间、地点、心情主动选择自己感兴趣的信息和接收模式。③ 在这样的背景下,越来越多的韩国人习惯于从网上特别是从移动端获取每日新闻,且获取的方式和渠道呈多样化、分散化,主流媒体死死控制传播渠道的局面早已被打破。相较过去人们更加不在意消息的来源,通过特定的渠道或平台获取新闻的比例更低,新闻获取呈随意性,新闻消费呈碎片化、要点式的特征。

韩国舆论振兴财团的调查显示,10~19岁的青少年使用智能手机上网率高达97.2%,移动互联网已写入现代韩国人的DNA中。将图片、动画、视频、表情包等元素与文字相结合,移动媒体平台在内容生产和形式表达上也更符合现代人的阅读习惯。

韩国新闻媒体应充分了解用户需求,拓宽传播渠道,创新组织架构,改革采编形式,对现有优势资源(记者资源、编辑资源、运营资源)进行充分整合和挖掘,以高品质的新闻重塑自身形象。互联网对社会舆论形成的影响主要依赖海量转发、评论,虚假宣传、不实报道掺杂其中,而电视、报纸等主流媒体则可以通过不同平台和渠道发出更加权威的声音,特别是主流报纸在韩国影响力巨大,而电视则在传统媒体整体不振的大背景下仍能保持"坚挺",可充分利用之,让受众重新认识到传统媒体的品牌价值。

---

① 王晓玲:《韩国媒体与政治》,《世界知识》2009年第13期。
② 江江:《技术·政治·文化——韩国网络公民媒体的现状与历史背景》,《国际新闻界》2006年第2期。
③ 尼葛洛庞帝:《数字化生存》,胡泳译,海南出版社,1997。

总而言之，移动互联网时代给韩国传统媒体的改革提出了新理念和新要求，传统媒体要主动适应移动互联网环境下的竞争态势，主动进行内部组织结构调整，在人才制度、传播方式、资源整合方面做出更多尝试和改变。

B.18 印度新闻传播业发展报告*

李呼明**

摘　要： 尽管印度传媒业各领域在疫情期间都曾遭遇重创，但其表现出巨大的韧性，已开始全面恢复。由于消费者需求和广告收入稳定增长，印度媒体产业将持续作为印度经济的朝阳产业高速发展。在印度各类媒体中，新兴媒体的发展空间最广阔，报纸、电视等传统媒体的主导地位在短期内也不可动摇。印度媒体的历史传统、语言多样性、新闻自由和新闻公信力等因素共同塑造了印度传媒生态，影响了媒体产业的发展。

关键词： 印度报业　新闻传播　新媒体　印度广播公司

印度位于南亚，国土面积居世界第七位。印度人口约14亿，占世界人口近1/5，预计将于近年超过中国，跃居世界第一。作为金砖国家之一，近年来印度经济快速增长，其经济产业也呈现多元化趋势。因此，印度在新闻传播领域也具有不容小觑的影响力。

印度是四大文明古国之一，古老的历史文明造就了印度在宗教、地域、文化、语言等众多方面的多样性。印度被称为"宗教博物馆"，主要宗教为印度教（80%）、伊斯兰教（14%）、基督教（2.3%）、锡克教（1.7%）、

---

* 本文系北京市宣传文化高层次人才培养资助项目"中国周边国家信息传播基础结构研究"课题成果；教育部社科重大项目"'一带一路'沿线国家新闻传播业历史与现状研究"（17JZD042）阶段性成果。
** 李呼明，北京第二外国语学院亚洲学院印地语系主任，讲师，主要研究方向为印度文化、印度电影艺术。

佛教（0.7%）等。印度官方语言为印地语和英语，除此之外还有宪法认定的在各邦具有官方地位的22种表列语言。丰富的多样性促进了印度多类型、多语种媒体的共同发展，新闻传播领域百花齐放。

研究印度新闻传播业的历史与现状有助于加深我们对印度政治、经济、文化和社会发展的认识。此外，印度与中国互为邻国，且同为人口大国，加强对印度新闻传播领域的了解，对促进我国媒体行业的发展和改革具有一定的借鉴意义。

一 印度新闻传播业的历史沿革

（一）报业

报业是印度新闻传播业的最古老形式，始于英国东印度公司统治期间。一般认为印度报纸的历史与印度政治历史紧密相连。[1]

1780年，英国人詹姆斯·奥古斯都·希基（James Augustus Hicky）在印度创办了第一家英文报纸《孟加拉公报》（Bengal Gazette）。由于它对政府进行批判，1782年东印度公司终止了其出版，希基也被捕入狱。随后《印度公报》（India Gazette，1782年）、《加尔各答公报》（Calcutta Gazette，1784年）等英文报纸接连在孟加拉地区出版，它们由东印度公司的官员创办，且受其赞助，成为政府发布一般命令的媒介。[2] 在其他地区，《马德拉斯邮报》（Madras Courier，1785年）、《孟买先锋报》（Bombay Herald，1789年）等报纸也相继问世。18世纪末，印度已经出现了十余种报纸，但它们都是由英国人编辑出版的英文报纸，[3] 报道内容局限于英国和东印度公司的发展，只符合英国人的兴趣，因此它们的发行量一般只有几百份。1799年，

---

[1] Wolseley, R. E. (Ed.), *Journalism in modern India* (Asia Publishing House, 1964), p. 3.
[2] Sankhdher, B. M, *Press, politics, and public opinion in India: Dynamics of modernization and social transformation* (Deep & Deep Publications, 1984), pp. 24–32.
[3] 王泰玄：《印度的新闻事业》，《国际新闻界》1984年第4期。

韦尔斯利勋爵（Lord Wellesley）制定了出版行业条例，要求出版方在出版任何稿件（包括广告）之前必须获得政府的批准，①压制了出版自由。

19世纪初期，越来越多的报纸开始号召出版自由、批判殖民政策。其代表之一是由英国人詹姆斯·白金汉（James Silk Buckingham）于1818年创办的《加尔各答报》（*Calcutta Journal*），他对殖民当局的批判导致该报于1823年被勒令停刊，其本人也被驱逐出境。②同期，"印度文艺复兴之父"拉姆·莫汉·罗伊（Ram Mohan Roy）也开始利用报纸作为斗争的工具，倡导多语言的社会宗教改革运动，支持公民权利和新闻自由。这位报业先驱自1821年起创办了孟加拉语、波斯语、英语的数种报刊，如 *Samvad Kaumudi* 和 *Mirat-ul-Akbar*。这些报刊发表反对寡妇殉葬制度、种姓制度等宗教陋习，以及要求普及教育、保护出版自由等观点。③1822年，印度连续出版历史最长、至今仍在发行的古吉拉特语报纸《孟买新闻报》（*Bombay Samachar*）出版。1826年，第一份由印度人办的印地语报纸《朝阳报》（*Udant Martand*）问世。④尽管东印度公司统治者从报纸出现起就对其进行严格管理，但作为对这种控制的反抗，印度涌现出了越来越多的报刊。1818~1839年，印度人创办了38种孟加拉语报纸和33种英文报纸。在1838~1857年，104种报刊问世。⑤

1857年印度民族大起义失败后，印度正式成为英国的殖民地。英印政府进一步加强了对新闻传播，尤其是印度本土语言报刊的管控。如1878年，英印政府推出《本土语言新闻法》（*Vernacular Press Act*），赋予政府严格审

---

① Akhtar, M. J., Ali, A. A., & Akhtar, S., "The Role of Vernacular Press in Subcontinent During the British Rule: A Study of Perceptions", *Pakistan Journal of Social Sciences* (*PJSS*) 30 (1), 2010.
② 郑超然等：《外国新闻传播史》，中国人民大学出版社，2000，第438页；Stephen, L., & Lee, S. (eds.), *Dictionary of national biography* (Vol. 7) (Smith, Elder & Company, 1908), 转引自网络：https://en.wikisource.org/wiki/Buckingham,_James_Silk_(DNB00)。
③ 郑超然等：《外国新闻传播史》，中国人民大学出版社，2000，第438页。
④ Bhattacherje, S. B., *Encyclopaedia of Indian Events & Dates* (Sterling Publishers Pvt. Ltd, 2009), p. A119.
⑤ McDermott, R. F., *Revelry, Rivalry, and Longing for the Goddesses of Bengal: The Fortunes of Hindu Festivals* (Columbia University Press, 2011), p. 252.

查监督本土语言（英文除外）报刊的权利，目的是阻止当地媒体批判英国的政策。这引发了印度广大民众的强烈抗议。作为反抗，自19世纪60年代起，众多民族主义报刊涌现，激烈地批判英印政府及其管理中的弊病，如腐败、舞弊、不公正对待当地人等①。其中很多优秀的报刊直到今日还在流行，如1867年创办的《印度时报》（The Times of India），1878年创办的《印度教徒报》（The Hindu）等。②

1880年，印度独立运动的第一位领导人巴尔·提拉克（Bal Gangadhar Tilak）创办了两份周刊——马拉提语的《狮报》（Kesari）和英语的《马拉塔报》（Mahratta）。此后，他开始利用报刊反对英国政府及其立法，激发印度人民对独立的渴望③。

从20世纪初期到1947年印度获得独立前，印度报刊业持续扩张发展，成为争取自由的重要武器。独立运动领袖甘地和贾瓦哈拉尔·尼赫鲁不仅在报刊上倡导过独立运动，也都分别创办过报刊，如《年轻的印度》（Young India）、《神之子》（Harijan）、《国民先驱报》（National Herald）等。

1950年开始实行的《印度宪法》规定了有关公民言论自由的条款，该条款一般被认为是对新闻自由的间接保障。独立初期，印度报纸迅速发展，但报业中存在严重的垄断现象。少数家族财团掌握着多家报纸和大比例的发行量，控制着印度新闻传播业。并且这些报纸主要集中于大城市，占人口多数的农民和中小城市居民几乎无报可读④。除此之外，关系到报纸生存的广告投放完全由政府进行分配，因此中小型报纸易受操控，难以维持独立性。

1952年，印度新闻委员会（Press Commission of India）成立。委员会向

---

① Akhtar, M. J., Ali, A. A., & Akhtar, S., "The Role of Vernacular Press in Subcontinent During the British Rule: A Study of Perceptions", *Pakistan Journal of Social Sciences* (*PJSS*) 30 (1), 2010.
② Mathur, C. K., *Mass Media and Democracy in India: A Political Study of Their Relationship in Post Emergency Period* (Doctoral Thesis, Delhi University, 2013).
③ Mathur, C. K., *Mass Media and Democracy in India: A Political Study of Their Relationship in Post Emergency Period* (Doctoral Thesis, Delhi University, 2013).
④ Kundra, S., & Khan, M. A., *Media Laws & Indian Constitution* (Anmol Publications PVT. LTD, 2005).

政府和议会提出了很多政策调整和立法建议，如大力发展地方语言报纸、扶持中小城市的小报纸、创办独立于党派或政府的公共报刊、废除部分法律中限制媒体发展的内容等。① 1966 年，印度新闻理事会（Press Council of India）成立，它是一个自治、法定的准司法机构，是印度新闻业享有准司法权的仲裁机构，对个人和政府投诉媒体及媒体投诉国家机关（包括议会、政府和法院）的案件享有民事裁判权与仲裁权。② 以上两个机构的出现为维护印度报刊独立和新闻自由作出了贡献。

1975 年 6 月，总理英迪拉·甘地宣布印度进入"紧急状态"（the Emergency），严格审查新闻界，查封自由报刊，威胁并逮捕新闻记者。维护媒体独立和新闻自由的新闻委员会和新闻理事会也被解散。在持续约 21 个月的"紧急状态"期间，印度新闻业的发展近乎停滞。

紧急状态结束后，印度报刊的数量逐渐增加，报业稳步发展。

（二）广播事业

印度的广播事业始于 1927 年，殖民当局授权英资私营的印度广播有限公司（Indian Broadcasting Company）经营广播电台，开始在加尔各答和孟买定时播音。由于收益惨淡，1930 年，广播电台被殖民政府接管。1936 年，这个具有官方性质的广播电台被命名为全印广播电台（All India Radio），受到政府的全面管控。

殖民时期对广播的控制模式一直延续到了独立后，独立印度的广播依然由政府新闻广播部（The Ministry of Information and Broadcasting）进行全面管辖。在内容上，政府对广播施行自上而下的家长式管理，试图将广播作为道德教化的工具，甚至一度禁止电台播放电影音乐。此外，由中央集中编排的节目在全国各地区进行播放，抑制了地方电台的发展。随后，由于电视的流行抢占了城市中产阶级的目光，政府被迫对消费者的需求和市场力量做出让

---

① 王生智：《印度新闻委员会职能的历史考察》，《湛江师范学院学报》2011 年第 4 期。
② 王生智：《印度新闻理事会研究》，《安庆师范学院学报》（社会科学版）2010 年第 8 期。

步，逐渐放宽了对广播形式和内容的限制。随着印度经济自由化的推进，1993年政府决定向私营公司开放调频广播电台，广播的私有化进程开始。2001年印度第一家私人调频广播开始正式运营，标志着印度广播事业进入新时代。[1]

然而值得注意的是，印度政府不允许私人调频广播电台自己播送新闻或时事节目，所有该类内容只能从全印广播电台进行转播。因此，大众喜爱的私人调频广播电台只能播放娱乐节目，[2] 广播作为新闻传播媒介的影响力远弱于报纸和电视。

（三）电视业

1959年，全印电视台（Doordarshan）成立，在首都德里进行了首次试验性电视播放。1965年，电视台开始进行常规的每日新闻播放。1972年，电视服务向其他城市开放，截至1975年，共7个印度城市享有电视服务。在此期间，全印电视台隶属于全印广播电台。1976年全印电视台成为独立于全印广播电台的机构，直接受新闻广播部管理。[3]

20世纪80年代，印度致力于增设发射台和转播台，积极发展通信卫星。电视的普及度和观众数量大大提升。[4] 但在90年代前，印度的电视新闻内容一直被受到政府严格管控的全印电视台垄断。[5]

进入20世纪90年代以来，全印电视台受到多方面的挑战。第一，国际卫星电视进入印度，外国电视台的影响逐渐扩大，吸引了越来越多的观众。对此印度政府于1995年推行《有线电视网络（条例）法案》，限制外国电视公司的播放。第二，国内私营电视公司推出的私营电视频道，如Zee TV

---

[1] Sen, B., "A new kind of radio: FM broadcasting in India", *Media, Culture & Society* 36 (8), 2014: 1084-1099.
[2] Ram, N., *The Changing Role of the News Media in Contemporary India* (Indian History Congress 72nd Session Punjabi University, 2011), pp. 10-13.
[3] 全印电视台官方网站，https://doordarshan.gov.in/about-doordarshan。
[4] 郑超然等：《外国新闻传播史》，中国人民大学出版社，2000，第443页。
[5] https://www.indianmediastudies.com/history-of-tv-journalism-in-india/.

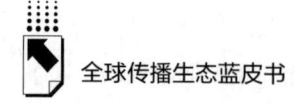

进一步瓜分了全印电视台的观众。[①] 此后虽然全印电视台试图通过增设频道、丰富节目等手段吸引观众，但90年代后期其垄断地位被打破，全印电视台、本土商业电视台和外国卫星电视三足鼎立的格局形成，[②] 三者在竞争中持续稳步发展。

与广播业情况相似，各大印度电视台最受欢迎的内容主要是娱乐节目。国内外获得新闻广播部许可的新闻时事频道也受到了观众的广泛关注。

二 印度新闻传播基础结构与新闻传播业的格局

在最近几十年中，印度媒体获得了相对自由的发展空间，主流和新兴媒体都获得了稳步发展。

（一）主流媒体的发展

1. 大型通讯社占据主导地位

印度报业托拉斯（Press Trust of India），简称印报托，是印度最大的通讯社，总部设在新德里。印报托于1947年注册，1949年正式开始运营，如今是较为独立的、由500多家报纸构成的非营利性共享合作组织，提供英语和印地语新闻服务。印报托雇用了400多名记者和500多名特约记者，几乎覆盖了印度所有地区和城镇，内容生产能力为每天2000多篇报道和200多张照片。另外，印报托的通讯员也分布在世界主要国家的首都和重要商业行政中心，它还与数家外国新闻通讯社进行合作和信息交换。[③] 其订户包括主流媒体、专业出版社、研究团体、公司以及政府和非政府组织等。

印报托由董事会进行管理，董事会成员均为印度知名出版物的所有者或

[①] 郑超然等：《外国新闻传播史》，中国人民大学出版社，2000，第443页。
[②] 李宇：《印度电视业发展现状研究（上）》，《现代视听》2019年第7期。
[③] 《印度2020年度参考》，印度政府新闻广播部，2020年2月19日，https://www.pmindiaun.gov.in/public_files/assets/pdf/India_2020_REFERENCEANNUAL.pdf。

编辑，董事会主席在年度股东大会上轮换。①

印度联合新闻社（United News of India），简称印联社，成立于1961年，是印度主要通讯社之一，总部设在新德里。印联社在印度所有邦首府和主要城市均设有记者站，世界主要国家首都也有该社代表。

印联社于1982年开始用印地语发稿，是印度首家进行多语种服务的通讯社。1992年开始提供乌尔都语新闻服务，如今是全世界唯一提供乌尔都语新闻稿件的通讯社。印联社在新闻照片领域处于领先地位，该社与新华社在提供国际照片服务方面进行合作。

印联社在全国有数百订户，主要包括14种语言的报社、全印广播电台、全印电视台、总理办公室、各邦长办公室、中央和各邦政府、公司和商业机构等。②

印度其他主要通讯社还有国际亚洲新闻社（Asian News International）、印度斯坦新闻通讯社（Hindustan Samachar）、印度新闻社（Samachar Bharati）等。

2. 报业市场持续发展，印地语报纸占据优势

虽然全球报业都在萎缩，但印度是少数几个印刷媒体不仅占据主导地位，而且注册出版物数量、读者群和销售额等各方面都在增长的国家之一。如今印度是全球报业的最大市场，2021年收入达到2205亿卢比。③

根据印度政府新闻广播部下属报业注册办公室（Office of Registrar of Newspapers for India）统计，截至2021年3月底，印度注册的出版刊物（报纸及其他期刊）达到144520种，其中日刊类9750种，发行量达到每日225856735份。所有出版刊物中，印地语刊物的注册量和发行量最大，英语刊物注册量排名第三，发行量排名第二。④

印度报刊行业的主要收入来源是广告。据统计，报业约70%的收入来

---

① 印度报业托拉斯官方网站，http://www.ptinews.com/aboutpti/aboutus.aspx。
② 印度联合新闻社官方网站，http://www.uniindia.com/aboutus.aspx。
③ https://www.statista.com/topics/4726/newspaper-industry-in-india/#dossierKeyfigures。
④ "Press in India (2020-21) Annual Report", http://rni.nic.in/all_page/press_india.aspx。

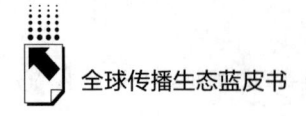

自广告销售，而订阅和零售额只占约20%。①

印度报刊市场主要被私人财团垄断。据统计，2020~2021年受调查出版物中88.4%属于个人，个人拥有的出版物在发行量中所占的份额最大，占总发行量的75.23%。② 个人拥有的财团一般控制着众多报刊，这些报刊又形成了统一的报系，输出相似的观点，控制舆论走势，具有很强的影响力。③

《帕斯卡日报》（Dainik Bhaskar）是自1958年开始发行的印地语日报，如今是印度发行量第一（2019年下半年日发行量为4579051份）④、阅读量第二⑤的报纸。据世界报业和新闻出版协会（WAN-IFRA）2019年报告，《帕斯卡日报》的发行量位列世界第三。⑥ 该报属于印度最大的报业集团——帕斯卡日报集团（Dainik Bhaskar Group），总部位于博帕尔。帕斯卡日报集团共拥有在不同城市发行61个版本的5家报纸，总读者数约6630万人。⑦

《印度时报》（The Times of India）是目前印度发行量和阅读量最高的英文日报，总部位于孟买。该报首次出版于1838年，是印度仍在发行的最古老的英文报纸。《印度时报》属于贾殷家族（The Jain Family）经营的印度时报集团（The Times Group）。该集团是印度最大的媒体公司之一，旗下有用英语、印地语和马拉提语三种语言，以108个版本发行的45家报刊，如印地语日报《新印度时报》（Navbharat Times）、印度最大的商业报纸《经济时报》（The Economic Times）等。⑧

---

① "The future of newspapers in India（2019）"，https://www.printweek.in/features/the-future-of-newspapers-in-india-41846.
② "Press in India (2020-21) Annual Report"，http://rni.nic.in/all_page/press_india.aspx.
③ 张辰韬:《印度报业发展现状分析与市场前景预测》，《出版广角》2014年第9期。
④ http://www.auditbureau.org/files/JJ%202019%20Highest%20Circulated%20（across%20languages）.pdf.
⑤ https://mruc.net/uploads/posts/cd072cdc13d2fe48ac660374d0c22a5d.pdf.
⑥ https://bestmediainfo.com/2020/02/dainik-bhaskar-is-world-s-third-largest-circulated-newspaper-with-4-3-mn-copies-wan-ifra/.
⑦ 帕斯卡日报集团官方网站，https://www.dainikbhaskargroup.com/our-history.php.
⑧ "Media Ownership Monitor India"，http://india.mom-rsf.org/en/owners/companies/detail/company/company/show/the-times-group/.

《印度斯坦时报》（*Hindustan Times*）是自1924年开始出版的印度知名英文日报，发行量和阅读量在英文报纸中均位列前三。《印度斯坦时报》属于HT Media，该公司总部位于德里，是印度历史最悠久、规模最大的媒体公司之一，其所有权主要属于大型家族财团比尔拉集团（Birla Group）。① HT Media旗下还拥有全国发行量第六、阅读量第三的印地语日报《印度斯坦报》（*Hindustan*），以及印度第二大商业报纸《铸币》（*Mint*）等。②

《印度教徒报》（*The Hindu*）是印度最受欢迎的英文日报之一，总部位于金奈。该报由爱国知识分子创办于1878年，当时为周刊，1889年改为日报。该报具有反抗殖民主义、支持民族独立运动的历史，是观点偏左倾的独立报刊。③ 如今在印度拥有较为稳定的读者群体和较大的影响力。《印度教徒报》属于卡斯图里父子有限公司（Kasturi and Sons Limited）经营的印度教徒报集团（The Hindu Group）。

3. 广播业中新闻时事节目受政府垄断，调频广播因娱乐节目广受欢迎

截至2021年1月，全印度共有385个调频广播频道，在全国111个城市运营。④ 值得注意的是，在印度只有政府运营的全印广播电台有权利播放新闻和时事类节目，其他所有私人广播电台只允许播放非新闻类节目或转播全印广播电台的新闻内容。

全印广播电台成立于1927年，作为印度官方性质的广播电台，隶属于印度政府新闻广播部下属的印度广播公司（Prasar Bharati），是以企业方式运作的独立媒体。该公司成立于1997年，此前全印广播电台是直属于新闻广播部的单位。全印广播电台拥有遍布全国的482个广播中心，能够覆盖印度92%的国土面积和99.2%的人口，使用23种语言和179种方言播送节

---

① "Media Ownership Monitor India", http://india.mom-rsf.org/en/owners/companies/detail/company/company/show/ht-media/.
② HT Media官方网站，https://www.htmedia.in/about-us。
③ https://mediabiasfactcheck.com/the-hindu.
④ Ministry of Information and Broadcasting, "Annual Report (2020~2021)", https://mib.gov.in/sites/default/files/Annual%20Report%202020-21.pdf.

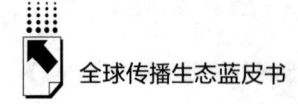

目。① 其主要听众来自农村和部落地区，广播是其主要甚至唯一的信息来源。同时，全印广播电台还以12种印度语言和15种外语为100多个国家提供广播服务。②

全印广播电台运营国家、地区和地方三个层级的频道，以满足广大群众的不同需求。国家层级的节目在德里通过印地语和英语播出，并由地区和地方广播站转播，主要频道有Vividh Bharati、FM Rainbow等，播放内容包括各类型音乐、头条新闻、非正式访谈等。地区频道共132个，分布在邦首府及主要语言文化地区，使用地区语言制作节目，并推广地区文化。地区频道播放的节目40%为音乐，20%~30%为新闻时事，其他内容还包括健康与家庭福利、妇女儿童等。地方广播频道共92个，主要为当地社区居民提供公共服务。③

2019~2020年，全印广播电台总收入为14.59亿卢比。④ 其中，总理莫迪主持的节目《肺腑之言》（Mann Ki Baat）创造了可观的收入，为2560万卢比。⑤ 该节目自2014年10月起每月播出一期，至2022年8月已经播出92期，旨在向民众传达总理的声音和想法，其收听率曾在多个城市超过66%。⑥

由于全印广播电台是印度唯一获准播放新闻时事内容的电台，其国家和地方新闻节目成为电台的主要收入来源。⑦ 台内新闻服务部（News Services Division）负责制作新闻简报和新闻类节目，每天在各层级频道播出的新闻

---

① 印度广播公司官方网站，https：//prasarbharati.gov.in/homepage-air/。
② 印度广播公司官方网站，https：//prasarbharati.gov.in/all-india-radio-2/#1588508332867-217ff0f1-f4fe。
③ Prasar Bharati, "Annual Report 2019-20", https：//prasarbharati.gov.in/wp-content/uploads/2022/03/final-book-English.pdf.
④ Prasar Bharati, "Annual Report 2019-20", https：//prasarbharati.gov.in/wp-content/uploads/2022/03/final-book-English.pdf.
⑤ https：//www.thehindu.com/news/national/pm-modis-mann-ki-baat-radio-programme-generated-over-3080-cr-revenue-since-2014-ib-ministry/article35418781.ece.
⑥ http：//timesofindia.indiatimes.com/articleshow/44816024.cms?utm_source=contentofinterest&utm_medium=text&utm_campaign=cppst.
⑦ Prasar Bharati, *Annual Report 2017-18*, p.60.

简报累计达 607 条。①

城市广播（Radio City）成立于 2001 年，是印度第一家私营广播电台，主要播放印地语、英语和地区歌曲。该电台覆盖了 34 个城市的 6900 多万听众，平均收听率常年在众多城市领先（如班加罗尔 24.7%，孟买 15.3%）。如今，城市广播还通过其门户网站运营网络电台，并推出娱乐资讯、博客和音乐专题等内容。城市广播隶属于觉醒出版社（Jagran Prakashan Ltd.），②该社还拥有印度阅读量第一的印地语日报《觉醒日报》（Dainik Jagran）。

4. 电视业竞争激烈，全印电视台、本土商业电视台和外国卫星电视三足鼎立

截至 2020 年 12 月，共有 914 个电视频道获准在印度播放，按类别计算，新闻与时事类频道 388 个，非新闻类频道 526 个；按地区计算，外国频道不足 100 个。③

全印电视台成立于 1959 年，1997 年与全印广播电台共同并入印度广播公司，成为脱离政府的独立电视公司。政府对它的干预减少，但近年来仍在政策和财政上给予其大力支持，④因此全印电视台在与本土及外国媒体的竞争中依然保持有利地位。

全印电视台拥有遍布全国的 66 个演播中心，共运营 34 个卫星频道。⑤印度电视业产值的构成以广告收入为主。⑥全印电视台 2019~2020 年的累计收入为 34.88 亿卢比，其中 23.3 亿卢比来自政府广告。⑦

该台下设全国性频道 6 个，包括综合频道、新闻频道、体育频道、农业

---

① Prasar Bharati, *Annual Report 2019-20*, p. 70.
② 城市广播官方网站，https://www.radiocity.in/corporate.
③ Ministry of Information and Broadcasting, *Annual Report*（2020-2021）, p. 57.
④ 李宇：《印度电视业发展现状研究（上）》,《现代视听》2019 年第 7 期。
⑤ 印度广播公司官方网站，https://prasarbharati.gov.in/doordarshan/#1588511751771-5281ae4f-9748。
⑥ 李宇：《印度电视业发展现状研究（上）》,《现代视听》2019 年第 7 期。
⑦ https://www.thehindu.com/news/national/explained-who-is-watching-doordarshan/article38418919.ece.

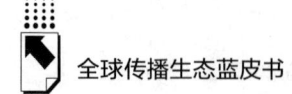

频道等，地方频道17个，邦级广播电视网10个，以及面向海外的国际频道1个。① 其中全国性频道的节目最为丰富，包括新闻时事、科学、艺术、文化、环境、连续剧和电影等。

国家频道（DD National Channel）覆盖全国92%的人口和81%的面积。作为全印电视台的旗舰频道，提供娱乐、信息、健康和教育等内容。由于覆盖率高、设备领先，该频道在直播全国重要活动和重大事件方面也占据优势。

新闻频道（DD News Channel）覆盖全国49%的人口和26%的面积，是全天播放新闻时事内容的独立频道。该频道不仅负责从多个信息源（该频道下设的全国31个地区新闻办公室、兼职通讯员、国内外通讯社、国际合作伙伴等）收集新闻并制作印地语、英语、乌尔都语和梵语新闻内容以及为聋哑人提供的特别新闻简报，还负责为全印电视台国家频道、乌尔都语频道、农业频道提供新闻简报和滚动新闻内容。

印度埃协集团（Essel Group）旗下的Zee娱乐事业有限公司（Zee Entertainment Enterprise Ltd）是印度历史最悠久的私营媒体集团之一，是印度最大的媒体内容提供商，也是印度最大的多渠道媒体流通平台。② Zee娱乐事业有限公司共开设了48个国内频道（类型包括印地语综合娱乐频道、地方娱乐频道、印地语电影频道和小众频道）和面向海外市场的35个国际频道。③ 1992年，该公司推出了印地语综合娱乐频道——Zee TV。目前，Zee TV覆盖了全球173个国家，拥有超过10亿观众，主要播放娱乐节目，包括电视剧、真人秀等。④

埃协集团旗下的Zee传媒公司（Zee media）则是印度领先的新闻机构。在新闻收集方面，该公司拥有遍及全印的新闻办公室和通讯员网络，以及内容创作、包装和播送方面的先进技术。该公司拥有10种语言的14个新闻频

---

① Prasar Bharati, *Annual Report 2019-20*, p.220.
② 李宇：《印度电视业发展现状研究（上）》，《现代视听》2019年第7期。
③ Zee娱乐事业有限公司官方网站，https://www.zee.com/content-and-international-markets/.
④ Zee TV官方网站，https://zeetv.zee5.com/about-us/?zeetv_ftr.

道，观众人数超过1.83亿。① 该公司绝大部分收入来自广告，订阅和其他服务收入只占总收入的不足10%（见表1）。②

表1 Zee传媒公司2022~2023财年第一季度收入来源

单位：百万卢比，%

项目	2023财年第1季度	2022财年第1季度	同期增长
广告收入	1965.3	1588.2	23.7
订阅收入	89.3	99.5	-10.2
其他销售和服务	15.0	14.1	6.0
经营总收入	2069.6	1701.8	21.6

资料来源：《Zee传媒公司收入报告》，http://investors.zeenews.com/pdffile/erq1-fy23.pdf。

国家频道Zee News是该公司设立于1999年的旗舰频道，由该频道总编主持的黄金时段节目《每日新闻分析》一度作为印度排名第一的新闻节目，每月约有5000万名观众观看。③

（二）新兴媒体的发展

1. 互联网用户众多，覆盖率不足

2022年1月，印度互联网用户数约为6.58亿，位列世界第二，却仅占全国人口约47%。④ 据印度互联网和移动通信协会（Internet and Mobile Association of India）2019年的《印度互联网报告》，印度约65%的互联网用户每天都使用网络，这部分用户主要集中在城市，农村用户上网频率和时间

---

① Zee传媒公司官方网站，http://zeemedia.in/about.html。
② Zee传媒公司，《2022~2023财年第一季度收入报告》，http://investors.zeenews.com/pdffile/erq1-fy23.pdf。
③ https://zeenews.india.com/india/zee-news-prime-time-show-dna-creates-history-remains-india-s-no-1-news-show-for-250-weeks-2269399.html。
④ https://datareportal.com/reports/digital-2022-india。

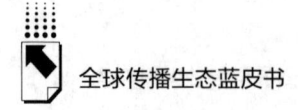

都明显低于城市用户。① 该协会预计，到2025年，随着农村用户的增加，印度互联网用户将达到9亿。②

随着互联网的持续发展，印度互联网用户的地域分布情况和年龄结构也将随之发生较大变化（见表2）。③

表2　印度互联网用户年龄构成

单位：%

项目	12~15岁	16~19岁	20~29岁	30~39岁	40~49岁	50岁及以上
城市	12	14	33	21	11	8
农村	15	21	37	17	7	3
全印度	14	18	35	19	9	6

资料来源：India Internet 2019, https：//cms.iamai.in/Content/ResearchPapers/d3654bcc－002f－4fc7－ab39－e1fbeb00005d.pdf.

2. 网络用户主要上网渠道为手机，手机应用软件下载量高

2021年，印度手机用户数量达12亿，其中智能手机用户数为7.5亿。④ 由于手机和网络流量价格低廉，印度97%的互联网用户使用手机作为上网的设备之一。⑤

印度手机用户平均每月消耗近17GB流量，⑥ 智能手机用户平均每天使

---

① https：//cms.iamai.in/Content/ResearchPapers/d3654bcc－002f－4fc7－ab39－e1fbeb00005d.pdf..
② https：//www.financialexpress.com/brandwagon/rural－india－drives－indias－internet－adoption－report/2609379/.
③ World Economic Forum, "Future of Consumption in Fast－Growth Consumer Markets：India", p.12.
④ https：//www.business－standard.com/article/current－affairs/india－to－have－1－billion－smartphone－users－by－2026－deloitte－report－122022200996_1.html.
⑤ https：//economictimes.indiatimes.com/tech/internet/internet－users－in－india－to－reach－627－million－in－2019－report/articleshow/68288868.cms?from=mdr.
⑥ https：//www.gadgetsnow.com/tech－news/average－mobile－data－consumption－per－user－in－india－now－touches－17gb－per－month－report/articleshow/90225986.cms.

用手机 4.7 小时。① 截至 2021 年，印度是世界第二大手机应用下载市场，2020 年印度消费者共安装了 240 亿款应用，同比增长 28%，其中下载量最高的主要为社交媒体类应用，如 WhatsApp，Instagram，Facebook 等。②

3. 社交媒体和搜索引擎最受欢迎

印度网络用户在搜索引擎（如谷歌、雅虎）和社交媒体（如 Facebook）上花费的时间最长。③ 截至 2022 年 1 月，印度社交媒体用户约 4.67 亿，④ 他们每天约花费 2.5 小时浏览社交网站。⑤

皮尤研究中心的调查显示，2018 年 65% 的印度受访用户认为手机、网络和社交媒体让他们更加了解时事，但同时 60% 的用户也认为它们可以使人更轻易地操控虚假信息和谣言。⑥

4. 传统主流媒体积极利用网络，借助新媒体实现发展

据统计预测，2021 年 18 岁以上印度人平均每天在媒体上共花费 5 小时 40 分，其中各类媒体使用时间分别为：广播 16 分钟，印刷媒体 19 分钟，电子媒体 1 小时 48 分钟，电视 3 小时 17 分钟。⑦

为应对新媒体的冲击，众多印度领先的传统媒体均在各大社交媒体平台上开设账户，并先后推出了门户网站、电子报纸和多平台的新闻应用软件等。

例如，截至 2022 年 9 月，《帕斯卡日报》在 Facebook 上拥有超过 1445 万关注者，在 YouTube 上拥有 108 万关注者。许多媒体在各大社交媒体平台

---

① https://zeenews.india.com/technology/average-smartphone-consumption-in-india-increases-up-to-4-7-hours-a-day-says-new-report-here-is-everything-you-need-to-know-2499871.html.
② https://www.thehindubusinessline.com/info-tech/india-second-largest-market-globally-for-app-downloads-in-2021-report/article37485281.ece.
③ https://qz.com/india/973444/what-do-indians-do-on-the-internet/.
④ https://datareportal.com/reports/digital-2022-india.
⑤ https://www.weforum.org/agenda/2022/04/social-media-internet-connectivity/.
⑥ https://www.pewresearch.org/internet/2019/05/13/technology-and-politics-in-emerging-economies-appendix-c-detailed-tables/.
⑦ https://www.insiderintelligence.com/content/india-time-spent-with-media-2020.

上同时发布消息，多数账号内容的日均更新在100条左右。① 各媒体在积极运营社交媒体账户的同时，也特别重视打造自己的网页版和手机版官方网站。在手机上网最为流行的印度，用户通过手机端就可以登录页面设计合理、内容创新丰富的媒体官网。② 除此以外，近年来传统媒体还纷纷推出了自己的手机应用软件。2017年，《帕斯卡日报》的手机新闻应用软件登录苹果、安卓和微软操作系统的官方应用商店，在印度占据绝大部分市场份额的安卓操作系统应用商店Google Play Store中，其安装量已超过5000万次（见表3）。该应用软件操作简单，可以根据用户所在地和喜好定制内容，便于信息筛选，获得了较高的好评率。另外，《帕斯卡日报》的官方网站和手机应用软件均提供免费的当日电子报纸，这可以为读者节省每天约5卢比的纸质报纸开支。

表3 截至2022年8月手机操作系统在印度所占的市场份额

单位：%

名称	占比
安卓	95.02
苹果	4.51
KaiOS	0.29
其他	0.47

资料来源：https://gs.statcounter.com/os-market-share/mobile/india。

虽然以网络为基础的数字媒体对传统媒体造成了巨大冲击，但如今电视依然是印度最受欢迎的媒体。这不仅因为印度用户花费在电视上的平均时间最长，更重要的原因在于电视是印度最大的广告媒体，2021年，印度电视媒体广告支出的份额达到了历史新高，约占总广告支出的41%。③ 尽管如此，电视媒体依然致力于发展依托于互联网的各项服务。如今视频点播服务

---

① 孔德信：《印斯孟三国新媒体现状及未来》，《传媒观察》2017年第3期。
② 孔德信：《印斯孟三国新媒体现状及未来》，《传媒观察》2017年第3期。
③ https://www.statista.com/statistics/894254/india-expenditure-share-of-the-advertising-industry-by-channel/.

在印度急速发展，电视公司便通过结合传统电视和互联网电视进行内容销售，以保证观众在使用数字服务的同时继续收看有线电视和卫星电视。① 例如，拥有 Zee TV 等多个有线电视频道的 Zee 娱乐事业有限公司于 2018 年推出了付费的互联网电视平台 ZEE5。该平台提供 90 多个电视频道的直播，以及英语和 11 种本土语言超过 12 万小时的影视内容，截至 2022 年 3 月拥有超过 1 亿月活跃用户。② 其用户可通过官方网站和多个平台的手机应用软件访问该平台。

同时，电视业也致力于借助新媒体实现发展。官方性质的全印电视台和私营媒体集团经营的各大电视频道均在 Facebook、YouTube 等媒体平台开设了账户。截至 2022 年 9 月，全印电视台的 DD News 频道在 YouTube 拥有 460 万订阅者，Zee 传媒公司的 Zee News 频道则拥有 2740 万订阅者。除此以外，这些频道也推出了自己的网页和手机版官方网站及手机应用软件，以应对网络和智能手机带来的冲击。

（三）印度传播业的新闻政策及行业人员状态

1. 不同的法律法规、监管机构和道德准则对应不同类型媒体

在《印度宪法》规定的新闻自由作为基本权利的前提下，印度针对印刷、广播、电视、广告等各种类型的媒体行业制定了不同的法律法规，它们一方面规范媒体产品的传播原则，另一方面又影响着媒体产品的形式和内容。③ 例如，1954 年通过的《药品与神奇药物法》禁止广告对药物的神奇疗效进行宣传；1995 年通过的《有线电视网络（管理）法》管控印度有线电视的运营及相关事项，其中对节目和广告内容做出规定，如果节目违反规定，地方法官有权没收有线电视运营商的设备；私人电视和广播频道必须遵

---

① https://www.businessinsider.com/india-time-spent-with-media-2019-emarketer.
② https://www.exchange4media.com/digital-news/zee5-annual-revenue-up-31-to-rs-5496-crore-in-fy22-120484.html.
③ Archana, Rahul T., "Media Laws in India: Origin, Analysis and Relevance in Present Scenario", *International Journal of Humanities and Social Science Invention* (IJHSSI) 7 (2), 2018.

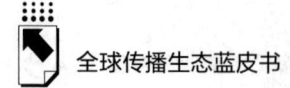

守许可协议的条款，如果播放内容不符合协议标准，新闻广播部有权吊销或撤销其许可证。

在印度，也有各种组织机构针对不同类型的媒体进行法定监管或职业道德指引。1968年，全印报纸编辑大会（All India Newspapers Editors Conference）通过了第一套目的在于规范报刊新闻记者行为的《职业道德规范》（Code of Ethics）。

1995年，印度新闻理事会发布了高标准的《新闻职业道德指南》，以约束报纸、新闻通讯社和新闻工作者的职业行为。后来该指南更名为《新闻行为规范》（Norms of Journalistic Conduct），至今经历了多次修订更新。然而这些行为准则并非法律规定，其性质仅为帮助新闻工作者在职业中实现自我调整的指南，因此新闻理事会也没有刑事权力惩罚违反《新闻行为规范》的媒体机构或个人。此外，新闻理事会只对报刊有约束力，电台、电视台和新媒体均不在其管辖范围内。①

2007年，几家印度领先的新闻电视广播公司建立了印度新闻广播协会（News Broadcasters Association），该协会制定了一套规范电视节目内容的道德准则，并有权对违反准则的公司提出警告、谴责或处以最高10万卢比的罚款。②

印度广告标准委员会（Advertising Standards Council of India）于1985年推出了职业道德指南，旨在规范广告从业者的行为和广告的内容。

印度新闻广播部下属的印度电影审查委员会（Central Board of Film Certification）则负责审查并控制电影和电视节目的内容，在影院和电视播送的所有影片和广告都必须获得该委员会审批后方可进行放映。③

众多法律法规、监管机构和道德准则对应着印度的各类媒体行业，法律

---

① 王生智：《印度新闻理事会研究》，《安庆师范学院学报》（社会科学版），2010年第8期。
② Simran, "Regulation of media in India - A brief overview", https://prsindia.org/theprsblog/regulation-of-media-in-india-a-brief-overview? page=284&per-page=1.
③ Simran, "Regulation of media in India - A brief overview", https://prsindia.org/theprsblog/regulation-of-media-in-india-a-brief-overview? page=284&per-page=1.

法规和监管机构直接约束媒体，道德准则间接促进媒体实行自我约束，确保印度规模庞大的传媒业实现合理有序的发展。

2. 印度媒体与娱乐产业高速发展，从业人员数量众多

印度媒体与娱乐产业规模庞大，发展迅速，目前印度拥有世界第五大媒体与娱乐市场。① 2022年该产业估值达到280亿美元，② 2024年预计增长到309亿美元。③ 2020财年，印度媒体与娱乐产业中主要行业份额占比为：电视44.4%、印刷17.5%、电子与流媒体12.5%、电影10.5%。④ 2017年，印度媒体与娱乐产业创造的就业机会为350万~400万个，⑤ 2020年受疫情影响从业人员数量骤然下降，2021年起逐步回升，充分发挥了行业的吸纳就业作用。

表4 印度媒体与娱乐产业从业人员数量

单位：人

行业	2013年	2017年	2022年（预计）
印刷媒体业	62800	74900	93350
电视业	144600	280400	641640
电影业	160800	248600	—
广告业	15600	23000	37370

资料来源：Statista, https：//www.statista.com/statistics/806159/india-number-of-employees-in-the-print-media-industry/；https：//www.statista.com/statistics/806147/india-number-of-employees-in-the-television-industry/；https：//www.statista.com/statistics/731218/employment-in-the-film-industry-india/；https：//www.statista.com/statistics/806179/india-number-of-employees-in-the-advertising-industry/。

---

① https：//www.investindia.gov.in/sector/media.
② https：//economictimes.indiatimes.com/industry/media/entertainment/media/indian-media-and-entertainment-industry-projected-to-reach-usd-100-bn-by-2030-ib-secretary/articleshow/90311661.cms.
③ https：//www.investindia.gov.in/sector/media.
④ https：//www.ibef.org/industry/media-entertainment-india.
⑤ The Boston Consulting Group, *Media & Entertainment: The Nucleus of India's Creative Economy*, https：//web-assets.bcg.com/img-src/BCG-CII-ME-report-India-Creative-Economy-Dec-2017_tcm9-178821.pdf.

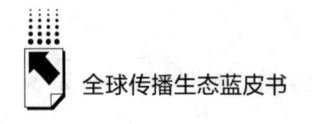

（四）从多元文化看外国媒体的发展

1. 国际知名媒体在印度覆盖广泛

1990年印度出台《广播电视公司法》（*Broadcasting Corporation of India Act*），允许私人和国外资本在印度投资兴建广播电视公司。因此早在20世纪90年代，印度巨大的市场和相对开放的媒体环境就吸引了欧美电视业纷纷进入印度，多个国家的电视频道通过直接落地或与当地媒体合办等方式进入印度电视市场。[①] 截至2018年，共有84个外国电视频道获准在印度播放。[②]

众多国际领先的新闻媒体都重视印度市场，在这里开拓各种服务。如路透社（Reuters）、英国广播公司（BBC）、美国有线电视新闻网（CNN）、卡塔尔半岛电视台（Al Jazeera）等均在印度设有记者站，对印度新闻保持高度关注。

美国有线电视新闻网的国际频道主要关注国际新闻，因此在印度的观众仅局限于城市精英阶层。为了吸引更多印度观众，CNN于2005年与印度TV18广播有限公司合作推出了CNN-News18频道，提供更多印度当地新闻。2020~2021财年，该频道是印度第三大综合英语新闻频道，收视率为13.2%。[③]

英国广播公司的广播、电视和数字业务均已进入印度，它提供包括印地语在内的9种当地语言和英语服务，其德里分社是BBC在伦敦以外最大的新闻社之一。[④] BBC在印度的收入增长迅速，未来计划以互联网电视等电子平台为中心进行发展。[⑤] 截至2022年9月，BBC印地语新闻频道在YouTube上拥有1490万订阅者。

在新兴媒体领域，虽然印度本土公司占据着网络电视市场的领先地位，

[①] 李宇：《印度电视业发展现状研究（上）》，《现代视听》2019年第7期。
[②] Ministry of Information and Broadcasting, *Annual Report* (2018-2019), p. 91.
[③] https://www.nw18.com/reports/downloads/NW18%20+%20TV18%20corporate%20ppt%20Jun21%20final.pdf.
[④] https://www.bbc.com/historyofthebbc/100-voices/people-nation-empire/bbc-in-india.
[⑤] https://www.fortuneindia.com/enterprise/bbc-should-double-india-revenue-in-next-five-years-ceo/103051.

但外国网络电视平台的知名度和影响力也不容小觑。例如，2008年进入印度市场的 YouTube，日本索尼公司（Sony）于 2013 年为印度特别推出的 Sony Liv，美国亚马逊公司（Amazon）于 2015 年推出的 Prime Video，以及 2016 年登陆印度的奈飞（Netflix）；截至 2021 年 3 月，它们的有效用户（Unique User）数量分别达到 4.37 亿、2100 万、4700 万和 3400 万。[①]

另外，各大国际知名社交媒体平台也已广泛渗入印度，分割着这个巨大的市场（见表5）。

表5 2022年印度领先社交媒体平台网络用户占有率及活跃用户数量

单位：%，百万人

社交媒体平台	网络用户占有率	活跃用户
Instagram	76.50	503.37
Facebook	74.70	491.53
Twitter	44.90	295.44
LinkedIn	37.20	244.78
Pinterest	34.90	229.64

资料来源：https://www.theglobalstatistics.com/india-social-media-statistics/。

2. 中国传统媒体在印度发展有限，新媒体一度表现优异，遭印度政府封禁后无法继续发展

中国国际广播电台（CRI）是中国唯一用印度本土语言每天向印度等南亚国家传播的媒体。CRI 印地语广播于 1959 年开播，泰米尔语广播于 1963 年开播，它们主要通过短波和互联网进行广播，在印度拥有听众俱乐部和部分忠实听众。

中国环球电视网英语频道（CGTN English）于 2008 年 1 月获得印度新闻广播部批准在印度落地播放。[②]

[①] Center for Media & Entertainment Studies, "Indian OTT Platforms Report 2021", https://www.mica.ac.in/images/OTT/MICA%20Indian%20OTT%20Platforms%20Report%202021.pdf.

[②] Ministry of Information and Broadcasting, "Master List of Permitted Private Satellite TV Channels", https://mib.gov.in/sites/default/files/Master%20List%20of%20Permitted%20Private%20 20statellite%20TV%20Channels%20as%20on%2031.10.2018.pdf.

来自中国的新兴媒体自 2016 年至 2020 年在印度迅速发展,一度表现优异。2018 年,在印度排名前 100 的手机应用软件中 44 个来自中国。① 截至 2019 年 3 月,阿里巴巴集团下属的 UC 优视科技公司在印度推出的新闻阅读平台 UC News 的有效用户数量达到 270 万,其手机应用软件成为印度最受欢迎的手机软件之一;② UC 优视科技公司的另一产品 UC 浏览器占据了印度浏览器市场份额的 12.95%,仅次于 Chrome 浏览器,③ 2019 年其月活跃用户达到了 1.3 亿;④ 截至 2020 年 4 月,字节跳动有限公司的抖音短视频海外版 TikTok 在印度的下载次数超过 6 亿次,占其全球总下载量的 1/3。⑤

自 2020 年 6 月以来,印度政府频频以"维护主权完整、国家安全与公共秩序"为名封禁中国 App,先是于 6 月 29 日宣布封杀包括 TikTok、快手海外版 Kwai、微信、QQ 等在内的 59 款中国 App,随后分别于 9 月 2 日和 11 月 24 日再次宣布封禁大量中国 App。⑥ 2022 年 2 月 14 日,印度政府以"对印度人的隐私和安全构成威胁"为由又禁止 54 款中国 App 的下载,其中多数为此前被印度政府禁止后重新包装上架的 App。⑦ 在印度政府的强势围堵下,中国企业合法权益遭到严重损害,新兴媒体的发展无法继续。

三 印度传媒生态成因分析

(一)主流媒体的历史传统决定其不同的发展方向

自 1780 年第一份《孟加拉公报》面世,报纸在印度已经历了近两个半

---

① https://www.thehindubusinessline.com/info-tech/of-indias-top-100-apps-44-are-chinese/article26857166.ece.
② Center for Media & Entertainment Studies, *Indian OTT Platforms Report 2019*.
③ https://gs.statcounter.com/browser-market-share/all/india.
④ https://economictimes.indiatimes.com/opinion/interviews/uc-is-transforming-from-a-browser-tool-to-a-content-platform-h-yang-vp-ucweb-global-business/articleshow/70074932.cms.
⑤ 张潇予:《印度禁用"中国 APP"的市场考量》,《世界知识》2020 年第 14 期。
⑥ https://baijiahao.baidu.com/s?id=1689927368045662703&wfr=spider&for=pc.
⑦ 王逸:《印度再禁 54 款中国 APP》,《环球时报》2022 年 2 月 15 日。

世纪的发展历程。从历史角度看,印度报纸受英国严肃性报纸的影响较深,其发展与印度的独立斗争、社会解放和改良运动等紧密相连。印度报纸引领了反殖民统治、反新闻审查等政治和社会压迫的运动,这些经验奠定了报纸严肃、切题和有公德心的特征。[1]

印度独立后,报纸在良性的注册制度下运营,办报不需要获得许可证,因此也不存在被吊销许可的风险。[2] "紧急状态"结束后,印度报纸更获得了相对自由的发展空间,占据绝大部分市场的报纸属于私人和财团,它们不受政府的直接控制,主要根据《宪法》规定的言论自由范围和职业道德规范进行自我监管。因此,印度的报纸是一种比较独立的媒体,可以较好地履行其社会监督者的职责。

相反,印度的广播和电视自诞生之初就受到了严格的管控。早期的广播和电视业受到政府下属全印广播电台和全印电视台的垄断,可两者的新闻内容无法在与报纸的竞争中获胜。为了吸引观众,全印电视台的节目在20世纪70年代末走向了媚俗化和低智化,用肥皂剧主导的肤浅商业节目将严肃而有价值的内容赶出了市场,损害了电视的公共服务职能。[3] 90年代卫星电视的兴起打破了全印电视台的垄断地位,然而五花八门的私人卫星电视台在为人们提供更多选择的同时,也加剧了新闻的炒作现象以及阶级偏见等社会弊病。[4]

广播事业受到政府垄断的历史更长。直到2001年,印度第一家私人调频广播电台才开始获准运营。但广播媒体中播放新闻时事类节目的权利至今仍被全印广播电台垄断,私人调频广播电台的功能仅限于娱乐。不仅如此,调频广播和私人电视频道还受到许可制度的约束,若违反相关规定,则可能

---

[1] Ram N., *The Changing Role of the News Media in Contemporary India* (paper represented in Indian History Congress 72nd Session, Punjabi University, 2011 Dec 10), pp. 10-13.

[2] Ram N., *The Changing Role of the News Media in Contemporary India* (paper represented in Indian History Congress 72nd Session, Punjabi University, 2011 Dec 10), pp. 10-13.

[3] Ram N., *The Changing Role of the News Media in Contemporary India* (paper represented in Indian History Congress 72nd Session, Punjabi University, 2011 Dec 10), pp. 10-13.

[4] Ram N., *The Changing Role of the News Media in Contemporary India* (paper represented in Indian History Congress 72nd Session, Punjabi University, 2011 Dec 10), pp. 10-13.

被处以吊销或撤销许可证的惩罚。因此，由于广播和电视的发展受到了比较严格的控制，与新闻节目相比，其娱乐节目普遍更受欢迎。

（二）语言多样性对各类媒体的发展施加复杂影响

根据2011年人口普查，印度有122种主要语言和1599种其他语言。繁多的语言数量和复杂的语言环境深刻地影响了印度各类媒体的发展。

2020~2021年，在印度登记的报刊共计使用189种语言和方言，其中大多数属于英语和22种在各邦拥有官方地位的表列语言。① 由于语言和文化习惯不同，在各地发行的报纸使用的语言差异颇大，发行量领先的报纸也各不相同。

印地语是印度使用者最多的语言。根据2011年人口普查，以印地语为母语的印度人约占全国人口的43%。因此长期以来全印发行量排名前十的报纸中总有一半以上是印地语报纸，2018年印地语报纸广告占报业广告总量的37%（英语报纸占25%，其他语言报纸共占38%）。②

语言文字沟通的障碍阻碍了地区性报纸和小型报社的发展，却加速了大报的扩张。由于印度大多数语言只在部分地区流行，以单一语言发行的地区性报纸影响力往往非常局限，例如，在南部泰米尔纳德邦最受欢迎的泰米尔语日报 Daily Thanthi 并不在北方各邦发行。在经济发达的大城市，为满足外来移民的语言需求，往往小报林立，竞争激烈。例如在德里，共注册有16351种报刊，而其中部分的发行量仅有百余或千余份。③ 相反，以多种语言在各地发行数十个版本的大型报纸则可以累计吸引大量读者。此外，大型报纸所属的报业公司旗下通常拥有多种报刊组成的报系，它们输出统一的观点，控制着舆论的走势，导致报业媒体市场高度集中。

广播电视业总体呈现多语种的发展态势，激烈的竞争促进了优质内容的

---

① Office of Registrar of Newspapers for India, Press in India（2020-21）Annual Report, p. 12.
② https://bloncampus.thehindubusinessline.com/b-learn/insight/print-media-in-india-room-for-growth/article26773775.ece.
③ Office of Registrar of Newspapers for India, Press in India（2020-21）Annual Report, p. 533.

产出。全印广播电台、全印电视台和各大电视公司均在各地设立了地区语言节目制作中心，以迎合不同语言文化背景的观众。尤其是在电视行业，各大电视公司竞相推出优质的地方语言节目，力争抢占更多市场份额。

在新媒体领域，众多的语言为发展提供了广阔空间。据调查，相较英语网站，印度互联网用户更信任使用自己母语的网站所提供的信息。[1] 研究数据表明，2021年印度的互联网用户中非英语用户已达到2.34亿，超过了英语用户1.75亿。此外，该研究还预测印度本土语言用户在未来四年内将以18%的年均复合增长率飙升至5.36亿。[2] 因此，在新媒体领域，各地方语言都占据着独特的发展空间。随着各种语言的网页和手机应用软件不断完善，印度网络用户的数量也将进一步提高。

虽然印度语言的多样性在多个方面促进了媒体产业的发展，但从长远角度来看，这种多样性对媒体的产业化发展、提升产业集中度、增强国际竞争力也存在负面影响。[3]

（三）新闻公信力下降

新闻媒体的首要责任和职业道德就是提供真实客观的信息。然而在印度，新闻报道的真实性和客观性都受到了利益的影响。人民对新闻内容高度质疑，对媒体强烈不满。印度新闻公信力降低的主要原因如下。

第一，"社论式广告"和"有偿新闻"现象普遍。由于广告是印度媒体的主要营收途径，媒体为了拉拢广告商经常撰写形式与社论相同的广告软文即"社论式广告"。在部分报纸上，其字号和版面甚至超过正常刊登的新闻或评论。[4] 同时，激烈的媒体竞争导致报纸和电视台收费为政党和公司发表"有偿新闻"，严重影响了媒体的公正性。印度选举期间，相同的有偿新闻

---

[1] https://mediaindia.eu/society/regional-languages-changing-indias-internet-landscape/.
[2] https://tech.hindustantimes.com/tech/news/over-500-million-users-to-access-internet-in-indian-languages-by-2021-google-story-6SV7GlYWssoZZQjm4O5n6I.html.
[3] 李其名：《印度媒体产业发展新版图》，《出版发行研究》2012年第7期。
[4] 史安斌、张耀钟：《印度传媒业的崛起：挑战与前景》，《青年记者》2015年第25期。

内容经常同时出现在不同的报纸和新闻频道上，为候选人和政党拉票，成为影响选民的关键途径之一。①

第二，媒体的商业化和企业化导致其报道内容易受操控。媒体隶属的集团公司为了吸引商业利益通常利用媒体发表带有倾向性的报道。并且，自20世纪90年代起，新闻媒体机构的所有者就高度重视与执政党的关系，主张采用与执政党偏好一致的内容，编辑的话语权大幅降低。②

第三，新闻内容向娱乐化发展。在各类媒体中，医疗、教育、农村发展等关乎民生的重要问题被认为缺乏吸引力，因此难以占据主要位置。名人、犯罪、板球和宝莱坞相关消息则成为主要的新闻内容，③引人注目的虚华言论和骇人标题也越来越多。

以上现象降低了印度新闻的公信力，削减了媒体作为社会监督者的作用，扰乱了印度的媒体生态。从宏观角度看更损害了整个社会的文化价值和道德水准，影响十分恶劣。

四　印度传媒的未来发展趋势预测

尽管印度传媒业各领域在疫情期间都曾遭遇重创，但该行业表现出了巨大的韧性，已开始全面恢复。据波士顿咨询集团（Boston Consulting Group）报告预测，目前估值为280亿美元的印度媒体与娱乐产业价值有望在2030年达到550亿~700亿美元。④ 各类媒体中，新兴媒体的发展空间最广阔。随着互联网普及率的增高与民众思维方式的转变，具有强大创新性和吸引力的新兴媒体将持续吸引越来越多的用户。

---

① Sonwalkar, P., "From by-line to bottom-line: Trust deficit in world's largest democracy", *Journalism* 20 (1), 2019: 60-63.
② Sonwalkar, P., "From by-line to bottom-line: Trust deficit in world's largest democracy", *Journalism* 20 (1), 2019: 60-63.
③ Sonwalkar, P., "From by-line to bottom-line: Trust deficit in world's largest democracy", *Journalism* 20 (1), 2019: 60-63.
④ https://www.bcg.com/publications/2022/india-media-entertainment-industry-report.

尽管如此，报纸、电视等传统媒体的主导地位在短期内不会动摇，广告商也将追随这一模式，继续为其投资。如今，传统媒体依然是最受成年人，尤其是广大农村群众喜爱的媒体形式。与繁杂的网络平台和社交媒体相比，报纸在可信度方面仍具有绝对优势。出于对印刷新闻的信任，印度人仍保有读报的习惯。

在新兴媒体带来的压力下，众多传统媒体组织已开始积极寻求改革。例如印度电信监管局（Telecom Regulatory Authority of India）已经要求政府新闻广播部快速通过其提案，以促进广播行业的改革。[①] 政府也采取了多种措施支持传统媒体的发展，例如在印刷媒体领域，允许26%的外国直接投资注入报纸和期刊的出版以及外国杂志印度版的出版；在电视媒体领域，将有线电视传播渠道数字化以吸引更多机构投资，简化机构融资以提高其盈利能力，以及将非新闻时事类有线电视频道的外国直接投资上限从74%提升到100%。[②] 然而不可否认的是，如果传统媒体无法在输出高质量内容的同时及时实现革新，那么它将失去越来越多以年轻人为主的用户，直至被市场边缘化。同时，传统媒体在激烈的竞争中也必须加强对自身的监管，重拾高标准的道德规范，因为失信媒体会失去消费者的信赖，最终失去市场。

随着全球化进程的推进，印度与世界各国在媒体与娱乐产业的合作交流也将不断加强。虽然印方以禁止中国App为代表的贸易保护主义举动为两国传媒领域合作投下了阴影，但正如此前印度外长苏杰生在讲话中所言，"亚洲世纪"的愿景需要中印两个亚洲大国的携手合作方能实现，[③] 随着两国关系的正常化和两国人民的相互了解不断加深，中印在各领域的合作必将实现新的突破。

[①] https://www.equitymaster.com/research-it/sector-info/media/Media-Sector-Analysis-Report.asp.

[②] https://www.equitymaster.com/research-it/sector-info/media/Media-Sector-Analysis-Report.asp.

[③] https://baijiahao.baidu.com/s?id=1741632362895957142&wfr=spider&for=pc.

B.19
越南新闻传播业发展报告*

金强 宋小彤 阮黄梅**

摘 要： 越南的媒体格局持续改善，政府的管控手段也不断与时俱进，不断优化的举措为时代发展带来了新的助力。当前越南传统媒体的影响力依然巨大，广播和电视仍是民众获取信息和娱乐的重要来源，但新媒体发展势头迅猛，手机接入互联网已成为越南民众上网的重要工具。互联网技术的更新迭代，对新闻内容的生产监管造成压力，当地媒体和民众倡导新闻自由度的呼声高涨。当前越南共产党对新闻传播业的管控稳健有力，也在提升新闻自由度和活跃媒体经济方面做出了一定努力。当前的媒介环境给越南媒体监管和社会治理提出了新的挑战，同时也迎来了前所未有的机遇。

关键词： 越南 新闻 传媒

越南位于东南亚中南半岛的东部，北面与中国的广西、云南两省区接壤，西面与老挝、柬埔寨两国交界，其国土狭长，面积约33万平方公里，人口约9816万。相对于周边国家和地区，越南的文明可谓悠久，历史景观也很丰富。秦朝时，中央政权在今越南地区置象郡，汉朝时置交趾郡（位于现在的河内一带，为交趾刺史部行政中心所在地）、九真郡（辖境相当于

---

* 本文系教育部重大攻关项目"'一带一路'沿线国家新闻传播业历史与现状研究"（17JZD042）阶段性成果；2022~2023年度河北省社科基金项目"河北出版企业'一带一路'项目参与现状与提升路径研究"（HB22XW011）阶段性成果。
** 金强，河北大学跨文化传播研究中心主任助理、博士、副教授；宋小彤，河北大学新闻传播学院硕士研究生；阮黄梅，越南河内国家大学下属社会与人文科学大学讲师。

今越南清化全省及义静省东部地区)、日南郡(在今天越南中部地区,辖地包括越南横山以南到平定省以北)。秦末汉初时,今天越南北部的红河流域开始被纳入中原王朝的版图,直到10世纪越南独立,时间长达千年之久,史称"郡县时代"。968年,越南获得独立,并同时作为中国的朝贡国,其后历经了丁朝、陈朝、胡朝、莫朝、阮朝等王朝。1858年时,法国入侵了越南,至1884年,越南沦为法国的殖民地。二战时,越南又被日本占领,一直到1945年日本战败后,胡志明领导的越南共产党(时称印度支那共产党)宣布成立了越南民主共和国。而此时,法国又开始重新占领越南,直至1954年,法国的殖民势力被击溃,越南民主共和国控制了该国的北部地区,南部地区则仍属于阮朝保大帝的政权,随后该地区又建立了越南共和国。1955年11月,北越在苏联和中国的支持下同美国和南越展开战争,作为在东南亚地区爆发的一场大规模的局部性战争,其对亚洲的国际政治的影响不可小觑。1975年,越南民主共和国统一了全国,并于1976年改为现国名。①

越南经济发展的总体水平还不高,2021年其国民生产总值为3662亿美元,人均约为3717美元,其中农业占国民生产总值的30%,而农业人口占全国总人口的80%左右,越南尚属于世界不发达国家之一。越南共产党第六次全国代表大会后,越南开始试行全面的经济体制改革,并确立了农业、轻工业、重工业的经济发展次序,国家控制的市场机制逐步展现,随之而来产生了不少令人瞩目的经济发展成就。越南是东南亚国家联盟和东盟的重要成员国,也是第一个与中国建立全面战略合作伙伴关系的东盟国家,因此可以称得上是中国周边外交的重要一环。中越两国关系一衣带水、源远流长,总体不断向前发展。政治方面,两国政治制度相同、理想信念相通、发展道路相近、前途命运相关,互为重要的全面战略合作伙伴关系;经济方面,中国是越南第一大贸易伙伴和第二大出口市场,越南是中国在东盟的第一大贸

---

① 陈力丹、郑艳方:《在开放与法治平衡中发展的越南新闻传播业》,《新闻界》2017年第7期。

易伙伴，也是中国的第六大贸易伙伴国，两国一致同意推动中国"一带一路"倡议和越南"两廊一圈"构想的深入对接；文化方面，古代越南深受中华文化的影响，两国有深厚的文化渊源和情感联系；历史方面，双方也具有难以割舍且根深蒂固的历史联系，两国老一辈革命领导人亲手缔造起"同志加兄弟"般的传统友谊；地缘方面，两国山水相连、唇齿相依，交通互联较为便利。但由于历史和现实等多方面原因所致，目前中越两国民众间还缺乏深入了解和密切沟通，特别是随着近年来美国重返亚洲战略的提出，"亚太再平衡"对地缘政治和两国关系造成了诸多不利影响。中越媒体有责任在推动两国间理解交流，推动两国间友好合作、建立互利共赢的开放战略方面，发挥不可替代的重要作用。①

一 越南新闻传播业的历史沿革

越南的新闻传播业由外国殖民者开启，经历了早期、抗法战争时期、南北分治时期、统一后等不同阶段。

1865年，越南的第一份国语字报纸《嘉定报》在西贡出版发行，从此以后以前仅在教会中流行的国语字开始进入越南大众的视野。在随后的几年，民族主义和殖民主义双方都将报纸作为宣传工具。在法国殖民主义的最后时期，许多记者被逮捕和监禁，当局关闭了多家报社。

1925年6月21日，胡志明创建的《青年报》标志着越南新闻革命的诞生。在1986年革新开放以前，越南共有241种报纸出版，当时由于经济较为困难，社会上基本没有广告方面的需求，报纸也因此没有广告收入。1986年后，新闻传播业得到迅速发展。

1945年之前，越南人民被禁止使用无线电接收机，广播受到法国殖民政府的严格控制。法国殖民政府在20世纪20年代后期在越南建立了第一个广播电台——西贡广播电台。1945年9月2日，胡志明宣读了越南民主共

---

① 胡邦胜：《越南媒体生态及其特征》，《对外传播》2018年第1期。

和国的独立宣言，越南也第一次开通了本国语言的无线电广播。越南于1955年在西贡开设了自己的广播网络。中央电视网成立于1970年，增加了越南的电视台和频道数量。越南战争对媒体发展产生了严重的破坏，在1976年，越南北部和南部统一后媒体才得以恢复和发展。南北统一后，所有广播电台都合并为越南之音，并于1978年成为国家广播电台。

自1986年以来，越南之声就从越南河内和胡志明市以12种语言以及少数民族方言进行国际广播，其中河内至少有5个广播电台，另外AM和FM广播电台位于越南其他地区，并向其他区域民众进行广播。

自1991年以来，越南的旅馆、饭店、俱乐部、政府办公室和外交组织开始被许可安装和操作卫星天线以引入外国节目。至1996年12月31日，越南共有449个编辑委员会开展业务合作，并有562种新闻出版物公开发行。

1997年，越南开始连入因特网，但其真正普及是在2001年政府放宽对互联网限制后才开始的。这一时期，大型门户网站如VnExpress、Vietnamnet、Nhân Trí等纷纷创立，传统大报也纷纷配置电子版，报纸内容和信息来源都大为扩充。这一阶段网民占总人口的比重从2001年的1.27%猛增到2007年的21.05%。

如今，越南的大多数地区（如河内和胡志明市）都开设了有线网络服务。其中最大的网络是VCTV/VTVCab（VTV的一个部门），其次是胡志明市电视台（HTVC）、河内电视台（HCATV/Hanoicab）和西贡旅游有线电视服务（SCTV）。最新的付费电视供应商是K+，其为越南有线电视（VTVCab）和Canal+的合资企业，于2009年下半年通过Direct To Home（DTH）进行了首次广播。

二　越南的传播基础结构与新闻传播业的格局

越南的媒体元素逐渐丰富、格局逐渐开阔，但媒体工作都会受到政府的严格管控，执政的共产党期望所有媒体传播党的学说，以教育民众，同时批判国际社会对越南的错误看法。

（一）主流媒体的发展

1.通讯社

越南通讯社（The Vietnam News Agency）是越南国家的官方新闻社。除总部外，越南通讯社目前在全国63个省市设有代表机构，并在五大洲建立了30个海外分支机构，主要分布于老挝、柬埔寨、泰国、马来西亚、日本、韩国、中国大陆、中国台湾、中国香港、俄罗斯、德国、捷克、法国、美国纽约、美国华盛顿、阿尔及利亚和埃及等国家、地区及城市。

越南通讯社简称"越通社"，于1945年9月15日成立，其作为越南政府下属正部级事业单位，在国家信息传播方面居于核心地位。同时，作为越南唯一的全国性通讯社，该社主要负责履行国家通讯社应有的职能，并负责对外发布越南的国家官方信息和政策文件。该社根据党的领导和国家管理的需求发布信息，并提供及时的新闻事件报道和信息服务。越南通讯社的日报是英文新闻稿，其中包含政府认为最重要的新闻内容。每份四页的报纸都有越共中央会议的讲话笔录和党的领导人撰写的文章，讨论政治、经济和文化的发展。

越通社在海外有30个分支机构，并与法新社、路透社、美联社、俄通社、俄新社、新华社等世界近40家主要通讯社和新闻机构建立双边和多边合作关系。越通社现有职工2500名，其中记者和编辑共约1200名，共生产制作了60多种新闻产品，是越南全国拥有新闻产品和新闻传播平台最多的新闻机构。越通社亦使用多语种对外发布信息，目前主要使用越南文、英文、法文、西班牙文和中文等5种文字向国内外发布新闻。[①]

该机构还发布有：国内公告、世界新闻、热点新闻和世界参考新闻。其外文出版物以英语、法语和西班牙语发行。此外，该机构还设有图片编辑委员会。

2.报纸

截止到2021年，越南全国共有816家报社，其中包括114种报纸和116

---

① 胡邦胜：《越南媒体生态及其特征》，《对外传播》2018年第1期。

种杂志同时发行纸质版和电子版，557种报纸和杂志只发行印刷版，29种报纸和杂志只发行电子版。

越南最主要的报纸有《人民报》《青年报》《西贡解放报》《新河内报》等。

《人民报》创刊于1951年3月11日，为越南共产党中央委员会的机关报，其在河内出版，且为越南发行量最大的对开日报。1930年8月，《斗争报》得以创刊并秘密出版，同年10月越南共产党更名为印度支那共产党，《斗争报》随即更名为《无产阶级旗帜报》。1931~1942年，该报曾多次被迫停刊或改刊。1942年10月10日，新的印度支那共产党机关报《解放旗帜报》得以出版。1945年12月5日，转入地下开展工作的印度支那共产党中央委员会以印度支那马克思主义研究会的名义新出版了《真理报》，并代替了之前的《解放旗帜报》。1951年时《真理报》停止出版，随后《人民报》作为其承继，继续在越北地区出版。《人民报》原为双日刊，在越南北方完全解放后，于1954年10月改为日报，并继续在越南北方发行。1975年5月越南南方获得解放后，该报开始向全国发行。

1986年，《人民报》的发行量一度达到了22万份；16个版面的《周末报》每周发行量达11万份；48个版面的《人民月刊》，其发行量达到了每期13万份；24个版面的《今日报》，每周一和周四发行两期，期发行量达到了5万份。越南的第一份网络版《人民报》于1998年6月21日开通，有越、法双语，是越南首家互联网日报。

《人民报》被称为"党、国家和人民的喉舌"。

目前的大型越南语报纸包括《年轻报》（在胡志明市出版，被称为"改革派"报纸）、《青年报》、《劳工报》、《先锋报》、《西贡解放报》、《新河内报》。著名的英语报纸包括 *Economic Times*，目前由越南通讯社唯一出版的法语报纸是 Le Courrier du Vietnam，还有其他较小的省级报纸，例如《巴地头顿日报》。

最大的在线报纸网站是 Zing. vn、VnExpress、VietNamNet、年轻报网、青年报网、民智报网、VTC News 和 VietnamPlus。越南最大的在线新闻聚合

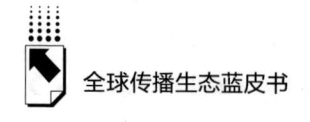

器是新报网。

3. 广播及电视

（1）广播

在1945年前，越南人民不得使用无线电接收设备，因为当时的广播渠道受到了法国殖民政府的严格控制。法国殖民政府于20世纪20年代后期在越南建立了第一个广播电台——西贡广播电台。

越南统一后，之前的广播电台一并合为"越南之声"，并于1978年组建为国家广播电台。

到1986年，"越南之声"以11种外国语言（柬埔寨语、中文普通话和粤语、英语、日语、法语、印尼语、老挝语、俄语、西班牙语和泰语）和本国语言报道国际短波新闻。这些节目的广播站点包括河内的5个站点和全国其他15个站点，并传播到邻近的东南亚国家和地区，以及拉丁美洲、非洲和欧洲。51个AM传输站点提供家庭服务，其中5个位于河内，3个位于胡志明市，其余位于其他城市和地区。此外，FM电台位于胡志明市，而越南其他地方则设有未指定数量的FM电台。

"越南之声"是越南政府的官方广播系统，它涵盖了5个频道系统。4个内部系统包括：H1和H2系统每天工作18小时；FM系统每天工作24小时；少数民族语言系统：赫蒙语言（每天4次/135分钟）、高棉语（每天3次/90分钟）、伊德语（每天3次/90分钟）广播，嘉莱语（每天3次/90分钟）和巴纳尔语（每天3次/90分钟）。一个每天以12种语言广播的外部系统主要供生活在海外的越南人收听。

越南之声广播电台（VOV）一共有6个频道。其中频道一和频道二与越南电视台的第一频道和第二频道内容定位相同。频道三以播放音乐为主；频道四与电视台第五频道内容的定位相同；频道五主要为在越南的外国人提供广播节目；频道六与电视台的第四频道内容定位相同。

此外，市级和省级有61个广播电台，区级有288个广播电台。

如今，越南之声致力于在大众媒体的各个方面提供多样化的高质量节目。它在许多频道进行广播，并在越南及世界其他地区的中波（MW）AM、

FM 和短波（SW）AM 波段上重复播放。

此外，越南大多数城市和省份都有自己的广播电台。

（2）电视

越南最早的电视广播出现在 20 世纪 60 年代，当时美国和南越在西贡建立了两个频道（一个越南语频道和一个英语频道）。越南电视台（VTV）原是越南之声的一个部门，得到了古巴的技术援助和培训，于 1970 年 9 月正式成立。1980 年，彩色电视节目开始播出，至 1987 年 4 月 30 日，该台正式采用了"越南电视台"的名称并开始独立运行。

1995 年 7 月 11 日，VTV 第一频道首次实现直播。越南政府控制所有通过新闻和通信部（MIC）进行监督的广播媒体。由政府控制的国家电视提供商——越南电视台（VTV）运营着 9 个频道及网络，并设有多个区域广播中心。第一频道为新闻综合频道；第二频道为财经科教频道；第三频道为文化体育频道；第四频道为国际频道，主要服务于海外越侨，用英语和越南语播出；第五频道为民族频道；第六频道为青少年频道；第七频道为教育频道（2016 年元旦开播）；第八频道为中北部频道（2016 年元旦开播）；第九频道为南部频道。[①]

自 1996 年 3 月 30 日起，MMDS 计划（4 个频道每天 24 小时）在河内和胡志明市启动，其中包括每天 7 小时播出的越南语频道。除 VTV 外，河内、胡志明、芹苴、顺化、岘港还有 5 个地方电视台。全国 61 个省市都有自己的电视频道，尤其是芹苴的高棉语频道。

越南法律规定严格限制对卫星电视的访问，但是许多家庭可以通过家用卫星设备访问外国节目。截至 2003 年，越南拥有 360 万台电视，即平均每千人拥有 43.73 台。

中央电视网创建于 1970 年。到 20 世纪 80 年代中期，在越南的 21 个传输站点开通了 5 个频道。其中在河内有 2 个频道，一个在胡志明市，一个在

[①] 陈力丹、郑艳方：《在开放与法治平衡中发展的越南新闻传播业》，《新闻界》2017 年第 7 期。

岘港、顺化、芹苴和归仁由另一个频道提供节目。从星期一到星期五每天从河内播出"每日国家"节目，每天播出90分钟，星期六和星期日每天播出3小时。到2000年，有90%的城市家庭拥有彩色电视机。

在旅馆里，外国人可以观看CNN、MSNBC、BBC、日本电视台、中国电视台和法国电视台。政府还开通了专门针对北美的雏菊卫星电视广播。

21世纪初期，越南政府放宽了对私人电视台的限制。到21世纪中期，VTC、有线频道、平阳电视台等旗下的娱乐节目蓬勃发展。在人们买得起自己的DVD机之前，大众喜欢去社区音像店看电影。

2008年越南开始出现高清电视，HTVC有线电视广播频道HTV7、HTV9、FBNC都开始采用高清广播设备。在HTV之后，SCTV和VTC在发射卫星广播的同时也采用了高清电视系统。

2009年6月，VTV有线电视技术中心与Canal Company Oversea合资成立了越南卫星数字电视有限公司（VSTV）。2010年初，该公司正式推出K+卫星数字电视品牌。

2011年，An Viên电视台开始根据DVB-T2标准播放地面数字电视节目。同年，越南政府总理阮晋勇签署并批准了电视数字化项目，同意将模拟电视广播信号转换为DVB-T2地面数字电视信号，目标是到2020年越南所有家庭都能收看数字电视节目。

2013年，VTV在多个主要城市按照DVB-T2标准试行数字电视业务，并于2014年正式播出。政府的电视数字化项目自2015年开始实施，全面停止岘港市和北部地区的模拟电视播出。随后几年，其他地方也开始逐步淘汰模拟电视服务。至2020年12月28日0时，依据地面电视数字化路线图的部署，最后15个地方停止播放模拟电视。

2016年9月，SCTV首次在越南对现有有线电视系统进行了超高清电视4K测试。1年后，VTC也开始在部分省市的DVB-T2系统上免费播放按照4K标准制作的节目。到2020年底，越南已经基本完成电视数字化改革，并根据DVB-T2标准转向地面数字电视广播服务。目前，所有数字地面电视传输服务均已按照DVB-T2标准播出。

表1 越南重要的电视频道

频道名称	所有者	内容类型	首播年份
VTV1	越南电视台	新闻-政治-一般	1970
VTC1	越南数字电视台	新闻-政治-一般	2004
人民公安电视	公安部	安全与秩序	2011
VNews	越南通讯社	消息	2010
国会电视台	越南国会办公室	资讯-主题新闻	2015
人民电视台	《人民日报》	新闻-政治-一般	2015
QPVN	国防部,越南媒体	军事-国防	2013

资料来源:Le Anh,"The whole country there are 7 national essential TV channels",VietTimes,2016。

表2 越南观看次数最多的频道

单位:%

排名	频道名称	收视率占比
1	VTV3	20.1
2	VTV1	9.5
3	HTV7	8.9
4	河内电视台	8.1
5	VTV6	6.5
6	THVL	6.0
7	VTC1	5.4
8	SCTV	2.6
9	人民公安电视	2.0
10	VNews	1.8

资料来源:https://en.wikipedia.org/wiki/Television_and_mass_media_in_Vietnam。

越南电视台和"越南之声"广播电台都是越南的主流媒体,相比之下,电视在越南居于主导地位,市场占有率高达90%以上,全国93.9%的家庭拥有电视机。无论是在城市还是农村,电视机都是越南家庭的必要财产之一。

（二）新兴媒体的发展

截至2022年1月，根据对16~64岁的互联网用户进行的调查，越南共有6900万互联网用户，互联网普及率为77.4%，比2021年增长4.9%。[①]

2021，越南的4G网络已经覆盖全国99.8%的地区，5G技术已在三大运营商成功试点，包括国营集团Viettel、VNPT和MobiFone，并计划将5G商业覆盖范围扩大到16个省市。[②] 外国公司目前占据越南云计算市场80%的份额。越南智能手机拥有者的数量从2018年的59.2%增加到2021年的75%。以Viettel为例，截至2021年底，其已建成覆盖97%越南人口的大型4G电信基础设施，并已成为越南采用5G的先驱。[③] 数字经济在促进越南的社会经济发展战略中发挥着关键作用，预计到2025年将占GDP的7%，到2030年将达到7.5%。[④] GSMA Intelligence的数据显示，截至2022年初，越南有1.56亿个蜂窝移动连接，相当于总人口的158.3%。

截至2022年1月，Facebook在越南的广告覆盖率相当于当地互联网用户群的97.6%，其中有50.7%是女性，49.3%是男性。2022年初，YouTube在越南拥有6250万用户，相当于年初越南总人口的63.4%。Instagram在越南拥有1165万用户，相当总人口的11.8%。TikTok在越南拥有3991万18岁及以上用户，占所有成年人的55.6%，其在越南的广告覆盖率相当于当地互联网用户群的55.4%，其中有53.5%是女性，46.5%是男性。[⑤]

[①] 西蒙·坎普：《数字2022：越南》，2022年2月15日，https：//datareportal.com/reports/digital-2022-vietnam。

[②] 三昧耶达玛拉吉：《越南为5G商业化做好准备》，2022年1月7日，https：//opengovasia.com/vietnam-ready-for-5g-commercialisation/。

[③] 《Viettel与Qualcomm合作开发5G基础设施》，2022年5月10日，https：//www.qualcomm.com/news/releases/2022/05/viettel-and-qualcomm-collaborate-5g-infrastructure-development。

[④] 塞西·阮：《越南将5G商业化：投资者应该期待什么》，2021年12月24日，https：//www.vietnam-briefing.com/news/vietnam-to-commercialize-5g-what-should-investors-expect.html/。

[⑤] 西蒙·坎普：《数字2022：越南》，2022年2月15日，https：//datareportal.com/reports/digital-2022-vietnam。

Kepios 分析显示，2021~2022 年，越南的社交媒体用户增加了 500 万（+6.9%）。① 表 3 是 2022 年上半年越南人访问量最多的网站列表。

表 3　2022 年上半年越南人访问量最多的网站列表

单位：人次，%

序号	网站名称	访问（每月）	网站跳出率
1	Google.com	422518362	45.85
2	Youtube.com	386372434	50.28
3	Facebook.com	172604903	46.22
4	true full.vn	96560962	32.17
5	vnexpress.net	95722674	40.57
6	pearson.com	80922863	46.54
7	24h.com.vn	50776605	45.00
8	wikipedia.org	47499320	65.45
9	google.com.vn	37892528	50.22
10	kenh14.vn	30664565	49.03

资料来源：SEMrush.com。

越南对媒体的管控相对严格，外国传统媒体难以进入越南的信息传播领域，但政府对网络社交媒体的管理相对宽松。越南政府成立了互联网国家协调委员会，以促进和管理本地网络与全球互联网的连接。越南的无线网日益普及，无线上网的费用相对较低。越南使用移动终端登录社交网络的用户数量发展迅速，且增速高于中国、印度和巴西的同期水平。在越南最常使用的三大应用程序分别是 Facebook（71.9%）、Zalo（44.6%）和 Google（40%）。

（三）越南新闻传播业的政策及行业人员状态

越南政府严格管制该国的媒体。执政的共产党期望所有媒体传播党的理

---

① 西蒙·坎普：《数字 2022：越南》，2022 年 2 月 15 日，https://datareportal.com/reports/digital-2022-vietnam。

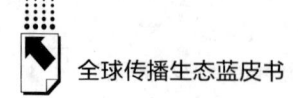

论和思想，以教育民众，同时改善国际社会对越南的看法。文化部指示越南共产党中央委员会的宣传和培训部门塑造国家和地方媒体的正面形象。记者和媒体的作用是对越南共产党活动进行积极的宣传。自20世纪80年代的经济改革以来，相关限制有所开放，但其主要目标保持不变。外国媒体代表可以在该国居住，但在旅行和报道方面受到限制。

越南政府通过新闻和通信部（MIC）对所有广播媒体进行监管和督查。越南共产党第六届全国代表大会对新闻界进行了正式描述，将媒体的角色定义为"党和群众的声音"，并将其任务确定为"宣传党的路线和政策"。除了报道和分析新闻之外，越南新闻媒体更是一种教育公众和梳理信息的媒介。它严格遵循越南共产党中央委员会的宣传部署以及中央政治局制定的指导方针，以确保下属和管辖机构能够采取积极有效而准确的行动来实现党的政策的传达和立场的展现。

2011年1月，越南出台《对新闻出版业行政违法行为的制裁》。该法令限制了标注虚假名称和匿名新闻来源的使用，并区分了有资格的记者和公民博客。

（四）从多元文化看越南外国媒体的发展

国有越南电视台（VTV）是唯一的国家电视提供商，尽管有线服务的确有一些外国频道。城市地区的许多家庭和本地企业都有卫星天线，因此他们可以访问外国节目，但其中也经常出现一些令人担忧的状况，并令当局不得不采取一些防范和限制性举措。第71号法令（Decree 71）于2022年10月1日发布，生效日期为2023年1月1日，以修订之前关于广播和电视服务的管理、提供和使用的第06号法令（Decree 06）。新法令主要针对越南的互联网电视服务（OTT）和点播内容（VOD）。法令中政府明确表示有意规范跨境提供国外OTT服务，包括通过互联网应用程序提供的服务。因此，海外公司可能不再有资格向越南用户跨境提供OTT服务。2023年1月5日，越南新闻和通信部（MIC）向多家境外OTT服务企业发出公函，要求其于2023年1月15日前报告拟开展付费广播电视服务许可的申请手续。公函明确指出，如果企业要继续维持目前的服务且不遵守第71号法令的规定（即不在越南设立企业以申请付费电视牌照或不履行其他义务），企业将依据2020年10月7日的第119/2020/ND-CP号法令所规定的内容受到行政处罚。2022年12月31日发布的第6272/BTTTT-PTTH&TTDT号官方信函，广播和电子信息管理局（ABEI）要求在越南进口、制造和分销智能电视的企业，审查在智能电视中预装未经许可的OTT应用程序和/或包括智能电视遥控器上的快捷按钮，这些设备和操作可能会导致用户可以轻松访问未经许可的OTT应用程序。①当局对于国外广播电视服务业务提出更为严格的要求，以及进一步规范，可能导致一些外国公司退出该国业务，但仍然可以理解这种做法的初衷是为了免受不确定、不可控信息的影响。

我国的越南语广播，以中国国际广播电台，广西壮族自治区开办的"北部湾之声"，云南人民广播电台开办的"香格里拉之声"为主。"北部湾之声"开通有包括越南语在内的五种语言，其"采取大板块直播和线性直播方式，每天7时到24时连续播出17个小时，并通过卫星实现中国国际广播电台节目与广西对外广播电台节目的并机直播。节目共设16档新闻、专题类节目，每天为听众提供大容量的经济、时事、文化、教育、医药、生活、旅游等资讯和休闲娱乐信息"，②如越南语版栏目《东盟资讯》就广受越南听众欢迎。另外，《荷花》杂志自2012年9月起开始发行，其"两国一刊"的模式是广西广播电视台和越南广宁省传媒中心共同发起的，也是一种首创。常驻机构方面，新华社、中央广播电视总台以及 China Daily、Global Times 在越南开设有记者站，作为报道越南的主要官方渠道。

中越双方的党报交流机制相对稳定，两国同级别中央媒体和地方媒体之

---

① Thomas Treutler&Giang Thi Huong Tran, "Vietnam：Vietnam 2022 ICT Legislation Year In Review", https：//www.mondaq.com/broadcasting-film-tv--radio/1271148/vietnam-2022-ict-legislation-year-in-review.
② 方慧玲、闫跃帅、付蓉蓉：《广西北部湾之声正式开播　节目立足广西面向东南亚》，http：//sub.gxnews.com.cn/staticpages/20091024/newgx4ae23014-2355518.shtml。

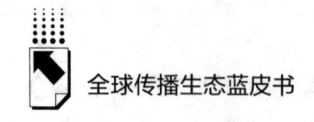

间的交流也相对稳定，随着一系列协议的签署，两国间正常的媒体信息交流、人员培训和合作开发等活动得以保障。

三 越南新闻传播业的成因分析与未来发展趋势

（一）越南新闻传播业的成因分析

近代越南史，是一部血与火的战争历史。战争首先具有破坏作用，其次也为重建新秩序、建立新机构、锻炼新队伍提供了契机。

经济发展仍然是社会主义国家的重要任务和使命，它关系到民生，关系到社会主义制度的优越性，而经济的薄弱一直也是制约越南社会进步和发展的主要因素。另外，经济的掣肘，也给媒体发展的各个方面造成障碍，尤其是在设备引进、技术更新、人员保障等方面。媒体发展与经济发展是相得益彰的。媒体在经济改革的大背景下，也不断闯出创收的新路，这样才能够吸引更多的人力、物力和财力集聚到媒体行业中来。越南的党报党刊系统，与中国的模式相类似，在革命战争年代勇于斗争、敢于担当、砥砺奋进，不断总结和更新指导思想和工作原则，并在这个过程中不断深化民族精神与国际意识，沿着有越南特色的社会主义方向前进。归根结底，越南媒体的指导思想，必须是在越南共产党的集中和统一领导下形成的，必须保障党的思想理念、方针政策、方略主张等得以顺畅传达、有效沟通和及时反馈。另外，越南新闻传媒的体制是模仿苏联建立起来的，其关于新闻传媒的观点、制度以及一些做法深受苏联的影响。

（二）越南新闻传播业的未来发展趋势

越南的数字化发展速度领先亚太地区，人口约有9816万，互联网普及率高达70%。2020年，互联网用户数量增长了10%，达到6800万。《2020年越南数字营销报告》显示，截至2020年1月，越南共有1.458亿台移动手机以及6500万活跃的社交媒体用户。

尽管数字媒体发展迅速，但传统媒体依然很受欢迎。Kantar Media TNS 发布的《越南媒体报告》显示，2020年越南电视频道数量增加了18%，共有87个频道，逾八成受访者每天都收看电视。越南网民平均每天上网时间超过6个小时，仍有逾半数网民在最近一个月内阅读过一份报纸或杂志。①

2020年，社交媒体上谣言满天飞，越南政府下发指令，要求传统媒体机构专注深度报道，并提出传统媒体不应与社交媒体争发碎片化的热点新闻，应更专注打造基于可靠信息来源的深度新闻和分析。

在社交媒体方面，以分享唱跳短视频爆红的社交媒体应用 TikTok 在 Z 世代用户中的人气持续飙升。20%的网民使用 TikTok 的 App 查看并分享短视频，高于2019年第三季度的15%。越南政府机构也开始利用 TikTok 这一平台。②

新思界行业研究中心发布的《2021～2025年越南流媒体市场深度调研分析报告》显示，受新冠肺炎疫情影响，越南流媒体行业迎来了新的发展机遇。由于广告领域社交媒体的激烈竞争，越南的传统媒体在2020年的广告收入有所下降。由于新冠肺炎疫情的影响，整体上的经济困难加剧了这种情况。2020年12月的全国新闻发布会称，一些平面媒体报道收入下降了70%，而广播行业的整体利润下降了8%。在2020年新冠肺炎疫情持续期间，越南消费者平均每天观看电视流媒体时长从240分钟增长至约285分钟，上网时间从平均每天220分钟增长至约260分钟，网络视频观看时间从平均每天53分钟攀升至约80分钟，十分有利于流媒体行业发展。同时，越南近些年网络覆盖率和智能手机普及率迅速攀升，为流媒体行业发展提供了有利条件，未来越南流媒体行业仍有潜力可供挖掘。

四 结语

越南共产党对新闻机构的管理依然非常严格，但也顺应时代潮流，积极

---

① 《2020越南媒体概况—数字媒体发展迅速，但传统媒体依然重要》，https://www.prnasia.com/blog/archives/23513。

② 《2020越南媒体概况—数字媒体发展迅速，但传统媒体依然重要》，https://www.prnasia.com/blog/archives/23513。

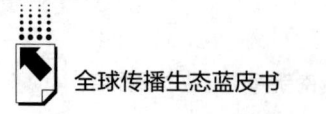

探索新兴媒体的管理模式。作为政府宣传自身政策和主张的工具，传媒扮演着十分重要的角色。近些年，越南加强与周边国家的联系，国际发声能力也在稳步提升，这都得益于媒体功能的强化。越南媒体在教育民众、传达政治主张方面发挥着重要作用，同时也提供娱乐、助力了解外部信息的功能。随着经济水平和互联网技术的提高，越南传媒革新进程将会加快，而媒体的进步与发展也为这个国家注入新的生机与活力。

Abstract

Annual Report On the Global Communicative Ecology (2022) focuses on the global communication pattern and world media development from the perspective of communicative ecology, and demonstrates the coexistence relationship among people, media and various social forces within the complex global social ecological system, providing some interactive, systematic and strategic thinking for communication research and media management.

By drawing on the wisdom of the media industry, communication academia and relevant official management bodies, the report has comprehensively outlined the world media development and global communication pattern changes since 2021 from four dimensions: policy-region, technology-practice, market-case, and country-ecology.

At a time of major changes unseen in a century, the academic and business circles have formed a clearer understanding of changes with a clearer definition, clarification and interpretation to approach these changes. Against this backdrop, the ecological observation of global communication has become a consensus among academic and business circles. With the upgrade and iteration of information and communications technology (ICT) and the acceleration of global communication infrastructure construction, Chinese enterprises are emerging as the leader in key technology patents in 5G field, and the world is constantly strengthening future-oriented 6G core technology R&D and strategic cooperation. In addition, the construction of Satellite Internet has also been put on the global ICT development agenda.

Since 2021, the global communicative ecology has shown the following six characteristics: First, social media platforms have been in competition with each other, with Douyin and its overseas version TikTok taking the lead. Second, the transformation of global journalism is accelerating, with "digital" and "platform" advancing together. Third, intelligent communication has gained momentum again as technology plus media has reached a new level, interactive artificial intelligence technology research and development and application will become the focus of AI development prospects, Non-Fungible Token (NFT), as a new cryptographic token is flourishing, and the metauniverse is shifting between the virtual and the real, giving new imagination to the future of mankind. Fourth, competition has been fierce in the video making field as short, medium and long videos are competing on the same stage, with the medium-form video becoming a rising star and streaming media breaking new ground. Fifth, the global audiovisual business is accelerating the migration to the platform, and the game market in Asia has a broad prospect. Sixth, digital governance calls for global cooperation, and digital antitrust goes hand in hand with the development of privacy legislation.

Looking forward to the future, the book puts forward four suggestions for frontier issues in the global communicative ecology in the future. First, the development framework of global platform media will shake up the original situation of information dissemination and trigger continuous thinking on the media industry. Second, we should continue to pay attention to the new trends of the Generation Z (people born between 1995 and 2009) and the senior group. The Generation Z is driving digital consumption and the "lazy economy" and idol economy are booming. In the context of accelerated social aging, digital aging has begun to enter China's overall social development agenda. Third, meta-universe and NFT will jointly construct the landscape of digital humanities, and intelligent communication will further help digital people's life. Fourth, China's engagement in international communication is stepping into a new era, as it is constantly strengthening itself with the continuous increment of new concepts, categories and expressions, keeping producing new knowledge, content and ideas, coping with the emerging international communication challenges with new communication concepts, methods and practices, and always safeguarding cultural boundary to build a new international communication order that is balanced, healthy and sustainable with least uncertainty.

Abstract

At the policy level, the book has an in-depth analysis of the construction of China's international communication centers at local levels, the international communication of Sanxingdui Culture, the innovative development of overseas social media coverage and the digital public diplomacy of the Beijing 2022 Winter Olympics, as well as Chinese media's engagement in international communication. At the technical level, this book focuses on the application and innovation of 5G new media in the Beijing Winter Olympics, metaverse and deep mediatization, metaverse industry development, and the international communication of Internet celebrity. At the market level, the book makes an in-depth analysis of key issues such as the global emerging video communication platforms, the role of Generation Z in international communication, classic cases of China Global Television Network (CGTN) 's engagement in international communication, the global NFT industry, and the practical innovation of China's international communication discourse strategy. At the country level, the book focuses on the current situation, trend and enlightenment of the media ecology in South Korea, India, Vietnam, among others.

Keywords: Global Communication; Communicative Strategy; Communicative Ecology; Media Convergence; 5G

Contents

I General Report

B.1 Annual Report on the Global Communicative Ecology (2021)

Jiang Fei, Yuan Yue / 001

Abstract: At a time of major changes unseen in a century, the academic and business circles have formed a clearer understanding of changes with a clearer definition, clarification and interpretation to face these changes. Against this backdrop, the ecological observation of global communication has become a consensus among academic and the business circles. At present, with the upgrade and iteration of information and communications technology (ICT) and the acceleration of global communication infrastructure construction, Chinese enterprises are emerging as the leader in key technology patents in 5G field, and the world is constantly strengthening future-oriented 6G core technology R&D and strategic cooperation. In addition, the construction of Satellite Internet has also been put on the global ICT development agenda. The report believes that since 2021, the global communicative ecology has shown the following six characteristics: First, social media platforms have been in competition with each other, with Douyin and its overseas version TikTok taking the lead. Second, the transformation of global journalism is accelerating, with "digital" and "platform" advancing together. Third, intelligent communication has gained momentum again as technology plus media has reached a new level, interactive artificial intelligence technology research and development and application will become the focus of AI development prospects, Non-Fungible Token (NFT), as a new cryptographic token is flourishing, and the metauniverse is shifting between the virtual and the real, giving new imagination to the future of mankind. Fourth, competition has been fierce in the video making field as short, medium and long videos are competing on the same stage, with the medium-form video becoming a rising star and streaming media breaking new ground. Fifth, the global audiovisual business is accelerating the migration to the platform, and the game market in Asia has a broad prospect. Sixth, digital governance calls for global cooperation, and digital antitrust goes hand in hand with the development of and privacy legislation. Looking forward to the future, the book puts forward four suggestions for the future global communicative ecology. First, the development framework of global platform media will shake up the original structure of information dissemination and trigger continuous thinking on the media industry. Second, the Generation Z (people born from 1995 to 2009) is driving digital consumption and "lazy" economy and idol economy are booming, while digital aging has also begun to enter China's overall social development agenda. Third, meta-universe and NFT will jointly construct digital human landscape, and intelligent communication will further help digital people's life. Fourthly, China's international communication is making great strides towards a new era. It constantly provides public goods with new knowledge and content to the world through new concepts, categories and expressions. It uses new communication concepts, methods and practices to cope with the complex public opinion challenges under the emerging thinking framework of "China threat theory," taking the path of international communication with Chinese characteristics with rich practices and full theoretical confidence.

Keywords: Global Communication; Communicative Ecology; 5G

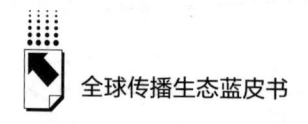

II Reports on Policy and Region

B.2 Report on the Development of China's International Communication Center at Local Levels

Yu Yunquan, Liu Yang / 042

Abstract: Since 2018, in response to the requirements of the new era, the international communication center has become a new organization and form of strengthening international communication capacity building at local levels in China. In accordance with national development strategies and with the help of accumulated experience in media integration development, many regions across China have accelerated the construction of local international communication centers by focusing on the construction of platforms and matrices, enriching communication services in line with actual needs, and innovating systems and mechanisms conducive to pooling resources. However, most of local international communication centers are in the initial stage of construction. It is urgent for them to solve the problems in manpower, capital, mode and ecology in order to enter a new stage of innovative development as soon as possible.

Keywords: International Communication Capacity Building; Local International Communication Center; Media Integration

B.3 Report on International Communication Development of China's Sanxingdui Culture

Cao Hui, Zheng Qiu / 059

Abstract: In the modern archaeological context of media globalization through localization, the exploration of civilization source and international communication represented by Sanxingdui culture has evolved into a media ritual and cultural landscape closely related to civilization tracing and identity recognition.

In view of this, based on the theoretical perspective of media practice, this report makes a comprehensive analysis of the current situation and characteristics of Sanxingdui's communication on mainstream traditional media and social media platforms at home and abroad. Combined with the cross-cultural communication cases of Sanxingdui culture that are moving towards global curation and mutual learning of civilizations, the report examines the media practice and significance production of Sanxingdui Ruins and their culture, and proposes the development trend of international communication on Sanxingdui culture in the future: to build a broad cultural dialog community, develop the comprehensive communication power of digital alliance, and turn to the vision coding of "giving prominence to Chinese culture while satisfying the common needs" for cultural dialog, so as to seek a practical way to reach value consensus through sharing, promote the common development of global civilization through dialog, and expand the communication order of new world civilization by joint construction, thus providing strategic and practical reference for concretizing and telling China's stories well and enhancing the effectiveness of dialogs on Chinese civilization.

Keywords: Sanxingdui; International Communication; Media Practice

B.4 Analysis Report on Overseas Social Media Coverage of Beijing 2022 Winter Olympics

Zhang Hongzhong, Wang Jingyi and Zhang Erkun / 079

Abstract: This report uses the method of "hot tags + keywords + data crawling" to obtain materials and takes the code table to analyze content. It comprehensively investigates the communication effect of the Beijing 2022 Winter Olympics on five major overseas social media, namely Twitter, Facebook, YouTube, TikTok and Instagram. Overall, the study found that overseas netizens paid more attention to issues such as the holding of the event and news on athletes. The communication focused on the positive image, while the negative issues were mainly concentrated in the event controversy and political slander. Specifically, different overseas social media also vary in the subject, content, form and attitude tendency of the Beijing Winter Olympics.

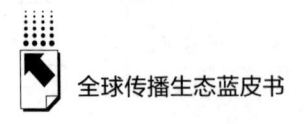

Keywords: Beijing 2022 Winter Olympics; Overseas Social Media; Communication Effect

B.5 Report on Innovative Development of Digital Public Diplomacy for Beijing 2022 Winter Olympics

Shi Anbin, Liu Changyu / 096

Abstract: The Beijing 2022 Winter Olympics is a rare home-ground diplomacy opportunity for China to use the innovative development of digital public diplomacy, carry out digital sports public diplomacy for the global public, and enhance the country's soft power. First, this report recalls the diachronic development of sports public diplomacy and discusses the concept and practice evolution of DSPD. Secondly, with the construction of China's global image as the background, the paper takes the "5D" model of national image as the theoretical framework, comprehensively compares the experience and lessons of public diplomacy practice gained in past Olympic Games, and analyzes the new highlights of Beijing Winter Olympics DSPD. Finally, on the basis of the above analysis, this paper starts from the three characteristics of "globalization, omnimedia and all being involved" in the era of media globalization to study and judge the development trend of DSPD in the VUCA world, aiming to provide reference for the follow-up practice of relevant departments and media peers.

Keywords: Digital Sports Public Diplomacy; Beijing 2022 Winter Olympics; "5D" Model of National Image

B.6 Report on Chinese Media's Innovative Development in
International Communication　　　　　Liu Ying, Yi He / 114

Abstract: In the context of the world's profound changes unseen in a century and global COVID-19 pandemic, the international communication of the Chinese media faces unprecedented challenges as the international public opinion environment becomes more complex. With the rapid development of communication technologies, new content forms and communication methods boom and the international communication environment presents a different picture from the past. This report reviews the innovative measures of Chinese media in international communication from 2020 to 2022 and the innovative practice and the progress of Chinese media in terms of international communication concepts, content, technologies, strategies, and etc.. It also summarizes experiences and achievements in this regard that will help cope with greater challenges in the unknown future.

Keywords: International Communication; Chinese Media; Concept Innovation; Content Innovation; Strategy Innovation

Ⅲ　Reports on Technology and Practice

B.7 Report on Application and Innovation of 5G New Media
in Beijing 2022 Winter Olympics
　　　　Lu Di, Zhuang Shudan, Zhang Pengzhou and Chen Gang / 136

Abstract: 5G is an important technical force driving media convergence and innovation. With the help of 5G cloud broadcasting and 5G messaging, both typical 5G technology applications, the Beijing 2022 Winter Olympics achieved new media communication in a diversified and refined manner, including ultrahigh-definition cloud broadcasting, free viewing angles, virtual co-frame, one-stop service for sports events, smart venues, product sales and multilingual services, which were used in a wide variety of application scenarios like opening and closing ceremonies, news collection and editing, information release, audience interaction, and event broadcasting. The innovative application of 5G new media in the Beijing 2022 Winter Olympics not only improves the effect and efficiency of communication, but also upgrades the media service, generates new products and business forms, and will ultimately benefit the development of all walks of life.

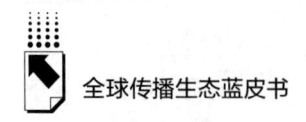

Keywords: Beijing 2022 Winter Olympics; 5G New Media; Cloud Broadcasting; 5G News; Sports Events

B.8 Report on Metaverse and Deep Media Development

Yu Guoming, Teng Wenqiang and Zhi Hui / 152

Abstract: The metaverse, a kind of new communication, contains the media's in-depth structure for individual perception and the internal mechanism of "re-tribalization" for social regression, which stimulates human's imagination for social civilization and structural changes. Starting from the analysis of the "re-tribalization" of the Metaverse's society, this report examines the Metaverse's transformation mechanism of the media ecology and social civilization. On such basis, the report explores the possibility of "re-organization" of a society based on different relationships and connections, and tries to understand the future vision of the Metaverse as a brand new digital civilization through a combination of the Metaverse's future development.

Keywords: Re-tribalization; Metaverse; Media Ecology; Value Entry

Contents

B.9 Report on Development of Metaverse Industry in 2022

Zhao Zizhong, Liao Wenrui / 167

Abstract: The Metaverse has become a new industry in 2021. Compared with the rapid development of the Metaverse's concept, the Metaverse industry has just begun and is at an initial stage. The industrial development is the basis for the Metaverse's progress. From a technical perspective, the development of the Metaverse industry based on the development and industrialization of hardware technology, network technology, artificial intelligence, blockchain and other technologies. As for its application, it's mainly used in the virtual reality (VR), virtual office, digital humans industry, game industry, virtual economy, and etc. This report sorts out and analyzes main directions of the Metaverse industry, hoping to predict the development trend of the Metaverse industry.

Keywords: Metaverse Industry; Virtual Office; Digital Humans; Game Industry; Virtual Economy

B.10 Report on International Communication Development of Internet Celebrities

—Taking Cases in China, Japan and South Korea for Example

Zhao Jing, Pan Bing / 177

Abstract: Taking cases in China, Japan and South Korea for example, this report sorts out the top Internet celebrities on international video social platforms and the international communication cases in the three countries and analyzes the type, content and role of Internet celebrities in international communication. The report then offers suggestions on making good use of the supplementary role of internet celebrities in international communication, on promoting the development of internet celebrities in cross-cultural communication, and on cultivating and guiding them in international communication in a prudent manner.

Keywords: Internet Celebrity; International Communication; Social Media

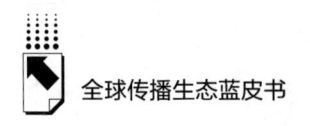

Ⅳ Reports on Market and Case

B.11 Report on Development of Global Emerging Video
Communication Platforms *Li Yu / 194*

Abstract: The media forms are changing rapidly. On the one hand, the communication's characteristics of globalization, networking, mobility, and intelligence are becoming more prominent, with the ever-closer connection and integration of the global film and television market and the emergence of global and regional online video platforms. On the other hand, the pattern of global industrial competition has changed quietly and the US monopoly advantage has been further strengthened. Under the new pattern of the global film and television industry, China's film and TV industry should be more international-oriented, actively participate in the international competition, and improve its quality and make upgrading amid the fierce competition, so as to enhance its international influence and competitiveness.

Keywords: International Communication; Online Video; Netflix, Amazon; Disney

B.12 Report on Generation Z's Role in International
Communication *Ji Deqiang, Yang Min'er / 211*

Abstract: As the progress of globalization and the reform of information communication order, the Generation Z who lives their life online has gradually created a unique discourse system in international communication, forming an open and equal world outlook. By grasping the group characteristics and their media usage habits of the Gen Z, this report presents a picture of Gen Z in their participation of creating the international communication discourse system, explores their role in telling Chinese stories and offers suggestions on how Gen Z fulfills their mission of improving international communication capabilities.

Keywords: Generation Z; International Communication; Social Platform; Youth Opinion Leaders

B.13 Breaking Conventional Thinking and Exploring New Path of Global Communication

—*Analysis of Two CGTN's Classic Cases in International Communication*

Jiang Heping / 227

Abstract: This report talks about my understanding of two CGTN's classic cases in international communication that I was directly involved in. For frontline media workers in international communication, they must constantly emancipate their minds, work step by step, and continuously make innovations. Firstly, it is vital to improve their ability to set major issues based on news content. By seizing timeliness, delivering reports at the scene, releasing more original, exclusive, in-depth news that covers more aspects, they would convey China's voice and publicize China's perceptions. Secondly, it is necessary to fully grasp the law of development and the trend of the communication market, further promote the communication strategy of "mobile platform first, equal emphasis on the TV and the Internet, the Internet first and the TV second", make good use of the international mainstream communication platforms, and improve the communication effect. In addition, CGTN should, by using media diplomacy as a means, continuously hold brand activities such as the "Global Action Initiative" with the focus of "a community with a shared future for mankind", and cooperate with international authorities and figures such as the United Nations, the International Monetary Fund, and the World Bank to widen its social circle in international communication globally, so as to present a true, three-dimensional, and comprehensive China to the outer world.

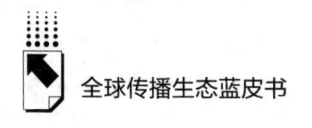

Keywords: CGTN; International Communication; Communication Strategy

B.14 Report on Discourse Innovation of China's International Communication in Practice *Wang Guan / 237*

Abstract: Improving discourse ability and enhancing the initiative, effectiveness and influence of discourses are major topics of China's international communication. From the author's working experience on international news and a large number of news reports on China-related issues, this report analyzes and deconstructs Western discourse, and offers five strategic suggestions on constructing Chinese discourse and improving international communication discourse in practice.

Keywords: International Communication; External Communication; Discourse Power

B.15 Reporter on Development of Global NFT Industry

Zhao Linuo, Zeng Ling / 251

Abstract: The Non-Fungible Token (NFT) has become an important part of global communication, cultural industry and blockchain economy. This report summarizes the development process, technical composition, industry development, and supervision and governance of the international NFT, discusses economic attributes, classification characteristics, and communication methods of the international NFT and domestic digital collections. The report also discusses the relations between its artistic attribute and financial attribute, and the bottlenecks in its development and its future feasibility.

Keywords: NFT; Digital Collection; Blockchain; Ethereum

B.16 Visualization, Intelligence and Weaponization:

Global Media Ecology in Russia-Ukraine Conflict

Wang Peinan, Feng Jianping and Yu Yayun / 271

Abstract: The Russia-Ukraine conflict, which broke out in early 2022, is an important case on the mediatizationed transnational crisis in the era of intelligent communication. There are three changes in the global media ecology on the Russia-Ukraine conflict: visual media content, intelligent core technology of media, and weaponized media reality.

This report attempts to clarify how Russia and Ukraine and other stakeholders are involved in the conflict and open up the "second battlefield" on digital platforms with the use of social media and intelligent communication. The report also offers suggestions on China's innovative path of international communication in unexpected global crises with the use of the Internet and social media.

Keywords: Russia-Ukraine Conflict; Media Ecology; Global Communication; Algorithmic and Cognitive Warfare

V Reports on Country and Ecology

B.17 Report on Development of Media Industry in South Korea

Liu Yanhua / 283

Abstract: South Korea's media industry is very unique, and its relationship with the government is very complicated. Whenever the regime changes, the news and public opinion environment in South Korea will also change accordingly. After decades of vicissitudes, the public opinion environment in today's South Korea has been greatly improved, and the news industry can have a big impact on politics. In addition, the development of the Internet and the popularity of mobile platforms have greatly changed the way the Korean people obtain news and information. The traditional media such as newspapers is less influential as portals, social media, and video platforms become the main source of news for many people. The Korean media should actively adapt to the competition of the mobile Internet market and make more changes.

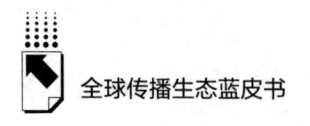

Keywords: South Korea; News Communication; Social Media

B.18 Report on Development of Media Industry in India

Li Huming / 314

Abstract: The Indian media industry has shown great resilience and begun to recover from heavy losses during the COVID-19 pandemic. Because of the ever-increasing consumer demand and advertising revenue, the Indian media industry, as a sunrise industry in the country, is expected to see a fast expansion. Among all kinds of media in India, the new media has the broadest space for development, but the traditional media such as newspapers and televisions still play a dominant role in the short term. The tradition, language diversity, press freedom and news credibility of the Indian media jointly shape the country's media ecology and affect the development of the media industry.

Keywords: Indian Press; News Communication; New Media; Indian Broadcasting Corporation

B.19 Report on Development of Media Industry in Vietnam

Jin Qiang, Song Xiaotong and Ruan Huangmei / 342

Abstract: The media landscape in Vietnam continues to improve and the government's control measures are constantly advancing with the times, which is also a boost to the development of the times. The traditional media currently has a huge influence in Vietnam. The Radio and television are still the key source of information and entertainment for people. However, new media is developing rapidly and the mobile phone that accesses to the Internet has become an important tool for the Vietnamese to go online. The iteration of Internet technology has put pressure on the news production and supervision, and both the local media and the public are calling for press freedom. The Communist Party of Vietnam still has powerful control over the news dissemination, but at the same time it has also tried to improve the press freedom. The current media environment poses new challenges to Vietnam's media supervision and social governance, and brings unprecedented opportunities as well.

Keywords: Vietnam; News; Media

社会科学文献出版社

皮 书
智库成果出版与传播平台

❖ 皮书定义 ❖

皮书是对中国与世界发展状况和热点问题进行年度监测，以专业的角度、专家的视野和实证研究方法，针对某一领域或区域现状与发展态势展开分析和预测，具备前沿性、原创性、实证性、连续性、时效性等特点的公开出版物，由一系列权威研究报告组成。

❖ 皮书作者 ❖

皮书系列报告作者以国内外一流研究机构、知名高校等重点智库的研究人员为主，多为相关领域一流专家学者，他们的观点代表了当下学界对中国与世界的现实和未来最高水平的解读与分析。截至2022年底，皮书研创机构逾千家，报告作者累计超过10万人。

❖ 皮书荣誉 ❖

皮书作为中国社会科学院基础理论研究与应用对策研究融合发展的代表性成果，不仅是哲学社会科学工作者服务中国特色社会主义现代化建设的重要成果，更是助力中国特色新型智库建设、构建中国特色哲学社会科学"三大体系"的重要平台。皮书系列先后被列入"十二五""十三五""十四五"时期国家重点出版物出版专项规划项目；2013~2023年，重点皮书列入中国社会科学院国家哲学社会科学创新工程项目。

权威报告·连续出版·独家资源

皮书数据库
ANNUAL REPORT(YEARBOOK)
DATABASE

分析解读当下中国发展变迁的高端智库平台

所获荣誉
- 2020年，入选全国新闻出版深度融合发展创新案例
- 2019年，入选国家新闻出版署数字出版精品遴选推荐计划
- 2016年，入选"十三五"国家重点电子出版物出版规划骨干工程
- 2013年，荣获"中国出版政府奖·网络出版物奖"提名奖
- 连续多年荣获中国数字出版博览会"数字出版·优秀品牌"奖

皮书数据库

"社科数托邦"微信公众号

成为用户
登录网址www.pishu.com.cn访问皮书数据库网站或下载皮书数据库APP，通过手机号码验证或邮箱验证即可成为皮书数据库用户。

用户福利
- 已注册用户购书后可免费获赠100元皮书数据库充值卡。刮开充值卡涂层获取充值密码，登录并进入"会员中心"—"在线充值"—"充值卡充值"，充值成功即可购买和查看数据库内容。
- 用户福利最终解释权归社会科学文献出版社所有。

数据库服务热线：400-008-6695
数据库服务QQ：2475522410
数据库服务邮箱：database@ssap.cn
图书销售热线：010-59367070/7028
图书服务QQ：1265056568
图书服务邮箱：duzhe@ssap.cn

社会科学文献出版社 皮书系列
卡号：54968386524
密码：

S 基本子库
SUB DATABASE

中国社会发展数据库（下设12个专题子库）

紧扣人口、政治、外交、法律、教育、医疗卫生、资源环境等12个社会发展领域的前沿和热点，全面整合专业著作、智库报告、学术资讯、调研数据等类型资源，帮助用户追踪中国社会发展动态、研究社会发展战略与政策、了解社会热点问题、分析社会发展趋势。

中国经济发展数据库（下设12专题子库）

内容涵盖宏观经济、产业经济、工业经济、农业经济、财政金融、房地产经济、城市经济、商业贸易等12个重点经济领域，为把握经济运行态势、洞察经济发展规律、研判经济发展趋势、进行经济调控决策提供参考和依据。

中国行业发展数据库（下设17个专题子库）

以中国国民经济行业分类为依据，覆盖金融业、旅游业、交通运输业、能源矿产业、制造业等100多个行业，跟踪分析国民经济相关行业市场运行状况和政策导向，汇集行业发展前沿资讯，为投资、从业及各种经济决策提供理论支撑和实践指导。

中国区域发展数据库（下设4个专题子库）

对中国特定区域内的经济、社会、文化等领域现状与发展情况进行深度分析和预测，涉及省级行政区、城市群、城市、农村等不同维度，研究层级至县及县以下行政区，为学者研究地方经济社会宏观态势、经验模式、发展案例提供支撑，为地方政府决策提供参考。

中国文化传媒数据库（下设18个专题子库）

内容覆盖文化产业、新闻传播、电影娱乐、文学艺术、群众文化、图书情报等18个重点研究领域，聚焦文化传媒领域发展前沿、热点话题、行业实践，服务用户的教学科研、文化投资、企业规划等需要。

世界经济与国际关系数据库（下设6个专题子库）

整合世界经济、国际政治、世界文化与科技、全球性问题、国际组织与国际法、区域研究6大领域研究成果，对世界经济形势、国际形势进行连续性深度分析，对年度热点问题进行专题解读，为研判全球发展趋势提供事实和数据支持。

法律声明

"皮书系列"(含蓝皮书、绿皮书、黄皮书)之品牌由社会科学文献出版社最早使用并持续至今,现已被中国图书行业所熟知。"皮书系列"的相关商标已在国家商标管理部门商标局注册,包括但不限于LOGO( )、皮书、Pishu、经济蓝皮书、社会蓝皮书等。"皮书系列"图书的注册商标专用权及封面设计、版式设计的著作权均为社会科学文献出版社所有。未经社会科学文献出版社书面授权许可,任何使用与"皮书系列"图书注册商标、封面设计、版式设计相同或者近似的文字、图形或其组合的行为均系侵权行为。

经作者授权,本书的专有出版权及信息网络传播权等为社会科学文献出版社享有。未经社会科学文献出版社书面授权许可,任何就本书内容的复制、发行或以数字形式进行网络传播的行为均系侵权行为。

社会科学文献出版社将通过法律途径追究上述侵权行为的法律责任,维护自身合法权益。

欢迎社会各界人士对侵犯社会科学文献出版社上述权利的侵权行为进行举报。电话:010-59367121,电子邮箱:fawubu@ssap.cn。

社会科学文献出版社